法藏知津

中國佛教研究集成

初編

杜潔祥 主編

第8冊

嘉祥吉藏及其詮經設立

簡凱廷 著

花木蘭文化出版社

國家圖書館出版品預行編目資料

嘉祥吉藏及其詮經設立／簡凱廷 著 — 初版 — 台北縣永和市：
花木蘭文化出版社，2010〔民99〕
序 2+ 目 4+282 面：19×26 公分
（法藏知津——中國佛教研究集成 初編：第 8 冊）
ISBN：978-986-254-079-4（精裝）
1.（隋）釋吉藏　2. 學術思想　3. 三論宗　4. 佛教教理
226.1　　　　　　　　　　　　　　　　　　　98015394

ISBN - 978-986-254-079-4

法藏知津——中國佛教研究集成
初 編 第 八 冊　　　　　　　ISBN：978-986-254-079-4

嘉祥吉藏及其詮經設立

作　　者　簡凱廷
主　　編　杜潔祥
總 編 輯　杜潔祥
印　　刷　普羅文化出版廣告事業
出　　版　花木蘭文化出版社
發 行 所　花木蘭文化出版社
發 行 人　高小娟
聯絡地址　台北縣永和市中正路五九五號七樓之三
　　　　　電話：02-2923-1455／傳真：02-2923-1452
電子信箱　sut81518@ms59.hinet.net
初　　版　2009 年 9 月（一刷）　2010 年 8 月（二刷）
定　　價　初編 36 冊（精裝）新台幣 55,000 元　　　版權所有·請勿翻印

嘉祥吉藏及其詮經設立

簡凱廷　著

作者簡介

簡凱廷，民國 70 年生，台灣省台北縣人。政治大學企管系肄業，台灣大學經濟系畢業，並以林麗真教授所指導之《著為累根：嘉祥吉藏經解體系的理論預設及其詮經方法》論文取得台灣大學中國文學研究所碩士學位。目前為清華大學中國文學研究所博士生。研究興趣為魏晉玄學、魏晉——隋唐佛教思想，以及佛道交涉，及經典詮釋相關議題。

提　　要

　　本研究旨在探討嘉祥吉藏作為一名義解僧，如何詮解各佛教經論中的教說，藉以統攝思想、立場或異的經典於同一體系之中。首先，藉由討論吉藏在傳統佛教史傳中的形象以及與三論宗的關係等問題，以確立本文研究對象吉藏思想的代表性及其侷限。其次，透過史傳文獻及其著作內容等記載，考察吉藏作為一名義解僧侶所面對的歷史課題。而本研究的主體部分則在於檢視吉藏基本經解立場，以及由探究此一立場背後可能涵藏的意義切進，嘗試將吉藏經解體系中的理論預設，以及「四假說」、「因緣對自性」、「因病設藥，病除藥消」、「否定的使用意義」等詮經方法進一步予以顯題化。最後，在本文的研究基礎上，就玄佛交涉、修行觀、判教論三個議題，嘗試針對吉藏思想與老莊學說的關係、吉藏何以「愛狎風流，不拘檢約」？以及他為何宣稱《法華經》已宣說「佛性」教說？等問題，提出看法。本文的研究目的在於希望進一步釐清吉藏經解思想之核心面貌，並就此，對於當代各家吉藏思想詮釋所涵藏的潛在爭執，有所回應。

目

次

自　序

　　本書是筆者碩士論文《著爲累根：嘉祥吉藏經解體系的理論預設及其詮
經方法》的修定稿。原論文從最初的構思、寫作、修改到完稿，要感謝筆者
指導老師林麗眞教授，以及周伯戡、萬金川、盧桂珍、蔡振豐等老師的付出。
筆者到清華攻讀博士學位的第一年，又逢中嶋隆藏教授客座本系。中嶋老師
不以筆者學力淺薄爲意，仔細通讀了筆者的碩士論文，除指出題目與內容不
甚相合外，更就內容訛誤、疑義等處，提出建議。先生治學之嚴謹，及對後
學之愛護，令人十分敬佩與感激。

　　原論文疏漏、訛誤處頗多，本書已加以更訂，並依中嶋先生建議，自行
斟酌將題目更改爲「嘉祥吉藏及其詮經設立」，以期名實相符。然學無止境，
關於本書之內容、觀點，還望　大雅方家不吝指正。

緒 論

　　嘉祥吉藏（549～623），生於梁武帝太清三年，卒於唐高祖武德六年，在中國佛教思想史上，一般被視爲是隋唐宗派之一 ——三論宗的代表人物。吉藏在經論詮解思想上的成就，也使得他被目爲隋代三大法師之一，與天台智顗（538～597）、淨影慧遠（523～592）齊名。〔註 1〕本論文的研究主題，旨在確定吉藏經解思想的代表性，並探討、指出嘉祥吉藏經典注疏背後的根本預設，以及在此預設下，他如何詮解佛教各經論中的教說，藉以統攝思想、立場或異的經典於同一體系之中。希望藉由本文的討論，能進一步釐清吉藏核心思想之面貌。

一、問題的提出：個人問題意識的形成

　　筆者在習學過程中，聽講於林師麗眞所開設的「魏晉玄學」與「中國哲學專題討論」二門課程，由圍繞著范縝（450～515）〈神滅論〉所展開的「形／神」問題的爭辯始，從而注意到漢傳佛典中《大般涅槃經》提出的「佛性」課題所引發的詮解爭執，乃有意以此作爲研究主題。其後得知謝如柏學長正以「從神不滅論到佛性論——六朝佛教主體思想研究」爲題撰成博士論文，

〔註 1〕作爲一代宗師的天台智顗，對於中國及日本佛教皆有重大影響，重要性自不待多言。淨影慧遠則是南北朝至隋，中國北方地論相州南道學派的重要代表人物，也是該學統唯一留下大量著作傳世者。淨影慧遠在當時佛教界已頗具盛名，曾親面力辯北周武帝「滅佛」舉措，爲世所景。（事詳見《續高僧傳》。）中文學界關於淨影慧遠思想研究之專書主要有二，一爲廖明活所著《淨影慧遠思想述要》（臺北：學生書局，1999 年），一爲馮煥珍所著《回歸本覺：淨影寺慧遠的眞識心緣起思想研究》（北京：中國社會科學，2006 年），可參。

他對於〈立神明成佛義記〉及《大般涅槃經集解》等文獻的查考，實際上已涉及諸南朝僧侶對於「佛性」議題的詮解；因此，筆者便嘗試把關懷的觸角再往下延伸到隋代。初始，概以淨影慧遠的著作如《大乘義章》、《大般涅槃經義記》等爲研讀對象，嘗試探究慧遠對於「佛性」相關主題的詮釋與解說；接著，又注意到了與淨影慧遠、天台智者並稱隋代三大家的嘉祥吉藏的作品——如《大乘玄論》、《涅槃經遊意》等關於「佛性」議題的討論。爾後，在研讀過程中，雖極喜愛淨影慧遠討論問題時所展現的謹嚴與次序井然，〔註2〕卻又覺得吉藏的論說較具有思辨上的興味，遂有意以「嘉祥吉藏的佛性論」爲題進行研究。

然而，在深入吉藏論著的同時，卻愈發覺得隱含在其論說下的眞實意圖與旨趣難以把捉，此不僅由於吉藏論說的繁複性，〔註3〕更由於在其著作中的不同處，常存在著分歧的主張與說法。〔註4〕由於這種論說分歧現象的緣故，使得筆者開始思索造成的可能原因。因爲就常理而言，吉藏作爲一位終身奉獻於佛教經論的注疏、講說，且對後世教理（至少是日本傳統佛教）具有深

〔註2〕 淨影慧遠論說的謹嚴，表現在對於特定主題之討論，編排上通常將議說區分爲諸大項，各大項下則再分諸小項，各小項下則或又有諸小點，準此以往。然而另一方面，由於慧遠對於經典的解釋，過於強調論說的「次序性」，從而顯得繁複。讀者可就慧遠《大乘義章》擇一條目通讀，或可明瞭筆者所謂其議說重視編排次序所呈現出的「繁複性」。

〔註3〕 關於吉藏論說的繁複性，中村元在論及「中國佛教徒之訓詁與文章愛好」時，嘗以之爲例，說：「所以在中國佛教學者之間，解釋經論之題目，也是件大工作。嘉祥大師吉藏，對於自己引爲根據的龍樹所著的《中論》的題名，作了各種複雜煩瑣的說明。但說到要點，結果到底如何的時候，卻只說：『通而爲言，三字皆中皆觀皆論。』這在論理上是完全無意味的立言。他樂於以文字爲戲。又如下面的例子，他似乎不知道書的題目是表示概念的。『「中觀論」之三字無定。亦言中觀論，亦言觀中論，亦言論中觀。』由此敷衍下去，加以煩瑣的說明。」（中村元著、徐復觀譯：《中國人之思維方法》（臺北：學生書局，1991年），頁103）

〔註4〕 如吉藏一方面破斥他家釋《大般涅槃經》的經宗爲「常住」，主張應以「無所得」爲《涅槃》經宗才是，所謂：「他明此經以常爲宗，今初辨常者，乃倒寫之用，未是正意。常是藥用，豈會開正宗？前藥治前病，後藥治後病，常是藥用，常爲宗者，無常是藥，亦應以無常爲宗！……今對彼，故以無得爲宗。」另一方面，自己在討論諸大乘經的經宗時卻說：「《涅槃》廣明佛性常住，爲斥無常之病，爲其正宗，一乘及無所得爲其傍義。」此二說法明顯衝突。（隋・釋吉藏：《涅槃經遊意》卷1；《大正藏》冊38，頁32中、《法華玄論》卷3；《大正藏》冊34，頁388中）

遠影響的義解僧侶，其思想體系理當不致如此混亂、矛盾，或扞格才是；而今見其「議論分歧」的外顯表徵，是否可以尋得合理的解釋？從這個角度出發，筆者從而意識到吉藏作爲一名義解僧，佛教經論不僅是他思想形塑的來源，也是著意詮解的對象。在吉藏所處的時代，以大乘經論爲主，影響中國傳統佛教發展的主要經典大致都已被翻譯成漢文且有所流通，然而關於這些被中國僧侶視爲或承佛親口所說，或四依菩薩爲宣揚佛化所作的大乘經論，在現在學者的觀點裡，卻有著各自在地域、時間以及思想上的分別。〔註5〕而吉藏的經解事業並非僅對某部或特定經論進行疏解，其所疏釋的範圍幾乎涉及了當時各部重要的大乘經論，這意味著在他展開疏作的背後，已然形成了一套經解體系；其中，包含了他自身對於佛教思想的理解與立場，及其詮經方法。換句話說，分歧的議論當能收攝於某種論理體系或架構之中，而此一體系與架構恰是吉藏用以統合思想、立場或異的諸佛教經典的詮釋系統。因此，筆者研究的重心遂由原來對於如「佛性」等個別主題的關注，轉而關懷吉藏學說中此一較爲根本性的部份，並且認爲，唯有釐清、揭示出諸此部分的內容，對於吉藏面對當時漢譯佛典所提出的諸討論主題時所展現的分歧議說，才能給予較好的解釋。此即是激發本文落筆時的主要問題意識。

二、關於吉藏思想的研究概況

由於嘉祥吉藏是漢傳佛教史上重要的義解僧侶，所遺留下來的著作頗多，因此，其經解思想的內涵也一直持續受到學界的關注，並且，圍繞著吉藏著作所開展出來的研究主題也是多方面的。〔註6〕然而，也許由於筆者所提及的吉藏著作中存在著某些分歧的主張，從而使得他的思想底蘊不易爲人把

〔註5〕 學界一般通行的說法將大乘經論的思想區分出三個主要的思想流脈，如印順法師所提出的「性空唯名」、「虛妄唯識」、「眞常唯心」三系說。詳細內容可參見氏著：《印度佛教思想史》（新竹：正聞，2005 年）一書中的相關討論。

〔註6〕 日本學者伊藤隆壽嘗以中國三論教學爲題，整理了自 1868 年始，迄 1989年 3 月，以日文資料爲主，旁及中文學界等相關研究論著。此外，關於吉藏研究相關文獻資料，日本印度學佛教學會與臺灣佛學數位圖書館暨博物館此二網站之資料庫檢索系統所收亦豐，可參。（伊藤隆壽：〈三論教學關係著書論文目錄〉，收錄於平井俊榮編：《三論教學の研究》（東京：春秋社，1990 年），頁 629～696、日本印度學佛教學會資料庫檢索系統（http://www.inbuds.net/jpn/index.html）、臺灣佛學數位圖書館暨博物館資料庫檢索系統（http://buddhism.lib.ntu.edu.tw/BDLM/index.htm））。

握的緣故，學界對於吉藏核心思想的掌握同樣存在著分歧的見解。這裡，僅就可見及的研究論著為限，針對學界對於吉藏核心思想所提出的較為特出且明確的詮釋主張，作一概要性的介紹。並且，在下文中，再進一步針對這些詮釋主張的特點，及其主要的分歧與可能引發的潛在問題，作一必要的聚類區分與說明：

（一）呂澂《中國佛學源流略講》

　　呂澂雖不是專門研究吉藏思想的學者，然而他在《中國佛學源流略講》一書中對於吉藏思想的提點，卻頗為獨到。在該書第八講中，討論到三論宗與天台宗的思想差異時，以「無所得」或說「無依無得」歸結以吉藏為代表的三論教學的經解主張，說：

> 又從（天台與三論）兩家的整個學說和方法論來看，他們是根本不同的。三論宗的方法論是著眼於「無依無得」的，不但對「立」說如此，對「破」來說也是如此。他們既不執於「立」，也不執於「破」，都是以否定的方式來表達他們的觀點的。〔註7〕

又說：

> 總之，三論宗的中道說著重在認識方面，是他們對世界一切現象所作的解釋，特別是對緣起所作的解釋。他們認為，染與俗相關，謂之虛幻（此指價值說，即認為無真實之價值），應該離開它去追求有價值的淨的方面。所謂淨，也就是真，是把一切都歸為「無依無得」。這一說法是吉藏所強調的。因為當時他所對付的各家學說有多方面，他不得不拿這樣一個標準來與他們抗衡。「無依無得」是相對於有所依有所得的偏見而言，並不是一切都否定的虛無主義。〔註8〕

依呂澂的見解，「三論宗的方法論是著眼於『無依無得』」，又說：「三論宗的中道說著重在認識方面」、「把一切都歸為『無依無得』」，且「『無依無得』是相對於有所依有所得的偏見而言，並不是一切都否定的虛無主義」等來看，他對於吉藏學說特點的把握，基本上是從「解脫」或「救渡」（soteriology）的角度立論的，〔註9〕其論說並未正面地從「存有」或「形上」的範疇中，對

〔註7〕　呂澂：《中國佛學源流略講》（臺北：里仁，1998年），頁187。
〔註8〕　同前註，頁192～193。
〔註9〕　本文採用 soteriology 的中文譯詞為「救渡」，而非「救贖」，以避免在閱讀上西方宗教「贖罪」概念的涉入。

吉藏的思想提出詮釋。這一著眼於「解脫」或「救渡」範疇所提出的詮釋主張——「無依無得」，是當代吉藏思想詮釋的主要面向之一。關於此，下文將有更進一步的討論。

（二）廖明活《嘉祥吉藏學說》

　　1985 年廖明活在臺灣出版的《嘉祥吉藏學說》，與呂澂《中國佛學源流略講》一樣，同樣將「無得」或「無依無得」視爲吉藏思想的核心，作爲詮釋開展的基礎，並且，一直延續到 2006 年所出版的《中國佛教思想述要》一書，此觀點仍舊沒有改變；此書仍開宗明義地說：「作爲吉藏學說的骨幹者，爲『無得』觀念。」〔註10〕

　　而原先在《嘉祥吉藏學說》一書中，廖氏對於作爲吉藏學說核心內涵的「無所得」的解釋，即云：

> 「無所得」者，乃是洗淨脫盡所有情感上與理性上的渴求，以達於
> 一無所居、一無所寄的境界。〔註11〕

此段論述包含了幾個特點：第一，「無所得」是一種洗淨脫盡所有情感上與理性上的渴求的「方法」；第二，「無所得」作爲一種方法，所欲除去的，包含了「情感」與「理性」兩層面的渴求；第三，「無所得」作爲一種方法，所欲達到的是「一無所居、一無所寄」的「境界」。

　　首先，就廖氏將「無所得」視爲一種除去「渴求」的方法而言，可說與呂澂的研究一樣，乃立基於「救渡」的範疇來歸結吉藏學說的要旨，因爲他注意到了「無所得」作爲一種「洗淨脫盡所有情感上的渴求」的方法，在吉藏的學說中是針對作爲「諸煩惱根」的「執著」而說的：

> 跟法朗一樣，吉藏認爲有所得、有所著爲「諸煩惱根」，爲一切生老
> 病死憂悲苦惱的根源。〔註12〕

　　不僅如此，「無得」所破斥的「依著」，還包括了知解上的追求，以及形上、存有論中種種意見的執取，所謂「理性上的渴求」，他說：

> 1、吉藏繼承了佛陀拒絕在形而上問題持任何固定見解的立場，否定
> 　對最後真實的一構想。〔註13〕

〔註10〕廖明活：《中國佛教思想述要》（臺北：臺灣商務印書館，2006 年），頁 193。
〔註11〕廖明活：《嘉祥吉藏學說》（臺北：學生書局，1985 年），頁 47～48。
〔註12〕同前註，頁 46。
〔註13〕同前註，頁 49。

2、其實在「無得正觀」為本位的教說裏，除了「無得」這無依無著
的精神外，也便沒有什麼可堪稱為真理。而嚴格來說，「無得」
也不是一種真理，而只是一種態度，其作用正表現在消解世人對
各種所謂客存真理的執取。〔註14〕

3、「實相」者，真實之本相也。外道、一切有部、成實師、地論師、
攝論師等都各各有他們對諸法真實性相之理解，今吉藏卻以「心
無所依」釋實相，則其所謂「實相」，明顯不涉及存有界性相之
判斷。相反的，「實相」是落在批判存有界性相的理論上講。由
此可見，吉藏教人「無依」，不祇是要人捨棄一般世俗情慾那麼
簡單，更要人捨棄知解上的追求，以至在修行過程中與察究佛理
時所可能產生的各種繫縛。〔註15〕

最後，「無所得」作為一種方法，所欲達致的是「一無所居、一無所寄」的「境
界」，這裡，廖氏所稱「境界」，指的是「精神境界」，如他在解釋吉藏對於「妙」
一詞的解釋時說：

蓋「妙」非是指一具有「妙」特性的實理，而是表不生任何動念，
懷無所寄的精神境界。〔註16〕

（三）楊惠南《吉藏》

楊惠南對於龍樹與吉藏思想的研究，分別著有《龍樹與中觀哲學》與《吉
藏》二書，使得他對於吉藏思想的詮釋，得以有比較觀點的討論脈絡。在《龍
樹與中觀哲學》一書中，楊惠南主張龍樹學說體系中的「空」，其意義不在於
單純地否定事物，而是在於告訴吾人：事物沒有真實的本質（自性空），世界
的真相是空。〔註17〕在這樣的立場上，他否定了學界或以「虛無主義」，或以
「絕對主義」，來詮釋龍樹的思想。〔註18〕關於後者，他特別強調龍樹《中論》
中的「四句」，並不如 Murti、Robinson、梶山雄一所言，具有黑格爾「辯證法」
的意義，乃企圖在層層否定之後，彰顯出最高級的、最真實的、唯一的「真
理」。〔註19〕然而在《吉藏》一書中，楊氏則認為吉藏受到了《法華》「一乘」、

〔註14〕同前註，頁 62～63。
〔註15〕同前註，頁 50。
〔註16〕同前註，頁 57。
〔註17〕楊惠南：《龍樹與中觀哲學》，頁 81～85、222～228。
〔註18〕同前註，頁 232。
〔註19〕相關論說，請參見〈龍樹的《中論》用了辯證法嗎？〉及《《中論》裏的「四

《涅槃》「佛性」，乃至《勝鬘》「如來藏」（阿梨耶識）等思想的影響，逾越了三論（《中論》、《十二門論》、《百論》）的立場，並以爲吉藏學說中的「四句」和「四重二諦」理論，〔註20〕反而近似於黑格爾的「辯證法」，〔註21〕企圖藉由重重否定，以獲得最高層次的「絕對眞理」。《吉藏》一書的結論說道：

> 吉藏所理解的「中道」，受到了《法華》「一乘」、《涅槃》「佛性」，乃至《勝鬘》「如來藏」（阿梨耶識）之思想的影響，以致超出了《三論》的範圍；……然而，吉藏的方法論和眞理觀，是否忠於《三論》，而無所逾越呢？答案仍然是否定的。吉藏的方法論和眞理觀，利用一種與德國哲學家黑格爾（Georg Wilhelm Friedrich Hegel：1770～1831）之「辯證法」（dialectic）相似的重重否定法，試圖一重重地否定較低層次，因而較不究竟的眞理，以獲得最高層次，因而也最究竟的絕對眞理。〔註22〕

在楊惠南的研究中，之所以對於吉藏的核心思想推估出如是主張，是因爲他注意到了吉藏著作中部分論說的特色，如吉藏在解釋《中論》何以有〈六情品〉時，強調《中論》的二十七品，品品雖異，然而品品皆是入「理」之方，各門雖異，所入無差：

> 二十七品猶是二十七門，所入更無異，爲通入諸法實相之理。唯此一理，名之爲實，自斯以外，並皆虛妄。〔註23〕

而楊惠南則解釋道：

> 吉藏的意思是，龍樹的《中論》共有二十七品，每一品都在告訴我們通往唯一眞實的「實相之理」，因此才有〈六情品〉。很明顯地，吉藏以爲有唯一眞實的「實相之理」。這和龍樹的說法完全不同。……

句」之研究〉兩篇文章。（楊惠南：《龍樹與中觀哲學》，頁91～129、131～162）

〔註20〕「四句」與「四重二諦」的理論主要是吉藏安排來破斥毘曇、成實、攝大乘論諸師的主張的，中文學界有以此爲主要架構來討論吉藏思想的論文，參見陳沛然：《吉藏三論宗思想研究》（香港：新亞研究所博士論文，霍韜晦指導，1996年）。

〔註21〕楊惠南自言黑格爾的「辯證法」乃是「從一對語句或概念，導出矛盾，以否定這一對語句或概念，而達到另一個更高層次，亦即更加眞實的語句或概念。被否定的那一對語句或概念，稱爲『正』（thesis）與「反」（antithesis）；所達到之更高層次、更眞實的新語句或新概念，稱爲『合』（synthesis）。」（楊惠南：《龍樹與中觀哲學》，頁132，註5）

〔註22〕楊惠南：《吉藏》（臺北：東大圖書，1989年），頁255～256。

〔註23〕隋・釋吉藏：《中觀論疏》，卷4；《大正藏》冊42，頁61下。

> 雖然自己（吉藏）一再地採用四重四句，來批判其他教派的「有」，
> 卻也無法避免自己落入某種意義的「有」。〔註24〕

此外，關乎此「有」（絕對的眞理、至道）之特性。楊氏則注意到了吉藏不斷
強調的「夫道之爲狀也，體絕百非，理超四句」等說法，進而認爲吉藏思想
體系中，此一根本性的「有」是超乎言詮的；然而，另一方面，「絕對的眞理」
雖不可言詮，眾生卻「非言不悟」，因之，又不得不透過語言來表達，並且，
吉藏利用「單、複四句」層層否定的言說方式，企圖使人證悟「絕對眞理」，
帶有神祕經驗的色彩：

> 絕對的眞理——「至道」，沒有「邪」與「正」之分，也無法用語言
> 文字來表達。因此，說它「有」，是不對的；說它「無」，也是不對
> 的；乃至於說它「亦有亦無」等等都是不對的。——這即是吉藏神
> 祕的眞理觀。如果解脫意味著要體悟這一眞理，那麼，重重否定的
> 五重四句似乎是其不可或缺的方法。這一方法的精神乃在：透過較
> 低一層的否定，而獲得更高、更眞實的另一層次的眞理；如是以致
> 最高、最眞實的眞理爲止。〔註25〕

歸結來說，不同於呂澂與廖明活的詮釋觀點，《吉藏》一書對於吉藏思想的研
究，明確地設立在「形上」的範疇中指出：第一，吉藏認爲有「絕對眞理」
的存在；第二，此「絕對眞理」是超乎言詮的。楊惠南嘗說：

> 一個饒富興趣的問題是：吉藏的心目中有絕對的眞理嗎？另一個我
> 們所關心的問題則是：如果有絕對的眞理，那麼可以用語言文字把
> 它說出來嗎？對於第一個問題，其答案自然是肯定的。〔註26〕

又說：

> 既然有絕對眞理——實相亦即佛性之理，那麼，另一個饒富趣味的問
> 題是：它們可以用語言文字來說明嗎？答案自然是否定的⋯⋯〔註27〕

在《吉藏》一書出版兩年後，楊氏在《臺大哲學評論》發表〈吉藏的眞理觀
與方法論〉一文，同樣保留吉藏主張有「絕對眞理」存在的詮釋觀點，所不
同的是，在「方法論」或「認識論」的範疇中指出，吉藏早年著作偏向於用

〔註24〕同註108，頁130。
〔註25〕楊惠南：《吉藏》，頁129。
〔註26〕同前註，頁129。
〔註27〕同前註，頁131。

「否定」的方式，即所謂「遮詮」，以表述此一「實在」，晚年則受到世親《法華論》等著作的影響，轉而認可以「肯定」的方式，所謂「表詮」，以表述此「實在」。他說：

> 吉藏的真理觀，存在著早年（五十歲前）和晚年（五十歲後）的差異；早年，吉藏的真理觀，完全承襲印度龍樹論師及其弟子——提婆（`Aryadeva`）所著之《三論》。而在晚年，由於吉藏研讀了世親（婆藪槃豆，Vasubandhu；320～400）所著之《法華論》（即《妙法蓮華經優婆提舍》），對於其中的「一乘」、「佛性」等思想，有了嶄新的了解，因此思想上起了本質性的轉變；而其真理觀也隨著有了不同於早年的看法。簡略地說，吉藏早年的真理觀偏向於「遮詮」式的理解，亦即雖然主張有一最高真理的真實存在性，但是，卻無法採用任何語言文字來描述它。因此，說它是「邪」、是「有」、是「俗（諦）」等等，固然不對；但是，說它是「正」、是「無」、是「真（諦）」等等，也同樣不對。然而，吉藏的晚年，卻偏向於「表詮」式地理解最高真理，亦即，除了承認有一最高的絕對真理存在之外，還進一步採取肯定的語詞，例如「（實）有」、「真實」、「不空」等等語詞，來描述這一最高的絕對真理。〔註28〕

（四）鄭學禮 *Empty Logic: Mādhyamika Buddhism from Chinese sources* 及相關研究論文

關於龍樹中觀哲學以及中國「三論宗」學說的研究，學者鄭學禮（Hsueh-li Cheng）在 1976 至 1991 年期間，分別以英、中文的方式發表多篇論文；其中，包含 1983 年出版的一本名為 *Empty Logic: Mādhyamika Buddhism from Chinese sources* 的專著。〔註29〕然而，綜觀當代歐美、日本以及中文學界，無論是針對以龍樹為主的中觀思想，抑或是中國以僧肇（384～414）、吉藏學說為主的三論教學所做的研究，鄭學禮提出的詮釋觀點似乎並沒有受到太大的關注以及迴響。

Alan Fox 在 *Journal of Chinese Philosohpy* 期刊上的一篇書評，對於鄭學禮 *Empty Logic: Mādhyamika Buddhism from Chinese sources* 一書曾多有批評。Alan Fox 除指出鄭學禮在討論問題時所選用的部份英文術語（terminology）值

〔註28〕楊惠南：〈吉藏的真理觀與方法論〉，《臺大哲學評論》第 14 期（1991 年 1 月），頁 191。

〔註29〕關於鄭學禮著作之搜羅，可參考臺灣佛學數位圖書館暨博物館資料庫檢索系統。

得商榷之外，其主要批評的論點在於鄭氏雖表明要從中國「三論宗」的觀點來闡釋龍樹的思想，但在實際的論證上，對於中國相關文獻的引用及討論卻多所缺乏。Alan Fox 說，若單就 *Empty Logic: Mādhyamika Buddhism from Chinese sources* 一書前頭所列的目錄來說，讀者根本無從想像這是一本關於中國三論思想研究的書籍；並且，該書所涉及的文本，其範圍雖然與 Richard Robinson 所著 *Early Mādhyamika in India and China* 一書所涵括的部份，有所重疊，但是後者對於文本的分析，相較之下卻更具有技術性（technical），更有助於學者處理複雜深奧的中觀思想。〔註30〕

　　的確，鄭學禮對於中觀哲學的研究，就現在的學術觀點來說，頗有值得商榷之處。首先，鄭氏雖宣稱，關於龍樹思想的研究，相較於西方學界以「虛無主義」、「絕對主義」等哲學觀點立論，他的研究卻嘗試從中國傳統佛教「三論宗」的立場出發，希望藉此提出新的詮釋主張。〔註31〕然而，考究鄭氏的實際操作，其或以「中觀佛教的立場」、或以「龍樹以為」、或以「中國三論宗學者指出」、「吉藏表示」等方式所展開的討論，對於所提及的「對象群」不加以明確區別的論說，似乎表明了在他的理解中，預設了龍樹與所謂的中國「三論宗」諸代表人物具有「同質性」的思想；而且，在相關論著的部份段落裡，這一種「同質性」所指涉的對象，甚至還包含「禪宗」在內。然而，這些被鄭氏視為具有「同質性思想」的對象，就現在的學術觀點而言，卻是必須在個別地探究其作品之後，才能進一步論及同異問題。因此，不僅鄭氏所言及的中國「三論宗」的學說，必須與龍樹的思想區別開來，視之為龍樹思想詮釋理論中之一支，就連被他統攝在「三論宗」一詞底下的僧侶，如鳩摩羅什（344～413，或 350～409）、僧叡、僧肇、吉藏等人，乃至於「禪宗」中的各個派別及代表人物，在研究上都應被視為獨立的個體。除此之外，在這樣的基礎上，也有越來越多的學者指明，僧肇、吉藏，乃至於所謂的「禪宗」思想都受過中國「道家」思想的影響；並且，受影響的程度甚至可能遠高過於他們自身在信仰上所依持的諸佛教經典。當然，這是一個相當複雜的問題。

　　再則，鄭學禮以中國「三論宗」出發，對於龍樹中觀思想所提出的詮釋

〔註30〕參見 Alan Fox: "Empty Logic: Mādhyamika Buddhism from Chinese sources by Hsueh-li Cheng's " *Journal of Chinese Philosohpy* 13（1986）: 361～365.

〔註31〕Hsueh-li Cheng（鄭學禮）, *Empty Logic: Mādhyamika Buddhism from Chinese sources*（New York: Philosophical Library, 1984）, p. 9.

主張，在論證上也稍嫌薄弱，亦即鄭氏在提出他獨特的詮釋觀點時，並沒有針對所引文證，進行深入的論析。這也正是爲什麼 Alan Fox 會說，對於相關研究領域的學者而言，兩相比較之下，Richard Robinson 所著 *Early Mādhyamika in India and China* 一書的內容，要比鄭學禮的著作顯得「有用」許多。然而，儘管如此，對於本文所研究的對象——吉藏學說而言，鄭氏所提出的諸多詮釋主張，頗具啓發意義。〔註32〕

　　鄭氏的研究更明確地站在「救渡」的立場上，對於吉藏的學說提出詮釋，他在〈三論宗中道思想的眞理與邏輯觀〉一文中說：

> 龍樹及三論宗的門徒皆認爲佛法基本上只是一個工具或媒介，它的主要目的不是希望製造一種實在觀，而是作爲一種方便法門來空掉一切任何事物作存有論地執著，甚至包括對佛法的執著。〔註33〕

他認爲「空」或「空性」不是一「描述性語詞」（descriptive term），乃至於「空觀」也不是一種形上理論，中觀教說的目的在於「空除一個人的形上思辯，而能免除知性的執著」：

> 大多數的現代中觀學者把「空」或「空性」（sunya, sunyata）這個字視爲一描述性語詞，指涉某種事物，並且把空觀視爲一種形上理論。龍樹也被認爲是主張絕對論或虛無論。事實上，根據中國三論宗，「空」或「空性」這個字並不是一個描述性語詞，而是一種解脫工具。空觀也不是一種形上理論，而基本上它是一種解脫的方式。這種教義主要並不是要用來描述世界，而是要空除一個人的形上思辯，而能免除知性的執著。〔註34〕

從這個角度出發，鄭氏表明，中觀或三論宗對於其他形上意見的批判，並非站在另一個形上的立場，或在批判之餘，還企圖要建立另一形上主張，也因此，對於邏輯方法的使用，其目的只在於指陳其他觀點、主張的謬誤而已：

> 1. 從方法上言，三論宗如何批判他人的哲學呢？嚴格地說來，三論

〔註32〕以下乃至於本文各篇章所論及的鄭學禮的詮釋主張，都將之狹隘地視爲對於吉藏思想的詮釋意見。

〔註33〕鄭學禮著、吉玲玲譯：〈三論宗中道思想的眞理與邏輯觀〉，《哲學與文化》第 15 卷第 7 期（1988 年 7 月），頁 33。

〔註34〕鄭學禮著、陳錦鴻譯：〈中觀、康德與維根斯坦〉，《哲學與文化》第 16 卷第 12 期（1989 年 12 月），頁 42；Hsueh-li Cheng（鄭學禮），*Empty Logic: Mādhyamika Buddhism from Chinese sources*, p. 10.

宗沒有自己獨特的哲學方法。當三論大師在駁斥他人的思想時，他們不固執某一特定的方法為唯一的基準去駁斥對方，通常他們隨機運用別人慣用的方法去批判別人的思想。在三論宗看來，任何哲學方法只有實用價值，而無絕對無誤的真理價值，凡能用來除去知性與感性執著的及幫人從獨斷迷誤中解放出來的都可採用，如佛陀的善巧方便，三論宗隨機運用他人方法使有情眾生自認錯誤而不再固執己見！〔註35〕

2. 從邏輯的角度來談，三論宗的理論方式可說是「空之邏輯」（empty logic）的實踐。當三論宗與人爭論哲學問題時，在立場上毫無自己擁有的邏輯，雙手空空，只引用及使用別人的邏輯來批判別人。其論辯的目的不在建立任何特定的觀點，僅在指出對方立場的謬誤。若於舊立場擯斥後，如有人產生及執著於任何新觀點，三論宗將運用新觀點所依據的邏輯去批判辯駁新的觀點。此一辯證法不在企圖保護和建立自己的立場。在程序上，證實及建立自己的立場是不必要，也不可能，反而是個邪見。〔註36〕

而就「否定」並非蘊含「肯定」的這個立場來說，他還特別指出，三論宗的學說並不同於西方黑格爾的辯證法，乃至於印度教《奧義書》的「非此非彼」的論式，目的乃在於肯定所謂「超越性」的「實在」：

依三論宗看來，早期佛教雖看出傳統印度形上學之不可取，卻仍跟一般人及印度教走同一的邏輯路線與方法，犯了同樣的思惟毛病。小乘佛教誤認佛陀的推理方式跟一般邏輯相似，以為佛陀要吾人決定選擇到底要接受 P 或非 P。因此小乘佛教以為既然佛陀開示「我無」，必然在教導它的反面，「法有」，同時佛陀既然駁斥形上學，他必然倡導經驗論。一般邏輯中的否定是一種肯定，如果正面判斷（thesis）是錯，它的反面（antithesis）必然是對，不然另一個超越的，更高的或綜合的判斷（synthesis）必然要被肯定。西方黑格爾的辯證法及印度教《奧義書》的「非此非彼」的論式便是屬於這類的邏輯判斷。不少佛教人士，尤其是大乘信徒誤認佛陀的批判哲學也屬於這一類，也用

〔註35〕 鄭學禮：〈三論宗之哲學方法〉，《臺大哲學評論》第 14 期（1991 年 1 月），頁 175。
〔註36〕 同前註，頁 178～179。

同樣的邏輯步驟，因此都以否定外道或邪見來建立一套新的宇宙觀。可是空之邏輯不同於一般邏輯，它並不預設或肯定觀點。它並無自身推論的原理，只是善巧方便運用對方的邏輯，來顯示對方的矛盾或不合邏輯。被駁者就在他們自己邏輯下遭到駁斥。空之邏輯中之否定不同於一般的否定，因它不是為了肯定而否定，僅為了擯斥荒謬。一個命題 P 錯了，並不是因為非 P 是對的，而是因為 P 本身在邏輯上不可取。如果非 P 被認定為是正確的觀點，那它也必須受到擯斥，因為它本身也是荒謬不可取。一個正面理論的錯不能肯定引導反面為對，也不能引申出新的或超越的綜合判斷。因此三論宗的辯證法不等於《奧義書》的或西方的辯證法。若有人堅持佛法開示吾人去建立一種超越的本體論或宇宙觀，這樣就「如或有丈夫，妄取化女身，而生於欲心，此義也如此」。〔註37〕

歸結來說，就鄭學醴的詮釋立場而言，吉藏的學說並沒有預設任何形上的主張或具有存有論的意義，其論說的開展是為了執著的消滅，而所謂的「執著」，則包含了對於任何形上主張與見解的執取。

（五）伊藤隆壽《中国仏教の批判的研究》

伊藤隆壽是日本研究中國傳統佛教的學者，早期發表了許多關於吉藏與中國三論宗的研究論文。然而，在 1992 年出版的《中国仏教の批判的研究》一書的前言中，他卻強調自己受到袴谷憲昭、松本史朗等學者的影響，要修正過往的研究態度，希望重新對於中國佛教進行「批判性」的研究。〔註38〕在該書中，伊藤隆壽提出一項假說，認為中國佛教受到中國固有思想，特別是老莊道家思想的影響，可說是站在道家的立場上來理解印度佛教的；並且，此即為「格義佛教」，而非「正確的佛教」。〔註39〕至於所謂的「老莊道家思想」，伊藤隆壽則設定為「道・理的哲學」，相同於婆羅門教的「梵我」、大乘佛教中的「如來藏」

〔註37〕同前註，頁 179～180。

〔註38〕袴谷憲昭、松本史朗與伊藤隆壽被視為 20 世紀 80 年代以降，日本所謂「批判佛教思潮」的主要代表人物。在他們的研究中，嘗試對於「什麼是佛教」此一艱難的主題提出界定，並且在此界定下，企圖對於傳統印度大乘、中國、日本佛教思想中的「非佛教成素」進行清廓與批判。關於他們學說的特點，及伊藤隆壽對於吉藏思想所提出的詮釋主張，本文第六章第一節尚有更進一步的說明。

〔註39〕伊藤隆壽著、蕭平、楊金萍譯：《佛教中國化的批判性研究》（香港：經世文化，2004 年），〈開宗明義〉頁 10～11。

等思想，是一種「萬物生於太一並復歸於太一」的土著思維進一步哲學化的表現。伊藤隆壽指出：作為中國僧侶理解印度佛教經典基礎的所謂「道・理的哲學」的主要內涵，在《老子》書中所揭示的「道」概念中業已得到完成。在他的研究中，《老子》的「道」乃具有以下幾個特點：（1）恆常不變，（2）無名（不可言）、絕對、無限，（3）萬物之根源、唯一的實在，（4）生成原理，並且，與松本史朗所建構的「基體論」具有同質性。〔註40〕

　　伊藤隆壽以為，吉藏的經解體系基本上與僧肇的學說一樣，是站在上述所謂「道・理的哲學」的立場上來詮解佛教經論的。他在〈僧肇與吉藏〉一文的結論中說：

> 因此，吉藏在展開自身空觀與涅槃觀之際，在引用經論的同時又徵引產生於上述思想背景下的僧肇的觀點，這只能說明他們具有共同的旨趣。所謂「共同的旨趣」，就是唯一的真理不能夠用語言表達，是斷絕思慮分別的。若把此唯一絕對的真理作為前提，那麼佛教的「涅槃」與《老子》的「道」就沒有區別了。〔註41〕

相較於楊惠南對於吉藏思想的詮釋，是將其擺放於佛教內部「空／有」之爭的脈絡中來處理，伊藤隆壽依著他的特殊立場，則是站在「什麼是（正確的）佛教」的討論基礎上，對於吉藏的思想進行所謂「批判性」的研究；然而，二者的共同處則都是立論於「形上」的範疇中指明吉藏是一「形上」的「一元實在論」者，認為吉藏學說預設了一不可言說且超越人類思維可及的「實在」存在。這種從「形上」觀點立論的詮釋主張，是當代詮釋吉藏思想的另一主要面向。

三、諸吉藏思想詮釋主張潛在的紛爭

　　以上提及的學界對於吉藏核心思想的詮釋主張，可謂各有各自學術研究上的不同討論脈絡，並且彼此間實際上亦沒有直接、正面的交涉與互動。然而，如果把這些詮釋主張置放於同一個平面來檢視的話，便會出現一些意見上的分歧與爭執。關乎此，以下嘗試透過兩個方面進行討論：

（一）吉藏思想定位上的分歧

　　這裡所言思想定位者，指的是以吉藏為代表的三論宗，其思想與以龍樹

〔註40〕同前註，〈第一篇序論〉頁12～16。
〔註41〕同前註，〈第二篇正論・第五章僧肇與吉藏〉頁327。

為代表的中觀佛教的關係。

　　著有 *Mādhyamika in India and China* 一書的 Richard Robinson，對於中國三論教學的研究止於僧肇，並沒有再往下，針對吉藏的學說深入進行論究；然而，他對於吉藏思想的定位卻提出一項「假說」，指出「三論的教法僅是以新的語彙展現龍樹教學的重述（restatment），並且增補一些諸如二諦等龍樹處理得過於簡略和含糊的論題而已。」〔註42〕Richard Robinson 傾向視吉藏與龍樹思想具有「同質性」的意見，在吉藏與中國三論宗的研究史上乃有不少同好，如上文所提及的鄭學禮的研究，雖然他並未設立專題以處理吉藏與龍樹思想的同異問題，然就其論述背後所隱涵的前提來看，則與 Richard Robinson 相同，正是以為吉藏與龍樹的思想具有同質性。〔註43〕然而，另一方面，楊惠南與伊藤隆壽的研究卻展現了不同的觀點。

　　楊惠南對於龍樹與吉藏思想的研究明確指出，吉藏受到《法華》「一乘」、《涅槃》「佛性」，乃至《勝鬘》「如來藏」（阿梨耶識）等思想的影響，從而逾越了《中論》、《十二門論》、《百論》三論的立場。而相對於楊惠南的研究立論於佛教內部的「空」、「有」之辨，伊藤隆壽對於吉藏學說的研究則更為擴大，將討論的基礎設定在「玄佛交涉」（或說中國固有思想與印度佛教思想互動）的脈絡中。據學者指出，日本學界由平井俊榮的研究始，對於視吉藏學說為印度龍樹中觀思想的「重述」此一觀點，已出現了不同的反省意見。〔註44〕而伊藤隆壽

〔註42〕 Richard Robinson: *The Buddhist Religion*（Belmont, California: Dickenson, 1970），p. 84.

〔註43〕 又如藍吉富《隋代佛教史述論》一書在評價吉藏三論相關著作的思想時指出：「吉藏對三論義理諳解最深，頗為後世所推崇。然而，其有關這方面的著作，多係對於印度中觀性空之學的闡述或推衍。其學說縱有突出部分，也都限於對三論之學的解釋而已。至於在佛教思想方面，吉藏並未能超越印度佛學而獨創中國體系。以其最主要的著述為例，《中觀論疏》是對中論一書作述。其書中雖也有論及中道、二諦、無得正觀諸義，然而這義理並未脫出中論範圍。《二諦義》一書中，吉藏的創見較多，所述三種二諦等義頗為後代研究三論的學者所取資。然而其義理也不過是中論二諦義的闡述，是印度中觀宗義東傳中國之後的總集。」（氏著：《隋代佛教史述論》（臺北：臺灣商務，1998年），頁193）

〔註44〕 Jamie Hubbard 指出：「在另一位駒澤大學教授平井俊榮的影響下，許多學生也開始質疑里查得‧羅賓遜（Richard Robinson）把吉藏的思想簡單解釋為印度中觀思想的覆述這樣的看法，而更傾向於把其理解為充滿了本土化思維色彩的思想，而這恰恰正是松本和袴谷所批判的，與真正佛教相違背的那種思想類型。」（龔雋等譯：《修剪菩提樹：“批判佛教”的風暴》（上海：上海古籍，

後來的研究即是一反傳統的觀點，立基於袴谷憲昭與松本史朗等學者對於「什麼是佛教」所提出的理論成果的基礎上，對於吉藏思想的內涵重新進行審視，從而指出其與中國老莊道家思想的「同質性」。〔註45〕

這裡所言及的龍樹與吉藏思想的同異問題，是一個複雜艱困的議題，即使在西方中觀思想的研究史上，對於龍樹學說的詮釋，已具有種種各異其趣的意見與觀點，因此，吉藏思想與龍樹思想究竟在怎樣的立場上具有同質性，乃至於有所區別，遠非筆者現有能力之所及，而本文所關注的焦點則在於以下將述及的「吉藏思想詮釋上的爭執」此一問題上。

（二）吉藏思想詮釋上的爭執

本文以為，上文所介紹的幾位當代學者對於吉藏思想研究所做出的詮釋主張，乃可區分出兩個主要的不同面向：其一是設立在「解脫」的範疇，其二則著眼於「形上」的角度。如呂澂所言，三論教學的特點在於方法或認識論上主張「無依無得」、廖明活指出，吉藏學說所強調的「無所得」，作為一種方法或態度，其目的乃在於洗淨脫盡所有情感上與理性上的渴求，又如鄭學禮所說，三論的教義是一種解脫的工具，乃為免除知性的執著，與形上的思辯，都可說是由「解脫」的角度立論的；而另一方面，楊惠南所指出的吉藏主張有一不可言說的「真理」存在，乃至於伊藤隆壽嘗試論證吉藏思想與所謂道家「道‧理的哲學」的同質性，其關照處則在於「形上」的範疇中。這兩種不同的詮釋面向看似並非絕對互斥，如華方田《吉藏評傳》一書便嘗試融合此二詮釋觀點。《吉藏評傳》一方面說：

> 1、「般若無得」的思想也是自法朗以來攝山三論學的基本傳統。……
> 法朗認為，語言應該以「不住」為根本，心應當以「無得」為主
> 導。為什麼這樣說呢？因為執著之心是一切眾生煩惱苦痛的根
> 本……所以，三世諸佛講經說論，都是為了讓眾生去掉執著之
> 心，而歸於無所得。〔註46〕
>
> 2、吉藏近承法朗衣鉢真傳，遠繼龍樹中觀髓，更是以「無得正觀」

2004 年 11 月），頁 13）

〔註45〕如實而言，伊藤隆壽《中国仏教の批判的研究》一書只指出他要改變以前視吉藏思想為印度龍樹中觀思想的延續的研究觀點，然而，與楊惠南不同，他並沒有針對龍樹的思想進行深入的探討，從而比較二者的差異，其研究傾向實際上偏向於企圖證成吉藏思想與其所謂「道家思想」的「同質性」。

〔註46〕華方田：《吉藏評傳》（北京：京華，1995 年），頁 78。

作爲其三論學說的基本精神，並將之貫串於其整個學說之中。
〔註47〕

另一方面，在討論吉藏的四句理論時則說：

　　總而言之，吉藏的四句理論——單四句、複四句、重複四句乃至豎
　　深四句，其哲學意義無非是通過重重否定的形式，破除人們對所謂
　　最高眞實的一切執著，如執「有」、執「無」、執「亦有亦無」、執「非
　　有非無」等，從而顯示最高眞實或「至道」的超然性、神秘性和至
　　上性。最高眞實是未曾邪正的，它不能用任何語言概念來描述，說
　　它是「有」、「無」、「亦有亦無」或「非有非無」，都是對它的扭曲，
　　都是有所得。只有「心無所著」，才能符合最高眞實，也才是吉藏三
　　論宗佛教理論的眞正歸宿。〔註48〕

然而，如果仔細考辨的話，這兩種詮釋面向間實際上則潛藏著爭執與衝突。
以下擬從本文對於廖明活《嘉祥吉藏學說》一書所歸結出的特點，試行討論。

　　廖明活對於吉藏學說的詮釋主張之所以被類歸入「救渡學」的範疇，是因
爲他指出吉藏思想核心的「無得精神」，若作爲一種態度或方法，乃在於破除「執
著」；而執著之所以需要破除，正如華方田所言，乃因爲「執著之心是一切眾生
煩惱苦痛的根本」。其二，廖氏所言之「執著」，除了情感上的執取之外，尚包
含了理性上對於形上、客存眞理的探求與主張。從這個角度出發，便可觀察到
諸吉藏思想詮釋主張間所涵藏的爭執與異議。爭執的關鍵在於廖氏所強調的「無
所得」，若作爲一種方法，是對於形上、客存眞理主張的拒斥，那麼，究竟其所
拒斥的範圍有沒有設限呢？換句話說，楊惠南與伊藤隆壽從「形上」範疇對於
吉藏思想所做的詮釋，在不在「無所得」的拒斥範圍之內？在廖氏的詮釋主張
中，「無得」的第二個意義是指「一無所居、一無所寄」的「精神境界」。如果
他所指出的「無得」概念所代表的「境界」不是一種「方便之說」，乃具有「存
有」範疇中的意義的話，由此「境界」作爲連繫基礎，便可相通於楊惠南與伊
藤隆壽的詮釋主張。怎麼說呢？因爲在楊惠南與伊藤隆壽的詮釋意見中，吉藏
學說所預設的「不可言說」的「實在」，正是作爲其修行理論最終所欲證得的「混
然無別」的「眞理」，或最終所欲回歸其懷抱的「場所」。〔註49〕然而，鄭學禮

〔註47〕同前註。
〔註48〕同前註，頁 110～111。
〔註49〕關於「場所」的說法，參見本文第六章第一節第一小節的討論。

的研究則明白表示，在吉藏的經解系統中，佛陀與龍樹等菩薩的教說作為一種「解脫」或「救渡」的工具，其目的乃在於拒斥所有形上體系，並且，在拒斥的背後亦不預設任何形上的主張，此是通則；又由鄭氏對於西方學界探討龍樹思想的詮釋意見，如絕對主義的觀點，以及對於婆羅門「梵我」等形上思想的批判，此是事例，皆說明了就他的詮釋觀點來說，拒斥了楊惠南與伊藤隆壽所採取的「形上」進路。而將吉藏的學說完全設定在「救渡」的範疇也並非毫無問題，因為需要考量的是，完全設立在「救渡」範疇，卻在「形上」或「存有」範疇中一無肯定的學說，是否可能？

四、本論文的研究進路與章節安排

為解決上述問題，本文的討論重心因而不侷限於針對當時圍繞著諸漢譯佛典所揭示出的某一討論主題，查考吉藏論說的內容及其意義，而是採取更為宏觀的角度，關注於吉藏講經事業開展背後所隱涵的對於佛陀教說的理解，乃至於由此發展出的經解方法。本文所關懷的主體部份，約莫就是學界以「真理觀與方法論」為題，對於思想家所進行的研究，而實際的研究設定，則著重在吉藏作為義解僧的這個角色上，嘗試將其經解體系中的諸組成內容進一步顯題化。因此，本文各章節的安排與討論主題如下所述：

第一章　嘉祥吉藏與三論宗

本章的討論分為兩個部份：第一是探討吉藏在中國傳統文獻中的形象，其二則是討論吉藏與三論宗的關係。設立本章的目的在於透過對於吉藏形象、「三論宗」的界定，以及吉藏與三論宗的關係等問題的探討，針對如何看待吉藏思想代表性此一問題，作出基本的界說與確立。

第二章　吉藏的歷史課題

本章除討論當時流行於漢傳佛教傳統中的「法滅意識」對於吉藏思想的影響及其回應外，主要的焦點則設定在「義解僧」此一身分上，從歷史的文獻及吉藏著作中的記載，考察吉藏作為一名義解僧所面對的歷史課題。

第三章　吉藏經解的基本立場及學說的根本預設

本章分為兩個部份：第一部份立基於前一章對於吉藏所面臨的歷史課題的討論上，檢視其經解的基本立場，並且，第二個部份則是由此一經解的基本立場出發，進一步將吉藏學說中的根本預設顯題化。

第四章　根本預設下的詮經方法（一）——四假說、因緣對自性

此章討論吉藏學說在第三章所論及的根本預設下的兩個詮經方法或設立。第一個詮經設立，所謂的「四假說」（「因緣假」、「隨緣假」、「對緣假」、「就緣假」），相傳由吉藏的老師法朗所提出，本文將查考吉藏對於此四假說內涵的解釋。第二個詮經設立，所謂「因緣對自性」，則討論吉藏對於中觀學說「因緣」與「自性」此二概念的援用，以及他所作出的特殊解釋。

第五章　根本預設下的詮經方法（二）──因病設藥，病息藥廢、否定的使用意義

本章分爲三個部份：前二部份討論吉藏學說另兩個詮經設立：「因病設藥，病息藥廢」以及「否定的使用意義」，最後一個部份則通過「因病設藥，病息藥廢」以及「否定的使用意義」這兩個詮經設立，以探討吉藏對於「顯道」與「強爲立名」等論說的目的及意義。

第六章　相關議題新詮──玄佛交涉、修行觀與判教論

本章區分爲三個討論主題：玄佛交涉、修行觀、判教論，並且，嘗試立基於前幾章的討論，分別針對此三主題提出可能的詮釋意見。第一節就吉藏學說與道家思想的關係，針對批判佛教學者的觀點，提出反思；第二節則企圖重新解釋吉藏被道宣評價爲「愛狎風流，不拘檢約」的可能原因，並嘗試指明吉藏著作中的論辯即是三論教學禪觀修行內涵另類的一種可能展現；第三節則在判教的議題上，關於吉藏對於諸經經宗的討論，如爲什麼主張《法華經》已宣說「佛性」教說等問題，就本文的研究立場提出不同的詮釋見解。

五、基本文獻的運用及其隱涵的假設

本研究並非專門研究吉藏某部疏作中的議說，而是採取較爲宏觀的角度，試圖就吉藏眾多著作中的論說，揭示出其經解體系或理論的內涵，因此，所涉及的文本頗多，有必要就此加以說明。據平井俊榮的研究指出，《大正新脩大藏經》與《大日本續藏經》所收，一般被視爲吉藏著作者，乃有二十六部，而嘗爲諸目錄記載，今卻已亡佚的著作則有十一部。〔註50〕至於本文研究所引用的作品則有《大乘玄論》、《三論玄義》、《二諦義》三部，《法華玄論》、《法華義疏》、《法華遊意》、《法華統略》四部，《淨名玄論》、《維摩經義疏》、《維摩經略疏》三部，《大品經義疏》、《大品經遊意》、《金剛般若疏》三部，

〔註50〕平井俊榮編：《三論教學の研究》，頁 354～357、382～383。

《中觀論疏》、《十二門論疏》、《百論疏》三部，以及《涅槃經遊意》、《勝鬘寶窟》、《華嚴遊意》、《仁王般若經疏》四部，共計二十部。而其中引用最多者，爲吉藏晚期的著作《中觀論疏》十卷，〔註51〕其次則爲《大乘玄論》、《三論玄義》、《二諦義》、《法華玄論》、《淨名玄論》等書。

　　本文對於諸此文獻的引用背後乃隱涵一基本假設，即視吉藏的經解思想不具有時間分期上有意義的轉變。就此，乃援引自廖明活《嘉祥吉藏學說》一書的觀點：

　　　　綜觀吉藏各論著觀點甚一致，一生似無重大思想的轉變，故其著作

　　　　年代之考察，對其學說之了解並沒有關鍵重要性。〔註52〕

而以筆者對於吉藏作品的研讀心得來說，以爲廖明活「吉藏各論著觀點甚一致，一生似無重大思想的轉變」的說法是可從的。此外，在實際的操作中，關於本文論說開展所引文證，則嘗試儘可能地徵引被視爲吉藏晚期作品的《中觀論疏》中的相關文句段落。〔註53〕

六、期望達成的目標

　　筆者希望透過本文的研究，能進一步釐清吉藏經解思想之核心面貌，藉以對於筆者自身在研讀吉藏著作過程中所遭遇到的「吉藏疏論中的不同處，常存在分歧的意見與說法」、「隱含在吉藏論說下的眞實意圖與旨趣難以把捉」等問題，提出合理的解釋，並且嘗試針對當代吉藏思想詮釋所涵藏的可能爭執，提出立基於本文研究成果的回應。

〔註51〕關於吉藏作品繫年的問題，可參見平井俊榮編：《三論教學の研究》，頁 358
　　　　～377、楊惠南：《吉藏》，頁 32～35。

〔註52〕廖明活：《嘉祥吉藏學說》，頁 11。

〔註53〕當然，此一文獻運用背後的假設，在學界提出更新且可從的研究成果後，理當進行進一步的修正。

第一章　嘉祥吉藏與三論宗

　　當代中國思想史或佛教思想史等通論性書籍所論及的嘉祥吉藏，一般是以「三論宗」的代表人物，甚至是實際創始人的形象出現的。然而，何謂「三論宗」？以及在什麼樣的意義下，可稱吉藏爲「三論宗」的代表人物？諸此問題卻是有所爭議。

　　集結在《大正新脩大藏經》與《新纂卍續藏》中，歸屬於吉藏的作品，是隋唐時期流傳到日本而被保留下來的文獻；它們反倒在固有的中國經典傳播史中消失匿跡，無一倖存，直至從海外回歸。而吉藏被視爲「三論宗」宗祖一事也只見於日本僧侶的文字記載，〔註1〕並不現於中國自身所保存的文獻中。在中國傳統的文獻記載裡，此一發跡於南朝梁，興隆於隋，乃至唐初的「三論教學傳統」，在宋‧贊寧（919～1001）《宋高僧傳》中幾乎完全失去了蹤影，而被當代目爲集「三論宗」大成的吉藏，在宋代天台僧侶的筆下，卻成了五祖安章大師灌頂（561～632）底下旁出的天台學僧。如是可知，不同的「視域」決定了不同「史實」。當今學界將吉藏視爲「三論宗」的代表人物，與隋唐時期各放異采、眾聲喧嘩的佛教宗派的「宗主們」並列而論的一般觀點，基本上是受到日本傳統佛教史觀的影響。〔註2〕

〔註1〕　如光格文化十年（1813）釋深属在《金剛般若經贊述》的序文中提及：「三論宗祖吉藏法師有疏四卷。」（唐‧窺基：《金剛般若經贊述》卷上；《大正藏》冊33，頁124下）

〔註2〕　說中國有「三論宗」此一宗派，源自於日本佛教的「中國佛教史觀」；如宗鑒《釋門正統》及志磐《佛祖統記》等中國傳統材料，在討論中國宗派時，並未提及「三論宗」。中文學界裡，湯用彤曾著〈論中國佛教無「十宗」〉一文，欲以澄清此一日本佛教史觀之謬誤。湯氏所言「成實宗」、「毘曇宗」、「涅槃

—21—

因此，本章的討論重點主要有二：在第一節中嘗試以中國傳統僧侶的著作爲主，討論嘉祥吉藏在中國僧侶筆下所呈現出的形象與定位，藉之反省不同視域下所彰顯出的不同史實的意義；而在第二節中，則將討論何謂「三論宗」？乃至於吉藏爲「三論宗」代表人物等相關論述背後所可能涵藏的問題。

第一節　吉藏在中國傳統文獻中的形象

一、《續高僧傳》中的吉藏

中國佛教史料中，關於吉藏生平記載的主要文獻有二：一爲唐道宣（596～667）的《續高僧傳》，一爲吉藏的碑銘。提及嘉祥碑者，乃日本僧人安澄（763～814）的《中觀疏記》。〔註3〕然而該書對於嘉祥碑的採用，主要是用以討論吉藏生卒年及《中觀論疏》一書的繫年問題，〔註4〕除此之外，對於碑文中其他內容並未有特別提及之處。由於嘉祥碑已佚，無從查考其詳細記載，因此，以下主要通過道宣《續高僧傳》的觀點來討論吉藏在中國佛教史傳中所呈現出的歷史形象。〔註5〕

宗」等在中國不能算是「宗派」，此一意見大抵爲當今學界所認同。至於「三論宗」，湯氏則說它「雖已形成教派，但傳世甚短」，承認它爲當時隋唐存在過的宗派之一。然而，關於「三論宗」在中國能不能視爲一宗派，學界意見仍有分歧。相關問題請參見本章第二節的討論。

〔註3〕安澄（763～814）爲日本奈良時代乃至平安時代初期的三論宗學僧，所著《中觀疏記》一書爲吉藏《中論疏》的註釋書。

〔註4〕安澄《中觀疏記》指出，關於吉藏卒年之異說凡四，除《續高僧傳》記載吉藏卒於唐武德六年，享年75歲外，嘉祥碑載吉藏「自少迄長，歷經三代，即陳至大唐，並七十一歲」。至於《中觀論疏》的繫年問題，安澄曰：「出處不同。碑云仁壽二年，令出《淨名》、三論（《中論》、《百論》、《十二門論》）疏，〈百論序疏〉云大業四年。」本文對於吉藏生卒年之立場，採用《續高僧傳》之記載，此亦爲學界之通說；至於安澄所言《中觀論疏》繫年之問題，採取楊惠南的觀點，即仁壽二年，文帝敕令吉藏撰寫，而書成於大業四年。另，加補二則證據，吉藏在《中觀論疏》中自言：「以去仁壽三年三月二日，江南學士智泰來至皇朝，請述所聞，遂與其委釋，開爲十門」，又說：「大業四年更作一勢釋之」，可見仁壽二年《中觀論疏》一書尚未完成。（隋·釋吉藏：《中觀論疏》卷2、5；《大正藏》冊42，頁20上、85上）

〔註5〕本文以《續高僧傳·吉藏傳》爲底本，安澄《中觀疏記》、楊惠南《吉藏》、平井俊榮《中国般若思想史研究：吉藏と三論学派》三書爲主要輔助材料，進行討論。其中，關於《續高僧傳·吉藏傳》的引文，皆引自《大正藏》版

　　《續高僧傳‧吉藏傳》依其內容大抵可區分爲兩大主題：一爲吉藏生平的記敘，一爲道宣的評論。而在生平記敘中，則可將吉藏一生區分爲前、後二期：傳記中，「具戒之後，聲問轉高」一句以前是吉藏家世與師承的介紹，以後則是吉藏講經、佈道事業的開展。次序討論如下：

（一）吉藏的生平

1、家世與師承的介紹

　　《續高僧傳‧吉藏傳》首先提及吉藏家世及其習佛之因緣：

> 釋吉藏，俗姓安，本安息人也。祖世避仇移居南海，因遂家于交、廣之間，後遷金陵而生藏焉。年在孩童，父引之見於眞諦，仍乞詺之，諦問其所懷，可爲吉藏，因遂名也。

道宣指出，吉藏本姓安，先族乃安息國人，安澄《中觀疏記》進一步說吉藏是「安息國太子世高後裔」。〔註6〕吉藏先族爲避世仇而移居南海，交、廣之間（即今廣西、廣東一帶），後定居金陵（今南京）。吉藏即出生於金陵。《續高僧傳》並未提及吉藏之生母，而安澄《中觀疏記》則說其生母「憑氏乃揚州金陵里女」，〔註7〕又說：憑氏「夢有神人乘雲而至，因此降祥，俄而載誕」，〔註8〕生吉藏焉。此外，道宣提到「吉藏」一名乃眞諦法師（499～569）所取，所謂「年在孩童，父引之見於眞諦，仍乞詺之，諦問其所懷，可爲吉藏，因遂名也。」〔註9〕而爲吉藏取名的眞諦三藏，爲西印度優禪尼婆羅門族人，原於扶南國（今柬埔寨）弘道，受梁武帝（464～549）所派遣的巡訪大德、高僧的使者所請，北游中國，是南朝梁、陳之際一重要佛典翻譯家，在中國唯

　　　本，如無必要，茲不再另注出處。（唐‧釋道宣：《續高僧傳》卷11；《大正藏》
　　　冊50，頁513下～515上）

〔註6〕　日‧安澄：《中觀疏記》卷3；《續藏經》冊65，頁2中。

〔註7〕　同前註。

〔註8〕　同前註。

〔註9〕　據安澄補充指出，「吉藏」一名的可能解釋有三：「《述義》云：『言吉藏者，舉大師之諱字，雖無立名所以，而義准解之：吉則不二之法，以此爲藏，貯畜法寶，布施群生，故仍名之。』准此記文。今云吉藏者，中道正觀之法，名之爲吉；以此爲藏，貯畜法寶、財施與庶品，故云吉藏焉。有人傳云：『吉者，善也；藏者，攝持之義也。』」（日‧安澄：《中觀疏記》卷3；《續藏經》冊65，頁3中）又，楊惠南認爲安澄所載的第一、二種解釋含有深奧之三論宗哲理，非爲年幼時期的吉藏所能言，而第三說則較爲平近合理。（見氏著：《吉藏》，頁31，註95）

識學史上與唐玄奘（602？～664）前後呼應。雖然一生弘法心切的眞諦，其學說在生前並未受到時人的廣泛注意，但殁後，由學生慧愷（518～568）、法泰（生卒年不詳）等人的努力，形成了以《攝大乘論》爲中心的思想派別，史稱「攝論宗」，並進而影響了北方的地論學者。〔註10〕那麼，爲孩童時期的吉藏取名的眞諦，對於吉藏思想是否有著具體且關鍵的影響呢？考之吉藏著作，答案似乎是否定的。倒是眞諦弟子以降，圍繞著研究《攝大乘論》思想爲中心所形成的「攝論學派」，也是吉藏學說批評的對象之一。

吉藏對於大小乘經典與流派的態度，基本上是承繼著《大智度論》的觀點：對於流傳至中國的經典，其立場是擁護大、小乘經，以及大乘論，但卻批評小乘論。〔註11〕此外，實際上吉藏學說中的主要論敵是當時佛教界中同樣研究大乘經論的其他傳授體系中的「義學僧」，就三論宗的術語來說，稱呼他們爲「有所得大乘」。而《攝大乘論》傳譯到中國是以大乘論的角色出現的，所以並不爲吉藏所批評；他所攻擊的對象是當時研習《攝大乘論》的攝論學者，就他自己的話來說，這些學者是「得（《攝大乘論》）語，不得（《攝大乘論》）意」。以下這段文字最能代表吉藏對於《攝大乘論》與當時中國研習《攝大乘論》的學者二者間迥然有別的態度：

> 問：《攝論》親明有三無性，今云何破之？
>
> 答：天親一往對破性，故言無性耳，而學人不體其意，故執三無性。
>
> 二者，彼云無性者，明其無有性，非謂有無性，學人雖知無有性，
>
> 而謂有無性，故不解無性語也。〔註12〕

但是，另一方面，吉藏對於眞諦三藏的態度就不像對攝論學者那般，總是批評。第一，他在解釋經文時，有時會援引眞諦的說法以爲參考，但並不加以評論，如吉藏在整理經典上「正、像、末」三時諸異說時，其中之一，便是引用了眞諦的說法。關於此點，類似於《大智度論》在解釋《般若》經文那樣，關於一個議題或概念，常會以「復次」的用語，列舉多種說法，以爲知識性的引介，但並沒有對之加以評論。第二，則是在解釋經文時援引眞諦的說法，但表示懷疑或不同的意見，如《法華玄論》解釋「授記」時說：

〔註10〕 關於眞諦與攝論學派的研究，請參見聖凱：《攝論學派研究》（上）、（下）（北京：宗教文化，2006 年）

〔註11〕 參見本文頁 89～93。

〔註12〕 隋・吉藏：《中觀論疏》卷 7；《大正藏》冊 42，頁 107 中。

　　眞諦三藏翻《攝大乘》，明三種授記：一、當得記，從外凡至十迴向
　　當得佛；二、加行記，初地至七地增衆行；三、圓滿記，八地至佛
　　地。……三藏又出《中阿含》及薩婆多義，明凡欲至佛要三僧祇行
　　行：初僧祇行行猶退爲小乘，曰「不定位」；次二僧祇行行不退曰「定
　　位」；三僧祇斷見思惑，堪受記。今未詳此釋，與《釋論》及舊出小
　　乘義不相應也。〔註13〕

第三，吉藏曾在解釋《中論》所揭示出的重要主題「八不」時，〔註14〕介紹
了眞諦的教說。關於此記載，出現在吉藏後期的著作《中觀論疏》中。在相
關篇章裡，吉藏先是依著自身的師承傳統來解釋「八不」，後來才引了眞諦的
解釋，並且以爲眞諦的見解與他的主張相一致，吉藏說：

　　余至關內，得三藏師用《無上依經》意釋八不，今略述之。〔註15〕

又云：

　　眞諦三藏用《無上依經》及《攝大乘論》意，釋八不甚廣。今略取大
　　意耳。……八不之要，義顯於斯，與上諸解釋，無相違背也。〔註16〕

總之，吉藏在提及眞諦三藏時，雖不像在提及鳩摩羅什弟子，如僧肇、僧叡
等人的言論時那樣，總是引爲「確論」，但也不是一味批評；在吉藏著作中，
被他稱爲「成實師」的梁代三大家，法雲（467～529）、僧旻（467～527），
及智藏（458～522），吉藏對於他們論言的引用，其目的就只是爲了指摘他們
的謬誤，抨擊他們誤解「佛意」。此外，上文所引「余至關內，得三藏師用《無
上依經》意釋八不，今略述之」一句，還提供我們一個訊息，即眞諦對於思
想成熟以前的吉藏來說，應該只是一位幼年有緣面見的佛教高僧，本文未曾
找到眞諦對於吉藏思想之型塑有關鍵性影響的證據，誠如吉藏自己所說，他
入長安時，〔註17〕才進一步接觸了眞諦的學說。吉藏對於三論宗的主要論敵
「成實師」的作品，下過極大的苦工，其著作中嘗大量徵引以批評之；相較
來說，對於攝論學者與地論學者的批評，分量就少了許多，一般以爲是因爲

〔註13〕隋・吉藏：《法華玄論》卷7；《大正藏》冊34，頁420下～421上。
〔註14〕「八不」指《中論・觀因緣品》中的偈文，所謂「不生亦不滅、不常亦不斷、
　　　　不一亦不異、不來亦不出」。關於吉藏對於「八不」的解釋，可參見廖明活：
　　　　《嘉祥吉藏學說》第四章「吉藏論八不中道」，頁165～202。
〔註15〕隋・吉藏：《中觀論疏》卷2；《大正藏》冊42，頁33上。
〔註16〕同前註，卷2，頁34上。
〔註17〕吉藏入長安住日嚴寺是隋開皇十九年左右之事。吉藏時已五十一歲。參見下
　　　　文「講經、佈道事業的開展」一小節之討論。

他成名、入了長安以後才進一步接觸到這些思想的緣故。〔註18〕

　　在提及了吉藏孩提時與高僧眞諦的一面之緣後，緊接著，《續高僧傳》記述了吉藏習佛因緣來自於家庭環境的影響，所謂「歷世奉佛，門無兩事」。道宣花了不少筆墨來形容吉藏父親出家後「精勤篤謹」的修行態度：

　　（藏）父後出家，名爲道諒，精勤自拔，苦節少倫，乞食聽法，以
　　爲常業。每日持盂〔註19〕將還，跣足入塔，遍獻佛像，然後分施，
　　方始進之，乃至涕唾便利，皆先以手承取，施應食眾生，然後遠棄。
　　其篤謹之行，初無中失。

吉藏父親道諒在出家以後，時常將吉藏帶在身邊，同往興皇寺聽法朗（507～581）大師講疏佛經義理。在此期間，吉藏表現出超群的理解能力，不久，便依法朗出家：

　　諒恒將藏聽興皇寺道朗法師講，隨聞領解，悟若天眞，年至七歲，
　　投朗出家。〔註20〕

法朗是僧詮的得意四大弟子之一。法朗年輕時從僧詮於攝山學習，僧詮死後，出山居興皇寺，展開一生的教學工作。攝山是關河鳩摩羅什一系學說衰微之後，又一弘揚、發揮三論思想的重鎮。吉藏師承法朗，就此，結下了與三論教學的不解之緣。

　　吉藏講經特重師承。關於此點，學界常引吉藏在整理、批判各家佛性主張時，對於零根僧正的批評以爲證明。〔註21〕此外，吉藏在著作中，也常引法朗的說法，來作爲自己論說開展的依據，如《勝鬘寶窟》說：

　　家師朗和上，每登高座，誨彼門人，常云：「言以不住爲端，心以無

〔註18〕關於這裡所談的吉藏與其論敵間的種種問題，參見本文第二章的相關討論。

〔註19〕按，此字《新修大正藏》校勘作「鉢」。

〔註20〕關於吉藏幾歲出家投法朗門下，廖明活則有不同的意見。他指出，「續高僧傳本傳記吉藏七歲投法朗門。惟同書卷七法朗傳謂法朗於永定二年（五五八）奉勅入京，住興皇寺（大正藏卷五○、頁四七七中），則吉藏初會法朗時，最早不能年輕過十歲。安澄中論疏記卷一記藏『梁代初年十三歲出家』（大正藏卷六五、頁二中-下），似較爲可信。」（廖明活：《嘉祥吉藏學說》，頁4，註5）

〔註21〕吉藏說：「得佛理爲佛性者，此是零根僧正所用。此義最長，然闕無師資相傳。學問之體，要須依師承習。今問：以得佛理爲正因佛性者，何經所明，承習是誰？其師既以心爲正因佛性，而弟子以得佛理爲正因佛性者，豈非背師自作推畫耶？故不可用也。」（隋·釋吉藏：《大乘玄論》卷3；《大正藏》冊45，頁36下）

得爲主，故深經高匠，啓悟群生，令心無所著……」〔註22〕

而《淨名玄論》也云：

> 我師興皇和上，每登高坐，常作是言：「行道之人，欲棄非道，求於
> 正道，則爲道所縛；坐禪之者，息亂求靜，爲禪所縛；學問之徒，
> 謂有智慧，爲慧所縛……」〔註23〕

本文雖受限於文本條件及力求謹愼的心態此二因素，從而將吉藏的議論狹隘地視爲吉藏個人思想的呈現，不敢妄稱其思想能完全代表以攝山爲根據地所形成的「三論宗」，然讀者亦不可因此忽視師承對於吉藏之重要，亦即吉藏特出之義解思想並非單由個人特出能力「憑空」而來，其所從出的教學傳統也很重要。只是，因此學脈由吉藏往上追溯的其他重要學者的著作皆已亡佚，因之，其中異同與發展脈絡便就此隱晦不彰，難得疏理。

　　大概，成大器者，必有其過人之處。道宣記敘吉藏投入法朗門下以後，很快地便展露頭角，光芒耀眼：

> 採涉玄猷，日新幽致，凡所諮稟，妙達指歸，論難所標，獨高倫次，
> 詞吐瞻逸，弘裕多奇，至年十九，處眾覆述，精辯鋒遊，酬接時彥，
> 綽有餘美，進譽揚邑，有光學眾。

《續高僧傳》以「具戒之後，聲問轉高」一句結束了關於吉藏求學生涯的敘述，據安澄所引的說法，吉藏具戒，時年當在二十一歲。從此以往，猶如電影鏡頭之轉換，歲月忽倏，吉藏遂搖身一變，成爲一名「入如來室、著如來衣、坐如來座」，〔註24〕始而弘經開道的大法師。

　　在進入「講經、佈道事業的開展」一節前，本小節尚有一個意思要表明，即關於吉藏師承習學一事。雖然有關「三論宗」系譜等問題在第二節中才會有實質的涉入，然而吉藏師承法朗一事在南北朝佛教史上可能象徵的意義也許可以在此先行得到說明。就《高僧傳》的記載來看，梁代以前的著名義解僧侶，並非都只是師承一家之說，他們通常由遊歷諸寺，訪尋名師，也許毘

〔註22〕隋・吉藏：《勝鬘寶窟》卷上；《大正藏》冊37，頁5下。
〔註23〕隋・吉藏：《淨名玄論》卷3；《大正藏》冊38，頁874中。
〔註24〕此處援用鳩摩羅什譯《妙法蓮華經》之用語，其文爲「藥王！若有善男子、善女人，如來滅後，欲爲四眾說是《法華經》者，云何應說？是善男子、善女人，入如來室，著如來衣，坐如來座，爾乃應爲四眾廣說斯經。如來室者，一切眾生中大慈悲心是；如來衣者，柔和忍辱心是；如來座者，一切法空是。安住是中，然後以不懈怠心，爲諸菩薩及四眾廣說《法華經》。」（姚秦・鳩摩羅什譯：《妙法蓮華經》；《大正藏》冊9，頁31下）

曇學問得自於此，《涅槃》義解則出自於彼。以《高僧傳・宋京師莊嚴寺釋曇斌》為例，慧皎（497～554）寫道：

> 釋曇斌，姓蘇，南陽人。十歲出家，事道禕為師。始住江陵新寺，聽經論，學禪道，覃思深至，而情未盡達，夜夢神人謂斌曰：「汝所疑義，遊方自決。」於是振錫挾衣，殊邦問道。初下京師，仍往吳郡，值僧業講《十誦》，飡聽少時，悟解深入。後還都從靜林法師諮受《涅槃》，又就吳興小山法珍，〔註25〕研訪《泥洹》、《勝鬘》。晚從南林法業受《華嚴》、《雜心》。既遍歷眾師，備聞異釋，迺潛思積時，以窮其妙，融冶百家，陶貫諸部，於是還止樊鄧，開筵講說。〔註26〕

然而，吉藏師事法朗，並非只學一經一論，此教學傳統自有他們對於諸佛教經論的特殊看法與立場。吉藏之學，號稱「破邪顯正」，〔註27〕不僅貶抑外道，更極抗拒、排斥當時佛教內部其他教學傳統中的僧侶。表面上，三論學者欲藉由破斥他家言論以期彰顯佛陀教說之「真意」，實際上，則為捍衛自身思想之傳統，因為沒有一個教團、學統或個人會認為自身的思想或思想體系乃背離於佛陀「真意」。吉藏學統中，此一排他、單行往上，沒有岔路的師承意識，正是為什麼學界質疑「三論宗」在中國是否稱得上是一「宗派」的同時，卻也不敢輕率做出斷然否定的重要因素之一。這也是為什麼即使否認了它作為一宗派的角色，部分學者還是要強調「三論宗」在隋唐宗派正式成立之前所具有的過渡性格的重要性。

2、講經、佈道事業的開展

關於成年後的事蹟，《續高僧傳》的記敘集中在吉藏入隋以後的發展。在他二十一歲（569）具戒後，乃至陳滅於隋（589）的這段期間，道宣只說其「具戒之後，聲問轉高。陳桂陽王欽其風采，吐納義旨，欽味奉之。」因此，

〔註25〕按，「珍」，《新脩大正藏》校勘作「瑤」。吳興小山釋法瑤者，慧皎《高僧傳》有傳。

〔註26〕梁・慧皎：《高僧傳》卷7；《大正藏》冊50，頁373上。又如宋・慧觀「弱年出家，遊方受業，晚適廬山，又諮稟慧遠。聞什公入關，乃自南徂北，訪覈異同，詳辯新舊」；梁・智秀「及年滿具戒，業操逾堅，稟訪眾師，搜檢新異，於是大、小兼明，數論精熟，尤善大、小《涅槃》、《淨名》、《波若》。」（梁・慧皎：《高僧傳》卷7、8；《大正藏》冊50，頁368中、380下）

〔註27〕參見前田慧雲著、朱元善譯：《三論宗綱要》（臺北：廣文，1992年），第三章第一節「破邪顯正」（頁69～94）。

吉藏二十一歲到四十一歲間的經歷，在文獻記載上便顯得較為隱晦。在〈吉藏傳〉末段，道宣對於吉藏進行評價時提及他曾於隋滅陳之際的戰禍中「率其所屬，往諸寺中，但是文疏，並皆收聚。」由「陳桂陽王欽其風采，吐納義旨，欽味奉之」及此一文據來看，吉藏在陳代當已成為一位能獨當一面的講疏佛典、弘揚佛道的法師了。然而，同樣依據《續高僧傳》的記載，吉藏的老師法朗去世於陳太建十三年（581），吉藏時年三十三歲，則吉藏之講經、宣道，究竟始於法朗生前或其後，以及法朗與吉藏是否曾同居興皇寺講學？諸等問題便難有斷言。〔註28〕

　　隋平定陳國，一統天下，乃至隋廢唐興的這段期間，《續高僧傳》記載吉藏講學、授道，曾居止過三座佛寺：嘉祥、慧日，以及日嚴寺。

　　首先是嘉祥寺。道宣說：

　　隋定百越，遂東遊秦望，止泊嘉祥，如常敷引，禹穴成市，問道千
　　餘，志存傳燈，法輪相繼。

嘉祥寺者，乃東晉太元年間，郡守瑯琊王薈所建，位於浙江會稽。撰有《高僧傳》一書的慧皎亦嘗居於此，故而有「嘉祥慧皎」之稱。所謂「禹穴」，平井俊榮說是「會稽山上的洞穴」的意思。〔註29〕漢・司馬遷（前135～前87）在〈太史公自序〉中曾提及自己「二十，南遊江淮，上會稽，探禹穴」。南朝宋・裴駰《史記集解》則引三國魏・張晏的話，解釋「禹穴」之意為「禹巡狩至會稽而崩，因葬焉。上有孔穴，民間云禹入此穴。」而張勃《吳錄》在解釋「會稽山」之得名時，則說「本名苗山，一名覆釜，禹會諸侯計功，改曰會稽。上有孔，號曰禹穴也。」〔註30〕〈吉藏傳〉中所謂「禹穴成市」的「禹穴」應當指會稽山上某處之地名，當如今之遊覽勝地，非單指一洞穴名也。〔註31〕

〔註28〕在前文「家世與師承的介紹」一小節中，筆者嘗徵引《續高僧傳》文句，曰：「至年十九，處眾覆述，精辯鋒遊，酬接時彥，綽有餘美，進譽揚邑，有光學眾。」其中，所謂「覆述」當指「覆述法朗講經之語」，稱不得吉藏已開始獨當一面的講論佛經。吉藏之講經，不知在法朗門下已有之，還是等到法朗去世後才開始。而入隋以前，吉藏是否一直待在興皇寺，還是曾移居他處講經？諸等問題，就現有的文獻來說，難以論斷。
〔註29〕平井俊榮：《中国般若思想史研究：吉蔵と三論学派》，頁347。
〔註30〕以上諸說引自日・瀧川龜太郎：《史記會注考證》（臺北：洪氏，1981年），頁1369左上欄。
〔註31〕在佛教的傳記中，如《高僧傳》、《續高僧傳》，「禹穴」也是僧侶時常遊覽、

　　吉藏嘉祥寺的起始，《續高僧傳》說是「隋定百越，逐東遊秦望，止泊嘉祥」。隋滅陳當在開皇九年（589），所以，吉藏居嘉祥乃四十一歲以後之事。他在嘉祥寺弘法約莫七、八年的時間，道宣說是「如常敷引，禹穴成市，問道千餘，志存傳燈，法輪相繼。」道宣的記敘提供給我們三個訊息：「如常敷引」當指吉藏在戰亂平定後，又恢復了如常的開演佛典義理、引領後學的事業，則入隋以前，吉藏無疑已是一位「著如來衣，坐如來座」，弘經開道的法師；而所謂「禹穴成市，問道千餘」則表明吉藏之講學，已得到特定之關注，頗受慕道者歡迎；最後，「志存傳燈，法輪相繼」，關於此點，可以與吉藏在陳、隋交亂之際，率領生徒至各寺院收集經論文疏此一舉措，合起來看。採廣義的解釋的話，吉藏所欲傳、繼的，當為先代僧侶講演佛經的傳統，而此一傳統的共同目標即在於維護、闡揚佛陀「真意」；狹隘地說，他所欲承繼的，實際上只是法朗一系的教學傳統，他要闡揚的，其實是自身師門視域下的「佛陀真意」。〔註32〕

　　第二，居慧日寺。道宣說：

　　　開皇末歲，煬帝晉蕃置四道場，國司供給，釋、李兩部，各盡搜揚。

　　　以藏名解著功，召入慧日，禮事豐華，優賞倫異。

慧日寺，位於江蘇揚州，為隋晉王楊廣所建立的四大道場之一，〔註33〕建立的目的之一在於搜羅、供養聞名於各地的佛教僧侶，《續高僧傳‧智脫傳》有言：

　　　煬帝作牧邗江，初建慧日，盛搜異藝，海岳搜揚。〔註34〕

吉藏住慧日寺的時間並不長，據平井俊榮所考，當在開皇十七年（597）九月至開皇十九年（599）二月之間，約一年半多的時間，即吉藏四十九歲至五十

遊學、講學之勝地，如《高僧傳》說竺法曠「晉興寧中，東遊禹穴，觀矚山水」，說釋智順「後東遊禹穴，止于雲門精舍」；《續高僧傳》則記釋智藏「永元二年，重遊禹穴，居法華山，結眾弘業」。（梁‧釋慧皎：《高僧傳》卷5、8；《大正藏》冊50，頁356下、381中。唐‧釋道宣：《續高僧傳》卷5；《大正藏》冊50，頁466上）

〔註32〕這裡，廣義與狹義的解釋，實際上顯現出一種競合。一方面，僧侶們都是以「弘法」為職志的，在與外道抗衡的前提下，僧侶們此一「弘法」的目的可以說是相一致的；然而，另一方面，就佛教內部來說，僧侶與僧侶間，不同傳統與不同傳統間，所謂「弘法」，則又存在著競爭的關係。

〔註33〕隋稱「寺」為「道場」。關於此四大道場，唐‧法琳（572～640）《辯正論》有言：「揚州造慧日道場，長安造清禪寺、日嚴寺、香臺寺。」（唐‧法琳：《辯正論》卷3；《大正藏》冊52，頁509下）

〔註34〕唐‧釋道宣：《續高僧傳》卷9；《大正藏》冊50，頁499上。

一歲間之事。〔註35〕道宣說，晉王召吉藏入「慧日」，並且「禮事豐華，優賞倫異」。於此可知，當時吉藏作爲一位佛教僧侶，乃擁有王權之支持。無論何時、何地，任何一種宗教之發展，與政治之關係都難以是兩條無有交錯的平行線。同樣的，佛教的發展，有時有來自於政治上的支持，有時卻是壓迫；而個別僧侶對於王權之態度，以及與王權的關係，則也有深、淺之別。〔註36〕吉藏受召入慧日道場，顯見其名已爲楊廣所注意；其後，楊廣北上入京，攜帶之僧侶，吉藏亦名列之中，其光耀自然更甚。吉藏中晚年受到王室之優渥供養，多少也影響了他的思想。

　　吉藏在隋代最後一個居止的道場是日嚴寺。開皇十九年（599），楊廣北上入京，同行帶了一批各有威名的僧侶，其中之一便是吉藏：

> 王又於京師置日嚴寺，別教延藏，往彼居之，欲使道振中原，行高帝壤。

三寺中，吉藏住日嚴寺的時間最長，直到大業十四年（618），唐高祖入主長安止，約莫有十九年的時間，時吉藏已屆七十高齡。而待在日嚴寺的這段時間，大概也是吉藏最意氣風發的時期，道宣形容他初入首善之都的景況是：

> 既初登京輦，道俗雲奔，見其狀則傲岸出群，聽其言則鍾鼓雷動。
> 藏乃遊諸名肆，薄示言蹤，皆掩口杜辭，尟能其對。

在這段期間裡，道宣記載了吉藏曾參與曇獻禪師慈善事業，所謂「藏法化不窮，財施填積，隨散建諸福田，用既有餘，乃充十無盡。藏委付曇獻，資於悲敬」；此外，也提及其福力之強，能動物心。〔註37〕再則，也難得地記敘了吉藏晚年的日常修行舉措，爲後世研究吉藏修行方面的相關問題，提供了寶貴材料：

> 晚以大業初歲，寫二千部法華，隋曆告終，造二十五尊像，捨房安

〔註35〕平井俊榮：《中国般若思想史研究：吉蔵と三論学派》，頁349。

〔註36〕以同寫下佛教僧傳而聞名後世的慧皎及道宣爲例。關於慧皎之本傳，並未提及他與皇權之關係，道宣本人雖極推崇《高僧傳》一書，但對於慧皎之生平，卻只能書下「後不知所終」五字；而在贊寧筆下，道宣去世時，卻有「高宗下詔，令崇飾圖，寫宣之眞，相匠韓伯，通塑續之。」兩相對比，顯見二者與王權親疏遠近之關係。（唐·釋道宣：《續高僧傳》卷6；《大正藏》冊50，頁471中。宋·釋贊寧：《宋高僧傳》卷14；《大正藏》冊50，頁791上）

〔註37〕所謂「逮仁壽年中，曲池大像，舉高百尺，繕修乃久，身猶未成，仍就而居之，誓當搆立，抽捨六物，并託四緣，旬日之間，施物連續，即用莊嚴，峙然高映，故藏之福力，能動物心，凡有所營，無非成就。」

> 置，自處卑室，昏曉相仍，竭誠禮懺。又別置普賢菩薩像，帳設如
> 前，躬對坐禪，觀實相理，鎮累年紀，不替於茲。

然而，關於吉藏居日嚴寺這段期間的記載，最重要的則在於「論辯」此一主題。隋煬帝為晉王時所設之四道場，其中，揚州之慧日成為當時江南名僧薈萃之重地，而長安所置之三寺，當以日嚴最為有名。當時長安最重要的一座佛教寺廟非「大興善寺」莫屬，據藍吉富指出：「大興善寺與文帝之關係頗不尋常。文帝一生，也以該寺為其弘法事業的中心，而該一伽藍儼然成為開皇仁壽期間的隋朝國寺。」〔註38〕晉王楊廣在長安設立日嚴寺時，嘗敦請大興善寺的重要住僧彥琮（557～610）移居日嚴，道宣說是：

> 降禮延請，永使住之。由是朝貴明哲，數增臨謁，披會玄旨，屢發
> 信心。〔註39〕

則楊廣經營日嚴之用心可見一般。無論晉王當時招攬名僧只是單純為了宣揚佛法，還是別有用心，被招攬來的各具長才、各享盛名的僧侶們，倒因此有了彼此交流的機會。然而，匯集於長安的各具擅場的僧侶們，表面上雖說是擁有了交流、切磋的機會，實際上，彼此間卻也產生了競爭關係。這種競爭關係在文獻記載上最明顯的表現乃是僧侶間對於佛教義理的論辯。道宣就說，吉藏入住日嚴寺後，齊王亦聞得他講經道義之盛名，然心有所疑，頗懷屈折之意：

> 有沙門吉藏者，神辯飛玄，望重當世，王每懷摧削，將傾折之。
> 〔註40〕

又說，齊王前後嘗延請論士達六十餘人，皆敗於吉藏口下：

> 屈臨第并延論士，京輦英彥相從，前後六十餘人，並已陷折前鋒。

於是，齊王終於在大業五年，「令名自著者，皆來總集」，「盛引論士三十餘人，令藏登座，咸承群難。」〔註41〕其中，最有名者乃自號「三國論師」的僧粲（529～613），他與吉藏往來詰難數十回，終敗下陣來。〈吉藏傳〉中說：

> 時沙門僧粲，自號三國論師，雄辯河傾，吐言折角，最先徵問，往

〔註38〕藍吉富：《隋代佛教史述論》，頁14。此外，關於隋代大興善寺的介紹，亦可參見王亞榮：〈大興善寺與隋代佛教〉，收錄於隋唐佛教學術討論會編：《隋唐佛教研究論文集》（西安：三秦，1995年3月），頁6～29。

〔註39〕唐・釋道宣：《續高僧傳》卷2；《大正藏》冊50，頁437上。

〔註40〕唐・釋道宣：《續高僧傳》卷9；《大正藏》冊50，頁500下。

〔註41〕同前註。

還四十餘番，藏對引飛激，注瞻滔然，兼之間施體貌，詞采鋪發，合席變情，赧然而退。〔註42〕

不過，吉藏之講義論道也不總是佔有上風，道宣在〈智脫傳〉中就說：

及獻后既崩，福事宏顯，乃召日嚴英達五十許人，承明內殿，連時行道。尋，又下令講《淨名經》，儲后親臨，時為盛集。沙門吉藏，命章元坐，詞鋒奮發，掩蓋玄儒，道俗翕然，莫不傾首。脫以同法相讓，未得盡言。藏乃顯德自矜，微相指斥。文至三解脫門，脫問曰：「三解脫門以何箭射？」藏曰：「未解彎弧，何論放箭？」脫即引據徵勘，超拔新奇，遂使投解莫從，處坐緘默。〔註43〕

吉藏受晉王楊廣之召，先入慧日，後隨赴首都長安，住日嚴寺，顯見吉藏之聲名已受到當時佛教界之肯定，可謂「榮極一時」；然而另一方面，貴為佛教重鎮的長安，想必也是思想紛呈、人才輩出，不同學統出身的僧侶，其思想主張及彼此間存在著的競爭關係，對於吉藏當有一定程度的影響，這也是研究吉藏思想行為不可忽視的背景因素之一。

根據〈續高僧傳〉的記載，吉藏入唐之後仍受皇朝之青睞，道宣說：

及大唐義舉，初屆京師，武皇親召釋宗，謁于虔化門下。眾以藏機悟有聞，乃推而敘對曰：「惟四民塗炭，乘時拯溺，道俗慶賴，仰澤穹旻。」武皇欣然勞問勤勤，不覺影移，語久，別勅優矜，更殊恒禮。

入唐以後，吉藏居有實際、定水、會昌、延興四寺，皆在長安。時，吉藏已漸日薄西山，所謂「年氣漸衰，屢增疾苦」，「自揣勢極難瘳，懸露非久」，最終，於武德六年五月（623），寂於延興寺，享年七十五歲。道宣敘述吉藏去世時的景況乃言：

東宮以下諸王公等，並致書慰問，並贈錢帛。今上初為秦王偏所崇禮，乃通慰曰：「諸行無常，藏法師道濟三乘，名高十地，惟懷弘於般若，辯囿包於解脫，方當樹德淨土，闡教禪林，豈意湛露晞晨，業風飄世，長辭奈苑，遽掩松門，兼以情切緒言，見存遺旨，迹留

〔註42〕〈僧粲傳〉中，對於勝負，道宣則說得較為含蓄：「粲為論士，英革命章，標問義筵，聽者謂藏無以酬及；牒難接解，謂粲無以嗣。往還抗敘四十餘翻，藏猶開析不滯，王止之，更令次座接難，義聲纏卷，粲又續前難，勢更延累，問還得二三十翻，終于下座，莫不齊爾。時人異藏通贍坐制勍敵，重粲繼接他詞，慧發鋒挺。」（同前註）

〔註43〕唐·釋道宣：《續高僧傳》卷9；《大正藏》冊50，頁499上。

人往，彌用悽傷。」乃送於南山至相寺。時屬炎熱，坐于繩床，屍
不催〔註44〕臭，加〔註45〕趺不散。弟子慧遠樹續風聲，收其餘骨，
鑿石瘞于北巖，就而禪德。

（二）道宣的評論

道宣對於吉藏的評價實有褒有貶。第一，道宣肯定了吉藏在陳、隋交亂
之際，有意識地率領僧徒前往各寺院搶收危在旦夕的經典文疏，保存文獻有
功之餘，也豐實了自身學識：

在昔陳、隋廢興，江陰凌亂，道俗波迸，各棄城邑，乃率其所屬，
往諸寺中，但是文疏，並皆收聚，置于三間堂內，及平定後，方洮
簡之，故目學之長，勿過於藏，注引宏廣，咸由此焉。

再則，在《續高僧傳》中，道宣則依據吉藏的特出之處，將他的傳記安置於
「義解」一類。在僧傳中，依據僧人之特點進行分類的，就現存完本的文獻
來看，始於慧皎的《高僧傳》，而道宣《續高僧傳》與贊寧《宋高僧傳》即承
其遺緒。慧皎說「義解」僧侶的重要性在於「至若慧解開神，則道兼萬億。」
〔註46〕在中國，「義解」此一概念，是圍繞著漢譯佛典而有的，其意思約莫可
解釋成「解佛典文句之意義」。姑且不論具有神秘性格的「天啟式」教授傳統，
佛教東傳至中國及其發展，最主要依靠的仍是「語言文字」此一傳授媒介，
而搜羅於日人編纂的《大正新脩大藏經》中的龐大著作，則體現了這一事實。

圍繞著漢譯經典而產生的義學僧侶，他們主要的工作便在於探求佛陀透
過「語言文字」此一媒介所要傳達予眾生的訊息之究竟。這一種對於「真意」
的探求，由一位義學僧之生命歷程觀之，可以體現為幾個層面：在孩童、青
年時期，作為學生的身分，借助老師之力，研習、探問經典文義；待至思想
成熟，能獨當一面時，則又步上其師之途，轉換為師傅的身分，展開教學工
作，開演佛經，將自身所理解與體會到的「箇中精義」，傳授給後進之輩；另
一方面，則是僧祐（445～518）所說的「弘道明教」的工作，亦即捍衛「佛
教」（佛陀之教），以防「拔本之迷」、「朱紫之亂」：

昔如來在世，化震大千，猶有四魔稽忿，六師懷毒，況乎像季，其可
勝哉！自大法東漸，歲幾五百，緣各信否，運亦崇替，正見者敷讚，

〔註44〕按，「催」此字《新脩大正藏》校勘作「摧」。
〔註45〕同上，「加」《新脩大正藏》校勘作「跏」。
〔註46〕梁・釋慧皎：《高僧傳》卷14；《大正藏》冊50，頁419上。

邪惑者謗訕，至於守文曲儒，則拒爲異教，巧言左道，則引爲同法；
拒有拔本之迷，引有朱紫之亂，遂令詭論稍繁，訛辭孔熾。夫鷅旦鳴
夜，不翻白日之光；精衛銜石，無損滄海之勢。然以闇亂明，以小罔
大，雖莫動毫髮，而有塵眠聽，將令弱植之徒，隨偏辯而長迷，倒置
之倫，逐邪說而永溺；此幽塗所以易墜，淨境所以難陟者也。〔註47〕

這裡，僧祐之立意，只在斥拒外道，然而，實際上，義學僧護衛佛說所進行
的辯論舉措，除抗拒外道之外，應當還涵括了佛教內部不同思想或思想傳統
間的爭執。

道宣除提及吉藏講學、疏論不輟外，〔註48〕對於吉藏的評價，則說：

初藏年位息慈，英名馳譽，冠成之後，榮扇逾遠，貌象西梵，言寔
東華，含嚼珠玉，變態天挺，剖斷飛流，殆非積學，對晤帝王，神
理增其恒習，決滯疑議，聽眾忘其久疲。

接著，道宣也提及了吉藏的缺失：

（吉藏）愛狎風流，不拘檢約，貞素之識，或所譏焉，加又縱達論
宗，頗懷簡略，御眾之德，非其所長。

「御眾之德，非其所長」，就現在的話來說，吉藏頗不具有領導者的特質與能
力，而所謂「愛狎風流，不拘檢約」，在修行上則顯示爲並不嚴明克己，與其
父道諒「精勤自拔，苦節少倫」的態度迥然有別。藍吉富嘗依據此一批評，
進一步對於吉藏之品評有所發揮，他說：

道宣是隋唐間的律學名僧。其《續高僧傳》中，對諸名僧並不輕易
貶抑。然而對一代大德吉藏之品評則如此，可見吉藏在隋唐間佛教
界裏，給人的印象並不算好。平心而論，就其人一生的風格來衡量，
吉藏也許可算是一個出色的學僧，但卻不能算是高僧。從宗教的立
場看，他不惟不如智顗，即擬諸三階教的信行，也若有缺憾。對於
佛教義學的素養，吉藏固然遠超過信行。然而就獻身於佛教的熱忱
而言，他是遠不足信行之「生命與信仰合一」的。〔註49〕

藍氏立論，雖不能說是偏頗，然若細而究之，則吉藏之作爲與態度，實深有

〔註47〕梁·釋僧祐：《弘明集》卷1；《大正藏》冊52，頁1上。
〔註48〕所謂「講三論一百餘遍，《法華》三百餘遍，《大品》、《智論》、《華嚴》、《維
摩》等各數十遍，並著玄疏，盛流於世。」
〔註49〕藍吉富：《隋代佛教史述論》，頁191～192。

所以。關於此，或許遠非單就「生活優渥」與「個性使然」等因素便能妥適解釋，因為吉藏諸此外顯之行為，實有其內在思路、理據以為依持。〔註50〕

二、中國其他佛教著作中的吉藏

在《續高僧傳》中，〈吉藏本傳〉之外，道宣除談及吉藏與其他僧侶辯論的情形，在〈釋智拔〉、〈釋智凱〉、〈釋智實〉等傳中，吉藏則扮演著師長的角色；而在〈釋慧贖〉中，就同為講演佛經的法師此一身分來說，吉藏則流露出與慧贖的相惜之意。然而，在繼《續高僧傳》而起的贊寧《宋高僧傳》裡，吉藏便完全失去了蹤影。爾後，如《法華靈驗傳》、《法華經顯應錄》等弘揚專經的傳記，雖亦有關於吉藏的記載，然皆乃傳抄、節錄自《續高僧傳》，並沒有其他新添材料。

在中國，除史傳以外，吉藏身影並不易見，不如天台智者，有其徒子徒孫前仆後繼的著述傳世，型塑、維持及愈發鞏固了他在中國佛教史中的形象與地位。同樣的情況，對吉藏來說，卻發生在日本，而不在中國。中國僧人筆下，提及吉藏者，主要出現於隋唐如法藏（643～712）、窺基（632～682）、澄觀（738～839）、湛然（711～782）等義學僧侶注疏佛典的著作中，但為量甚少。在這些著作中，吉藏究竟扮演著什麼角色，具有怎樣的功用呢？

在法藏、窺基等人的筆下，是在解釋經中文句時，嘗引述到吉藏的說法，如同前文提到的吉藏言及真諦三藏之處，其一乃援引其說法以為參考那樣，視之為眾多解釋中的一種，聊備一格。窺基在《妙法蓮華經玄贊》中分判《法華經》諸品，備列諸說時有言：

> 古遵法師云：「二十八品分為二文。初之一品，明如來起化由序；餘二十七品，辨其正化。……」吉藏師云：「初一品名序分；次十五品半名正宗；至分別功德品初，格量頌末以來，明乘權‧乘實……」
> 淨法師云：「初一品名序分；次十九品名正宗……」〔註51〕

而慧沼（651～714）則在《法華玄贊義決》中解《妙法蓮華經》經名時，以問答的形式說：

> 上解妙法，次解喻者，華有眾多，何故獨舉蓮華為喻？
> 答：吉藏法師云：「略有三義；一者離喻，二合喻，三者通喻。言離

〔註50〕參見本文第六章第二節的相關討論。

〔註51〕唐‧釋窺基：《妙法蓮華經玄贊》卷1；《大正藏》冊34，頁661上-中。

喻者，一明此華不有而已，有則華、實俱合，此經不說而已，說則
因、果雙舉，故以蓮華喻於因、果……」〔註52〕

然而，此類引用，皆可視爲知識性之舉列，尚不足以就此推估諸僧侶在思想
上，因激盪融通，而受吉藏學說深刻之影響。

其中，吉藏論說裡，具有相當之特色而被當時義學僧侶所引介，因而流
傳於後世者，乃爲「三輪說」。〔註53〕這是屬於判教議題方面的理論。法藏在
《華嚴經探玄記》中談及判教議題，列舉古來十家說法時，便提及吉藏。他
說：

初中，古來諸德立教多端，難以具顯，略敘十家，以成龜鏡。……
八、唐吉藏法師立三種教，爲三法輪：（一）根本法輪，即《華嚴經》
最初所說；（二）枝末法輪，即小乘等於後所說；（三）攝末歸本法
輪，即《法華經》四十年後說迴三入一之教。具釋如彼。〔註54〕

而澄觀在《大方廣佛華嚴經疏》中也提到了吉藏此三輪說，且有所批評：

……三、隋末唐初吉藏法師，依《法華》第五，立三種法輪：（一）
始見我身，聞我所說，即皆信受，入如來慧，即根本法輪；（二）除
先修習學小乘者，即枝末法輪；（三）我今亦令得聞是經，入於佛慧，
即攝末歸本法輪。此判全約化儀，據法但有大、小，然《法華》爲
於一類，開顯本末，若將定判一代聖教，收義不盡，以《法華》之
前，亦有大故，豈《般若》等皆爲枝末。〔註55〕

以上，大抵便是吉藏出現在義學僧侶著作中的主要原因。

復次，本小節所要處理的，還有吉藏與天台宗交涉的問題。吉藏之身影，
在天台歷代著作中，時可見其蹤跡：吉藏在後世天台門人的眼中，誇張言之，
則爲一名幡然大悟、棄師改宗、歸正的僧人。以天台宗立場所編纂的史書《佛
祖統紀》爲例，作者志磐（生卒年不詳）在處理天台譜系問題時，便將吉藏
劃歸爲五祖安章大師灌頂底下旁出之支系。〔註56〕在中文學界，最早注意到
法朗、吉藏師徒與天台智顗、灌頂間的關係的，應爲呂澂的《中國佛學源流

〔註52〕唐・釋慧沼：《法華玄贊義決》卷1；《大正藏》冊34，頁861中。
〔註53〕關於吉藏判教理論「二藏三輪說」的概要說明，請參見前田慧雲著、朱元善
　　　　譯：《三論宗綱要》第二章第二節「二藏三輪」（頁52～62）。
〔註54〕唐・釋法藏：《華嚴經探玄記》卷1；《大正藏》冊35，頁110下。
〔註55〕唐・釋澄觀：《大方廣佛華嚴經疏》卷1；《大正藏》冊35，頁509中。
〔註56〕宋・釋志磐：《佛祖統紀》卷10；《大正藏》冊49，頁201上。

略講》。灌頂爲其師智顗所編寫的《隋天台智者大師別傳》提及，智顗在陳代，初於首都金陵嶄露頭角時，法朗曾派弟子前往「討教」，灌頂說：

> 興皇法朗盛弘龍樹，更遣高足，構難累旬，磨鏡轉明，揩金足色；
>
> 虛往旣實，而忘反也；好勝者，懷愧不議而革新，斯之謂歟。〔註57〕

呂澂說，文中所謂「高足」，也許有吉藏在內。〔註58〕然此說當爲揣測，沒有進一步之證據以供檢視。另一方面，關於這段揚己薄彼的敘述，呂澂還指出：「這當然是作傳的人誇張的說法，實際情況不一定就是這樣，不過這裏面反映了兩家是有過交往的這一事實的。」〔註59〕一般說來，記敘不免含有主觀或維護的心態，如吉藏在評判各家學說時，他家論說，或多或少，總是有錯，自己或師承之說卻從沒墮入負方。然而，我們也無從否認，灌頂此段敘述表明了當時智顗與法朗之間所存在著的競爭關係，雖則也許並不激烈。

至於吉藏與天台的關係，灌頂《百清國錄》收錄的吉藏寫給智顗的三封書信，字裡行間，崇敬之意頗重，如第二封信全文言：

> 吉藏啓景：上至奉師慈旨，不勝踊躍，久願伏膺甘露，頂戴法橋。
>
> 吉藏自顧慵訥，不堪指授，但佛日將沈，群生眼滅，若非大師弘忍，何以剋興？伏願廣布慈雲，啓發蒙滯。吉藏謹當竭愚，奉稟誨誘，窮此形命，遠至來劫。伏願大師密垂加授，夏亦竟即馳覲。今行遣智照諮問。謹啓〔註60〕

此外，《百清國錄》亦載錄一封吉藏請智顗講《法華經》的信，所謂「謹共禪眾一百餘僧，奉請智者大師演暢法華一部。」〔註61〕信後署年開皇十七年八月二十一日，於時法朗已逝，而吉藏在金陵嘉祥寺，已是一位能獨當一面的講經法師了。另一方面，開皇十七年亦爲智顗辭世的前一年，《續高僧傳‧灌頂傳》中說「至（開皇）十七年，智者現疾，（灌頂）瞻侍曉夕，艱劬盡心」，

〔註57〕隋‧釋灌頂：《隋天台智者大師別傳》卷1；《大正藏》冊50，頁192下。又，此段引文乃有不易理解之處，宋‧曇照（生卒年不詳）《智者大師別傳註》則解釋道：「來難浮僞爲『虛』，往答則有據爲『實』，故使立難者得益而忘反。來難必欲勝，不意墮負，心懷愧恥，雖愧恥且不敢議而去舊執，乃得獲新聞。此之說也。」（宋‧曇照：《智者大師別傳註》卷1；《續藏經》冊77，頁663中）

〔註58〕呂澂：《中國佛學源流略講》（臺北：里仁，1998年），頁186。

〔註59〕同前註。

〔註60〕隋‧釋灌頂：《百清國錄》卷4；《大正藏》冊46，頁821下～822上。

〔註61〕同前註。

〔註62〕則吉藏請講之時，天台山上的智顗已有疾在身，未能赴約。〔註63〕

再則，《續高僧傳・灌頂傳》還提及了灌頂與吉藏的關係，此段記敘當為《佛祖統紀》劃歸吉藏為灌頂門下旁出支系之依據所在，道宣說：

> 開皇十一年，晉王作鎮揚州，（灌頂）陪從智者戾止邗溝，居禪眾寺，為法上將，日討幽求。俄隨智者東旋，止于台岳，晚出稱心精舍，開講《法華》，跨朗、籠基，超於雲、印，方集奔隨，負篋屯湧。有吉藏法師，興皇入室，嘉祥結肆，獨擅浙東，聞稱心道勝，意之未許，求借《義記》，尋閱淺深，乃知體解心醉，有所從矣，因廢講散眾，投足天台，餐稟《法華》，發誓弘演。〔註64〕

此段引文記敘了智顗門下弟子灌頂以講《法華經》顯露聲名的經過。文中「跨朗、籠基，超於雲、印」，志磐《佛祖統紀》卷七中小註有云：

> 興皇朗師，齊山陰慧基撰《法華疏》，梁光宅法雲製疏講經，並見唐《續僧傳》，印師未詳。〔註65〕

而案查僧傳，「印」或即中興寺僧印（434～499），嘗講法華凡二百五十二遍。〔註66〕道宣乃是以法朗、慧基等人之威名來旁襯灌頂之特出。接著，道宣說：「獨擅浙東」的吉藏曾經向灌頂借過《義記》，閱讀之後，「乃知體解心醉，有所從矣」，於是，「廢講散眾，投足天台」。爾後，關於此一敘述，便不斷轉載於天台僧人的著作之中，因之，吉藏著作雖亡佚於中國，其思想不復為人所知，但是他「廢講散眾，投足天台」的形象，卻藉由天台學者之手，就此拓印在中國僧侶視域下的傳統中國佛教發展史上。

就現存的資料來說，吉藏與《法華經》的關係十分密切，在《續高僧傳・吉藏傳》中就有兩處提及《法華經》，其一為吉藏受召入長安時，所謂「然京師欣尚，妙重《法華》，乃因其利，即而開剖」；其二，道宣說吉藏終身講《法華》凡「三百餘遍」，比《中論》、《百論》、《十二門論》合計共百餘遍還多。而吉藏關於《法華經》疏解方面的著作亦豐，共有《法華玄論》、《法華義疏》、《法華遊意》、《法華統略》，及《法華論疏》等五部。然而，吉藏之解《法華》，

〔註62〕唐・釋道宣：《續高僧傳》卷 19；《大正藏》冊 50，頁 584 中。

〔註63〕《佛祖統紀》說：「八月，會稽嘉祥寺沙門吉藏百餘人奉疏請講《法華》，不赴。」（宋・釋志磐：《佛祖統紀》卷 6；《大正藏》冊 49，頁 184 上）

〔註64〕同註 55。

〔註65〕宋・釋志磐：《佛祖統紀》卷 6；《大正藏》冊 49，頁 187 上

〔註66〕梁・釋慧皎：《高僧傳》卷 8；《大正藏》冊 50，頁 380 中。

乃至於其後期思想之全部，是否受到灌頂或天台學說之重大影響，即是否真如道宣所言，吉藏「知體解心醉，有所從矣」，甚至於如志磬所說的「焚棄舊疏，深悔前作，來投章安，咨受觀法」，〔註67〕就此，呂澂則採取了否定的立場。就考據方面來說，呂澂認為吉藏從學灌頂之說未免附會：

> 據灌頂在《涅槃玄義》中自述經歷說，智顗回天台的時候，他尚在江西，智顗死的那年他才趕回天台，他秋天到，智顗冬天就死了。不久，他料理天台後事，並監工興建國清寺，沒有時間去會稽，更沒有時間講經了。再從年齡講，吉藏比灌頂大十幾歲，去聽灌頂講學也不大可能。〔註68〕

而就思想上言之，呂澂認為吉藏學說，如判教，雖不能說完全沒有受到天台的影響，但是總體而言，其著作中因襲天台議說的地方並不多見：

> 現存吉藏注釋《法華》的著作有好幾種，如《遊意》、《統略》、《玄論》、《義疏》等二十多卷，其中議論很少是因襲天台的。又從兩家的整個學說和方法論來看，他們是根本不同的。三論宗的方法論是著眼於「無所得」的，不但對「立」說如此，對「破」來說也是如此。他們既不執於「立」，也不執於「破」，都是以否定的方式來表達他們的觀點的。天台宗就不然，所謂「一念三千」的實相說，諸法當體就是實相等等，都是採取了肯定的方法論的。因此，決不能說吉藏講的《法華》是從天台那裏抄來的。天台人那麼說，只是為了抬高自己的身價而已。〔註69〕

歸結以上諸段論說，吉藏在《續高僧傳》中顯現為一位南方三論教學傳統所培養出來的特出的義解僧侶，入隋以後，一直受到皇家的青睞，居止長安諸寺院，從事講經教學工作，頗受盛名。而在其他佛教著作中，則當注意吉藏所扮演的兩個角色，一為隋唐義解僧侶在疏解經論時，知識性列舉異說的來源之一，但其思想主張並不具有關鍵性的影響力；二則是宋代以降，在天台僧人的認知中，吉藏遂成為一位幡然大悟，棄師改宗、歸正的天台學僧，至於其經解思想與主張，則湮滅無蹤，不再為傳統僧侶所認識。

〔註67〕宋·釋志磬：《佛祖統紀》卷10；《大正藏》冊49，頁202上。

〔註68〕呂澂：《中國佛學源流略講》，頁186～187。

〔註69〕同前註，頁187。此外，關於吉藏與天台交涉議題，日本學者頗有關注，相關研究介紹，參見岡部和雄、田中良昭編：《中国仏教研究入門》（東京：大藏，2006年），頁157～159。

第二節　吉藏與三論宗

一、「宗」字內涵及其外延的爭議

　　中國佛教史相關書籍論及佛教在南北朝乃至隋唐時期的發展時，通常會以專章或專節的形式來記述所謂「地論宗」、「攝論宗」、「涅槃宗」、「天台宗」、「華嚴宗」、「禪宗」等宗別之歷史。然而「某某宗」之「宗」字定義爲何？以及在中國歷史上，究竟存在過哪些「宗」？等問題，學者間卻有分歧之意見。

　　所言「宗」者，一般被視爲「宗派」的簡稱。20 世紀初期，蔣維喬依日人境野哲《支那佛教史綱》爲藍本所纂寫的《中國佛教史》一書，曾對日本傳統佛教觀點下的中國佛教宗派的區分，提出質疑，他說：

> 自佛教來華，所開宗派，羅什而後，凡十三種：即毘曇、成實、律、三論、涅槃、地論、淨土、禪、攝論、天台、華嚴、法相、眞言是也。此說爲日本凝然大德所著之《三國佛法傳通緣起》及《內典塵露章》所載；若此說信然，則隋唐以前，羅什以後，當已有《毘曇》、《成實》、《律》、《三論》、《涅槃》、《地論》、《淨土》、《禪》、《攝論》九宗。此種問題，大可研究。蓋隋唐以前，實尚未有所謂宗派。喜研究《三論》者，可謂爲以《三論》爲宗，然非可稱爲《三論》宗也。〔註70〕

而同樣注意到此一問題的還有湯用彤。湯氏在 1963 年發表的〈中國佛教宗派問題補論〉一文中的附記裡提及：

> 溯自二十多年前，我已懷疑「十宗」、「十三宗」的傳說。曾在拙著《漢魏兩晉南北朝佛教史》中稍加提及，並在講隋唐佛教史時，對於宗派問題亦有所論列，旋值抗戰，未能成稿。〔註71〕

湯氏對於中國佛教宗派問題進行考察研究的具體成果，始見於〈論中國佛教無「十宗」〉一文。此文刊登在大陸《哲學研究》期刊 1962 年第 3 期中。湯氏所持立場與蔣維喬相同，主要是反對日本傳統佛教對於中國佛教宗派論述

〔註70〕蔣維喬：《中國佛教史》（上海：上海古籍，2004 年），頁 50。又，蔣氏此書雖以日人境野哲《支那佛教史綱》爲藍本寫成，然按查境野哲的著作，並沒有相關論說，此或爲蔣氏自身之意見也。

〔註71〕湯用彤：〈中國佛教宗派問題補論〉，《湯用彤全集》第二卷，頁 383。

的建構，認爲其說並不符合實際的歷史情況。湯氏在該文中，對於「宗」字
之意義進行了考察，〔註72〕從而將「諸宗」之「宗」區分出兩個意思：一指
「學派」，一指「教派」，並做出定義。〈中國佛教宗派問題補論〉在歸結〈論
中國佛教無「十宗」〉的要點時說：

> 在上次的文章中，我們認爲中國佛教宗派，即古來漢文資料中所稱
> 爲「宗」者，本來有兩個意思：一是指宗旨之宗，實際指的是學派。
> 例如中國僧人對印度般若佛學各種不同的解釋，又如講習各種經論
> 的經師論師的學說，用現代的話說，這都是學說的派別；另一個是
> 指教派，它是有創始人、有傳授者、有信徒、有教義、有教規的宗
> 教集團，如隋唐時的天台宗、禪宗、三階教以及後來的白蓮教等，
> 用現代話說，都是宗教的派別，實際上所謂宗派者指此。〔註73〕

這裡，湯氏將一般所稱「某某宗」的「宗」字義，區分爲「學派」與「教派」
二者；此外，所言「教派」，爲「宗派」一詞的同義語。筆者嘗試整理其說如下：

> （1）學派，學說的派別。
> （2）教派（宗派），宗派上之派別。有創始人、有傳授者、
> 　　　有信徒、有教義、有教規的宗教集團。

　　在此定義下，湯氏以爲，日人相傳南北朝時期所謂「毘曇宗」、「成實宗」、
「攝論宗」、「地論宗」等宗別，屬於「學派」，不能算是「宗派」，而他所認
可的中國傳統宗派（即教派）乃有八家，即：「禪宗」、「律宗」、「天台宗」、「華
嚴宗」、「密宗」、「三論宗」、「唯識宗」，以及「三階教」。據王俊中研究指出，
湯用彤對於中國宗派的重新界定與研究，甚至影響到了當代日本佛教學者：

> 早期開啓研究中國佛教宗派風氣的多是日本學者，如山崎宏《支那中
> 世佛教の展開》（昭和22，西元1947），書中依地理區域的分佈將隋
> 唐佛教分爲：北支那幹線、太行山麓線、……等八區，並對宗派問題
> 略作分析；眞野正順《宗觀念於佛教之成立》（昭和39，西元1964）
> 則自「判教」、「經宗」和「眾」三個角度探討「宗觀念」，其結論是

〔註72〕對於「宗」字義的考察，尚可參考顏尚文：《隋唐佛教宗派研究》（臺北：新
　　　文豐，1980年），頁4～10；平井俊榮：《中国般若思想史研究：吉蔵と三論
　　　学派》，頁30～47。

〔註73〕湯用彤：〈中國佛教宗派問題補論〉，《湯用彤全集》第二卷，頁383～384。

「宗觀念」作爲「宗」的特別立場在中國是沒有的，直到傳入日本方

才成立；湯用彤的研究顯然有別於山崎宏，且似開啓了眞野正順以下

學者的視野，平井俊榮討論宗派的部分，幾半承襲湯説。〔註74〕

雖然湯用彤透過對於諸如《釋門正統》、《佛祖統紀》等中國傳統佛教史料的
考察，從而區分、界定了關於「宗派」等概念的意義，清廓日本傳統佛教對
於中國宗派問題所佈下的迷障，惠賜後學良多，然而，湯氏對於中國「宗派」
的定義與歸類仍存在許多問題，並非已爲定見。就傳統中國佛教究竟包括哪
些宗派的這個問題來說，當代學者們各有見解，人言言殊，湯氏八宗之說只
能算是眾多意見之一而已，並沒有得到完全的認同。關於這一現象，王俊中
指出：是因爲「學者們對『宗』這個字並未有精詳而共同的使用規範」的緣
故；〔註75〕湯氏將「三論宗」也視爲中國傳統宗派之一，與「天台」、「三階」、
「華嚴」等宗派並肩而論，而顏尚文在《隋唐佛教宗派研究》一書中，對於
「宗派」則採取較爲寬鬆的定義，將湯用彤所拒斥的「成實」、「涅槃」諸宗
重新納入中國宗派的領域裡，顏尚文說：

> 它（宗派）的兩項不可分離之基本因素是宗義與師承。在宗義師承
> 關係發展中，又產生專宗寺院，組織制度等重要因素。而派別意識
> 則由隱而顯地貫穿在宗派的獨立體系或教團中，並產生宗祖、道統
> 等強烈的爭執。〔註76〕

又說：

> 宗派依其發展程度之不同，可區分爲兩種形式：一爲學派式宗派，
> 僅有宗義與師承關係及微細難查的派別意識之教義體系。一爲教派
> 式宗派，包含宗義、師承體系、專宗寺院、組織制度與強烈的派別、
> 宗祖、道統意識等因素之教團。〔註77〕

再則，藍吉富則宣稱佛教宗派的形成必須滿足三個條件：第一，需有特屬於
該宗的寺院、第二，在教義上，須有不同於一般佛教徒的獨特體系、第三，

〔註74〕 王俊中：〈中國佛教早期「宗派」問題研究的相關探討--以吉藏及其三論教學
爲中心〉，收錄於氏著《東亞漢藏佛教史研究》（臺北：東大，2003 年）（本段
引文引自該書頁 4，註 11）

〔註75〕 王俊中：〈中國佛教早期「宗派」問題研究的相關探討--以吉藏及其三論教學
爲中心〉，《東亞漢藏佛教史研究》，頁 3，註 6。

〔註76〕 顏尚文：《隋唐佛教宗派研究》，頁 9。

〔註77〕 同前註。

該宗徒眾及一般佛教徒對該宗持有宗派及宗祖意識，從而將「三論宗」排除在中國宗派之外。〔註78〕

　　大體來說，湯用彤對於中國宗派問題所提出的「學派」與「教派」二分的看法，是該議題研究史上的重要節點；其說在理論上容有可議之處，然而在實務上卻也為多數佛教學者撰寫論文時所援用。實際上，湯氏「學派」與「教派」二分的論說中，最大的爭議乃在於「三論宗」的定位問題。關於此，即為下小節討論重心之所在。

二、「三論宗」的定義：以三種可能指涉為主的討論

　　湯用彤的觀點，最具爭議的乃是將「三論宗」視為隋唐時期曾經存在過的宗派之一，他說：

> 吉藏亦曾自稱三論大宗，夫三論師攝山僧朗以後四世相傳，自謂得大乘之正意，喝斥《成實》。而興皇法朗、隋吉藏相繼斥「中假師」（法朗同學長干辯等），唐初法相宗道倫《瑜珈論記》曾駁「三論學」，此皆三論已成為教派之標誌。〔註79〕

又說：

> 日本、中國的記載差別很大。主要的問題，是日本記載說中國佛教有三論宗、成實宗、毘曇宗、俱舍宗、涅槃宗、地論宗、攝論宗等。但是在中國的記載中，這些名稱甚為罕見（而常見者則為成論師、攝論師等）。即偶有之，亦僅指經論的宗義，或研究這些經論的經師、論師。其中只有三論可說已形成教派。〔註80〕

然而，以吉藏為核心代表人物的「三論宗」是隋唐時期曾存在過的宗派之一的觀點，逐漸受到了學者的質疑。如藍吉富《隋代佛教史述論》就說：

> 後世所以推吉藏為三論宗的代表者及集大成者，乃是就其畢生治學之趨向與著述而言，並未具有宗教意義。因為後世所謂的「三論宗」，祇是指羅什以來歷代專攻三論的義學傳統而已，並不是具有宗教意味的教團。〔註81〕

〔註78〕藍吉富：《隋代佛教史述論》，頁169～170。
〔註79〕湯用彤：〈論中國佛教無「十宗」〉，《湯用彤全集》第二卷，頁374。
〔註80〕同前註，頁380。
〔註81〕藍吉富：《隋代佛教史述論》，頁195。

而平井俊榮在《中国般若思想史研究：吉藏と三論学派》一書中，更以「中国三論宗の歴史的虛構性」一節來否認「三論宗」在中國傳統宗派中的地位。〔註82〕

　　誠如王俊中所言，「吉藏的三論學傳承便是在學派、宗派二分底下令人感到困擾的一支教團」。〔註83〕針對「三論宗是否屬於傳統中國佛教之宗派」此一問題，學界之所以抱持著不同意見，是因爲對於「宗派」之定義互有歧異的緣故。湯用彤之所以視「三論宗」爲「宗派」，原因在於他極重視法朗、吉藏師承那種「排他衛己」的意識；而藍吉富採取否定的態度，則是因爲其以爲吉藏門下「皆不足承繼其學，也沒有固定寺院與足夠徒眾」等因素所致。〔註84〕職是之故，當代佛學論著中常見的「三論宗」此一用語，其定義之界線與指涉之對象，其實並不如想當然爾的那樣，具有高度之一致性。因此，爲進一步釐清「三論宗」此一專有名詞背後所涵藏的問題，以下嘗試就其指涉之最大限度爲範圍，進一步區分成三種可能涵義以進行討論。其中，所言最大限度之範圍，當指始自鳩摩羅什的傳授體系，及梁代以攝山爲根據地的僧朗教團，乃至於此一教團延續至隋唐的發展；而三種可能涵義則爲日本傳統佛教史觀下的「三論宗」、湯用彤所言，實際存在過但爲時甚短的具有教派性質的「三論宗」，以及「教學傳統」意義下的「三論宗」。分述如下：

（一）日本傳統佛教史觀下的「三論宗」

　　「三論宗」一詞在傳統中國僧侶的著作中並不多見，其意義多半指的是《中論》、《十二門論》、《百論》此三論的宗旨與要義；但在傳統日本佛教裡，關於「三論宗」一詞的使用則有了諸書宗旨、要義以外的義涵。在日本佛教史上，有所謂「南都六宗」之說，此爲奈良時代（710～794）以當時首都京平城爲中心所發展出的六個宗派，而其中之一便爲「三論宗」。據傳，將三論教學傳入日本的是曾師學於吉藏的高麗僧人慧灌（生卒年不詳），他於推古33年（625）到日本，住元興寺宣揚教法。慧灌門下有福亮，福亮傳智藏，智藏再傳道慈等，都是當時日本弘揚三論教學的著名僧侶。〔註85〕另一方面，以

〔註82〕平井俊榮：《中国般若思想史研究：吉藏と三論学派》，頁51～53。
〔註83〕王俊中：〈中國佛教早期「宗派」問題研究的相關探討--以吉藏及其三論教學爲中心〉，《東亞漢藏佛教史研究》，頁4。
〔註84〕藍吉富：《隋代佛教史述論》，頁195。
〔註85〕關於三論教學在日本的發展，參見平井俊榮：《中国般若思想史研究：吉藏と三論学派》，頁12～19；末木文美士：〈『三國佛法傳通緣起』日本三論宗章研

《大正新脩大藏經》爲依據，按查收錄於其中的佛教注疏裡的日本題記，部分僧侶之屬名，可看見「三論宗某人」之記載形式，而這種統攝於「三論宗」一詞底下的歸屬意識，在中國傳統文獻中也是看不見的。此外，《大正藏經》還收錄了元興寺安遠所編《三論宗章疏》目錄一卷，登載由中國傳入日本的三論教學著作，其中，所收最多者即爲吉藏的作品；吉藏之著作，後來雖亡佚於中國，卻發揚於日本，《大正藏經》第 70 冊（續諸宗部一）中所收錄的《三論玄疏文義要》、《三論玄義檢幽集》、《三論玄義鈔》等書，便是以吉藏的學說爲主要的研究對象。

　　談及日本傳統佛教視域下的中國「宗派」史觀，學界一般以鎌倉時代後期東大寺學僧凝然（1240～1321）的觀點爲代表。〔註86〕以時代來說，凝然聲稱他所處的日本佛教界，時有所謂「八宗」之別，而推溯於中國，則有「十三宗」。考之凝然的《三國佛法傳通緣起》，他對於中國諸「宗」傳承之記載，著重在「傳法」，也就是說，他認爲諸宗有各別之宗義，師承相傳：

> （中國）古來諸師隨所樂經，各事講學，互立門輦，弘所習學，若
> 以此爲宗，宗承甚多焉，或從天竺傳來弘之，或於漢地立宗傳之，
> 建立雖多，取廣翫習，不過十三。〔註87〕

上文曾提到，湯用彤對於凝然此十三宗說，乃多有懷疑，嘗試進行清廓，然而，筆者以爲，在批評凝然說法之前，尚有實質之問題需要釐清：因爲「宗」或「宗派」的概念，在日本佛教的發展歷程中，其內涵與實際指涉想必發生過改變，很不可能終始如一，因之，凝然對於他所稱「日本八宗」的「宗」字一義，實際的認識是什麼？而此一認識是否與後來日本佛教對「宗」字之理解相同？即後來日本佛教宗派之實際情況有否產生變化？這是一個問題。

〔註86〕 究〉，《東洋文化研究所紀要》第 99 冊（1986 年 2 月），頁 71～151。
鎌田茂雄說：「1868 年（明治元年)以前，日本人對中國佛教史的知識，是從鎌倉時代凝然《三國佛法傳通緣起》及《八宗綱要》中得到瞭解的。《三國佛法傳通緣起》三卷是凝然在 1311 年（應長 1 年)撰述的，是關於印度、中國、日本三國佛教的略述。其中關於中國佛教，列舉了毗曇、成實、戒律、三論、涅槃、地論、淨土、禪、攝論、天臺、華嚴、法相、真言等 13 個宗派；關於日本佛教，列舉了三論、法相、華嚴、俱舍、成實、律、天臺、真言等 8 個宗派，介紹了這些宗派成立及傳播的狀況。」（鎌田茂雄著、聖凱譯：〈近代日本的中國佛教史研究〉，《法音》2000 年 2 期（2002 年），頁 25～29）

〔註87〕 凝然：《三國佛法傳通緣起》，收錄於佛書刊行會編：《大日本佛教全書》第 101 冊（東京：名著普及會）（本段引文引自該書頁 109 上。）

再則，凝然在論及日本八宗與中國十三宗時，他對「宗」字之使用是否保持一貫的態度，即是否以當時日本「宗派」的概念反推、理解中國此一地域實際所發生的景況？由於在凝然《三國佛法傳通緣起》及《八宗綱要》等書的敘述中，只看到了對於「法」的代代傳承的強調，因此，他對於「宗」字定義的看法是否還包含了教規、獨立寺院、自足經濟等要素，仍需要依靠其他相關材料才能進一步論斷。〔註88〕

而凝然論及中國的「三論宗」，也是在「宗義」相傳的立場上，以師承爲線索，將羅什以降，諸三論教學的重要人物，羅織在「三論宗」一詞底下：

> 羅什三藏譯三論竟，舉世講說，通國習學，三千門人皆悉鑽仰，八宿上首，各互弘通。道生上足有曇濟法師，道朗、僧詮，繼踵弘敷，法朗、吉藏，乘跡冰藍。僧導、道溫，宋代耀燈。僧鍾、智林，齊朝飛風。慧勇、慧布，並陳朝敷教。慧哲、法燈，同隋世弘宗。至入唐朝，風光彌昌，智枝、慧瑜、法敏、慧叡、慧兆、雲眷、元康、玄璧，如是等師橫豎弘布，彌綸普天，敷遍廣地者也。〔註89〕

這裡，暫時擱置凝然所言之「宗」，是否尚包含了教規、獨立寺院、自足經濟等要素的問題，也擺開他所言之「法傳」所可能隱涵的「代代所傳之法的『一致性』的意識」的可能爭議，僅就「師承」一事進行檢討。

凝然所言之道朗實爲僧朗之誤，此點已由湯用彤指摘出來。〔註90〕再則，凝然指出中國「三論宗」之涵括，包含了羅什以降，乃至隋唐的三論教學傳承，然而實際上卻是羅什教團與攝山僧朗教團二者傳承之兜合。怎麼說呢？問題出於他所記載的曇濟（411～475）傳道朗（僧朗之誤）一事上。曇濟傳僧朗三論之學的說法，已爲當代學者研究所否定。吉藏在《大乘玄論》中雖說：「攝山高麗朗大師，本是遼東城人，從北土遠習羅什師義，來入南土。」〔註91〕然而，僧朗三論之學，習自何人，「保持疑問」卻是目前學界最大的共識。〔註92〕總之，

〔註88〕 由於筆者能力所限，未能對於日本文獻進行深入考察，因之，對於諸此問題沒有特別之意見，俟待將來。

〔註89〕 凝然：《三國佛法傳通緣起》，《大日本佛教全書》第101冊，頁103下。

〔註90〕 湯用彤：《漢魏兩晉南北朝佛教史》，《湯用彤全集》第一卷，頁544。

〔註91〕 唐・釋吉藏：《大乘玄論》卷1；《大正藏》冊45，頁19中。

〔註92〕 僧朗（生卒年不詳）在《高僧傳》裡並無獨立之傳記，其傳乃附於釋法度（437～500）之下。慧皎在〈法度傳〉中記敘了法度居攝山棲霞寺的緣由，他說：「（法度）宋末遊于京師，高士齊郡明僧紹，抗迹人外，隱居瑯琊之攝山，把度清徽，待以師友之敬，及亡，捨所居山爲栖霞精舍，請度居之。」（梁・釋

凝然所言之中國「三論宗」，其指涉是以鳩摩羅什為始，經攝山僧朗、僧詮教團，乃至於隋唐，具有固定「法意」傳承的傳授譜系。然而，此一傳承系譜之錯誤，在現代學者的努力下已獲得了釐清，亦即，就現存的文獻看來，吉藏、慧灌一系師承相傳之追溯，當止於南朝攝山僧朗。

（二）實際存在，具有教派性質的「三論宗」

這裡所談的「三論宗」是指以吉藏為中心（甚至為創始人），包括吉藏本人、弟子，以及再傳弟子所形成的教團。

呂澂《中國佛學源流略講》說：

> 吉藏來到北方，不在五眾之內，為了能使自己站得住腳，同這些代表人物不能不進行辯論。他本在興皇門下經過培養，具有很好的辯才，這時便大顯身手，一上來就把五眾的領袖人物包括經歷過北方三國（齊、陳、周）的論師僧粲在內，全駁倒了。這一來，使他名噪一時，得到了人們的信仰，從而使三論之學開始以宗派的形式出現。〔註93〕

雖然呂澂沒有針對「宗派」的定義問題進行過討論，但以其著作的內容來看，是與湯用彤相同，把「三論宗」視為隋唐時曾存在過的宗派；並且，他所言之「三論宗」一詞的實際指涉，乃是以吉藏為中心所形成的教團。這種意義或實際指涉下的「三論宗」，究竟稱不稱得上為一宗派呢？實際言之，端看吾人如何定義「宗派」一詞了。

湯用彤之所以視「三論宗」為隋唐時期存在過的宗派之一，乃著重於此學統明顯而強烈的「排他衛己」的意識。然而，如果就藍吉富等人的定義，「宗派」必須滿足「有自屬寺院」、「徒眾有自覺之宗祖、宗派的意識」等因素的話，我們卻沒有什麼理由要承認吉藏及其徒眾所形成的教學系統為一宗派。其實，湯

慧皎：《高僧傳》卷 8；《大正藏》冊 50，頁 380 中）而僧朗從學於法度，則攝山一帶後來便成為三論教學的重要根據地。由於《高僧傳》說僧朗是法度的徒弟，學界一度也有人認為僧朗三論之學來自法度，而法度得自於僧淵。然而，文獻上記載，法度與僧淵都與三論之學沒有淵源，且未有明言法度為僧淵弟子者。職是之故，此說也為學者所否定。關於僧朗之師承，Richard H. Robinson 在〈古三論宗之傳承〉一文中，對於種種異說及可能，嘗試進行考察、釐清，然皆得出否定的結果，而僧朗三論教學上溯師承未定之說，也成為當今學界一般之共識。（Richard H. Robinson 著、郭忠生譯：《印度與中國的早期中觀學派》，頁 268～282）

〔註93〕呂澂：《中國佛學源流略講》，頁 185。

用形本人未嘗沒有見及於此，他在〈論中國佛教無「十宗」〉裡，「略論由學派到教派」一節中，一方面因爲三論教學明顯的「排他衛己」的意識，說他們已具備了教派的性質，另一方面卻也說，眞正的教派當以天台爲例，說他們是「有固定的教行、有傳法的歷史、有僧衆、有土地的宗教集團」。〔註94〕如果把湯氏所說的天台宗作爲一宗派所具有的條件都當作是能否成爲「宗派」的必備條件的話，恐怕吉藏一系的三論教學，就必須被排除在「宗派」門外了。

　　再來，論及吉藏作爲「三論宗」開宗立派的「宗祖」一事，其實，即便是凝然在整理中國「三論宗」譜系時，也沒有刻意把吉藏的角色突顯出來；不過，稱呼吉藏爲「三論宗祖」，最早也確實出自日本僧人之筆。第一節中，本文已嘗試透過中國傳統文獻的記載來討論吉藏在中國傳統佛教視域下的形象：一位特出之義學僧侶；此外，在後代天台的著作中，爲一位幡然澈悟、改宗的天台學僧。然而，由於將三論教學帶至日本的僧人慧灌是吉藏的學生，因而吉藏本人及其著作在日本三論宗發展史上便佔據了重要地位，因此，在這些日本僧人的追溯中，把吉藏當成中國三論宗的代表人物，甚至是祖師，也是極其自然之事。這裡，本文尙希望藉由比較《續高僧傳》中吉藏與另一位同師於法朗門下的智矩的傳記，針對把吉藏視爲「三論宗」實際創始人的觀點，再提供一些有趣的省思。

　　就《續高僧傳》的記載來看，吉藏與智矩的生平，有頗多類似之處。智矩（535～606），姓吳氏，吳郡人，與吉藏一樣，受學於興皇法朗，擅講四論與《大品》。道宣說吉藏成爲講經法師以後的講經景況是「禹穴成市，問道千餘」，而形容智矩則說是「吐納機辯，適對當時，弘匠浙東，砥礪前學，致使禹穴西鶩，成器極繁。」〔註95〕可見二人在江南都是極具聲望的義解僧侶。開皇末年，晉王楊廣往鎮揚州，二人不僅以代表南方三論教學傳統的「名僧」之姿，入住楊廣所設立的慧日寺，後來並一同隨其北上，居止日嚴，道宣說是：

　　　　開皇十九年，更移關壤，勅住京都之日嚴寺，供由晉國，教問隆繁，
　　　　置以華房，朋以明德，一期俊傑，並是四海搜揚。〔註96〕
又說：

　　　　（智）矩特立清秀，不偶群侶，覃思幽尋，無微不討，外辭以疾，

〔註94〕湯用形：〈中國佛教宗派問題補論〉，《湯用形全集》第一卷，頁398。
〔註95〕梁·釋慧皎：《高僧傳》卷11；《大正藏》冊50，頁509中。
〔註96〕同前註，509下。

> 內寔旁通，業兢六時，研精九部，纔有昏昧，覽興賦詩，時暫閣
> 餘，便觀統流略，製《中論》疏，止解偈文，青目所銷，鄙而輕
> 削，每講談敘，清擢宗致，雅涉曇影之風，義窟文鋒，頗懷洪偃
> 之量。〔註97〕

此外，在〈智矩傳〉中，道宣還提及了智矩與吉藏的比較，並且對於智矩語
多褒揚：

> 時有同師沙門吉藏者，學本興皇，咸名相架，文藻橫逸，（智）矩實
> 過之，所以每講敘王，皆制新序，詞各不同，京華德望，餐附味道
> 者殷矣。〔註98〕

由道宣的記敘來看，當時同在日嚴進行講經教學工作的吉藏與智矩，在義解
事業上至少可說是各有千秋、各具其美的。就此，當時揚名於長安的吉藏，
並非來自南方三論教學傳統的唯一代表人物，乃至於說已經取得了代表該學
統的獨霸地位。因此，當代觀點下集三論之大成，或說是創立三論宗的吉藏，
諸此論述實際上乃是受了日本傳統佛教觀點的影響。

（三）「教學傳統」意義下的「三論宗」

這裡所言之「三論宗」，指的是以攝山為根據地的僧朗所展開的教學，直
至隋唐，開花結蒂的傳承譜系。本來，如果依據湯用彤「學派」與「教派」
二分的看法，若說「三論宗」在吉藏以後具有「宗派」的地位，那麼，在吉
藏以前，便應以「學派」視之；而如果否定了吉藏以後「三論宗」的「宗派」
地位，則應該統稱「三論宗」為「學派」。但是，誠如上文所指出，由於學界
對於「宗派」等概念的定義，仍存在分歧的意見，為避免混淆，這裡，本文
使用「教學傳統」一詞。

這一「教學傳統」意義下的「三論宗」，在現今南北朝佛教史中，佔據
相當重要的地位。一般論及南朝各代佛教習學風尚，言及梁代所崇之《成實》
習尚被三論教學所取代，其風延續至陳朝者，並不純然屬於後人受日本文獻
影響而有的建構。實際上，梁、陳之際，攝山一系教學傳統的重要性及勢力，
早已為當時人所注意。唐代天台僧人湛然在《法華玄義釋籤》中就曾說過：

> 自宋朝已來，三論相承，其師非一，並稟羅什，但年代淹久，文疏
> 零落，至齊朝已來，玄綱殆絕，江南盛弘成實，河北偏尚毘曇。於

〔註97〕 同前註。
〔註98〕 同前註。

> 時，高麗朗公至齊建武來至江南，難成實師，結舌無對，因茲，朗
> 公自弘三論，至梁武帝勅十人止觀詮等，令學三論，九人但爲兒戲，
> 唯止觀詮習學成就。詮有學士四人入室，時人語曰：「興皇伏虎朗，
> 栖霞得意布，長干領語辯，禪眾文章勇。」故知南宗初弘成實，後
> 尚三論。近代相傳，以天台義指爲南宗者，非也。〔註99〕

這段記敘提供給我們兩個重要訊息：第一，羅什一系的三論教學，至南朝齊
代以來，已漸式微；第二，梁、陳二代，三論教學之復興，功歸於僧朗、僧
詮等師徒的努力。〔註100〕

再則，之所以說此師承流脈爲一教學傳統，除了湯用彤所言的「排外衛
己」的強烈意識（如抗成實學者）外，乃因爲在他們的教學中發展出了自身
獨有的經典詮釋的術語與方法。如天台智顗在《四教義》中，面對問者質問
他的「三藏教、通教、別教、四圓教」四教理論有無佛典根據時，其「有利
益，何必盡有經論明文」的回答，所引旁證，就提到了攝山的「單複中假」，
以及興皇「四假」之說：

> 古來諸師講說，何必盡有經論明文，如開善光宅「五時明義」，莊嚴
> 「四時判教」、地論「四宗五宗六宗」、攝山「單複、中假」、興皇「四
> 假」，並無明文，皆是隨情所立，助揚佛化，其有緣者，莫不承習，
> 信解弘宣。〔註101〕

興皇法朗的「四假」之說，當指「因緣假、隨緣假、對緣假、就緣假」四者，
乃是針對佛陀教說所使用的「語言」此一媒介，有意識的進行檢討與區分；
此外，「四假」理論在吉藏學說中也扮演著相當重要的角色。而所謂攝嶺相傳
的「單複中假」，主要是闡釋「二諦」與「中道」義理的理論，有所謂「單假」、
「複假」、「中前假」、「中後假」等區別，表現爲非常繁複的論說。

再則，還可舉一個例子，那就是吉藏強調，除了其師法朗針對開善智藏
的十重二諦理論，亦開十重，以破之之外，本家釋經是不分章段的；他甚至
引法朗的話說，如果釋經分章段者，「非興皇門徒」。可見他們的講經教學工
作已有「家法」：

〔註99〕唐・釋湛然：《法華玄義釋籤》卷6；《大正藏》冊33，頁951上。
〔註100〕其實，湛然所言，當時人誤以爲在南朝與成實弘揚勢力等觀的是湛然所秉承
　　　的天台教學傳統一事，很明顯地說明僧朗一系三論教學在唐代的式微。
〔註101〕隋・釋智顗：《四教義》卷1；《大正藏》冊46，頁723中

> 然山門以來，道義不作章段，唯興皇法師作二諦講開十重者，此是
> 對開善二諦十重故作，其外並無；後人若作章段者，則非興皇門徒
> 也。〔註102〕

總之，這些師承相傳所發展出來的闡揚佛陀教說「眞義」的釋經方法、論說
以及規範，把他們與其他傳承體系區別開來，〔註103〕這也是爲什麼本文要視
攝山僧朗以降之傳授譜系爲一「教學傳統」的原因了。

三、吉藏集「三論宗」大成的意義

這裡所言的「三論宗」，當指上文所稱「教學傳統」意義下的「三論宗」。

嘉祥吉藏的疏論雖豐，然而卻不幸消失在中國佛教典籍的傳播史中，直
至清末民初，由楊文會等人的努力，才得以重現蹤跡。所以，今日我們對於
吉藏以及三論教學傳統所展開的研究，多所仰賴、資取於日本所保存的文獻
及其觀點。由於被視爲「日域界三論始祖」的慧灌是吉藏的學生，因此在日
本傳統佛教的認知下，吉藏在攝山僧朗以降的教學傳統中，地位自然特出，
非同凡響。這也是爲什麼吉藏後來甚至被賦予中國「三論宗」實際創始人的
角色，而「僧朗──僧詮──法朗──吉藏」之師承，也成了「三論宗」譜
系建構的主幹。然而，我們也當明白，把吉藏思想視爲三論教學傳統的代表，
把其師承視爲此三論教學傳統的主幹，諸此觀點與論述，實際上乃是受到文
獻限制所致。透過上文吉藏與智矩傳的比較可知，吉藏的學說在攝山以來的
教學傳統中並非已然佔據獨霸的地位。這裡，本文希望再透過兩個例子來證
明吉藏，乃至其師法朗的教學系統，在三論教學的大系統中，並非自始就佔
據了「正統」的地位。並且，藉由這兩個例子也可看到：其一，即便號稱在
同一個教學傳統底下，如僧朗以降之三論教學傳統，不同傳承間的思想主張
也將有所差異，甚而產生競爭；其二，一種「得到『眞傳』、正確理解『師意』」
的自我意識，置於更廣大的脈絡中也將獲得反省。

這裡所舉的兩個例子，一爲吉藏的同學明法師，一爲僧詮的四位得意弟
子，所謂「興皇伏虎朗，栖霞得意布，長干領語辯，禪眾文章勇」。〔註104〕

〔註102〕隋・釋吉藏：《大品經義疏》卷1；《續藏經》冊24，頁196上。
〔註103〕雖則同一個傳授體系中的個人對於這些論說的理解不盡然相同，如法朗就曾
　　　　稱呼他的同學爲「中假師」，大肆抨擊他們對於「中假」理論的理解。
〔註104〕關於這兩個史實的記載，學界早已有注意及討論。筆者這裡提出的目的，是
　　　　要藉此彰顯「吉藏爲三論宗代表」，其意義之局限。

　　在後世建構的譜系中，吉藏師承自興皇法朗，而在其著作中，也常引用法朗的教說，表現出他對於老師的崇敬之意。照此看來，吉藏當是法朗最得意的弟子了。然而，事實上卻不然。根據史傳記載，興皇法朗去世之前親口欽定的傳法者，乃吉藏之同學，明法師（生卒年不詳）。

　　明法師，《續高僧傳》沒有替他立傳，然而在〈釋法敏傳〉中嘗提及他的事蹟。根據〈釋法敏傳〉所載，明法師為興皇法朗的學生，興皇法朗去世之後便率其徒眾，入茅山，終生不出。而他卻是法朗生前親口指定的傳法者，道宣在〈釋法敏傳〉中說：

> （釋法敏，姓孫氏，丹陽人也，八歲出家，事英禪師，爲弟子。入茅山，聽明法師三論。）明即興皇之遺屬也。初朗公將化，通召門人，言在後事，令自舉處，皆不中意，以所舉者，並門學有聲，言令自屬，朗曰：「如吾所舉，乃明公乎！」徒侶將千，名明非一，皆曰：「義旨所擬，未知何者明耶？」朗曰：「坐之東柱下明也。吾明居此席，不移八載，口無談述，身無妄涉。」眾目癡明，既有此告，莫不迴惑，私議法師，他力扶矣。朗曰：「吾舉明公，必駭眾意，法教無私，不容瑕隱。」命就法座，對眾敘之。明性謙退，泣涕固讓。朗曰：「明公來！吾意決矣！爲靜眾口，聊舉其致。」命少年捧就傳座，告曰：「大眾聽！今問論中十科深義，初未曾言，而明已解。可一一敘之。」既敘之後，大眾愜伏，皆慚謝於輕蔑矣。即日辭朗，領門人入茅山，終身不出，常弘此論，故興皇之宗，或舉山門之致者是也。〔註105〕

至於「詮公四友」。雖然法藏在《十二門論宗致義記》中盛讚法朗說：「龍樹宗傳，實什公之力也；雖復譯在關河，然盛傳於江表，則興皇朗之功也。」〔註106〕然而他卻也不是止觀僧詮唯一的得意弟子。據記載，僧詮得意弟子乃有四，所謂「四句朗、領語辯、文章勇、得意布」，依序爲：興皇法朗、長干智辯、栖霞慧布（518～587）、禪眾慧勇（515～583），各有所長，道宣說：

> 詮公命曰：「此法精妙，識者能行，無使出房，輒有開示。故經云：計我見者，莫說此經；深樂法者，不爲多說。良由藥病有以，不可徒行。」朗等奉旨，無敢言厝。及詮化往，四公放言，各擅威容，

〔註105〕唐·釋道宣：《續高僧傳》卷15；《大正藏》冊50，頁538中-下。
〔註106〕唐·釋法藏：《十二門論宗致義記》卷1；《大正藏》冊42，頁219上。

俱稟神略。勇居禪眾，辯住長干，朗在興皇，布仍攝領。福門宏敞，
慧聲遐討，皆莫高於朗焉；然辯公勝業清明，定慧兩舉，故其講唱，
兼存禪眾，抑亦詮公之篤屬也。然其義體時與朗違，故使興皇座中，
排斥中假之誚。〔註107〕

止觀僧詮去世後，除慧布仍居攝山以外，慧勇出山住大禪眾寺、智辯住長干寺、
法朗住興皇寺，湯用彤說是，「自此而三論之學，出山林而入京邑」。〔註108〕四
人之教學，雖皆稟自僧詮，然學習心得或異，乃至於互有攻詰，如法朗對於長
干智辯的批評，所謂「其義體時與朗違，故使興皇座中，排斥中假之誚。」此
一說法在吉藏著作中也可得到印證，他批評「中假師」的主張乃有多處，其中，
措辭最為嚴厲者，便是引法朗之語說：「中假師罪重，永不見佛」〔註109〕

　　透過以上兩段文獻記載，我們知道，吉藏，甚至其師法朗，在當時攝山
以降的三論教學傳統中，威名雖已彰顯，但也不是達到了完全至尊獨霸的地
步。如例子中的明法師，雖然他的「傳道者」角色，得到了老師法朗的親自
「印可」，但是道宣卻說他最後「入茅山，終身不出」，作出了與吉藏、智矩
等邁入京師的不同抉擇；然而也正由於這個緣故，致使生處於後世的我們無
從進一步探知明法師此人思想之底蘊，以及他身為一位宗教徒所涵藏特色之
究竟。那麼，如何看待吉藏集「三論宗」大成的角色呢？持平來說，吉藏的
著作之所以能流傳至今，當有其獨到之處，不能完全功推於歷史之偶然。然
而，另一方面，我們也當了解，吉藏學說只是此發跡於齊、梁，枝繁葉茂於
隋、唐的教學傳承譜系中的一支，說他代表「三論宗」，自然也有其侷限性。
所以，以下本文所將展開的對於吉藏學說的研究，保守來說，僅只是研究單
一個人的思想，但是這並非意味著對於吉藏思想所受到的教學傳統影響的忽
視。如實而言，吉藏學說對於攝山僧朗以降的師承教學體系來說，具有代表
性，當然也有其侷限性。

〔註107〕唐・釋道宣：《續高僧傳》卷7；《大正藏》冊50，頁477下。

〔註108〕湯用彤：《漢魏兩晉南北朝佛教史》，頁565。

〔註109〕「中假師聞假作假解，亦須破此假，師云：『中假師罪重，永不見佛。』」（隋・
　　　　釋吉藏：《中觀論疏》卷2；《大正藏》冊42，頁25中-下）

第二章　吉藏的歷史課題

　　歷史中的個人，在以其自身爲中心所圍畫出的生活圈中，必然面臨著或大或小的問題；並且，問題的種類常隨著個人實際所扮演的多重角色的差異而有所不同。而在傳統佛教中，即使作爲一名僧侶，隨著環境與個人興趣取向等內外緣因素的不同，個別僧侶實際所面臨的課題與挑戰也將有所差別。本章以兩個部份來討論吉藏作爲一名佛教僧侶，在其所處的時空環境下所面臨的課題。第一部份討論當時中國佛教圈所形成的「法滅」危機意識對於吉藏的影響；第二個部份則針對「義解」此一主題，探討作爲一位義解僧，吉藏實際所面對的課題及挑戰。

第一節　由「法滅」的危機意識談起

　　第一章第一節討論關於吉藏的評價問題時，曾引用藍吉富《隋代佛教述論》一書的觀點，以爲「於佛教義學的素養，吉藏固然遠超過信行。然而就獻身於佛教的熱忱而言，他是遠不足信行之『生命與信仰合一』的。」藍氏所引以爲比較對象的信行，也是隋代一位重要的僧侶。他與他所創立的「三階教」教團，被學界公認爲是當時中國佛教內部面對「時代危機感」的一種特出的回應範式。這裡所謂的「時代危機感」，指的是南北朝後期，成爲中國佛教僧侶普遍時間觀的「正法、像法、末法」三時說所伴隨的「末法」將至或已至的「佛法將滅」的危機意識。在這一節裡，本文嘗試探討這樣一種具有重要時代意義的「法滅」危機意識對於吉藏思想的影響。在行文的次序上，首先，先說明何謂「正法、像法、末法」三時觀，以及中國僧侶爲何及如何

將這種宗教時間與歷史時間相結合。再則，則討論這樣一種「法滅」的危機意識，是否對於處於同時期的吉藏產生過任何重大的影響？

一、正法、像法、末法三時說的成立

在宗教研究的領域中，有所謂「末世論」（Eschatology）此一主題，相較於探討事物及宇宙創生的課題，「末世論」所關懷的則是個別生命毀壞後的命運，所謂「個別末世論」（Individual Eschatology），或是宇宙及世界的終結景況，所謂「宇宙末世論」（Cosmic Eschatology）。〔註1〕在西方神學中，《新約聖經》的〈啓示錄〉宣告著最終審判的來臨，〔註2〕而中國佛教裡，屬於「末世論」範疇的主題則有二，一與彌勒降生的信仰有關，一即是本文將討論的「正像末」三時觀。〔註3〕

在佛教經典中，存在著諸如「正法」、「像法」、「末法」、「末世」、「五濁惡世」、「法滅」等概念，諸此概念背後牽連著佛教內部對於佛陀教法的消失與僧團滅亡的危機感。爲什麼一個宗教的經典會預告著自己的滅亡呢？就佛教來說，主要的因素可歸納爲二：一與佛教發展過程中所受到的政治力的壓迫有關，一則爲僧團自身內部的墮落。〔註4〕其中，「正法、像法、末法」三時的思想在中國南北朝以降，乃至隋唐，成爲當時中國佛教徒的一種普遍的時間觀或危機意識。〔註5〕究其原因，乃是因爲崇佛、毀佛、戰亂、僞僧、戒律不守等現世因素，〔註6〕使得當時佛教徒將宗教上的時間與歷史上的時間同一起來，認爲自己正處在或將面臨「佛法將滅」的「末法」時代。

其實，考之漢譯大小乘經論，「正、像、末」三法的時間觀並不是唯一的說法，諸佛典中或有以「正法、像法」並說，或有以「像法、末法」並說，

〔註1〕 參見 Mircea eliade 所編 The Encyclopedia of Religion，〈ESCHATOLOGY: An Overview〉條。（Mircea Eliade, editor in chief, The Encyclopedia of Religion（New York: Macmillan, 1986），p149.）

〔註2〕 關於基督教終末論的討論，可參見 Moltmann, J.著、曾念粵譯：《來臨中的上帝──基督教的終末論》（上海：上海三聯書店，2006年9月）。

〔註3〕 同本章註1。

〔註4〕 參見 Chappell, David W., "Early Forebodings of the Death of Buddhism," Numen 27.1 （1980）: 124～132.

〔註5〕 中村元等著、余萬居譯：《中國佛教發展史》（上）（臺北：天華，1984年），頁249～250。

〔註6〕 周伯戡師：〈三階教與佛教末法觀〉，國科會專題報告，1998年，頁7。

或「正法、像法、末法」三時並說，不一而足，而且對於每一時期的存續時間，說法也不一致。〔註7〕在中國，最早提出「正法、像法、末法」說，並以為自己正處於「末法」時期的僧侶，是天台智者的老師慧思（515～577）。在此之前，中國佛教僧侶的著作，只出現過如「正法」、「像法」二時並稱的說法，如僧叡〈喻疑〉一文有云：

> ……此五百年中，得道者多，不得者少，以多言之，故曰正法。後五百年，唯相是非，執競盈路，得道者少，不得者多，亦以多目之，名為像法。像而非真，失之由人。〔註8〕

慧思之所以以為自己正處於「末法」時期，其計算的依據是這樣的：一、對於「正法、像法、末法」三時說的肯定，二、「正法五百年、像法一千年、末法一萬年」，以及三、「佛入滅於周穆王五十四年癸酉（西元前948）」。他在〈南嶽思大禪師立誓願文〉一文中說：

> 1、我聞如是，《釋迦牟尼佛悲門三昧觀眾生品本起經》中說：「佛從癸丑年七月七日入胎，至甲寅年四月八日生，至壬申年，年十九，二月八日出家，至癸未年，年三十，是臘月月八日得成道，至癸酉年，年八十，二月十五日方便入涅槃。」〔註9〕
>
> 2、釋迦牟尼說法住世八十餘年，導利眾生，化緣既訖，便取滅度。滅度之後，正法住世逕五百歲；正法滅已，像法住世逕一千歲；像法滅已，末法住世逕一萬年。我慧思即是末法八十二年，太歲在乙未，十一月十一日，於大魏國南豫州汝陽郡武津縣生。〔註10〕

一般以為，慧思之所以認為自己正處於末法時期，乃與他生平慘痛的遭遇有關，他在同一篇文章中嘗提及自己多次遭受到其他論師惡毒的對待，幾瀕乎絕地：

> ……年三十四，時在河南兗州界論義，故遭值諸惡比丘以惡毒藥令慧思食，舉身爛壞，五臟亦爛，垂死之間，而更得活。……至年三

〔註7〕 余萬居譯、中村元等著：《中國佛教發展史》（上），頁254～255，有一簡要之整理。而更進一步的研究，可參考 Nattier, Jan., *Once Upon a Future Time: Studies in a Buddhist Prophecy of Decline*（Berkeley, Calif.: Asian Humanities Press, 1991），pp 27～118.

〔註8〕 梁・釋僧祐：《出三藏記集》卷5：《大正藏》冊55，頁41下。

〔註9〕 陳・釋慧思：《南嶽思大禪師立誓願文》卷1：《大正藏》冊46，頁786中-下。

〔註10〕 同前註，頁787上。

十九，是末法一百二十年，淮南郢州刺史劉懷寶共遊郢州山中，喚出講摩訶衍義，是時爲義相答，故有諸法師起大瞋怒，有五人惡論師，以生金藥置飲食中，令慧思食……，還更得差，從是已後，數遭非一。……至年四十二，是末法一百二十三年，在光州城西觀邑寺上，又講摩訶衍義一遍，是時多有眾惡論師競來惱亂，生嫉妬心，咸欲殺害，毀壞般若波羅蜜義……〔註11〕

慧思以後，「正、像、末」三時說基本上取代了「正、像」二時說，成爲當時中國佛教界普遍認可的時間觀。然而，由於個別僧侶對於「正、像、末」三時時限所採經典說法不同，以及採用佛陀入滅的時間也不一致，因此，不同的採認所推估出的結果也不盡相同。當然，表面上的原因如此，實際上也與個別僧侶所處的境遇有關，所以，有些僧侶相信自己正處於末法時期，面臨佛法將滅，憂心地努力採取應對措施，也有人以爲離末法尚早，法滅之說，殊爲荒誕。前者如靈裕法師（518～605）與靜琬法師（？～639），擔心佛法將滅，努力致力於石窟與石經的開鑿與刊刻，以備流傳後世之用，〔註12〕而後者有隋代著《歷代三寶記》的費長房，說：「緣此正、像交涉未深，三寶載興，大乘盛布，寧得已接於末法者哉」，〔註13〕並不悲觀地認爲佛法將滅。

其中，南北朝至唐初，漢傳佛教內部在面對「正法、像法、末法」三時觀的確立所伴隨而來的「末法」將至或已至的「佛法將滅」的時代危機感的眾多回應中，信行與其所率領的三階教教團，當爲一特出的範式，中村元等著《中國佛教發展史》一書有云：

> 三階佛法乃中國佛教史上極特殊的一派，創始者爲信行（540 年～594 年），他始終站在面對極端時代與自我批判的立場，在強烈的末法意識下，樹立了獨特的教行。……信行根據時、地、人三者，將佛教分成三階，以現在爲末法、穢土、破戒之世，故倡導實行普法。因此，三階佛法又稱爲普法宗。〔註14〕

信行，俗姓王，魏郡人（今河南安陽縣）。現存關於信行生平記載的主要資料來源乃有四：〈故大信行禪師銘塔碑文〉、〔註15〕《歷代三寶記》、《續高僧傳》

〔註11〕同前註，頁 787 上-中。
〔註12〕中村元等著、余萬居譯：《中國佛教發展史》（上），頁 251～252。
〔註13〕隋·費長房：《歷代三寶記》卷1；《大正藏》冊 49，頁 23 上。
〔註14〕中村元等著、余萬居譯：《中國佛教發展史》（上），頁 345。
〔註15〕此文最初見於神田喜一郎的著作中，後由矢吹慶輝轉載至《三階教之研究》。

以及《冥報記》。而若依據道宣《續高僧傳》所記載的信行生平事蹟看來，可歸納出以下幾個重點：

第一，信行俗姓王，魏郡人。〔註16〕卒於開皇十四年正月四日。〔註17〕有碑，文乃河東裴玄證所製。

第二，信行曾於相州法藏寺捨具足戒。〔註18〕時已有徒眾追隨，皆「從其化及，稟爲父師之禮」。

第三，隋開皇初，信行被召入京。高潁邀之住眞寂寺。於其時撰《撰對根起行》等著作。其後，京城中設有化度、〔註19〕光明、慈門、慧日、弘善五寺，居三階教徒，遵信行之教。

第四，開皇末歲，信行已卒，於時遭皇權勒斷其教不行。

第五，道宣記載信行「勃興異迹，時成致譏」，然自身對於信行的評價則稱其教說「至於佛宗，亦萬衢之一術耳」。〔註20〕

由道宣的記載看來，信行在當時佛教界富享盛名，被召入京，並擁有自己的寺院及奉其教行的徒眾。不過，另一方面，信行雖享盛名，然好壞評價卻殊，時或有譏其異跡者。就這點來說，道宣的記載說明了信行的主張在當時是具有爭議性的。此外，道宣所言，信行「勃興異迹，時成致譏」，「至於佛宗，亦萬衢之一術」的說法，當本於費長房《歷代三寶記》。《歷代三寶記》卷十二乃云：「信行此途，亦是萬衢之一術也。但人愛同惡異，緣是時復致譏。」〔註21〕費書成書後三年，信行歿後七年，即隋文帝開皇二十年（600年），爲三階教第一次被禁之時。而後，道宣《大唐內典錄》載《對根起行雜錄集》三十六卷、《三階位別錄集》四卷，對於信行之介紹大致抄自《歷代三寶紀》，並記上「開皇二十年勅斷不聽行，相同箴勗」等字，又說三階教雖遭禁行，

參見西本照眞：《三階教の研究》（東京：春秋社，1998年），頁67，小註4、5。

〔註16〕〈故大信行禪師銘塔碑文〉載爲魏州衛國人、《歷代三寶記》載爲魏州人。

〔註17〕〈故大信行禪師銘塔碑文〉載爲開皇十五年正月四日，相差一年。現以〈故大信行禪師銘塔碑文〉記載之卒年爲通說。

〔註18〕《歷代三寶紀》載爲「捨二百五十戒，居大僧下，在沙彌上。」（隋・費長房：《歷代三寶記》卷12；《大正藏》冊49，頁105中）

〔註19〕即眞寂寺之改名。〈長安志〉云：「化度寺本眞寂寺……武德二年改化度寺。」相關討論見矢吹慶輝：《三階教之研究》（東京：岩波書店，1927年），頁112～115。

〔註20〕以上整理自唐・釋道宣：《續高僧傳》卷16；《大正藏》冊50，559下～560中。

〔註21〕隋・費長房：《歷代三寶記》卷12；《大正藏》冊49，頁105中。

然「其屬流廣，海陸高之」。〔註22〕然而，到了則天武后証聖元年（695 年），三階教第二次被皇權所禁，同年，明佺等所撰之《大周刊定眾經》，便將三階教典籍置於偽經一類目，與費長房、道宣稱信行的教法，所謂「亦萬衢之一術」的態度，已有轉變。《大周刊定眾經》卷十五乃言：

> ……右三階雜法二十二部二十九卷。

> 奉證聖元年恩勅，令定偽經及雜符錄等遣送祠部進內。前件教門既違背佛意，別搆異端，即是偽雜符錄之限。又准聖曆二年勅，其有學三階者，唯得乞食、長齋、絕穀、持戒、坐禪。此輒行皆是違法。幸承明勅，使革往非，不敢編在於目錄，並從刊削，以示將來。〔註23〕

就文獻資料的登載來看，在三階教的發展史上，前後總共遭受來自皇權的五次明令禁教，〔註24〕最終乃消失於中國佛教發展的歷史舞台。〔註25〕然而，另一方面，從未對於皇權發動武力反抗的三階教團，在隋唐時期卻遭受到來自皇權的多次禁壓，也相當程度地顯現了其教團在當時漢傳佛教發展圖式中的勢力。而日人矢吹慶輝在 1927 年所出版的一本名爲《三階教之研究》的書籍，藉由對於敦煌殘卷的爬梳，整理抄錄出與三階教有關的典籍與作品，則使得理解信行及三階教的教義與主張之究竟，以及探究三階教悲慘命運等問題的解決，提供了機會。

　　信行在面對佛教「正法、像法、末法」三時說的確立的歷史氛圍下，提出「三階」的觀念，指出自己與其他眾生乃身處於「末法」時代，身染重罪，而這些罪惡已不是透過經典的研讀可以得到消除，必須在修行上採取適宜的、對根的修行方式，如行頭陀行、懺悔、普敬、認惡等。〔註26〕道宣說信

〔註22〕唐・釋道宣：《大唐內典錄》卷 5；《大正藏》冊 55，頁 278 上。

〔註23〕唐・釋明佺等：《大周刊定眾經目錄》卷 15；《大正藏》冊 55，頁 475 上。

〔註24〕五次分別於隋文帝開皇二十年（600）、則天武后証聖元年（695）、則天武后聖曆二年（699）、唐玄宗開元九年（721）、唐玄宗十三年（725）。參見西本照眞：《三階教の研究》，頁 130～145。

〔註25〕三階教最後出現在文獻上是北宋太平興國五年（973）的一個敦煌寫本上。參見矢吹慶輝：《三階教之研究》，頁 107。

〔註26〕關於三階教教義之研究，可參見楊曾文：〈三階教教義研究〉，《佛學研究》1994 年 3 期（1994 年），頁 70～84；以及 Jamie Hubbard, *Absolute Delusion, Perfect Buddhahood: THE RISE AND FALL OF A CHINESE HERESY*（Honolulu: University of Hawai'i Press, 2001）, pp 17～30, 97～148.

行的行爲乃「奉行剋峭，偏薄不倫」，〔註27〕可見他所採取的是極爲「苦修」的修行方式。周伯戡師歸結信行的修行主張與表現時則指出：

> 信行要在末法時代，度一切眾生，斷一切惡，他採的手段絕不是透過對佛法的瞭解，相反的，他認爲此時利根人對法的宣講不能帶人解脫。他相信信心（他的法號反映此點？），他歌頌瘖啞僧（不會講經的僧侶）、生盲的眾生（盲信的信徒）、鈍根人（不瞭解佛法的人），因他們不知道善惡分別的標準，也無從做出倫理的價值判斷。這種佛教徒輕視義理的解釋，他們以堅定的信心在懺悔的儀式上普敬一切佛，廣建或修護佛塔寺廟、尊敬一切眾生。信行所歌頌的菩薩是《法華經》的常不輕菩薩。三階教的寺廟常行布施，最有名的例子是建立對窮苦人民放貸的無盡藏。〔註28〕

又說：

> 他（信行）去世時，他命他的門徒，把他的屍體，放到終南山布施飛鳥野獸，行林葬。這是佛教眾生平等終極的表現。〔註29〕

至於吉藏呢？對於慧思、靈裕、靜宛、信行等同一時代的僧侶心中所感到的極爲焦慮、迫切的法滅危機，在吉藏的思想中佔有怎樣的地位？

二、吉藏對於三時說的回應

在吉藏的著作中，雖然也提到了「正法」、「像法」、「末法」等概念，然而，關於此方面議題的討論，實際上則表現爲列舉、疏通佛經中的諸種異說；在相關文句段落中，並看不出吉藏有以爲自己正處在末法時期的想法。這裡，所言「列舉」，指的是吉藏對於佛經中正、像、末三法及其時限等異說的整理：

> 問：釋迦佛法凡有幾年？
>
> 答：出處不同。今略引六處從小至多。一者、《俱舍論》引經云：釋迦佛法住世千年。……此言千年者，但說正法，不論像法。二者、《摩耶經》云：正法五百年，像法一千年，合一千五百年。三者、眞諦三藏引《毗婆沙》云：七佛法住世，久近不同。迦葉佛法住世七日，呴那含牟尼佛法住世六十年，……釋迦牟尼佛精進力，故法住世二

〔註27〕唐・釋道宣：《續高僧傳》卷16；《大正藏》冊50，560中。
〔註28〕周伯戡師：〈三階教與佛教末法觀〉，國科會專題報告，1998年，頁8。
〔註29〕同前註。

千年。四者、《大集經》明六種堅固，初五百年得道堅固，次五百年多聞堅固，次五百年三昧堅固，次五百年塔寺堅固，次五百年闘諍堅固，次五百年愚癡堅固。此即三千年也。五者、《善見毘婆沙》二十二卷云：初千年得阿羅漢，具三明；次千年但得羅漢，不得三明……五千年已後，但剃髮、著袈裟而已，更不得道。六者、外國〈祇洹精舍銘〉，出在古《涅槃經》後，載之云：佛正法千年，像法千年，末法萬年。天竺朝夕眾中恒唱此事，云：佛法若千年已過，佛法欲滅，老死至近，宜須精進。此即佛法一萬二千年也。〔註30〕

而所謂「疏通」，則是指或以「像正」（即像正之法，簡稱像法）統攝「像法」與「末法」，或以「末法（末世）」統攝「像法」與「末法」，以此疏通經中「正、像」二時及「正、像、末」三時說之異：

問：何故三時，復但言像法？

答：但言像正者，攝末法入像也。言末法者，開像爲二，謂像及末也。

問：何以知像即末耶？

答。《十二門論》云：末世眾生薄福鈍根，即名像爲末也。〔註31〕

就筆者所見，吉藏在整理經論異說的同時，與慧思、信行等人的不同處在於他並沒有選擇其中一種說法作爲自身思想之依歸，甚而將經典上的時間與歷史上的時間同一起來，以爲自己正處於「末法」時期，並在此危機意識下，進一步尋求解決之道。〔註32〕除此之外，還值得注意的是《法華玄論》卷十中的一段論說。吉藏說：

七者、諸菩薩見如來法無有滅，常見諸佛，則萬二千乃至一切時，皆是正法。二乘人見佛法有興衰，故有像正耳。〔註33〕

吉藏指出，由於二乘人見佛法有興衰，所以才有像正時期，而就菩薩來說，見佛法「無有滅」，所以「一切時」，「皆是正法」。何以當注意此段文句呢？因爲吉藏雖未曾明言自己就是菩薩或菩薩的化身，然而在下文的討論中將提

〔註30〕隋・釋吉藏：《中觀論疏》卷1；《大正藏》冊42，頁18上-中。

〔註31〕隋・釋吉藏：《法華玄論》卷10；《大正藏》冊34，頁450上。

〔註32〕再則，關於吉藏對於此主題相關論說的進一步整理，可參見伊藤隆寿：〈吉藏の正像末三時〉，《駒沢大学仏教学部研究紀要》第43號（1985年3月），頁81～93。

〔註33〕同註31。

及吉藏是把自己詮解經典的立場與被他目爲四依菩薩的龍樹、提婆等大乘論師的立場統合起來，因此，就這點來說，說「正法」護持在菩薩的手中，也就意味著吉藏自身也護持著「正法」，也許正因爲如此，所以他並不認爲自己正處於「末法」時期，乃至於佛法會滅，以及將滅。那麼，既然吉藏的關懷不在於此，接下來的問題是，他所關心或必須面對的課題何在呢？

第二節　義解僧吉藏所面臨的歷史課題

即使僅考量「僧侶」此單一身分，一位佛教僧侶的日常生活實際上也涵括多個面向。現存完本中國傳統佛教傳記，由慧皎《高僧傳》的十科分類始，將僧人的傳記依據其生平活動所表現出的特長，予以適當分類。道宣的《續高僧傳》是把信行的傳記放在「習禪」一類，而將吉藏歸於「義解」一項的。道宣的歸類，切當地指出作爲一名佛教僧侶，信行與吉藏，他們各自行爲舉措所表現出的特點。道宣將吉藏視爲一位典型的義解僧侶的觀點，不只在他自己編寫的《續高僧傳・吉藏傳》中可以得到證明，並且，就吉藏傳世頗豐的著作來看，也可說明此事。湯用彤指出：「中國佛教，雖根源譯典，而義理發揮，在於本土撰述。」〔註34〕在傳統佛教中，「義解」這個概念是圍繞著漢譯佛典而產生的，觀察義解僧侶的生命歷程，大抵可歸納出幾個共同的特徵：第一，作爲學生的角色，借助老師之力，研習、探問經典文義；其次，待至思想成熟，能獨當一面後，則又步上其師之途，轉換成師傅的身分，展開教學工作，開演佛經，獎掖後進；並且，就個人所理解到的「箇中眞義」，與他家展開論辯，以期捍衛各自認知下的「佛教」（佛陀教說）。

本節將討論吉藏作爲一名義解僧侶，究竟在他一生的經歷中以及著作的論辯裡，實際所關懷或必須面對的問題是什麼？

一、吉藏釋經舉措的兩個面向

吉藏在《淨名玄論》中談及何謂「不二法」時曾說：

（問：義宗乃廣陳「不二」，未詳「不二」定何等法？）

答：有人言，不二法門，則「眞諦理」也；有人言，不二法門，謂「實相般若」；有人言，不二法門，則「性淨涅槃阿梨耶識」；有人

〔註34〕湯用彤：《隋唐佛教史稿》，頁5。

言，不二法門，謂「阿摩羅識自性清淨心」。〔註35〕

而《大乘玄論》卷五對於所謂的「有人」，則有著更明確的指示：

成論師「眞諦」謂爲不二法門；智度論師謂「實相般若」；地論師用

「阿梨耶識」；攝論師眞諦三藏即「阿摩羅識」。〔註36〕

「不二法門」意指爲何？乃《維摩詰經》所揭示出的論題。由這個例子可以說明，中國義解僧侶的主要工作在於探究、解說經典文義，此是其一。再則，依據吉藏的說法也可得知，關於「不二法」的解釋，各家主張並不相同，那麼，這就表示站在各自的立場上，是非對錯的問題便有了必須辨明的必要了。這是義解僧侶的第二項工作——與其他僧侶就經典文義展開論辯。而且，就吉藏所秉承的教學傳統來說，與他家論辯的特徵則更爲明顯。

先談第一點，探究經典文義。義解僧侶對於「佛陀眞意」的接收，並不是透過具有神秘性質的天啓式傳授方式，他們實際所面對的，是以人類語言文字爲基礎所形成的佛教經典。而這樣一種經典形式的出現，代表了透過「語言／思維」此一人類互通消息的系統，能夠傳達出來自「佛陀」的重要訊息。因此，我們可以說，義解僧侶的主要工作，便是將諸此訊息完滿地揭示出來。在中國，隨著不同經論的被翻譯，便會出現不同的討論主題，吸引著義解僧的目光；此外，亦同樣隨著不同經典的被翻譯，不同的思想概念也會進入中國僧侶的思維領域裡。中國僧侶面對著佛教經典，一方面吸收了經論中所宣揚的思想，一方面，經論又是他們所著意解釋的對象。舉例來說，從《大乘大義章》所收鳩摩羅什與慧遠（334～416）的書信問答中，可以看見他們對於「法身」、「如如」、「法性」、「實法有」等概念或主題的討論；〔註37〕又如僧肇的〈般若無知〉、〈涅槃無名〉，則表達了僧肇自己對於「般若」與「涅槃」這兩個重要概念及議題的看法。再如北涼・曇無讖（385～433）所譯《大般涅槃經》的南傳，則在南方造成了研習風潮，並在佛教史上開啓了圍繞著「法身常住」、「佛性本有、始有」等爭論的新議題。〔註38〕還有如元魏菩提流支、佛陀扇多，以及陳朝眞諦的譯經事業，則引進了「眞識」、「妄識」、「三無性」

〔註35〕 隋・釋吉藏：《淨名玄論》卷1；《大正藏》冊38，頁856下。

〔註36〕 隋・釋吉藏：《大乘玄論》卷5；《大正藏》冊45，頁66下。

〔註37〕 參見郭忠生譯：《印度與中國的早期中觀學派》，頁180～181的說明，及其附錄二的文句疏解。

〔註38〕 參見湯用彤：《漢魏兩晉南北朝佛教史》，頁450～503。

等印度唯識學派的概念及思想，〔註 39〕而由上文吉藏所說的「阿梨耶識」與
「阿摩羅識」可知，所謂地論、攝論等諸師，對於何謂「不二法門」此一論
題，便是本著這些新翻譯的經論思想，以進行詮解的。

在傳統佛教中，一部經典的譯出，同時意味著解說的需要。解說新譯佛
典的必要性，對於一位已能獨當一面，開演佛經的僧侶來說，不僅源發自自
身對於知識、真相追求的渴望，亦有來自於徒眾的要求，以及其他講經僧的
競爭壓力。以吉藏秉承的三論教學傳統為例，吉藏在《涅槃經遊意》中說，
昔攝山大師僧詮只講三論與《般若經》，儘管徒眾多次商請講說《涅槃》，他
也只講〈本有今無〉偈，但到了他的老師興皇法朗，遂「大弘斯典」：

> 就攝山大師唯講三論及《摩訶般若》，不開《涅槃》、《法華》。諸學
> 士請講《涅槃經》，大師云：「諸人今解《般若》，那復令儂講。」復
> 重請，乃為道〈本有今無〉偈，而遂不講文，至興皇以來，始大弘
> 斯典。〔註 40〕

此外，在《華嚴遊意》中，吉藏也說江南本不講《華嚴經》，而講說《華嚴經》
的傳統始自他所稟承的教學傳統：

> 江南講此經者，亦須知其原首，前三大法師不講此經，晚建初、彭
> 城亦不講。建初晚講，就長干法師借《義疏》，彭城晚講，不聽人問
> 未講之文。前三大法師，後二名德，多不講此經。講此經者，起自
> 攝山，時有勝法師，為檀越教化，得三千餘解，未凡經七處，徒八
> 過設會，始自慧莊嚴，終歸止觀，一會則講，一會經文，爾時實為
> 隆盛。後興皇繼其遺蹤，大弘斯典。講因緣如此也。〔註 41〕

解說經典文義當然是吉藏身為一位義解僧的主要工作，然而，更進一步
說，在面對佛典，吉藏所遭遇到的最重要的問題乃在於如何構建一套能完滿

〔註 39〕參見高崎直道所編《唯識思想》一書，第九章〈地論宗、攝論宗、法相宗〉
中的相關討論。（高崎直道等著、李世傑譯：《唯識思想》（臺北：華宇，1985
年），頁 373～430）

〔註 40〕隋・釋吉藏：《涅槃經遊意》卷 1；《大正藏》冊 38，頁 230 上-中。又，《大
品經義疏》也有類似的說法：「止觀師六年在山中，不講餘經，唯講《大品》，
臨無常年，諸學士請講《涅槃》，師云：『諸人解《般若》，那復欲講《涅槃》
耶！但讀三論與《般若》自足，不須復講餘經。』諸學士既苦請師，遂為商
略《涅槃》大意，釋〈本有今無〉偈而已。」（隋・釋吉藏：《大品經義疏》
卷 1；《續藏經》冊 24，頁 196 上）

〔註 41〕隋・釋吉藏：《華嚴遊意》卷 1；《大正藏》冊 35，頁 163 上。

解釋諸經論的理論與方法。怎麼說呢？我們知道，在吉藏所處的時代，影響中國傳統佛教發展的大部分經論都已經被翻譯出來了，而中國僧侶對於這批經典的認識，基本上是依循著鳩摩羅什以降所確定的「大乘／小乘」二分的經典觀。然而，關於中國僧侶所奉持的大乘經、論，在現在學者的觀點裡卻有著各自在地域、時間以及思想上的分別。因此，這些立場或異，甚至幾近於水火不容的大乘經、論，在都是承佛親口所說，或四依菩薩爲宣揚佛化所作的條件限制下，彼此間的差異就有了被解釋的必要性。因此，對於與吉藏同時的義解僧侶來說，如何在各自的立場上，建設一套解說方法，以統攝思想或異的佛教經論，便成了首要的課題。而就吉藏繁多的著作來看，對於當時主要的經論都有所涉及，那麼這意味著在他展開疏作的背後，已然形成了一套詮經理論。這也是本文的關懷所在。當然，對於吉藏來說，他並不是獨自且直接面對這樣一個難題，也就是說，和其他義解僧一樣，吉藏也是依著師弟相承的學習傳統，並加以自身的理解和外有的激盪，逐步形成了個人的觀點，以及開演佛典的詮釋方法的。

至若與他家展開論辯：作爲一名佛教僧侶，在不同的面向上，皆可能面臨著來自內部與外部的競爭壓力。在中國，僧侶回應於外部的挑戰，被稱爲「護法」，宋・贊寧解釋「護法」乃言：「家有良吏，守藏何虞；法有名師，外禦其侮」。〔註42〕如《宋高僧傳・釋崇惠傳》就曾記載，當時太清宮道士史華因不滿代宗私心偏向佛教，於是「上奏，請與釋宗當代名流，角佛力道法勝負」。他在「東明觀壇前，架刀成梯」，並且「登躡如常磴道焉」。一時，「緇伍互相顧望、推排，且無敢躡者」。然而，章信寺的僧人崇惠聞之，透過官府上奏，在「章信寺庭前樹梯，橫架鋒刃，若霜雪然，增高百尺」，相較之下，「東明之梯」就顯得「極爲低下」。贊寧形容當時的熱鬧景況乃說：「朝廷公貴、市肆居民，駢足摩肩，而觀此舉」。於是，但見崇惠「徒跣登級下層，有如坦路，曾無難色」，當場硬是把史華給比了下去。〔註43〕關於這樣一種偏向「神異」的比試，自然也是佛、道二教，作爲一門宗教，實際涵藏的部份。當然，義解僧侶的表現不在於此，他們與教外人士的競爭，主要是站在自身的立場上，透過言語與文字，針對宇宙、人生與社會，就實然與應然面上的種種問題展開論辯。如梁・僧祐《弘明集》與唐・道宣《廣弘明集》的編纂，

〔註42〕宋・釋贊寧：《宋高僧傳》卷1；《大正藏》冊50，頁710上。
〔註43〕以上引語見宋・釋贊寧：《宋高僧傳》卷1；《大正藏》冊50，頁710上。

乃至於《集古今佛道論衡》、《破邪論》、《辯正論》、《甄正論》等著作，都是
這種「護法」心態下的產物。那麼，吉藏作爲一位義解僧侶，在講經論義上
是否也有來自於內、外部的競爭壓力呢？就吉藏的著作來看，如同佛經上所
言的「印度外道」，他是把中國傳統思想視爲「中國外道」的。而所謂「外道」，
自然指的是外於佛陀之道的。〔註44〕從這個面向來說，吉藏著作中亦有對於
儒、道二家的批評，而比較來說，提及《莊》、《老》之言爲多。〔註45〕然而，
本文以爲吉藏對於中國固有思想的批評，在他的學說體系裡，相較之下，仍
屬於較爲次階的部份，他眞正面臨的競爭壓力，實際上來自當時佛教內部其
他的義解僧侶。這似乎是關於「經典詮釋權」的一種爭取。關乎此，本文將
在以下諸節中逐步說明之。

二、吉藏所處環境的學術景況

　　吉藏在南北朝分裂時期，受學於南方，屬於南方傳統所培養出來的義解
僧侶，在隋滅陳後，受到當時晉王楊廣的賞識，北上居止於長安日嚴寺。由
於隋文、煬二帝都篤信佛教的緣故，使得隋朝的首都長安成爲當時的佛教中
心，會通了南北二地的佛教思想，盛極一時。吉藏入北以後，終其一生，皆
在長安諸寺院講肆佛經。綜觀吉藏一生，既接受過南方學術的薰陶與激盪，
入北後，又面臨了北土其他教學傳統僧侶在學術思想上的刺激；此外，由於
他所身處的長安是當時佛教學術重鎮，加以他又居重要佛寺，因此，在講經
事業上所遭遇的競爭壓力，想必非同小可。本小節將以時間爲序，依據史傳
與佛教史的記載，討論吉藏求學、發跡於南方，乃至輝煌於北土的過程中，
實際接觸過的其他重要義解僧侶，以及當時佛教內部義學發展的概況。

　　先由吉藏求學的過程談起。吉藏受業於興皇法朗，這表示他基本上是透
過此一傳授體系的觀點來認識佛教教義的內涵，以及當時學術的發展情況
的。由本文第一章所引法藏與湛然的說法可知，法朗所秉承的攝山三論教學
傳統和所謂的「成實宗」，乃南朝義學發展的兩大勢力。這裡所稱「成實宗」，

〔註44〕吉藏説：「夫至妙虛通，目之爲道；心遊道外，故名外道。」（隋・釋吉藏：《三
　　　論玄義》卷1；《大正藏》冊45，頁1中）

〔註45〕關於吉藏如何批評中國固有思想，可參見伊藤隆壽：〈吉藏の儒教老莊批判〉，
　　　《印度学仏教学研究》第34卷第2號（1986年），頁34～41，及中久西味：
　　　〈吉藏の老莊批判〉，收錄於平井俊榮編：《三論教學の研究》，頁257～275，
　　　等相關研究。

就當代一般的學術意見來說，並不具有宗派的意義，而是指特別重視研討鳩摩羅什所譯《成實論》的南朝諸論師，如湯用彤說：

> 六朝之世，佛學只有師法，尚未成立教派……，依史實言之，南北朝僅有經師，如一代大師，研通經論，而於《成實》特所擅長，復依此論，發明佛學，則謂之《成實論》師也。據此則法師可兼善數經，而不必即宗一經。〔註46〕

攝山三論教學傳統的崛起，基本上是以對抗成實諸師學說起家的，而所謂「成實論師」的主要代表人物，則有被後人稱為梁代三大家的莊嚴僧旻、光宅法雲，以及開善智藏等。此三人的學問雖不限於一經一論，但同樣以研究《成實論》見長。吉藏在《三論玄義》中嘗指出，自身的教學傳統所要破斥的當時其他大乘學者的理論主要有二：一為五時判教，一為成實師的二諦理論。〔註47〕吉藏師門始於攝山的二諦教學，根本上就是針對成實師的二諦理論而興發的，這個情形一直到他的老師興皇法朗一代，仍舊沒有改變，吉藏說：

> 然師臨去世之時，登高座付屬門人：「我出山以來，以二諦為正道，說二諦凡二十餘種勢，或散或束，或分章段或不分分時，或開為三段，乍作十重。所以為十重者，正為對開善法師二諦義，彼明二諦義有十重，對彼十重，故明十重，一一重以辨正之。……」〔註48〕

由於成實諸師是三論教學傳統主要的競爭對象，所以他們講經的方法與內容，很多是針對著成實諸師的學說，因此，在吉藏的著作中，對於他家的論破，佔有最重份量的，也是莊嚴、光宅、開善等成實論師的主張。由此可見，在其學習過程中，吉藏對於成實諸師的學說，當下過極大的功夫。

此外，以著作的內容來看，吉藏下有極大功夫的，還有毘曇之學。所謂的「毘曇」，指的是以說一切有部為主的部派佛教的諸漢譯論典。在中國，傳統佛教研習的主流經典雖說是大乘經論，但是，關於毘曇之學，歷代亦不乏習學者。〔註49〕然而，在文獻上，我們難以查考吉藏在求學過程中直接面對著哪些毘曇學者，那麼，為什麼吉藏需要對於毘曇學問進行鑽研呢？其實，根本的原因在於，三論教學傳統所依持的主要經論，誠如其名，是龍樹的《中

〔註46〕湯用彤：《漢魏兩晉南北朝佛教史》，頁535。

〔註47〕隋‧釋吉藏：《三論玄義》卷1；《大正藏》冊45，頁5中。

〔註48〕隋‧釋吉藏：《二諦義》卷上；《大正藏》冊45，頁78上-中。

〔註49〕參見湯用彤：《漢魏兩晉南北朝佛教史》，頁625～630。

論》、《十二門論》，與提婆的《百論》，而這些論典的呈現方式，除了批評外
道以外，主要的破斥對象是佛教內部所謂的「小乘」論師。關乎此，吉藏在
《三論玄義》中嘗引《大智度論》語，說：

> 所言五百部者，《智度論》釋《般若·信毀品》云：「佛滅度後五百
> 歲後，有五百部，不知佛意，為解脫故，執諸法有決定相，聞畢竟
> 空，如刀傷心。」龍樹、提婆為諸部異執，失佛教意，故造論破迷
> 也。〔註50〕

因此，既然小乘諸部異執是四依菩薩龍樹出世所欲破斥的對象，那麼，所謂
「知此知彼，百戰百勝」，在學習龍樹中觀教法的同時，毘曇諸學的內涵，當
然就成了必須學習的基礎知識了。

　　最後，吉藏在學習的過程中所直接受到其師法朗影響，而以為必須在往
後的講學與疏作中進行批評的，還有所謂的「中假師」。什麼是「中假師」呢？
日·證禪《三論玄義檢幽集》整理了相關著作的說法，說：

> 中假師者，著中假之人也。淡海《記》曰：「善鐘寺融法師、長干寺
> 辨法師等也。」《述義》曰：「禪眾融，長干辨，俱是詮法師學士，而
> 作中假解，兩來為假，兩去為中，故興皇大師以為中假師。亦破云：
> 『兩來不成假，兩去不成中也。』」均正《玄義》曰：「非有非無，即
> 兩去，即斷；而有而無，兩來，只是常；此是斷、常二見，何謂『中
> 假』也？故一家舊云：『兩去不名中，兩來亦不成假也。』」〔註51〕

除此之外，道宣《續高僧傳》也有線索，本文在第一章第二節嘗引之曰：「然
辯公勝業清明，定慧兩舉，故其講唱，兼存禪眾，抑亦詮公之篤屬也；然其
義體時與朗違，故使興皇座中，排斥中假之誚。」大抵來說，所謂的「中假
師」，是吉藏老師法朗從學於止觀僧詮時的同學。「中假」是僧詮在講演經典
時所使用的釋經方法，所謂「非有非無為『中』，而有而無為『假』」。就法朗
來說，長干辯等人雖同學「中假」之說，卻產生錯誤的理解，這顯示了三論
教學傳統內部的一種爭執。本文第一章曾引用吉藏的說法，指出其師法朗曾
經說過「中假師罪重，永不見佛」這般嚴厲的話。而這一種爭執，在道宣的
《續高僧傳》中亦有記載，可見其爭執的程度並不小。因此，這裡顯現出一
件有趣的事，亦即以吉藏所秉承的三論教學傳統為例，他們在思想主張上有

〔註50〕隋·釋吉藏：《三論玄義》；《大正藏》冊45，頁10上。
〔註51〕日·證禪：《三論玄義檢幽集》卷7；《大正藏》冊70，頁497上。

區別於佛教內部其他教學傳統之處，然而彼此之間，還有差別。

　　至於吉藏在成爲獨當一面的講經法師後，在江南乃至入長安後的發展，本文第一章關於吉藏生平的記敘中嘗指出，他在隋滅陳以前，當已成爲一位講經宣道的法師，但相關事蹟則顯得較爲隱晦，而依《續高僧傳》記載，隋滅陳以後，吉藏居止的第一間佛寺爲嘉祥寺。他在嘉祥寺弘法約莫有七、八年的時間。之中，最值得注意的是與天台智者的交往。由灌頂《百清國錄》所保留的吉藏寫給智者的書信中的口氣可見，對於智者，吉藏表現得相當恭敬。然而，吉藏與智者的交涉，在開皇十七年八月間請智者赴金陵講《法華經》未果後就停止了。之後，吉藏受晉王楊廣賞識，入住慧日寺，而智者則因病辭世於天台。此外，至於後來天台相關著作將吉藏描繪爲「焚棄舊疏，深悔前作，來投章安，咨受觀法」的天台學僧，爲天台傳承譜系中五祖灌頂底下旁出之支系，筆者則同意呂澂的看法，以爲此或乃天台人爲「抬高自己的身價」的方法，實際上，二家在學說與方法論上有著根本性的歧異。關於此點，我們可以藉由查考吉藏晚期的著作，《中觀論疏》等書的內容，得到證明。不過，實際關於吉藏主張與天台思想間的比較問題，仍須另立他題，仔細考辨，才能有較爲妥適的結論。

　　吉藏在開皇十七年（597）九月以後，被延請入慧日寺，開始受到皇家勢力的支持。吉藏在慧日寺的時間雖不長，約莫一年半多的時間，然而這卻象徵著他講經事業轉折的一個重要標誌。吉藏被晉王楊廣召入慧日寺，除表示他在講經上的聲名已受到自身教學傳統以外的肯定之外，並且，這也意味著在講經教學工作上更激烈的競爭。怎麼說呢？因爲同時受到延請的，不單只有吉藏一人，尚包括其他擁有各異學習背景，卻同樣在講經教學事業上具有威名的義解僧。如，在文獻記載上，同時受到晉王禮遇，延請入慧日的重要義解僧侶，可考者還有三人：智脫、智矩與慧覺。

　　釋智脫（541～607），其先濟陽考城人，後因流宦復爲江都人，原受業於鄴下穎法師，學《華嚴》、《十地》，後聽江都強法師講《成實》、《毗曇》。智脫主要是以研究《成實論》聞名於隋的，算是梁、陳以降，《成實》研習之風漸衰後，把南方《成論》之學引介到北方的代表人物之一。他所講說的《成實》宗義，便是吉藏教學傳統的主要攻擊對象。然而，他不僅與吉藏同被延請入慧日，在晉王楊廣北上時，也和吉藏一樣，以江南名僧的姿態，入住日嚴寺。此外，本文在第一章的討論中也曾提及，在長安一場關於《淨名經》

的討論盛會中，身爲主講人且處處對於智脫學說「微相指斥」的吉藏，在談及「解脫門」的主題時，卻被吃了悶虧的智脫，趁機給反擊了回去。

至於慧覺與智矩，都是三論教學傳統中所培養出來的義解僧侶。慧覺（554～606），姓孫氏，其先太原晉陽人。他八歲出家，師法朗，後入三論教學傳統的發源地攝山，居止栖霞寺，講《大智度論》，並與師叔慧布相善。晉王楊廣居蕃時，慧覺與吉藏一樣，同被召入慧日寺。其後，大業二年，隨楊廣入京，雖「途中見疾」，仍「神色怡然，法言無廢」，惜乎不久即「遷化於泗州之宿預縣」。而智矩，姓吳氏，吳郡人，亦受學於法朗。學成後，講四論、《大品》，道宣說他「吐納機辯，適對當時，弘匠浙東，砥礪前學，致使禹穴西鶩，成器極繁」。他和吉藏一樣，先入慧日，後北上居日嚴。《續高僧傳》曾拿他與吉藏做過比較，說：「時有同師沙門吉藏者，學本興皇。威名相架，文藻橫逸，矩實過之。」再則，本文第一章第二節也嘗藉由比較智矩與吉藏的傳記，來說明吉藏在當時代表南方學統的三論教學傳統中，並非佔據獨霸的地位。〔註52〕

至若吉藏北上長安以後所面對的學術景況，據湯用彤指出，隋代佛史上最重要的兩件事之一是關中佛法的中興。〔註53〕在楊廣從江南帶了一批各具威望的僧侶北上，象徵南北佛教進一步融合的同時，隋文帝對於佛教義學的功績則在於以長安爲根據地，恢復北方佛教的興盛。在南北朝分治的時期，北方曾面臨北魏太武帝、北周武帝兩次的廢佛行動。其中，北周武帝在建德三年（574）頒布了一條禁令，所謂「初斷佛、道二教，經像悉毀，罷沙門、道士，並令還民。並禁諸淫祀，禮典所不載者，盡除之。」〔註54〕展開了廢佛的行動。建德六年（577），北周武帝滅北齊，入北齊首都鄴，把廢佛的範圍擴及到了原來北齊的管轄地。據道宣《續高僧傳》指出，北齊首都鄴，是北方佛教隆盛之地，人才輩出：

> ……逮于北鄴最稱光大，移都茲始，基構極繁，而兼創道場，殄絕魔網，故使英俊林蒸，業正雲會，每法筵一建，聽侶千餘。慧光、道憑，躡跡通軌；法融、慧遠，顧視爭衡。然而開剖章途，解散詞義，並推光統，以爲言先，豈非唱高和寡，獨振今古！即當鋒之領

〔註52〕以上三人生平之討論，俱出唐・釋道宣：《續高僧傳》。（參見唐・釋道宣：《續高僧傳》卷 9、12、11；《大正藏》冊 50，頁 498 下～499 下、516 上～516 下、509 中～509 下。）

〔註53〕湯用彤：《隋唐佛教史稿》，頁 10。

〔註54〕唐・令狐德棻等：《周書》（一）（臺北：鼎文，1975 年），頁 84。

—71—

袖，乃萬葉之師模；然光初學律宗，晚通理教，郁郁兼美，能振其

芳，觀其成樹骨梗，分布毛目，意存行猷，護法爲本，所以《華嚴》、

《地論》，咸位綱模，被及當今，成誦無墜，蓋有由矣。〔註55〕

然而隨著北周武帝的滅北齊，把廢佛的範圍擴大了，使得整個北方佛教的發展
一時頹圯不振。道宣指出，北周武帝的廢佛行動到了宣帝時，事有轉圜，但真
正論及佛法的復興，當功推於隋文帝楊堅，並對其興佛舉措作了如斯整理：

孝宣即位，政異前朝，經像漸開，齋福稍起，而厥化草創，義學猶

微。隋高荷負在躬，專弘佛教，開皇伊始，廣樹仁祠，有僧行處，

皆爲立寺，召諸學徒，普會京輦，其中高第，自爲等級，故二十五

眾，峙列帝城，隨慕學方，任其披化，每日登殿，坐列七僧，轉讀

眾經，及開理義，帝目覽萬機，而耳餐正法。〔註56〕

隋文帝對於佛教義學的復興，最重要的一件工作，是將之前因皇權廢佛而隱
遁到各地去的大德名僧重新召集回當時的首都長安，並且提供他們無虞的教
學環境。其中，在隋代佛教史上有所謂「六大德」之說，指的是《續高僧傳・
曇遷傳》中所提及的包括曇遷在內，受到文帝禮遇，帶領各自徒眾，入長安，
居大興善寺的六名重要僧侶，道宣說：

時洛陽慧遠、魏郡慧藏、清河僧休、濟陰寶鎮、汲郡洪遵，各奉明

詔，同集帝輦。遷乃率其門人，行途所資，皆出天府，與五大德，

謁帝於大興殿，特蒙禮接，勞以優言，又勅所司，並於大興善寺，

安置供給。王公宰輔，冠蓋相望。雖各將門徒十人，而慕義沙門，

勅亦延及，遂得萬里尋師，於焉可想。〔註57〕

引文中所提及的慧遠，是地論學統中的僧侶，師學法上，所遺留至今的著作
仍多，與三論吉藏、天台智者，被後世學者目爲隋代三大師。此外，就北方
佛教義學發展而言，六大德中，最重要的非曇遷（542～607）莫屬。曇遷，
博陵饒陽人，俗姓王，曾師曇靜、曇遵，鑽研《華嚴》、《十地》、《維摩》、《楞
伽》、《地持》《起信》等。待至北周武帝廢佛，轉往南朝陳，道宣說他「初達
楊都栖道場寺」，「與同侶談唯識義」，友善沙門慧曉、智璨，並於「州刺史蔣
君之宅，獲《攝大乘論》，以爲全如意珠。」其後，隋代北周而興，曇遷始北

〔註55〕唐・釋道宣：《續高僧傳》卷15；《大正藏》冊50，頁548下。

〔註56〕同前註，卷15；頁549上。

〔註57〕同前註，卷18；頁572下。

返，居徐州，弘《攝論》，終爲隋文帝所請，入長安大興善寺。綜觀曇遷一生
學問偏好，宗尚「唯識」，正可對比於吉藏所秉承的三論教學傳統。他在陳朝
期間，接觸到了真諦所譯介，但在當時南方尚不爲人所關注的《攝大乘論》，
於心大喜，以爲「如意珠可全」。曇遷之學，被視爲真諦所譯《攝大乘論》思
想北傳，在北方固有的《地論》等「唯識」教學傳統的基礎上，造成習學風
尚的關鍵人物之一。〔註58〕

　　至於晉王楊廣北上所攜帶的南方重要僧侶，居止於長安寺院，則象徵了
長期隔絕於南、北兩朝各自所發展出的佛教傳統進一步的相遇與激盪。查考
《續高僧傳》的記載，由隋煬帝從南方帶往長安，居止日嚴寺的重要義解僧
侶主要有十三位，除吉藏外，尚有智脫、智矩、道莊、法澄、法論、慧頵、
法侃、法琰、曇瑎、善權、明舜、辯義。〔註59〕

　　智脫與智矩的師承、教學特點，上文已有所述及。此外，與吉藏同師法
朗，屬於三論教學傳統的有法澄與道莊。其中，道莊先從彭城瓊法師學《成
實》，後才學四論。再則，以講學《成實》聞名的尚有法論、慧頵、法琰、曇
瑎、善權；其中，道宣說慧頵早年雖習《成實》，入日嚴後才「歸宗龍樹，弘
揚大乘」。而法侃、明舜、辯義都是北周武帝廢佛時，從北方轉往建業的僧侶。
其中，辯義少學《雜心》，是弘揚毗曇的學者；法侃則與曇遷一樣，弘揚「唯
識」之學，在北土時曾隨淵法師學《十地》、《地持》，投南建業後，從居士曹
毗學《攝論》。最後，明舜則擅講《大智度論》。

　　吉藏與上述諸義解名僧同居日嚴寺時，並非只管針對自身之專長，「開班
授課」而已，彼此之間還存在著互相學習、切磋，以及論辯的需要。如道宣
在〈慧頵傳〉中說：

> 于時，晉王開信盛延大德，同至日嚴，並海內杞梓，遞互相師，每
> 日講乘，五輪方駕。〔註60〕

也正因爲這種必須相互師習的緣故，道宣說：原本宗學《成實》的慧頵因藉

〔註58〕 以上曇遷生平之記敍，參見唐・釋道宣：《續高僧傳》卷18；《大正藏》冊50，
　　　　 頁571中～574中。
〔註59〕 以下諸家在義解上的特長，整理自道宣《續高僧傳》諸傳之記載，爲求簡省，
　　　　 茲不再俱引出處。又，讀者亦可參見王亞榮：《日嚴寺考——兼論隋代南方佛
　　　　 教義學的北傳》一文的相關討論；此外，王氏此文論及隋代居止於日嚴寺的
　　　　 南方義解僧，並未提及法琰。（氏著：《長安佛教史論》（北京：宗教文化，2005
　　　　 年8月），頁168～186）
〔註60〕 唐・釋道宣：《續高僧傳》卷14；《大正藏》冊50，頁534上。

此「通觀異部，遍覽眾傳，讎討舊聞，考定新軌」，於是「乃歸宗龍樹，弘揚大乘」。〔註61〕

當然，上述這個例子所說明的相互學習，似乎來自於制度上的要求，此外，亦有出於自願者，如〈義辯傳〉中說：

> 時有沙門智矩、吉藏、慧乘等三十餘人，並煬帝所欽，日嚴同止，請義開演《雜心》，顧惟不竟，即就元席，既對前達，不事附文，提舉綱紐，標會幽體，談述玄極，不覺時延，其為時賢所重如此。
> 〔註62〕

又如〈曇遷傳〉中說，曇遷在長安開講《攝大乘論》時，已為一代宗師的慧遠，「躬處坐端，橫經稟義。」〔註63〕

再則，吉藏所涉及的論辯，本文在第一章討論其生平時已有所涉及，茲不贅述。這裡，想再藉由一個例子，討論一下僧侶與僧侶互相論義背後所可能涉及的皇室成員間的競爭關係。在第一章中，談到了吉藏在講經論義上的盛名，引起齊王的注意，齊王多次延攬高手與之辯論，最後即使動員到居大興善寺，號稱「三國論師」的僧粲，仍舊無法屈之。而上文提及的〈義辯傳〉，以及〈志念傳〉中的相關記載，也同樣透露出有趣的訊息。〈志念傳〉中說：

> 仁壽二年，獻后背世，有詔追王入輔，王乃集僧曰：「今須法師一人。神解高第者，可共寡人入朝，擬抗論京華，傳風道俗。」眾皆相顧，未之有對。王曰：「如今所觀，念法師堪臨此選。」遂與同行。既達京師，禪林創講，王自為檀越，經營法祀，念登座震吼，四答氷消，清論徐轉，群疑潛遣，由是門人慕義，千計盈堂。〔註64〕

志念以《雜心》聞名，而文中所稱之「王」，指漢王楊諒。仁壽二年，獻后去世，漢王被召入京，他思忖要帶一名法師，冀望他入長安後能「抗論京華，傳風道俗」，最後選擇了志念法師同行。就〈志念傳〉的記載來看，結果似乎相當圓滿，但〈義辯傳〉中卻說，

> 仁壽二年，隋漢王諒，遠迎志念法師，來華京室。王欲衒其智術也，乃於禪林寺，創建法集，致使三輔高哲，咸廢講而同師焉。義廁其筵

〔註61〕同前註。
〔註62〕同前註，卷11；頁510下。
〔註63〕同前註，卷18；頁572下。
〔註64〕同前註，卷11；頁509上。

肆，聆其雅致，乃以情之所滯封而問之，前後三日，皆杜詞莫對。念

處座命曰：「向所問者，乃同疑焉，請在下座，返詢其志。」〔註65〕

也許因為辯義與志念都是善於小乘的學者，所以漢王為志念所舉辦的法集，辯義亦「廁其筵肆，聆其雅致」。但是對於志念的講說，辯義針對不解處所提出的疑問，志念都無法回答。就此，除了可觀察到義解僧侶彼此間的競爭關係外，其背後是否隱藏著王室之間的競爭，也頗有值得翫味之處。

至於吉藏身處的百花齊放的長安佛教界，研習的主流經論是什麼呢？關於這個問題，道宣指出：「當時諸部雖復具揚，而《涅槃》、《攝論》，最為繁富。」〔註66〕而藍吉富的研究恰好證明此事。就藍氏針對《續高僧傳》所載義解僧侶所弘闡的佛典的整理，隋代長安，以研習《涅槃經》的家數最多，可達三十二家，其次是《攝大乘論》十七家、《十地經論》十七家，而弘揚三論者只有五家。〔註67〕《十地經論》本就是北方傳統上的重要經典，而《攝大乘論》的研習風潮則是由南方帶往北方的。然而，實際上，同為南地發展出來的傳統，三論與成實兩大勢力的爭執，到了長安，並不若曇遷所引進，在南方未及受到重視的《攝大乘論》那樣，受到極大的迴響。考其原因，可能是因為原本發展於北方的《十地經論》等經論的傳習，對於同為唯識經典的《攝大乘論》產生了接引的作用。所以，吉藏自己也說：「長安盛弘唯識。」〔註68〕除此之外，吉藏還說：

1、余至關內，得三藏師用《無上依經》意釋八不。〔註69〕

2、至長安，見攝論師，立二義。〔註70〕

3、大業四年為對長安三種論師，謂《攝論》、《十地》、《地持》三種

　師，明二無我理及三無性為論大宗。〔註71〕

〔註65〕唐・釋道宣：《續高僧傳》卷11；《大正藏》冊50，頁510中。

〔註66〕同前註，卷15；頁549中。

〔註67〕藍吉富：《隋代佛教史述論》，頁121～137。又，藍氏是以四論並舉（即三論外加《大智度論》），統計出隋代長安研習四論者共十三家，指出「隋代三論學風，也已逐漸北移」，然南北朝時北方已有研習《大智度論》的傳統，因此，傳揚《大智度論》的僧侶，並不完全出於南方的三論教學傳統，筆者把在四論中僅傳習《大智度論》的僧侶別除之後，統計當時長安講說《中論》、《百論》、《十二門論》三論者，只有五家。

〔註68〕隋・釋吉藏：《百論疏》卷上；《大正藏》冊42，頁236中。

〔註69〕隋・釋吉藏：《中觀論疏》卷2；《大正藏》冊42，頁33上。

〔註70〕隋・釋吉藏：《中觀論疏》卷9；《大正藏》冊42，頁133中。

〔註71〕隋・釋吉藏：《百論疏》卷下；《大正藏》冊42，頁302中。

4、長安二攝論師，一云聞薰習滅，二云滅。〔註72〕

說明了居止於長安時，他親自面對過諸地論與攝論傳統中的義解僧侶。

因此，根據以上討論可以得知，下小節所要討論的吉藏著作中對於毘曇、成實師的批評，關於他們的思想以及與三論教學的對立關係，是吉藏早在學生時期，從其所秉承的教學傳統中學習與認知到的部份，而實際上，當吉藏成爲一名講論道義的法師以後，與成實師在講經上的競爭關係，也是從南方開始，一直延續到北方，居止於長安佛寺時期的。除此之外，吉藏對於地論、攝論諸師主張的理解，不能說是完全建立在他入了長安以後，然而，關於學說上的進一步認識，以及在講經事業上實際的接觸，則主要形成於北方時期，殆無疑義。

以上是關於吉藏一生所面對的學術環境以及實際在講經事業上可能觸及的競爭關係的查考。再則，雖然吉藏在入唐以後，仍被皇室奉爲高僧名德，但關於當時的學術環境以及其講經事業實際上並沒有發生太重大的轉變，所以這裡暫且略去不談。在下節中，本文將討論吉藏著作中所提及的主要論辯對象與論辯主題。

第三節 吉藏著作中的主要批評對象與論辯主題

一、吉藏著作中的主要批評對象

在前文所舉的「不二法」的例子中，吉藏徵引了成實、智度等論師的說法，而這種引用他家見解的舉措是義解僧侶在詮解佛典時極爲常見的現象。〔註73〕在一般義解僧侶著作中所引用的他家見解，基本上都可視爲具參考性質，也就是說，如果將之抽離，對於疏作中所要表達的主張，也不會有什麼關鍵性影響。但對於吉藏來說，可就不是這麼一回事了。本文以爲，其他義解僧侶的主張是吉藏著作中的基底部分，佔有重要的地位；甚至，我們可以說，如果沒有了這個部份，吉藏疏作中的其他組成成分也顯示不出什麼意義來。之所以如此，其實是因爲吉藏一系的論說承襲了龍樹《中論》「以破爲立」的特點的緣故。吉藏

〔註72〕隋・釋吉藏：《法華統略》卷3；《續藏經》冊27，頁505下。
〔註73〕如第一章所提及的吉藏對於《法華經》的解說，有窺基《妙法蓮華經玄贊》以及慧沼《法華玄贊義決》的引用，而今已失傳的法朗《大般涅槃經義疏》中的主張，在灌頂的《大般涅槃經疏》中也可略見一二。

家學，號稱「破邪顯正」，他們是透過批判他家學說以彰顯出自己的立場的。當然，由這樣的觀點出發，與研究龍樹學說一樣，對於吉藏思想的研究將引發出一個問題，亦即在論破的背後，吉藏到底有沒有自己的主張？這是本文在下一章將進一步涉及的問題。

　　吉藏著作中所批評的對象，除了如印度小乘論師等在經論中所提及的人物外，大概也只有成實論師在部分論說中可以找到實際的名諱，而其他學者，就僅有以如「異三論師」、「北土智度論師」、「成實師」、「舊地論師」、「攝論師」等名稱出現。雖然筆者相信，這些吉藏著作所批評的對象，與上節所討論的吉藏實際面對的其他義解僧侶，其間必然存在著某種對應關係，但是在技術上，要做到明確的「對號入座」，恐怕也難以達成。因此，吉藏所稱「智度論」、「地論」、「攝論」諸師，就極保守的觀點來說，指稱的是當時對於某部論典學有專精的義解僧侶，然而，想要為諸此僧侶在佛教史上所謂地論、攝論等教學傳統譜系中尋找明確的定位，是相當困難的事情。不過，儘管如此，本小節仍舊嘗試針對吉藏論說中所主要提及的毘曇、成實與成實大乘師、地論師，以及攝論師，在一般佛教史中所認為的指涉對象或指涉譜系的特點，作一概要性的介紹，以為以下諸章討論開展的背景知識：

（一）毘曇之學

　　在吉藏疏作中，龍樹、提婆所著意批評的小乘論師也是他攻擊的對象。不過，嚴格來說，吉藏所提及的「小乘」與「毘曇」二概念的指涉是小有差別的。其中，「小乘」所指的是部派佛教的全部，而「毘曇」指稱的則是在漢譯佛典中，吉藏自己所見及的以薩婆多部（即說一切有部）為主的論師與論著。除此之外，吉藏在著作中所批評的「毘曇之學」，還有可分別者，即區分為漢譯經論上所記載的印度部派論師及其主張，以及習學部派論典的中國傳統僧侶。

　　在中國傳統佛教中，漢譯的部派論典被視為小乘之學，然而雖說不是主流，歷代亦不乏有習學者，如天台湛然所說：「至齊朝已來，玄綱殆絕，江南盛弘成實，河北偏尚毘曇」；〔註74〕此外，上文所提及的與吉藏同依止於日嚴寺的義辯，便是當時很著名的小乘學者。雖然吉藏自己也在《中觀論疏》中說過：「余親聞彼僧云：『大乘方等經是龍樹道人作，故不信也。』」，〔註75〕表示他在講經論義的過程中也曾實際面對過當時研習毘曇之學的義解僧侶，

〔註74〕唐・釋湛然：《法華玄義釋籤》卷6；《大正藏》冊33，頁951上。
〔註75〕隋・釋吉藏：《中觀論疏》卷3；《大正藏》冊42，頁44下。

然而就他的論著內容來看，吉藏對於毘曇或小乘論師主張的批評，主要提及的還是漢譯經論上所記載的人物。上文曾提及，毘曇之學是三論教學傳統的基本學習知識，因爲根本上要先認識龍樹《中論》等書批評對象的主張，才能妥適地理解龍樹爲何及如何針對他們的主張展開批評。由吉藏的疏論來看，他對於毘曇、部派佛教的源流、思想，十分熟稔，想必當下過一番苦功。而他所展現的對於印度部派佛教、毘曇之學淵流發展的認識，主要表現在《三論玄義》以及《大乘玄論》卷五「教迹義三」中。吉藏在《三論玄義》裡曾提及的阿毘曇主要有六，另附有二，他說：

> 一者、如來自說法相毘曇，盛行天竺，不傳震旦。二者、隣極亞聖，名舍利弗，解佛語故，造《阿毘曇》，凡二十卷，傳來此土。三者、佛滅度後三百餘年，有三明六通大阿羅漢，姓迦旃延，造《八犍度》，凡二十卷。……四者、六百年間，有五百羅漢，是旃延弟子，於北天竺共造《毘婆沙》，釋《八犍度》。毘婆沙者，此云廣解，於西涼州譯出，凡有百卷，值兵火燒之，唯六十卷現在，止解三犍度也。五者、七百餘年有法勝羅漢，嫌《婆沙》太博，略撰要義，作二百五十偈，名《阿毘曇心》，凡有四卷，亦傳此土。六者、千年之間有達磨多羅，以《婆沙》太博，四卷極略，更撰三百五十偈，足四卷，合六百偈，名爲《雜心》也。其間，復有《六分毘曇》。《釋論》云：「目連和須密，及餘論師共造。」並不傳此土，唯眾事分毘曇是六内之一，此土有之。復有《甘露味毘曇》二卷，未詳作者，並傳此土。〔註76〕

此外，吉藏在《三論玄義》也提及了他所理解的印度部派佛教的發展，所謂「二部」、「十八部」、「二十部」等說。〔註77〕而他在歸納毘曇思想主張的特點時嘗

〔註76〕隋·釋吉藏：《三論玄義》卷1；《大正藏》冊45，頁5中-下。

〔註77〕二部者，即指部派佛教最初分裂爲上座部與大眾部。吉藏說他們主要主張的不同處之一在於「眾部執生死、涅槃，皆是假名；上座部執生死、涅槃，皆是眞實」（同前註，頁8下）。十八部者，則指合大眾部後來所衍分出七部，即「一說部、出世說部、灰山住部、多聞部、多聞分別部、支提山部、北山部」，以及上座部後來所衍分出的十一部，「上座弟子部、薩婆多部、雪山住部、可住子弟部、法尚部、賢乘部、正量弟子部、密林部、正地部、法護部、善歲部、說度部」，共十八部。至於所謂的「二十部」，即合此十八部與最初分裂的上座部與大眾部二部。此外，關於吉藏著作所提及部派佛教發展的進一步整理與討論，參見日·珍海：《三論玄義疏文義要》卷2；《大正藏》冊

說：「毘曇雖部類不同，大宗明見有得道也。」〔註78〕所謂的「見有得道」，現代學者一般是以薩婆多部，即說一切有部的主張，即「一切法有」以及「三世實有」，作爲解釋。而吉藏對於薩婆多部主要主張的理解也是相近的，他說：

1、薩婆多計一切法有，故名一切有部。一切有者，明三世是有，及三無爲亦有，故名一切有部也。〔註79〕

2、薩婆多謂無我有法。〔註80〕

3、佛法内薩婆多明三世有，即是本果性在未來，從未來至現在，從現在謝過去，三世常有，故名爲常。〔註81〕

此外，所謂「見有得道」的「有」，約莫可以理解爲「存在」，以廣義的角度來說，在部派論師中，只要是「正面肯定有『某者』存在」，無論其性質如何？是「眞」？是「假」？是否爲聚合物？都可歸屬於「見有得道」的範疇中，如以下吉藏所舉的關於犢子部的主張，他說：

1、犢子云：因緣謂性，五隱因緣，別有人法生，四大因緣，別有眼法生。〔註82〕

2、犢子計別有假人體，與陰體不一不異，在第五不可說藏中，故《俱舍論》出彼義云，如因薪有火，別有火體，雖因陰有人，別有人體。〔註83〕

3、佛法内亦有三部：犢子有人有法，名之爲有；方廣計無人無法，名之爲無；薩婆多無人有法，稱亦有亦無。〔註84〕

（二）《成實論》與成論大乘師

漢傳《成實論》由鳩摩羅什所譯，共十六卷。在鳩摩羅什的弟子裡面，傳習《成實論》的，以僧導（362～457）與僧嵩（生卒年不詳）最爲有名。其中，僧導曾居壽春，使壽春成爲研習《成實》之重鎮，其弟子以《成實》聞名者乃有僧因、僧威、曇濟以及道猛；而僧嵩則居彭城，其弟子則有僧淵、

70，頁 223 下～228 中。

〔註78〕同前註，頁 2 下。

〔註79〕隋・釋吉藏：《中觀論疏》卷 6；《大正藏》冊 42，頁 100 上。

〔註80〕隋・釋吉藏：《淨名玄論》卷 1；《大正藏》冊 38，頁 857 下。

〔註81〕隋・釋吉藏：《中觀論疏》卷 2；《大正藏》冊 42，頁 24 上。

〔註82〕隋・釋吉藏：《中觀論疏》卷 1；《大正藏》冊 42，頁 7 中。

〔註83〕隋・釋吉藏：《淨名玄論》卷 1；《大正藏》冊 38，頁 857 下。

〔註84〕隋・釋吉藏：《中觀論疏》卷 7；《大正藏》冊 42，頁 112 上。

法遷等。據湯用彤指出，壽春與彭城是晉、宋時期《成實論》講習的兩大系統，前者之影響及於江南，而後者更是通貫南北。到了齊朝，則有僧柔（431～494）、僧次（生卒年不詳），以及道猛諸弟子於京師建業講經教學，爲世所重。〔註85〕以現代的學術觀點來說，《成實論》是部小乘論典，初始，其爲大乘論或小乘論，定位並不明朗，如吉藏在《三論玄義》中說：「有人言，是大乘也；有人言，是小乘；有人言，探大乘意，以釋小乘，具含大小。」〔註86〕此外，在凝然《八宗綱要》的記載中，我們也可以觀察到，在傳統佛教中，《成實論》逐步被判釋爲小乘論典，共識形成的趨勢：

> 又梁三大法師，謂光宅寺法雲法師、開善寺智藏法師、莊嚴寺僧旻法師，此三家並云《成實論》是大乘云云。天台、嘉祥並判小乘，南山靈芝俱云分通大乘；如此諸師亦異說不同。然淨影、天台已後，多分共評云《成實論》是小乘中長。但南山律師，教是小乘，亦通大乘。小乘之中，多云成實多依經部，或曇無德部。〔註87〕

就本段引文的說明來看，天台與三論這兩支同屬於南方所發展出來的教學傳統，都宣稱《成實論》爲小乘論。其中，當以吉藏所稟的三論教學傳統力主最甚。在梁代，由攝山爲根據地所形成的三論教學傳統，實際上是透過與當時勢力頗大的成實諸師在講經論道上的競爭，才在南朝佛教中逐漸嶄露頭角的。之中，他們所持的用以對抗成實諸師的論據之一，便是力主《成實》爲小乘論典，而這樣的一種論調也一直延續到吉藏的講經事業中，如在《三論玄義》中，他便曾特意舉出十個理由來證明《成實》爲小乘論典。〔註88〕在吉藏的著作中，小乘之學，時或稱「數論」，而「數論」一詞實際上包含了《成實》與上文所提及的諸阿毘曇。湯用彤與呂澂皆指出，鳩摩羅什之所以譯介《成實論》，主要的原因是因爲此論不滿有部談「有」，而進一步論「空」，乃有助於理解般若、中觀相關經論的思想。〔註89〕關於《成實論》論「空」，吉

〔註85〕 以上，關於《成實論》的傳譯，及在晉、宋、齊三代的傳習發展，乃至於疏解之作的羅列整理，可參見湯用彤：《漢魏兩晉南北朝佛教史》，頁535～544。

〔註86〕 隋·釋吉藏：《三論玄義》卷1；《大正藏》冊45，頁3下。

〔註87〕 本段引文所引用的版本爲鎌田茂雄疏解、關世謙譯：《八宗綱要》（臺北：佛光，2006年），頁88～89。

〔註88〕 所謂「今以十義證，則明是小乘，非大乘矣：一舊序證、二依論微、三無大文、四有條例、五迷本宗、六分大小、七格優降、八無相即、九傷解行、十檢世人。」具體內容詳見隋·釋吉藏：《三論玄義》；《大正藏》冊45，頁3下。

〔註89〕 湯用彤：《漢魏兩晉南北朝佛教史》，頁536、呂澂：《中國佛學源流略講》，頁

藏也有相同的看法，他說：「成實、毘曇各執空、有。」〔註90〕至於引文中凝然所提及的「然淨影、天台已後，多分共評云《成實論》是小乘中長」，同樣地，吉藏也有相類似的說法，他說：

> （問：毘曇但明人空，成實具明二空，云何兩論無有優劣？）
> 答：於小乘內分三品，一者俱不得二空，如犢子部云：「四大和合，有於眼法，五陰和合，別有人法。」此下根人也；二者薩衛之流，但得人空，不得法空，爲次根人也；三者譬喻、訶梨之流，具得二空，爲上根人也。約空義淺深，則毘曇爲小乘之劣，成實爲小內之勝也。〔註91〕

不過，雖然《成實》亦辨二空，但吉藏認爲其談空，與大乘相較，並不究竟，他說：

> 雖同辨二空，二空不同，略明四種：一者、小乘拆法明空，大乘本性空寂。二者、小乘但明三界內人、法二空，空義即短，大乘明三界內外，人、法並空，空義即長。三者、小乘但明於空，未說不空，大乘明空，亦辨不空，故《涅槃》云：「聲聞之人，但見於空，不見不空，智者見空，及以不空。空者，一切生死，不空者，謂大涅槃。」四者、小乘名爲但空，謂但住於空，菩薩名不可得空，空亦不可得也。故知雖明二空，空義有異，故分大、小。〔註92〕

　　至於「成論大乘師」一詞，語出吉藏《中觀論疏》卷九，〔註93〕其指涉的對象是南朝研習、講說《成實論》的諸義解僧侶，在吉藏著作中的他處，則又多稱爲「成實論師」或「成實師」。上文所提及的《成實論》講習在南朝的發展，到了梁代，一度大盛，且講演之諸大家多與齊朝名僧僧柔、僧次，乃至彭城、壽春系統有關。〔註94〕其中，最具聲望的，乃被後人譽爲梁代三大師的光宅法雲、開善智藏，以及莊嚴僧旻。本文之所以將《成實論》與成

131。

〔註90〕隋・釋吉藏：《三論玄義》卷1；《大正藏》冊45，頁4下。

〔註91〕同前註，頁4下～5上。

〔註92〕同前註，頁4上-中。

〔註93〕隋・釋吉藏：《中觀論疏》卷9；《大正藏》冊42，頁140上。又，此一用語亦爲呂澂《中國佛學淵源略講》及鎌田茂雄《中國佛教史》所援用。（呂澂：《中國佛學淵源略講》，頁138～142、鎌田茂雄著、關世謙譯：《中國佛教史》（臺北：新文豐，1991年），頁91）

〔註94〕湯用彤：《漢魏兩晉南北朝佛教史》，頁539～540。

實諸師區分開來討論，是因爲即便吉藏力斥《成實論》爲小乘論典，但他對於法雲、智藏等僧侶的批評，倒沒有直接稱呼他們爲小乘學者，〔註95〕而關鍵原因便在於這些學者雖以講說《成實》聞名，但並非僅善此論，對於當時流行的大乘經論，也是各有所長的，並且，在鳩摩羅什以降所確立的佛教觀下，這些僧侶也都以大乘學者自居。

「成論大乘師」與「毘曇」是吉藏著作中主要的兩個論敵。不過，二者的不同處在於他所批判的「毘曇」，主要針對的是諸漢譯部派佛典的思想主張，至於「成論大乘師」，則是其所稟受的教學傳統在講經宣教上實際面對的競爭對象。此外，吉藏對於成實諸師的主張，責究指斥，往往據引其說，同樣顯現出他的用心，而在批評諸說時，常有具名，不同於他在批評如「異三論師」、「北土智度論師」、「地論師」、「攝論師」等師的主張時，僅以諸此稱號稱之，並不明指其諱。但是，所謂的對於光宅法雲、開善智藏、莊嚴僧旻的具名批評，就吉藏所處的時代來說，其實指的都是前代名僧，並未有與他同時期的人物。以下，本文將就吉藏所提及的莊嚴僧旻、光宅法雲、開善智藏等僧侶的生平事蹟，作一簡單的介紹，以爲本小節的結束。

莊嚴僧旻，姓孫氏，家于吳郡之富春。七歲出家，住虎丘西山寺，爲僧回弟子，後亦從學僧柔、僧次二公，道宣說他用功甚篤，「夕則合帔而臥，晝則假衣而行，往返諮詢，不避炎雪，其精力篤課如此」，並且「大明數論，究統經律，原始要終，望表知裏，內鑒諸己，旁啓同志，前疑往結，靡不冰泮」。入梁亦受天子禮待，並著有《成實論義疏》十卷行世。

光宅法雲，姓周氏，宜興陽羨人。初爲僧成、玄趣、寶亮弟子，齊時又從學於成實大家僧柔，與同學僧旻齊名，道宣說他「歷採眾師，且經且論，四時遊聽，寒暑不輟，或講前、講末，初夜、後夜，覆述文義，間隙遊習，於路思義，輒不自覺，行過所造」，勤勵專至。其年三十，登妙音寺講《法華》、《淨名》二經，所謂「講經之妙，獨步當時」，可見聲名已盛。入梁後，仍受皇家青睞，所謂「及梁氏高臨，甚相欽禮。天監二年，勅使長召，出入諸殿，影響弘通之端，嚫揚利益之漸，皇高甌延義集，未曾不勅令雲先入，後下詔令。」法雲著有《法華義記》一書傳世，是現存中國《法華經》疏釋中最古

〔註95〕倒是同爲三論教學傳統出身的慧均，在其著作《大乘四論玄義》嘗稱呼法雲、僧旻、智藏等爲「有所得成實論小乘師」，然僅一見。(唐・釋慧均：《大乘四論玄義》卷5；《續藏經》冊74，頁36下)

的著作。此外，據《高僧傳》所載，他亦撰有《成實》疏釋相關著作，所謂「時諸名德各撰成實義疏，雲乃經論合撰，有四十科，爲四十二卷。」

開善智藏，姓顧氏，本名淨藏，吳郡吳人。初事師上定林寺僧遠、僧祐，天安寺弘宗，後亦受學僧柔、僧次二公，及於梁代，亦受皇家禮待，所謂「天子下禮承修，榮貴莫不竦敬」，並居開善寺講經。道宣說他：「凡講大、小品、《涅槃》、《般若》、《法華》、《十地》、《金光明》、《成實》、《百論》、《阿毘曇心》等，各著義疏行世」，惜今皆已亡佚。〔註96〕

（三）地論師

相較於成實論師的教學系統在南北朝的分裂時期主要的活動範圍在於南方，所謂的「地論學派」，則是於北方的佛教環境中所發展出來的傳承體系。地論師所主要依持的經論，與下文將提及的攝論師一樣，是屬於「唯識」系統的經典，誠如湯用彤所說：

> 法相宗經典，我國自劉宋初漸多翻譯。如求那跋多羅出有四卷《楞伽》及《解深密》之一部，其最著者也。及至梁代，傳來更多。南北分兩宗。在北者爲地論宗，依世親《十地經論》得名。在南者爲攝論宗，依無著之《攝大乘論》得名。北方法相宗之譯家爲菩提流支勒那摩提佛陀扇多等。其學極盛一時。〔註97〕

在佛教史上，關於地論學派的發展，古來有南、北二道之說。〔註98〕北道的代表人物主要有道寵、僧休、法繼、誕禮、牢宜等；而南道的代表人物則爲慧光，及其弟子法上、道憑、僧範、曇遵，乃至於師學法上的慧遠、師學道憑的靈裕，以及師學曇遵的曇遷等。如吉藏所說：「長安盛弘唯識」，隋代乃至唐初，地論與攝論之學盛行，不過，所謂的地論學派所發展出的思想主張，最終卻被繼起的華嚴宗的系統給吸納了去，從而逐漸在佛教史上失去蹤影。〔註99〕其中，屬於北道派的著作今皆已不存，至於南道派教學系統中，除法上留有《十地論義

〔註96〕以上三人之傳記，參見唐‧釋道宣：《續高僧傳》卷5；《大正藏》冊50，頁461下～463下、463下～465上、465下～467中。相關引用文句，茲不再引其出處。

〔註97〕湯用彤：《漢魏兩晉南北朝佛教史》，頁631。

〔註98〕南北二道之別，主要在於傳承及思想主張上的區別，至於何有「南道」、「北道」之名，則說法不一，或有以相州通往洛陽的南北二道解之，或說是各自所居住的寺院，一在洛陽御道之南，一在洛陽御道之北，故有「南道」、「北道」之別。相關討論參見呂澂：《中國佛學源流略講》，頁150～151。

〔註99〕中村元等著、余萬居譯：《中國佛教發展史》（上），頁174。

疏》殘卷之外，其弟子，與吉藏、智者並稱隋代三大師的淨影慧遠，則有頗豐之著作傳世。

吉藏嘗言及「舊地論師」云云，可見所謂的地論教學傳統，與三論教學傳統一樣，隨著師承傳授之發展與繁衍，其內部思想主張不無歧異。此外，吉藏對於「地論師」的批評，除了攻擊他們「定」以「阿梨耶識」解相關經典所提出的「實相」、「不二法門」等概念，以及以「理因」與「行因」解「佛性本有、始有」的爭執之外，最主要的批判則在於他們的判教主張，吉藏說：

> （問：北地諸地論師明四宗、五宗等說，是事云何？）
>
> 答：此皆影四、五時教，故作是說耳。五時既不成，四宗自廢。又菩提留支，此云道希，其親翻《地論》，但明半滿。留支是地論之宗，即知半滿有本，而依四宗無根而輕信，深不測其所以也。〔註100〕

（四）攝論師

所謂「攝論師」，是以傳習真諦所譯，如《攝大乘論》等經論為主的學術系統。真諦於梁大同十二年乘水路來華，主要活動區域在於南方，在中國唯識翻譯史上，是與玄奘前後呼應的一位重要僧侶。繼承真諦之學的弟子主要有慧愷、法泰、曹毗、道尼、法准、僧忍、僧宗、慧曠等人，並且，據聖凱指出，這些僧侶在師從真諦之前，大都已是當時的宗匠大師。〔註101〕然而，在真諦生前，其所苦心傳播的「唯識」之學，在南方未及受到當時學術主流的關愛，倒是在其去世以後，經由弟子與再傳弟子的努力，北向傳法，最終光大於北方。而攝論之學的北傳，關鍵人物除上文提及的曇遷之外，主要還有道尼、靖嵩二人；其中，道尼與曇遷同於長安傳法，而靖嵩則活動於徐州一代。至於諸此攝論師對於經論的疏釋，除部份保留在敦煌的殘卷之外，並沒有較完整的著作傳世。

吉藏對於攝論師的批評，除了批評他們錯誤理解天親菩薩所宣說的「無塵有識」以外，還有「二無我」、「三無性」、「阿摩羅識」等主張，他說：

> 九十六術皆云：「天下唯我一人，天下唯我一道。」各謂己法實，餘並虛妄。阿毘曇人以四真諦理，名之為實；《成論》云：唯一滅諦空，平等理，稱之為實；南土大乘以破諦之理，稱為真實；北方實相波若，名之為實，乃至攝大乘學者二無我理、三無性理、阿摩羅識，

〔註100〕隋・釋吉藏：《法華玄論》卷3；《大正藏》冊34，頁384下。

〔註101〕聖凱：《攝論學派研究》（上）（北京：宗教文化，2006年），頁30。

稱眞實，餘爲虛妄。今總而究之，若有一理，名爲常見，即是虛妄，
不名爲實；若無一理，又是邪見，亦爲虛妄，非是眞實；亦有亦無，
則具足斷、常；非有非無，是愚癡論。若具足四句，則備起眾見；
都無四句，便爲大斷。〔註102〕

　　如實而言，就吉藏著作中的內容來看，他對於地論師與攝論師的批評處
較少，對於毘曇、成實師的批判較多，而究其原因，可能是因爲地論、攝論
之學是吉藏入長安以後進一步接觸的新興學說，不若他在學生時期曾下過苦
工的毘曇、成實諸說來得熟悉。

二、吉藏著作中主要的論辯主題——二諦與判教

　　吉藏著作所觸及的當時漢譯佛典揭示出的討論主題很多，這裡僅就《三
論玄義》所提出的「二諦」與「判教」這兩個主要議題作一簡要的介紹。

（一）二諦主題

　　「二諦」，即所謂「眞諦」與「俗諦」，〔註103〕一般被理解爲「眞實層面
的眞理」以及「世俗層面的眞理」，是佛教教說中一組重要的範疇，諸部派佛
典與大乘經論皆有所討論。〔註104〕至於現代學者的研究焦點則主要集中在中
觀學派的二諦理論上。〔註105〕此外，在中國傳統佛教中，「二諦」議題在南北
朝時期，尤其是南朝佛教，也是一熱門的討論主題：就文獻記載來看，以獨
立著作的方式來討論此一主題的有竺道生的《二諦論》、僧導的《空有二諦
論》，以及智林的《二諦論》，惜今皆已亡佚，倒是道宣的《廣弘明集》裡收
有一篇〈解二諦義令旨并問答〉，乃昭明太子與諸公侯、僧侶間的問答記錄，
憑茲略可窺見梁代「二諦」議論之一斑。〔註106〕「二諦」議題在吉藏的著作
中也佔據相當重的分量。正如上文所提及的，吉藏對於二諦相關問題的討論，

〔註102〕隋・釋吉藏：《中觀論疏》卷8；《大正藏》冊42，頁123下。
〔註103〕「眞諦」又稱「第一義諦」；「俗諦」又稱「世諦」、「等諦」。（隋・釋慧遠：《大
　　　　乘義章》卷1；《大正藏》冊44，頁）又，關於原始佛教乃至於部派佛教「二
　　　　諦」主張的研究，可參見釋戒如：〈從原始佛教到阿毘達磨論書的二諦探討〉，
　　　　《福嚴佛學院第九屆學生論文集上冊》（新竹：福嚴佛學院，2002年），頁1
　　　　～55。
〔註104〕廖明活：《中國佛教思想述要》（臺北：臺灣商務印書館，2006年），頁150。
〔註105〕釋戒如：〈從原始佛教到阿毘達磨論書的二諦探討〉，頁5。
〔註106〕相關研究，可參見池田宗讓：《二諦と三諦をめぐる梁代の仏教思想》（東京：
　　　　山喜房佛書林，2002年）。

主要的論破對象是被他稱爲「成實論師」的南朝諸義解僧侶，由諸此論破的內容看來，也充分表現了攝山以降三論教學傳統在南方崛起的過程中，與他家義解僧侶在講經事業上的競爭關係。

　　吉藏所言梁代以來的成實諸師的著作，今大多已佚，基本上我們只能透過吉藏三論教學傳統或是同樣由南方發展起來的天台宗的角度，來認識成實諸師對於相關議題的主張。如吉藏指出，成實師是以「三假」爲「俗諦」，「四忘」爲「眞諦」的，他說：

> 教雖五時，不出二諦：三假爲俗、四忘爲眞。會彼四忘，故有三乘賢聖。〔註107〕

所謂「三假」，乃「因成假」、「相續假」、「相待假」三者，義出《成實論》。〔註108〕吉藏嘗以舉例的方式來解釋此「三假」的意思，他說：

> 凡有三種假名：一者因成假，以四微成柱，五陰成人，故言因成；二者相續假，前念自滅，續成後念，兩念接連，故言相續假；三者相待假，如君臣、父子、大小，名字不定，皆相隨待，故言相待假。〔註109〕

《成實論》所提出的「因成假」、「相續假」、「相待假」是對於人類語言（嚴格來說，是對於「名詞」此一詞類）的一種分類方式，意在說明如吉藏所舉例子中的「柱」、「人」、「念」（意識）、「君」、「臣」、「父」、「子」等人類語言中的「名」所對應的日常生活中的各種指涉，並沒有人類所誤以爲有的「實在性」，亦即統攝在各「名」之下的諸外在指涉（外延）並沒有屬於自身共有的獨立自有的「本質」存在，或說，在「存有」的範疇中，各「名」並沒有各自對應的「實體」。〔註110〕

〔註107〕隋・釋吉藏：《三論玄義》卷1；《大正藏》冊45，頁5中。

〔註108〕李勇《三論宗佛學思想研究》，是以「《成實論・假名相品》說：『假，一因成假……』」的方式解釋此「三假」，然所引的解釋內容卻出自丁保福《佛學大辭典》。其中，值得澄清的一點是，《成實論・假名相品》雖有關於「三假」內涵的討論，但並無李勇所引的那樣，有此「三假」之名，因此，此三名或爲僧旻等成實論師爲方便討論所提出的稱號；此外，除吉藏之外，智顗以降的天台著作也多有提及此「三假」之名與義，可見此「三假」非唯一家所獨用，已成爲流通的學術術語。（李勇：《三論宗佛學思想研究》（北京：宗教文化，2007年6月），頁34）

〔註109〕隋・釋吉藏：《大乘玄論》卷1；《大正藏》冊45，頁18中。

〔註110〕以「人」此名爲例，一般以爲，如李四、張三、王五等個體之所以可稱爲「人」，被視爲「人」一名的「外延」，是因爲他們具有共同的「本質」，或

　　至於「四忘」一詞，查考現存的中國傳統佛教著作，只出現在吉藏的疏
論中，然而吉藏並沒有給予此「四忘」定義性的說明，只說成實師乃以「四
忘」為「真諦」，並且，此「四忘」具有「不可說」的性質：

> 他但明世諦說，真諦不說。世諦是三假，三假故可說；真諦是四忘，
>
> 四忘不可說。眾師同此一解，更無異判。〔註111〕

那麼「四忘」是什麼意思呢？日本僧侶安澄則提供了一種解答。《中觀疏記》
卷三引《述義》說：「絕於四句，名為四忘也。」〔註112〕參考《述義》的解釋，
則吉藏所言「四忘不可說」的說法並不難理解。在佛教經論中，關於「無記」
問題的討論，〔註113〕是以所謂的「四句式」來總括人類對於「主語」的表述
的所有可能情況的，〔註114〕所以，既然否定了任何以人類語言表述的可能，
其所要表示的意義便是「不可說」了。〔註115〕

　　再則，吉藏以為成實師把真、俗二諦當成是兩種「天然之境」，並且，由
於對於「天然之境」有迷、悟上的分別，因而產生了佛教修行理論中「凡」、
「聖」階層的區分，他說：

> 由來云：真、俗是天然之境；三假是俗境，四忘是真諦境，迷之即

說在形上的範疇中，可以找到相對應的「實體」，但對佛教而言，基本上這
是錯誤的見解。這裡，之所以說「基本上」，是因為就佛教內部的某些流派
而言，部分的「名」，是可以找到與之相對應的「實在」的，如說一切有部
的「法有說」。

〔註111〕隋・釋吉藏：《淨名玄論》卷6；《大正藏》冊34，頁895上。

〔註112〕安澄：《中觀疏記》卷3；《續藏藏》冊65，頁82上。又，《述義》是安澄《中
　　　　觀疏記》很重要的一本參考著作，據伊藤隆壽指出，《述義》即日本僧人智光
　　　　的《中觀疏述義》，今已佚。（伊藤隆壽：〈安澄の引用せる諸注釋書の研究〉，
　　　　《駒沢大学仏教学部論集》8期（1977年10月），頁145）

〔註113〕「無記」一詞在佛教中大抵有兩個意思：一指三性（善、不善、無記）中之
　　　　「無記」；一指釋尊對某類問難拒絕回答或保持沉默的表現。這裡，筆者所言
　　　　之「無記」，指的是後者。

〔註114〕如《集異門足論》卷八中討論「應捨置記問」，問者所問「世間常耶？無常耶？
　　　　亦常亦無常耶？非常非無常耶？」中的「常」、「無常」、「亦常亦無常」、「非
　　　　常非無常」。（唐・釋玄奘譯：《阿毘達磨集異門足論》卷8；《大正藏》冊26，
　　　　頁402上。）

〔註115〕李勇曾指出，「不可說」具有兩種可能的解釋，他說：「當然『不可說』有兩
　　　　種情況：一者認為實有一『本體』不可用語言來表達；二者認為沒有一『本
　　　　體』，所以根本沒有『說』的對象。」（李勇：《三論宗佛學思想研究》，頁45）
　　　　以下，我們當可看見，吉藏以為，成實諸師對於「真諦」不可說的理解，屬
　　　　於前一種情況，即有一具有「不可說」性質的「理體」存在。

六道紛然，悟之即有三乘賢聖。〔註116〕

什麼是「天然之境」呢？吉藏使用「天然」一詞，其實就是「自然」，是指自然而然、不假他有的意思。而所謂「境」，又可稱為「理」，是相對於能緣之「智」的所緣對象，以主、客二分的觀點言之，涵藏了具「客觀性」的意思。吉藏解釋道：

> 他明二諦是天然之境，有此二理，而二諦名境，復名理者，會二諦，生二智，名之為境，而道理有二諦，故名之為理，道理有此二理，道理有此二境。〔註117〕

所以，就現在的話來說，「天然之境」指的是一種「理則性」的「實存」、「實在」，而這一種具有「客觀性」的「理則性」的「存在」，並不會因為人類認知與否而有所改變，吉藏以「常有此境」的方式說明此事，他說：

> ……常有此境。若是智從修習生，境即常有，智即始生。未有智時，前已有境，境、智，非因緣義。〔註118〕

又說：

> 彼有四種法寶：言教法寶、境界法寶、無為果法寶、善業法寶。二諦即境界法寶，有佛、無佛，常有此境。迷之即有六道紛然，悟之即有三乘十地，故二諦是迷、悟之境。〔註119〕

正是由於面對著所謂的「未有智時，已有此境」，乃至於「有佛、無佛，嘗有此境」的「天然之境」，吉藏師門提出了著名的「二諦是教，非關境理」的教說，並透過「非有非無為中，而有而無為假」等詮經方法，對於「二諦」與「中道」之間的關係，提出他們自己的解釋。至於吉藏對於「二諦」的釋義，他說：「世俗諦者，一切諸法性空，而世間顛倒謂有，於世間是實，名為世諦；諸賢聖真知顛倒性空，於聖人是實，名第一義諦。」〔註120〕然而，在實際的論說中，他是透過約化的方式，以「無」，或「空」，指稱「第一義諦」，而以「有」指稱「世俗諦」。這裡，「有」可單純理解成「存在」或「實在」，至於「無」或「空」，指的則是「不存在」，或（事物）不具有「實在」的本質；吉藏有時並不嚴格區分「無」與「空」的意義，僅視他們為一般人類語言體系中具有共同使用意義

〔註116〕隋・釋吉藏：《二諦義》卷上；《大正藏》冊45，頁87下。
〔註117〕隋・釋吉藏：《二諦義》卷中；《大正藏》冊45，頁93下。
〔註118〕隋・釋吉藏：《二諦義》卷上；《大正藏》冊45，頁87下。
〔註119〕隋・釋吉藏：《二諦義》卷上；《大正藏》冊45，頁86中。
〔註120〕同前註，頁78中。

的兩個語詞。就這個面向來說，「無」、「空」二詞之間，並沒有哲學義涵上的分別。這是吉藏特殊的語言觀。本文在下一章中將有更進一步的說明。

（二）判教主題

「判教」議題在中國傳統佛教裡出現的主要原因，是因爲漢譯佛教經論彼此間存在著多元且歧異的思想主張的緣故，因此，在被認可爲都是宣說「佛陀眞意」的條件限制下，經論間的分歧，就有了妥適解釋的必要性了。中村元等著的《中國佛教發展史》對於中國接受印度佛教經論的淵源是這麼說的：

> 印度佛教由於內部學術的發展，以及與其他思想的對立折衝，故在歷史的發展中產生不可避免的地域性與社會背景的色彩。但是，佛教傳到中國後，卻完全失去了其原有的歷史層次。……中國接受此一外來佛教之初，乃部派分裂，大、小乘對立，且在逐漸發展的佛教，其經典亦不分前後，毫無選擇的被傳譯下來。其間，並對傳播到西域諸國的佛教，做間接的吸收，且毫不考慮這種傳播上的過程、而根據所獲得的經論、認定所吸收的佛教爲一完整的佛教。……中國佛教的一大特色，在於其所吸收的佛教乃始於分歧紛雜且互相矛盾的經文，而非純一的佛教。〔註121〕

不過，在中國，南北朝以降，不同教學傳統中的僧侶所做出的不同「教相判釋」的背後，基本上都有一個共同的認識基礎，即是大、小乘二分的基本架構。呂澂在論及所謂的「成論大乘師」時嘗說：

> 總之，到了「成論大乘師」的時候，中國佛學在區別大小乘上比以前明確多了。但他們所說的大乘，乃是包括一切佛說在內的，其中各部分的聯繫必須由判教來作解釋。這樣，有了判教的框框，就會吸取中國已有的一切說法，組成爲中國人所理解的大乘學說。〔註122〕

在佛教發展的世界譜系中，漢傳佛教所使用的「大乘」與「小乘」的名稱，實際上隱涵了高下的價值判斷，而這種觀點的確立，則與鳩摩羅什的譯經事業有很大的關係。據周伯戡師研究指出，鳩摩羅什以前，中國僧侶對於大乘與小乘區分的意義並不清楚，關於「小乘」此一概念的認知，也不是印度大乘經典中所稱，具有「貶義」性質的「小乘」；但是，在鳩摩羅什以後，以大、小乘二分

〔註121〕中村元等著、余萬居譯：《中國佛教發展史》（上），頁265。
〔註122〕呂澂：《中國佛學源流略講》，頁141。

的方式來類歸漢譯諸經論，則已是中國佛教內部的基本共識了。〔註123〕由於鳩摩羅什所翻譯的經典頗多，對於之後的佛教發展的影響也是多方面的，然而，其中，他對於中國傳統佛教共同的影響則在於所翻譯、引介的大乘經論，特別是《大智度論》，基本型塑、規範了其後中國佛教僧侶認知中的印度佛教體系，並且形成了意味褒貶價值取向的大、小乘二分的佛教觀與經典觀。

　　吉藏的判教主張，除了針對《華嚴經》的疏解提出「三輪說」之外，最主要的還是堅守著大、小乘二分的立場。有學者指出，吉藏大、小乘二分的判教主張是受到菩提流支的影響。〔註124〕不過，筆者以為，在著作中，吉藏的確曾提及菩提流支對於判教議題的見解，也嘗以此作為自己「二藏說」的支持，然而他之所以堅持大、小乘二分的立場，不認為個別大乘經典所宣說的教義，乃有絕對深淺之別，主要還是受到鳩摩羅什譯介的諸大乘經典所提示的觀點的影響。至於吉藏對於他家判教主張的批評，主要提及的是南方慧觀的五時判教，以及北方世稱光統律師的慧光（468～537）四宗說為主的地論系統的判教理論。〔註125〕以下，通過吉藏的觀點，來說明此二家判教主張的內容。

　　吉藏在《三論玄義》中說：

言五時者，昔涅槃初度江左，宋道場寺沙門慧觀仍製經序，略判佛教凡有二科：一者、頓教，即《華嚴》之流，但為菩薩具足顯理。二者、始從鹿苑終竟鵠林，自淺至深，謂之漸教。於漸教內開為五時：一者、三乘別教，為聲聞人說於四諦，為辟支佛演說十二因緣，為大乘人明於六度，行因各別，得果不同，謂三乘別教。二者、《般若》通化三機，謂三乘通教。三者、《淨名》、《思益》讚揚菩薩，抑挫聲聞，謂抑揚教。四者、《法華》會彼三乘，同歸一極，謂同歸教。五

〔註123〕詳參周伯戡〈早期中國佛教的小乘觀──兼論道安長安譯經在中國佛教史上的意義〉以及〈早期中國佛教的大乘小乘觀〉兩篇文章。此二文分別收錄於《臺灣大學歷史學系學報》16 期，頁 63～79，以及《臺灣大學文史哲學報》38 期，頁 235～272。

〔註124〕楊惠南：《吉藏》，頁 201。

〔註125〕此外，關於中國傳統佛教各種判教理論之整理研究，可參見佐藤達玄〈中国初期仏教における教判思想〉，《駒沢大学仏教学部研究紀要》第 22 號（1964 年），頁 110～134、Chan Ju Mun, *The History of Classification in Chinese Buddhism: A Study of the Panjiao Systems,* Ph. D. dissertation （Wisconsin-Madison University, 2002）、藍日昌：《六朝判教論的發展與演變》（臺北，文津，2003 年）。

者、《涅槃》名常住教。自五時已後，雖復改易，屬在其間。〔註126〕

引文文末所謂：「自五時已後，雖復改易，屬在其間」，指的是慧觀以後，南方諸家的判教體系，基本上都是以其「五時判教」爲基礎的形變。〔註127〕再則，就吉藏的說法來看，慧觀「五時判教」對於經典的分類，首先先區分出「頓教」與「漸教」兩個系統，指明《華嚴經》爲頓教經典，而在「漸教」之中則再分出五時，即「三乘別教」、「三乘通教」、「抑揚教」、「同歸教」，以及「常住教」五者，以涵攝諸大乘經典。（見附圖一）「漸教」中的區分依據，其實與大乘經典所宣說的差別教義有關，我們當注意吉藏所說的「自淺至深，謂之漸教」，他之所以反對慧觀的五時判教，主要的原因在於他認爲慧觀對於大乘經典的分門別類，乃隱涵了諸經教義的究竟高下之別，而這是他所不能同意的。

附圖一

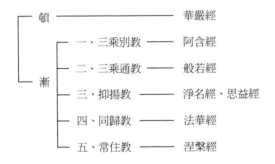

```
        ┌ 頓 ──────────── 華嚴經
        │      ┌ 一、三乘別教 ── 阿含經
        │      ├ 二、三乘通教 ── 般若經
        └ 漸 ──┤ 三、抑揚教 ──── 淨名經、思益經
               ├ 四、同歸教 ──── 法華經
               └ 五、常住教 ──── 涅槃經
```

至於北方地論系統的判教主張也有多種，在吉藏的著作中主要提及了兩種，《大乘玄論》卷五「教迹義」中指出：

地論師云：有三宗、四宗。三宗者，一立相教、二捨相教、三顯眞實教。爲二乘人說有相教；《大品》等經廣明無相，故云捨相；《華嚴》等經，名顯眞實教門。四宗者，毘曇是因緣宗，《成實》謂假名宗，《三論》名不眞宗，《十地論》爲眞宗。〔註128〕

就引文中的說法來看，「三宗」是對於大乘經的分類，而「四宗」則是針對論

〔註126〕隋·釋吉藏：《三論玄義》卷1；《大正藏》冊45，頁5中。
〔註127〕又如《大品經遊意》說：「作五時，師不同，兩義本是慧觀師所說也。」本段引文，「兩」字《三論玄義誘蒙》作「而」，當從之。（隋·釋吉藏：《大品經遊意》卷1；《大正藏》冊33，頁66中。日·聞證：《三論玄義誘蒙》卷中；《大正藏》冊70，頁544中）
〔註128〕隋·釋吉藏：《大乘玄論》卷5；《大正藏》冊45，頁63下。

典的分類。然而，除此之外，在其著作中，吉藏並沒有進一步對於「三宗」與「四宗」等判教理論加以更細部的解釋。倒是一般以為是光統所立的「四宗說」，同樣屬於地論學統中的淨影慧遠，則有較為仔細的介紹。他說：

> 宗別有四：一、立性宗，亦名因緣；二、破性宗，亦曰假名；三、破相宗，亦名不真；四、顯實宗，亦曰真宗。此四乃是望義名法，經論無名。經論之中，雖無此名，實有此義。四中前二是其小乘，後二大乘。大、小之中，各分淺深，故有四也。〔註129〕

又說：

> 言立性者，小乘中淺，宣說諸法各有體性，雖說有性，皆從緣生，不同外道立自然性。此宗當彼阿毘曇也。
>
> 言破性者，小乘中深，宣說諸法虛假無性，不同前宗，立法自性。法雖無性，不無假相，此宗當彼《成實論》也。
>
> 破相宗者，大乘中淺，明前宗中虛假之相，亦無所有，如人遠觀陽炎為水，近觀本無，不但無性，水相亦無。諸法像此，雖說無相，未顯法實。
>
> 顯實宗者，大乘中深，宣說諸法妄想故有，妄想無體，起必託真。真者，所謂如來藏性，恒沙佛法，同體緣集，不離、不脫、不斷、不異。此之真性緣起，集成生死涅槃，真所集故無不真實，辨此實性，故曰真宗。〔註130〕

就慧遠的說法來看，「四宗說」與上述「五時判教」的不同處在於「五時判教」基本上只關注佛陀所傳之「經」，而「四宗說」則納入了大小乘論，並且，還涉及了學派發展的討論。此外，此「四宗說」實際上也有把自己的學說，以及所依持的經典，置於佛教學術體系中的最高位階的企圖。〔註131〕

〔註129〕隋・釋慧遠：《大乘義章》卷1；《大正藏》冊44，頁483上。

〔註130〕同前註。

〔註131〕值得注意的是，一般也被視為是地論學統的慧遠，其判教思想卻反對引文中所謂「大、小之中，各分淺深」的說法，指出「又人立四，別配部黨。言阿毘曇是因緣宗，《成實論》者是假名宗，《大品》、《法華》如是等經，是不真宗，《華嚴》、《涅槃》、《維摩》、《勝鬘》如是等經，是其真宗。前二可爾，後二不然。是等諸經乃可門別，淺深不異。若論破相，遣之畢竟，若論其實，皆明法界緣起法門，語其行德，皆是真性緣起所成。但就所成，行門不同，故有此異。……如是諸經，宗歸各異，門別雖殊，旨歸一等，勿得於中，輒定淺深。」慧遠認為大乘諸經「宗歸各異，門別雖殊，旨歸一等，勿得於中，

綜觀以上的討論，無論是「五時判教」或「三宗」、「四宗」說的判教體系，般若經系的經典與中觀論典都沒有取得最崇高的位階，可見般若與中觀思想在當時的佛教發展過程中，僅是眾多思想流脈發展所依持的經典之一，並非佔據著獨霸的尊貴地位；而吉藏之所以強烈抨擊當時南北二地佛教傳統各自所提出的判教理論，表面上的理由當然是因為他們所提出的主張並不如實，或說是錯誤理解了佛陀及四依菩薩出世宣教的本意，然而實際上也有替般若經系的經典與中觀論典護衛的意味。〔註 132〕

　　輒定淺深」的教判立場，就此點來說，可謂與吉藏相一致。（隋・釋慧遠：《大乘義章》卷 1；《大正藏》冊 44，頁 483 中）

〔註 132〕如吉藏批評地論「三宗」、「四宗」等判教理論謗於《波若》，所謂「今謂不然，此人罪過甚深，勿謗《波若》，墮於無間。」（隋・釋吉藏：《大乘玄論》卷 5；《大正藏》冊 45，頁 63 下）

第三章　吉藏經解的基本立場及學說的根本預設

延續著上一章的討論，本章所要處理的主題有二：第一，在面對如何解釋思想主張或異的佛教經論，以及與其他義解僧侶展開論辯這兩個問題上，探討吉藏經解的基本立場。第二，由探究其基本立場背後所隱涵的意義出發，將吉藏經解體系中最根本的預設，加以顯題化。

第一節　「無所得」與「有所得」：吉藏解經舉措的基本立場

上一章談及作為一名義解僧，吉藏所面對的課題，一是解釋經論文義，一是與其他義解僧侶在講經上的競爭。並且，與其他教學傳統相比，後者可說是吉藏所稟師門在教學上的一大特色。其實，就吉藏的立場來說，此二者可謂是一體的兩面。怎麼說呢？以「二諦」的議題為例，吉藏在解釋自身教學傳統所以提出「二諦是教」的理由時強調：一是「為釋經論」，二是針對成實師「二諦是境理」的主張。他說：

> 攝嶺、興皇已來，竝明「二諦是教」……。所以明二諦是教者有二義：一者為對他，二者為釋經論。
>
> 為對他明二諦是境，彼有四種法寶，言教法寶、境界法寶、無為果法寶、善業法寶。二諦即境界法寶，有佛、無佛常有此境，迷之即有六道紛然，悟之即有三乘、十地，故二諦是迷悟之境。今對彼，

明二諦是教也。

> 言釋經論者，《中論》云：「諸佛依二諦，爲眾生說法。」《百論》亦
> 爾。諸佛常依二，是二皆實，不妄語也。《大品經》云：「菩薩住二諦
> 中，爲眾生說法。」又《涅槃經》云：「世諦即第一義諦，隨順眾生，
> 故說有二諦。」以經明二諦是教，故今一家明二諦是教也。〔註1〕

吉藏師門強調「破邪顯正」，並且，「破邪」即是「顯正」。這種「破」即是「申」
的態度，與龍樹《中論》、《十二門論》等中觀論典有很大的關係。龍樹的《中
論》、《十二門論》及提婆的《百論》，與其他大乘論典相較，破、立之間，在
破斥他家主張上的特點是相當顯著的，而三論教學傳承則吸納了這個特質。
就他們來說，破斥他家主張的行爲舉措，其目的即在於「助佛宣化」。他在《中
觀論疏》中曾將龍樹《中論》二十七品分爲三段，說：「自攝嶺相承分二十七
品以爲三段，初二十五品破大乘迷失，明大乘觀行；次有兩品，破小乘迷執，
辨小乘觀行；第三重明大乘觀行，推功歸佛」，〔註2〕並且說明了龍樹爲什麼
要「雙破大小，雙申兩教」的原因：

> 所以有此三段者，正道未曾小、大，赴大、小根緣，故說大、小兩
> 教。而佛在世時，眾生福德利根，稟斯兩教，並皆迷失，論主破彼
> 二迷，俱申兩教，是故有三段之文。〔註3〕

此段引文透露了幾個訊息：第一，眾生根緣不同；第二，眾生根緣不同，但
並具有迷；第三，論主出世，隨緣不同，破迷申教。因此，在這樣的基礎上，
被吉藏視爲四依菩薩的龍樹，其出世目的即在於助佛宣化，誠如同樣稟承三
論教學傳統的碩法師（生卒年不詳）在《三論遊意義》中嘗說：

> 馬鳴、龍樹、提婆、天親，雖復人世有殊，同是四依菩薩，出世行
> 化。〔註4〕

又說，《中論》、《十二門論》等四論創作的目的在於：

> 四論是佛滅後，爲正教凌遲，迷錯失道，故此四論同爲破迷，同申
> 佛大教也。〔註5〕

吉藏經解的基本態度即是把自己及師門的立場與龍樹、提婆等同起來，

〔註1〕 隋·釋吉藏：《二諦義》卷上；《大正藏》冊45，頁86中。
〔註2〕 隋·釋吉藏：《中觀論疏》卷1；《大正藏》冊42，頁7下。
〔註3〕 同前註，頁7下～8上。
〔註4〕 隋·碩法師：《三論遊意義》卷1；《大正藏》冊45，頁116下。
〔註5〕 隋·碩法師：《三論遊意義》卷1；《大正藏》冊45，頁117上。

在這一個層面上，恰好也可以解釋上一章第一節所討論過的問題，亦即吉藏為什麼不擔心佛法將滅：本文曾指出，吉藏以為有像、末二法的分別，認為佛法將滅的觀點是二乘人才有的，而實際上，正法永遠為菩薩所護持；因此，吉藏之所以不像其他僧侶那樣緊張，對於法滅抱持著極大的憂慮，某種程度來說，他是把自己及師門，視為等同於龍樹等四依菩薩的。其次，正如吉藏把自己的立場與龍樹同等起來，另一方面則是把師門在講經事業上所遭遇到的競爭對象，與如來所面對的外道，及龍樹論中所批判的對象劃歸為同一個陣營。在吉藏的著作中，最常使用的是「有所得」與「無所得」二分的用語來區別上述所說的兩個集團。因此，以下將使用這兩個吉藏學說中常見的術語，進一步討論在其構想中，各自隸屬於此二者的成員。

一、「無所得」與「有所得」判分下的指涉對象

何謂「無所得」？何謂「有所得」？抑或者說，「有所得」與「無所得」的判分標準何在？諸此問題實際上是查考吉藏核心思想很好的切入角度，也是下節討論所將採取的基本進路。這裡，侷就「無所得」與「有所得」二分體系中各自成員之隸屬此一實然面的問題，進行解說。

（一）「無所得」成員

「無所得」，又謂「無依無得」，這樣一種標立，是吉藏學說中的特點。關於此，現代學者的研究，在不同的程度上都給予過關注。除此之外，我們也可看到，同稟三論教學傳統的慧均，[註6] 在他自己的著作《大乘四論玄義》中更是著意於宣揚此事，例如他特別稱呼自己的作品是「無依無得大乘四論玄義」，而在行文中提及師祖止觀僧詮時，則說是「攝嶺西霞寺無所得三論大意大師詮法師」。[註7] 由此可見，這是此系學脈的重要標誌。

本文第一章曾指出，在現有的文獻上，吉藏師門要從攝山僧朗往上連接鳩摩羅什教團是有困難的，傳統日本僧人與現代學者的種種嘗試，至今尚未取得學界共同的認可，而吉藏等三論學者的著作本身，其實也沒有給予過明

〔註6〕 或作均正、慧均僧正，生平不詳，有說其為吉藏弟子，有說其為法朗弟子，吉藏同學，而日本學界一般以其為法朗弟子。（鎌田茂雄著、關世謙譯：《中國佛教史》，頁143、三桐慈海：〈慧均の三論学〉，收錄於平井俊榮編：《三論教学の研究》，頁223～224）

〔註7〕 唐・釋慧均：《大乘四論玄義》卷5：《續藏經》冊74，頁573下。

白的指示。然而，雖說吉藏自身並沒有對於自己所從出的師承作出明確的傳承譜系說明，但是「法意相承」的態度是有的，如他說：「云稟關河，傳於攝領，攝領得大乘之正意者」，〔註8〕又說：「前讀關河舊序，如影、叡所作，所以然者，爲即世人云，數論前興，三論後出，欲示關河相傳，師宗有在，非今始構也。」〔註9〕而這種相承的認知態度不僅可上溯至鳩摩羅什教團，更可追究到龍樹、提婆等大乘論師。當然，這種「法意相承」的觀點，所指的不全都是師弟親傳的關係，部分是立足於同稟「佛意」，「助佛宣化」的立場的。〔註10〕在吉藏的想法裡，這一共同立場所涵括的成員，大致可區分爲圖二中的幾個區塊來加以解說：

附圖二

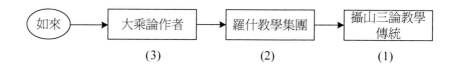

| 如來 → 大乘論作者 → 羅什教學集團 → 攝山三論教學傳統 |
| (3) | (2) | (1) |

1、攝山三論教學傳統

吉藏對於自身師門淵源是這麼說的：

1、梁武初學《成實》、毘曇，聞攝山栖霞寺高麗朗法師，從北山〔註11〕來，善解三論，妙達大乘，遣智寂等十人，就山學之，而傳授梁武，因此遂改小從大。〔註12〕

2、攝山高麗朗大師，本是遼東城人，從北土遠習羅什師義，來入南土，住鍾山草堂寺，值隱士周顒，周顒因就師學；次梁武帝，敬信三寶，聞大師來，遣僧正智寂十師，往山受學。梁武天子得師意，捨本《成論》，依大乘作章疏。〔註13〕

〔註8〕 隋・釋吉藏：《涅槃經遊意》卷1；《大正藏》冊38，頁232中。

〔註9〕 隋・釋吉藏：《大乘玄論》卷5；《大正藏》冊45，頁68上。

〔註10〕 如吉藏在《二諦義》中說：「問：何故恒作此釋？解云：只爲恒有此病，故恒作此說，如諸聲聞恒障菩薩道故也。師何因得如此解？學龍樹、提婆兩論主。兩論主何因得此解？學諸佛也。」（隋・釋吉藏：《二諦義》卷中；《大正藏》冊45，頁94下）

〔註11〕 按，「北山」，《新脩大正藏》校勘指出，明和五年刊大谷大學藏本維摩經遊意，「北山」作「杞土」。

〔註12〕 隋・釋吉藏：《維摩經義疏》卷1；《大正藏》冊38，頁912上。

〔註13〕 隋・釋吉藏：《大乘玄論》卷1；《大正藏》冊45，頁19中。

而就天台湛然《法華玄義釋籤》所言，興皇法朗的老師止觀僧詮，即爲梁武帝派僧從學僧朗的十人之一，他說：

> 高麗朗公至齊建武來至江南，難成實師，結舌無對，因茲，朗公自弘三論。至梁武帝勅十人止觀詮等，令學三論，九人但爲兒戲，唯止觀詮習學成就。〔註14〕

　　吉藏受學於法朗時，法朗已出攝山，居興皇寺。吉藏著作中的論說，每每徵引其師之語，並且亦常以「山中師」或「山中舊語」、「山中學士」云云等方式討論其師門居攝山時的教學方法與主張。關於此，吉藏應該是透過法朗的觀點來認識師祖僧朗、僧詮居止攝山時的教學活動與發展景況的。然而，正如本文第一章所提及的，即便在所謂「三論教學傳統」此一大傳統內部，小傳統間，或僧侶之間，在主張見解上亦不無爭執，如法朗－吉藏一系就曾對於所謂的「中假師」有所批評，說他們是「未學三論，已懷數論之解，今聽三論，又作解以安於心，既同安於心，即俱是有所得，與舊何異？又過甚他人。」〔註15〕因此，保守來說，在吉藏學說中所謂「無所得」陣營裡的三論教學傳統，本文這裡只舉出吉藏、法朗、僧詮、僧朗四人，並且，四者彼此間皆有師弟親承的關係，一脈相連。

　　僧朗，在《高僧傳》中並沒有獨立之傳，乃附於其師法度的傳記下。慧皎對於僧朗的生平記載很是簡要，說：「度有弟子僧朗，繼踵先師，復綱山寺。朗本遼東人，爲性廣學，思力該普，凡厥經律，皆能講說，《華嚴》、三論最所命家。今上深見器重，勅諸義士，受業于山。」〔註16〕僧朗三論之學並非出自法度，如上文所提及的，吉藏嘗說：「攝山高麗朗大師，本是遼東城人，從北土遠習羅什師義，來入南土，住鍾山草堂寺。」然而，其學究竟承襲自鳩摩羅什教團中之何人，學界一般也沒有定見。

　　僧詮，在《續高僧傳》中亦沒有獨立之傳記。如上文所引湛然《法華玄義釋籤》的說法，他是梁武帝勅令受業於僧朗的十人之一，所謂「至梁武帝勅十人止觀詮等，令學三論，九人但爲兒戲，唯止觀詮習學成就。」僧詮是攝山三論教學傳統發展史中，繼僧朗後一重要人物，爲該傳統之枝繁葉茂，培養了四位重要的傳繼法師，《續高僧傳·法朗傳》是這麼說的：「初攝山僧詮受業朗公，

〔註14〕唐·釋湛然：《法華玄義釋籤》卷19；《大正藏》冊33，頁951上。
〔註15〕隋·釋吉藏：《中觀論疏》卷2；《大正藏》冊42，頁27中-下。
〔註16〕梁·釋慧皎：《高僧傳》卷8；《大正藏》冊50，頁380下。

玄旨所明，惟存中觀，自非心會析理，何能契此清！而頓迹幽林，禪味相得，及後四公往赴，三業資承，爰初誓不涉言，及久乃爲敷演，故詮公命曰：『此法精妙，識者能行，無使出房，輒有開示，故經云：「計我見者，莫說此經。深樂法者，不爲多說。」良由藥病有以，不可徒行。』朗等奉旨，無敢言厝，及詮化往，四公放言，各擅威容，俱稟神略。勇居禪眾，辯住長干，朗在興皇，布仍攝領。禪門宏敞，慧聲遐討，皆莫高於朗焉，然辯公勝業清明，定、慧兩舉，故其講唱，兼存禪眾，抑亦詮公之篤屬也。」〔註 17〕

　　法朗，俗姓周氏，徐州沛郡沛人。道宣說他「年二十一，以梁大通二年二月二日，於青州入道。遊學楊都，就大明寺寶誌禪師受諸禪法，兼聽此寺象律師講律本文，又受業南澗寺仙師《成論》、竹澗寺靖公《毘曇》。」〔註 18〕其後得知僧朗的徒弟僧詮在攝山授業，乃往而受學，所謂「但以鷲山妙法，群唱罕弘，龍樹遺風，宗師不輟，前傳所紀，攝山朗公，解玄測微，世所嘉尚，人代長往，嗣續猶存，乃於此山止觀寺僧詮法師，浪受《智度》、《中（論）》、《百（論）》、《十二門論》，並《花嚴》、《大品》等經，於即彌綸藏部，探賾幽微，義吐精新，詞含華冠，專門強學，課篤形心，可謂師逸功倍，於斯爲證。」〔註 19〕據《續高僧傳》所說，永定二年十一月，法朗「奉勅入京，住興皇寺」，其講經時，「聽侶雲會，揮汗屈膝，法衣千領，積散恒結。」〔註 20〕法朗奉勅住興皇寺是有意義的，因爲當時興皇寺是南朝成實師所居止的主要寺院之一，乃講說《成實》之學的重鎮，因此法朗奉命入住，不僅表示個人學問受到肯定，同時意味著他所代表的三論教學傳統的被肯定。

2、羅什教學集團

　　雖然現代學者嘗試由攝山僧朗往上追溯，尋找連結攝山三論教學傳統與關中羅什教團二者的關鍵人物，然而一直未竟其功。而就吉藏的著作來看，所謂「云稟關河，傳於攝領。攝領，得大乘之正意者」，可見他自己已有意識地將自身所稟承的教學傳統相連繫於關中的羅什教團，但是僅管如此，實際上吉藏卻也沒有明白指出其師祖僧朗曾受學於羅什教團中的何人，正如湛然所言，「自宋朝已來，三論相承，其師非一，並稟羅什，但年代淹久，文疏零

〔註 17〕唐・釋道宣：《續高僧傳》卷 7；《大正藏》冊 50，頁 477 下。
〔註 18〕同前註，頁 477 中。
〔註 19〕同前註，頁 477 中。
〔註 20〕同前註，頁 477 中-下。

落，至齊朝已來，玄綱殆絕，……於時高麗朗公至齊建武來至江南」，而這似乎也是中國傳統佛教內部對此一教團淵源發展的基本共識。

　　鳩摩羅什的譯經事業，在傳統佛教史上佔據著極關鍵的地位，而他所培養出來的學生，在僧傳所界定出的「義解」主題上，亦各具所長，各享盛名，如慧皎《高僧傳》曾標舉出其中重要的八人，所謂「時有（道）生、（道）融、（曇）影、（僧）叡、（慧）嚴、（慧）觀、（道）恒、（僧）肇，皆領悟言前，詞潤珠玉，執筆承旨，任在伊人」，〔註21〕又說：「通情則生、融上首，精難則觀、肇第一。」〔註22〕不過，上文在討論《成實論》與成實大乘師時曾提及，羅什教團中傳揚《成實論》的主要人物有僧導與僧嵩，而在攝山三論教學傳統與諸成實師的競爭過程中，吉藏師門又極抗拒《成實論》，因此，我們不能說，在主觀認知上，吉藏學說所謂的「無所得人」，包含羅什教團之全部，而實際上，其著作常提及或徵引、屬於關中羅什教團裡的人物，除鳩摩羅什外，主要的只有僧叡與僧肇。

　　鳩摩羅什留存於今的文章，除當時與慧遠書信問答所集結成的《大乘大義章》三卷之外，還有他對於《維摩詰經》的疏釋。而僧叡作品之收集，功推於僧祐的《出三藏記集》。《出三藏記集》除收錄僧叡一篇〈喻疑〉之外，還有他為《大品經》、《小品經》、《法華經》、《思益經》、《關中出禪經》、《中論》、《百論》、《大智度論》等經論所作的序，為數頗多。至於吉藏在著作中對於僧叡論說的引用，主要見有〈喻疑〉一篇中的相關文句。此外，還為僧叡〈中論序〉、〈百論序〉這二篇文章作過疏釋。至於僧肇，則與吉藏關係最為密切，其著作時常明引或化用僧肇作品中的文句。在羅什的弟子群中，僧肇雖被目為「秦人解空第一」，但是由於他在討論問題時常常引用《老子》、《莊子》等書的語詞概念與文句，因此，其思想取向究竟是純粹同質於印度般若、中觀經論，還是沾染了老莊色彩，所謂以道家思想詮解佛教經典，在玄佛交涉的議題上，一直是個爭執不休的問題。並且，亦有日本學者通過考察吉藏論說之特色，注意到了吉藏與僧肇的密切關係，從而主張吉藏亦是站在道家思想的立場，來詮解印度經論。這樣的一種立說，有嘗試對於傳統觀點進行翻案的意味。〔註23〕

〔註21〕梁・釋慧皎：《高僧傳》卷3；《大正藏》冊50，頁345下。
〔註22〕梁・釋慧皎：《高僧傳》卷7；《大正藏》冊50，頁368中。
〔註23〕關於此，可參見本文第六章第一節的相關討論。

3、大乘論作者

碩法師的《三論遊意義》在往上追溯攝山三論教學傳統的淵源時，曾將印度中觀論師與鳩摩羅什教團作出明確的聯結，他說：

> 馬鳴去世，付屬比羅比丘；比羅比丘去世，付屬龍樹；龍樹去世，付屬提婆；提婆去世，付屬羅什。〔註24〕

而吉藏在他自己的著作中雖然沒有像碩法師一樣，提及明確的傳承譜系關係，但法意相承的想法是有的，如他嘗言對於經論文句作某某解者，才是「眞龍樹門人」。〔註25〕而實際上，吉藏將自身及師門的解經舉措，與馬鳴、龍樹等論師的立場等同起來的觀點，是站在同樣「助佛宣揚」的立場而言的，如他說：

> （次時云：前明破邪顯正，即是佛與菩薩。今問：爰及正化，迄乎像法，傳持紹繼，其人不少，今定取何人破邪顯正？）

> 答：大格爲論，不出四人：一是調御世尊，是能化主；其餘三聖，助佛宣揚。三者，所謂馬鳴開士，與龍樹、提婆也。〔註26〕

再則，本小節的標題之所以設定爲「大乘論作者」，乃與吉藏特殊的佛教觀或佛教經典觀有關。吉藏對於印度佛教發展的認識，主要仰賴於鳩摩羅什所翻譯的經論，也因此，在判教的議題上，僅恪守大、小乘二分的體系，尊揚大小乘經與大乘論，但拒斥小乘論。所以，在這樣特殊的觀點下，理論上，所有以大乘論作者出現的印度論師都可歸屬於「無所得」的集團裡，因爲他們雖「爲緣不同」，但出世的目的同樣在於「爲佛宣化」，然而實際上，吉藏著作中主要提及的大乘論師有四，即馬鳴、龍樹、提婆，以及世親（或稱天親）。本文以下分別對此四者進行討論：

根據吉藏對於馬鳴的認識，以及把他當成龍樹以前的重要大乘論師來看，主要受到鳩摩羅什相關譯典及其論述的影響。呂澂說：

> ……特別是馬鳴，被認爲與龍樹並駕齊驅的人物，他不但譯了龍樹、提婆的傳記，而且還譯了《馬鳴傳》。這種看法，也就影響了他的門下，如僧叡作《大智釋論序》就曾反覆地說過這一點：「是以馬鳴起於正法之餘，龍樹生於像法之末」，這樣將馬鳴、龍樹各別作爲一時

〔註24〕 隋・碩法師：《三論遊意義》卷1；《大正藏》冊45，頁116下～117上。
〔註25〕 「作此釋者，不違三世佛，眞龍樹門人矣。」隋・釋吉藏：《中觀論疏》卷2；《大正藏》冊42，頁31下。
〔註26〕 隋・釋吉藏：《大乘玄論》卷5；《大正藏》冊45，頁69上。

代的代表人物。〔註27〕

又說：

> 正由於羅什及其門下把馬鳴和龍樹並列爲挽回佛學頹風的人物，後
> 人也就誇大了他們兩家的關係。像僞書《付法藏因緣傳》認爲馬鳴
> 傳毘羅，毘羅傳龍樹，馬鳴竟成了龍樹的祖師，……卻爲後人所深
> 信不疑。〔註28〕

呂澂所言，鳩摩羅什對於馬鳴在佛教發展圖式中的地位的論述深深影響後世
中國傳統僧侶。關於此點，吉藏是一很好的例證，他曾在著作中說：

> 1、故馬鳴、龍樹造大乘論以通大乘，法勝、訶梨著小乘論以解三藏；
> 斯則朱紫異貫、涇渭分流，而宗習數論以通方等，進無弘經之功，
> 退有傷論之失。〔註29〕

> 2、問：諸菩薩何故出世？答：大明二義，一破小執、二破邪迷。
> 如《智度論》云：三百餘年，有迦游延出世，造《八健度》，馬
> 鳴於此而出世，即知迦游延執小爲病，馬鳴破小病，故出世弘
> 大。……六百年初，五百羅漢於北天竺罽賓國，釋《八健度》，
> 造《毘婆沙》，龍樹於此時而出，具前二義。爾時五百部盛興執
> 小，違拒大乘，故《智度論》云：五百部各執諸法有決定相，
> 聞畢竟空，如刀傷心。龍樹欲破此小迷，申乎大教。〔註30〕

不過，吉藏提及馬鳴，並與龍樹、提婆並舉，目之爲「助佛宣化」的四依大
士，主要還是一種佛教史觀的宣揚，至於傳統佛教中被歸屬於馬鳴的諸經論，
對於吉藏思想是否有實質性的影響，有待進一步的研究。

　　龍樹在中國，被後人目爲「八宗之祖」，可見他並非獨爲三論教學傳統一
系所宗。屬於龍樹著作的漢譯佛典中，三論教學傳統主要研習的是《中論》、
《十二門論》，以及《大智度論》。諸此三論，外加提婆的《百論》，相較於其
他大乘論典，實際上是攝山三論教學傳統主要的研習對象以及思想形塑的來
源。關於此，可以由吉藏著作中的內容得到證明：晚年的吉藏不僅特別針對
《中論》、《十二門論》、《百論》進行疏釋，在《三論玄義》以及《大乘玄論》

〔註27〕呂澂：《中國佛學源流略講》，頁101。
〔註28〕同前註，頁102。
〔註29〕隋・釋吉藏：《法華玄論》卷1；《大正藏》冊34，頁364上。
〔註30〕隋・釋吉藏：《百論疏》卷上；《大正藏》冊42，頁233上-中。

的「論迹義」中，對於大乘論的介紹也僅以此三論作為討論主體。此外，《大智度論》的地位也很重要，它不僅提供了吉藏對於佛教名相數事以及發展圖式理解的基本範型，並且，在筆者的研究過程中發現，吉藏學說中的詮經主張及思想概念，很多是與《大智度論》的論說相通的，或說實際上是由其所引發的。而提婆，一般被視為龍樹的弟子。他在吉藏學說中的重要性是通過作為《百論》的作者而有所彰顯的，吉藏說：

1、提婆菩薩震論鼓於王庭，九十六師一時雲集，各建名理，立無方論。提婆面拆邪師，後還閑林，撰集當時之言，以為百論。〔註31〕

2、龍樹出世之時，是正化之末，像法之初，眾生雖復尋教失旨，而佛法尚興，邪徒由翳，朋成大道，眾生甚多，偏學小心，其事蓋少。龍樹既興望風懸揖，止須著筆，邪徒自喪，無敢對面，與共擊揚。……提婆出世，是八百餘年，去聖既遠，邪儻盛興，正化訛替，故序云：邪辨逼真，殆亂正道，金石一貫，得失莫分，菩薩雖興，猶生拒抗，自非對面折挫，辭屈言下，邪心轉熾，無肯改迷，故提婆面對群邪。〔註32〕

　　至於天親，在當代學者的考察中，印度佛教史上的天親不只一人，因此，漢譯佛典中屬名為天親所作的經典，也未必出於一人之手，〔註33〕不過在中國傳統佛教的觀點中，基本上則是視為一人所作。天親的著作，如《攝大乘論釋》、《十地經論》、《唯識論》、《大乘唯識論》等，皆屬於印度「唯識」系統的經典，而在中國，主要的依持者為所謂的地論學派與攝論學派，並且，似乎與主宗三論的三論教學傳統無涉。因此，吉藏《法華玄論》中就有問者這麼問道：

諸大乘經所明，及中、百大乘論等所辨，此可信受，如《唯識》、《攝大乘》，及《法華論》等，必可信耶？〔註34〕

而吉藏則回答說：

此論同是婆藪所造，《付法藏》中天親有其人，是故可信。又觀其義意，與大乘經論，語言雖異，而意不相違，是故可信也。〔註35〕

吉藏之所以這麼回答，是因為上文所提及的特殊的經典觀所致，因此，在吉

〔註31〕隋・釋吉藏：《三論玄義》卷1：《大正藏》冊45，頁13中。
〔註32〕隋・釋吉藏：《大乘玄論》卷1：《大正藏》冊45，頁72中。
〔註33〕平川彰著、莊崑木譯：《印度佛教史》，頁323～327。
〔註34〕隋・釋吉藏：《法華玄論》卷4：《大正藏》冊34，頁391中。
〔註35〕同前註。

藏的學說中，嘗將天親，以及依持天親著作的地論師與攝論師等區別開來，
一歸入「無所得」陣營，一則是理當破斥的「有所得者」。至於吉藏自身對於
天親相關著作的研究，則有《法華論疏》一書，針對《法華經論》進行疏解。
據吉藏自己所說，當他看到《法華經論》中的論說時是「悲喜交至」，而最主
要的原因在於《法華經論》和他的見解一致，主張非必待至《大般涅槃經》，
《法華經》已有「常住」、「佛性」等教說。〔註36〕

　　以上討論吉藏學說中所謂「無所得人」的實際包含成員。在其設想中，
這些人出世的目的皆在於「助佛宣化」，換個方式說，他們乃具有同質性思想。
不過這到底是吉藏的宣稱，實際上，在現代學術研究的規範中，思想異同的
問題是必須針對諸者的論說進行仔細地考察與比對，才能有所確定的。至於
吉藏為什麼認為這些「無所得者」在宣揚佛教一事上是「語言雖異，而意不
相違」？抑或者說，同歸屬於「無所得」的標準何在？與「有所得」的區別
為何？則是本章第二節所要探討的主要問題。

（二）「有所得」成員

　　吉藏著作中實際批判的對象，在前一章中已有所述及，於此便不再累
述。這裡，僅要再表達一個意思，即吉藏實際上是把自己在講經事業中所面
對的批評對象，與經論中佛陀與龍樹等菩薩所批判的對象統合了起來，把他
們同判攝入「有所得」陣營。吉藏在《中觀論疏》卷一再次詮釋「八不」時，
開了十門。〔註37〕其中，在第三「得失門」中強調「失八不」乃有四種人：

　一、鈍根起愛眾生。

　二、利根起見外道。

　三、即此愛見眾生，迴心學佛小乘之教，但薄福鈍根，遂成三失：
　一得語不得意，聞說小乘名，故云得語，不知說小通大，守指忘月，
　故名失意；二者語意俱失，如《智度論》呵迦旃延云：是語非大乘
　中說，亦三藏所無，蓋是諸論義師自作此說耳；三者保執小乘，遂

〔註36〕隋・釋吉藏：《法華玄論》卷2；《大正藏》冊34，頁377下～378中。

〔註37〕關於「八不」，《中觀論疏》嘗記載兩次疏釋，吉藏述及第二次疏釋的因緣乃
　　　曰：「不生亦不滅下，第二重牒八不解釋。前已略出三種方言，但八不既是眾
　　　經大意，此論宗旨，略釋難明，廣敷乃現。以去仁壽三年三月二日，江南學
　　　士智泰來至皇朝，請述所聞，遂為其委釋，開為十門。」（隋・釋吉藏：《中
　　　觀論疏》卷2；《大正藏》冊42，頁20上。）

謗方等，如五百部，爲執諸法有決定相，不知佛意爲解脫，故聞畢竟空，如刀傷心。

四者、即此小乘人迴心學大乘，亦有三失：一得語不得意，聞說大作大解，成有所得大，不知是因緣假名小大，爲表非大非小，故名爲失；二者語意俱失，於大乘中種種推斥，非三藏義，亦方等所無；三者保執大乘，遂撥無小，如《法華論・釋藥草喻品》破菩薩病，以菩薩聞道理有一（乘），無有二乘，遂撥無小，雖一地所生，一雨〔註38〕所潤，而諸草木各有差別，道理乃唯有大，不妨於緣成小，而菩薩遂撥無小，守實喪權，故名爲失。〔註39〕

此外，吉藏還說，佛陀出世宣化，主要是針對引文中的前二者，而龍樹《中論》則是針對後二者而說的：

通而言之，佛並爲四人，是故出世，但佛未出世，唯有前之二人，爲破此二人故，說五乘之教；此二人中，有無聞非法者，以人天善根而成就之，有三乘根性者，說三乘之教。龍樹出世雖通爲四人，此論正爲大、小乘人故，申大、小兩教，傍爲前二人也。〔註40〕

姑且不論在引文中，吉藏如何批評後二者，即習學小乘及大乘諸人，總之，對吉藏來說，他們雖同稟佛教，卻誤解佛意。然而，在現代的研究裡，一般以爲龍樹《中論》所批判的對象是以說一切有部爲主的部派論師，並未涉及對於其他大乘學者的批評。倒是《大智度論》中曾明確批判所謂的「方廣道人」。因此，也許可以這麼說，吉藏所言「即此小乘人迴心學大乘，亦有三失」所影射的，其實是他自己所要批判的對象。然而，如果針對上段引文做出這樣的結論仍嫌勉強的話，那麼以下這個例子則會是更有力的證明。

吉藏《三論玄義》開宗明義就說，龍樹、提婆的《中論》、《十二門論》，以及《百論》是爲了對治外道與小乘論師所作的：

九十六術，栖火宅爲淨道，五百異部，縈見網爲泥洹，遂使鹿苑坵墟，鷲山荊蕀，善逝以之流慟，薩埵所以大悲，四依爲此而興，三論由斯而作。〔註41〕

〔註38〕按，此字《新修大正藏》並無校勘，然「雨」或當作「雨」。
〔註39〕隋・釋吉藏：《中觀論疏》卷2：《大正藏》冊42，頁21中。
〔註40〕同前註，頁21下。
〔註41〕隋・釋吉藏：《三論玄義》卷1：《大正藏》冊45，頁1上。

並且，他接著說：「論雖有三，義唯二轍，一曰『顯正』，二曰『破邪』」，而所謂「破邪」，所破乃四：

> 三論所斥，略辨四宗：一摧外道，二折毘曇，三排成實，四呵大執。
> 〔註42〕

這裡所言「外道」，其指涉並不單只有天竺外道而已，尚包括了震旦眾師，吉藏曾引僧肇、羅什之語，說老莊之學「易惑耳目」：

> 釋僧肇云：每讀老子、莊周之書，因而歎曰，美即美矣，然棲神冥累之方，猶未盡也。後見《淨名經》，欣然頂戴，謂親友曰：「吾知所歸極矣！」遂棄俗出家。羅什昔聞三玄與九部同極，伯陽與牟尼抗行，乃喟然歎曰：「老莊入玄故，應易惑耳目。凡夫之智，孟浪之言，言之似極，而未始詣也，推之似盡，而未誰至也。」〔註43〕

此外，為他所力辯為小乘著作的《成實論》，就歷史時間的先後來說，也遭受到時人的質疑：

> 問：三論斥外道、毘曇，斯事可爾，而龍樹前興，訶梨後出，時節遙隔，何由相破？〔註44〕

但吉藏是這麼回答的：

> 俱令執著，即便被破，何論前後，若前論不破後迷，亦應古方不治今病，扁鵲之術，末世無益矣。〔註45〕

吉藏雖然強調古方能治今病，但實際上，能用古方治今病者，還為今人。由此看來，在他的想法中，自己及所稟師承，才是那能夠以古方治今病者。因此，這也是本文所強調的，吉藏是把自己詮解經典的立場與經典上的龍樹等四依菩薩的立場統一起來，以為自家教學傳統才是切適地理解「佛意」，並且，自身所為的講經論義的舉措，其目的乃在於「助佛宣化」。

此外，關於所謂的「呵大執」，吉藏說：

> 大乘博奧，不可具明，統其樞鍵，略標二意：一者辨教莫出五時，二者隔凡宗歸二諦。〔註46〕

此二者便是本文第二章所論及的吉藏著作中的兩大論辯主題。在《三論玄義》

〔註42〕同前註。
〔註43〕隋・釋吉藏：《三論玄義》卷1；《大正藏》冊45，頁2中。
〔註44〕同前註，頁5上。
〔註45〕同前註。
〔註46〕同前註，頁5中。

中，關於判教，吉藏只提及慧觀的主張，而在其他著作中，他還把批判的矛頭指向當時南、北二地其他主要的判教理論；再則，吉藏提及的另一個議題——「二諦」所主要涉及的批評對象是開善、莊嚴等法師，同樣的，在《淨名玄論》等著作中，吉藏所批評的對象還會進一步擴及至地論師與攝論師等學者。

最後，還有一件值得提出的事是，本文嘗強調吉藏對於《成實論》與成實論師的區分，是因爲被他稱爲成實論師的開善、莊嚴等法師，在他們所處的時代中，都是極有名望的大乘學者，也就是說，他們並非只鑽研《成實論》，對於重要的大乘經典，也是各有專精。也因此，在吉藏的著作中，並沒有明確地稱呼他們爲小乘學者；同樣的，這也適用在弘揚「唯識」經典的所謂地論師、攝論師身上。而且，如果吉藏真的採取這樣的講經手段，把他所批判的對象判攝爲「小乘」學者，在當時恐怕將遭受極大的反彈，因爲在中國特殊的佛教觀下，傳統僧侶基本上都是以「大乘」自居的。那麼，除了所謂的「呵大執」的「大執」之外，對於這些立場、主張或異的義解僧，在吉藏的學說中有其他稱呼嗎？答案是有的。吉藏把他們冠上「有所得」的帽子，稱呼他們爲「有所得大乘」，加以區別，如《中觀論疏》卷一解釋僧叡〈中論序〉「夫滯惑生於倒見」一句時說：

> 初有二句：一凡迷，二聖失。凡迷者，謂九十六術，及起愛之流也；
> 聖失者，執小乘，及有所得大乘者也。〔註47〕

而這種在「大乘」二字前冠上「有所得」來稱呼當時其他義解僧侶的方式，是吉藏師門在教學上所特有的，此一術語並不爲其他教學傳統所使用。

二、吉藏討論問題的基本模式

吉藏著作有很大一部分的內容是關於名相事數的解說，較不包含思辨性的成素，而較能藉以觀察、探究吉藏思想內涵的則是其作品中針對當時相關論辯主題所提出的討論，如上文所述及的判教及二諦等議題。在這一部份材料中，吉藏的論說模式基本上是固定的。首先，他會針對某論題，羅列出諸家意見；接著，一一評破他們的主張；最後，待至問者問及他自身的立場及意見時，他要不即是承繼著師祖僧詮的回應方式，說：「若更有解，還同足載

〔註47〕隋・釋吉藏：《中觀論疏》卷 1；《大正藏》冊 42，頁 2 下。

耳。只除前來諸解，注意自現，何煩別說耶？」〔註48〕要不即是輾轉迂迴，很少作正面的回應。這裡，我們以吉藏在《華嚴經遊意》中關於「《華嚴經》為釋迦所說，還是舍那所說」此一論辯主題的討論為範式，進行例證式的解說：

> 問：此經為是釋迦所說耶？為是舍那所說耶？
>
> 興皇大師開發，初即作此問。然答此之問，便有南北二解。
>
> 南方解云：佛教凡有三種，謂頓、漸、無方不定也。……用此三教者，欲釋此經是釋迦所說。何者？此之三教是佛教。
>
> （問：）是何佛教？
>
> 解云：是釋迦佛一期出世，始終有此三教。若使如此，故知《華嚴》是釋迦佛說也。釋迦雖說此三教，復不同。何者？若是漸教、無方教，此是現前說；若是頓教，遙說彼土人等，類如《無量壽經》，釋迦遙說彼西方淨人等。
>
> 次北方論師解，彼有三佛，一法、二報、三化。《華嚴》是報佛說，《涅槃》、《般若》等是化佛說，法佛則不說。彼判舍那是報佛，釋迦是化佛，舍那為釋迦之報，釋迦為舍那之化。《華嚴經》是舍那佛說。
>
> 此則是南、北兩師釋如此也。〔註49〕

吉藏在處理「《華嚴經》為釋迦所說，還是舍那所說」的問題時，先列舉了南、北的兩種主張，他說，南方有人把《華嚴經》判為頓教，是釋迦遙為彼土人等所說，並舉《無量壽經》為例，指出《無量壽經》即是釋迦遙為西方淨土人等所說；再則，北方有主張《華嚴經》為舍那所說者，其理據在於佛有三身，謂「法佛」、「報佛」，及與「化佛」，並且，釋迦是化佛，舍那是報佛，《華嚴》則為報佛舍那所說。

　　在介紹完南、北兩種主張之後，接著，他所要做的，便是一一破斥他們的說法。他把二家的主張區辨為「一或異」的問題，即釋迦與舍那是同一的，還是相異的，而以為北者的主張指的是經中的釋迦與舍那為異，南者則主張經中的釋迦與舍那為一。這裡，吉藏的批評頗耐人尋味。針對「釋迦與舍那為一」的主張，他是從經論中找出可以說明「釋迦與舍那為異」的相關經文

〔註48〕隋・釋吉藏：《涅槃經遊意》卷1；《大正藏》冊38，頁235上。
〔註49〕隋・釋吉藏：《華嚴遊意》卷1；《大正藏》冊35，頁1中-下。

段落，藉此指出「釋迦與舍那不得爲一」：

前難南土解，釋迦與舍那不異，今還用前四種責故，不得一：

一者化主異。《涅槃》、《般若》是釋迦佛説，七處、八會是舍那佛説。舍那是本佛，釋迦是迹佛故。《菩薩戒經》云：「我今盧舍那方坐蓮華臺，周匝千華上，示現千釋迦。」故舍那是本，釋迦是迹。若使如此本迹不同，那得爲一？

二者化處異。釋迦在娑婆世界，舍那在蓮華藏國。娑婆是雜惡國土，蓮華藏界是純淨土，二處不同，豈得爲一？……

三者教門異。釋迦則雜説三一，雜説半滿，雜説但不但；舍那純説一大，純滿，純不但。釋迦赴雜緣説雜教，赴三一緣，説三一教，乃至赴但不但緣，説但不但教；舍那唯赴一大緣，説一大教，乃至赴滿不但緣，説滿不但教。若爾，故不得爲一也。

四者徒眾異。釋迦具有三一雜緣、但不但緣。如千二百聲聞彌勒等菩薩則是雜緣也。舍那唯一大緣、滿緣，普賢菩薩等則是大緣。教既其異，緣亦不同，緣既不同，故二佛不得爲一。

將此四條異，彈南人解二佛，不得是一也。〔註50〕

但是，另一方面，吉藏針對「釋迦與舍那爲異」的主張，又是從經論中找出能證明「釋迦與舍那爲一」的經文段落，藉此表明「釋迦與舍那不得爲異」：

彼云，如此二佛有此四殊，豈得爲一，所以北講《華嚴》，勝於南土。

今次難之，還用前四條：

難一者，化主不得異，……此經名號品是第二會，文殊菩薩説，文云：或名盧舍那，或名釋迦，文或名悉達多。既稱或名，何得言異？若使或名舍那，或名釋迦，而言異，或名眼，或名目，亦應異。

二者處所不得爲異。説此經在摩竭提國寂滅道場。摩竭提，還是摩伽陀，此乃是梵音之切緩，何關兩所有異？若爾，還是娑婆國説此經也。何以得知？《涅槃經》云：「并及摩竭提阿闍世大王不久須臾至。」阿闍世王即是摩伽陀國主，以此而言，故知二處不異也。

三者教門不得異。何者？釋迦説雜教，釋迦説純淨教，釋迦説半滿

〔註50〕同前註，頁1下。

教，釋迦說純滿教。若爲是釋迦說純淨教耶？解云：釋迦勸金剛藏
說十地法門。是此經之中，故知釋迦說純淨大教也。

四者徒眾亦不異。第八會具列大、小乘眾，列五百聲聞身子須菩提
等。若爾，二佛徒眾亦不異。……若使如此，故知二佛徒眾亦復不
異。

四種既其不異，何得釋兩佛迥然有殊？〔註51〕

吉藏說，對南北兩種主張的論破是「前借北異彈南一，今借南一破北異；此
則互借兩家。」吉藏這種論破的方式，頗耐人尋味。一般說來，我們對一個
問題的討論，若拿 A 者的主張來批評 B 者的主張，可能隱含我們對於 A 者意
見的贊同；反之亦然。但是，誠如上文例證所顯示的，在其論破中，他通常
是拿 A 者的主張來批評 B 者，同時，他又會拿 B 者的主張來批評 A 者。如此，
著實令人感到費解！如果說吉藏這種在特定議題上拿眾家意見互破，自己又
不肯作出正面回應的解經舉措沒有任何深意可究的話，那麼，他雖號稱是隋
代講經大法師，但實際上，也只不過是一無有定見的經師而已。當然，吉藏
這種看似不合邏輯的行爲，其實是深有所以的。這也是本文以下諸章所將逐
步揭示的，此處暫且按下。

最後，吉藏這種對於諸家見解一一論破的舉措之後，必然將面對一個問
題，如在「《華嚴經》爲釋迦所說，還是舍那所說」這個主題上，他在破斥南
北二家的見解以後，文中，以設問的方式說：

既斥南北一異，兩家皆非，彼即反問：「汝既彈一異皆非，汝作若爲
別釋耶？」

當然，我們知道，吉藏是不會正面回應的，所以他說：

建初法師曾以此問興皇一大學士云：「舍那、釋迦，爲一、爲異耶？」
答云：「舍那釋迦，釋迦舍那。」建初即云：「我已解。」若爲解，
既云舍那釋迦，釋迦舍那，豈是一？豈是異？作此一答，彼即便解
也。〔註52〕

對於「舍那釋迦，釋迦舍那」這樣一種簡要的回答，引文中的建初法師竟然能
立即領悟，說：「我已解。」不明究理的人，眞可謂「丈二金剛，摸不著頭緒」，
反要懷疑自己的根性是否太鈍了。其實，所謂的「舍那釋迦，釋迦舍那」這一

〔註51〕同前註，頁 2 上-中。
〔註52〕同前註，頁 2 下。

種回答，必須置放於吉藏師門教學體系中去理解它的意義，這也是本文在以下諸章將涉及的問題。這裡，先談吉藏這種破斥他家學說主張的「好辯」表現。

　　吉藏的「好辯」，雖可遠溯於龍樹的《中論》，然而，近則實際上是從法朗的教學中習得的。史傳上雖曾記載，吉藏的師祖僧詮生前曾叮嚀過他的弟子法朗等人，宣揚自家學說時的態度必須謹慎，所謂「此法精妙，識者能行，無使出房，輒有開示，故經云：『計我見者，莫說此經；深樂法者，不爲多說。』良由藥病有以，不可徒行」，〔註53〕應該要適時應機，不可強言。但是法朗居興皇講肆時，卻針對他家學說大大展開破斥，法朗這種教學表現，雖引來許多慕道者的關注，卻也同時遭受非議。《陳書‧傅縡傳》中就記載著當時有一位名叫大心暠的法師，特意著〈無諍論〉一文，來抨擊受學於法朗的士大夫傅縡，說他們講議佛經，「雷同訶詆，恣言罪狀」，根本有違於其祖攝山大師之本懷：

> 1、比有弘三論者，雷同訶詆，恣言罪狀，歷毀諸師，非斥眾學，論中道而執偏心，語忘懷而競獨勝。方學數論，更爲讎敵，讎敵既搆，諍鬥大生，以此之心，而成罪業，罪業不止，豈不重增生死太苦聚集？〔註54〕

> 2、攝山大師誘進化導則不如此，即習行於無諍者也。導悟之德既往，淳一之風已澆，競勝之心、阿毀之曲，盛於茲矣！〔註55〕

由引文看來，大心暠法師的措詞是相當激烈的，但是傅縡的回應卻也毫不客氣，理直氣壯、嚴正非常。傅縡他說攝山大師居山中時的確「靜守幽谷，寂爾無爲，凡有訓勉，莫匪同志，從容語嘿，物無間然，故其意雖深，其言甚約」，但是「今之敷暢，地勢不然」，法朗法師居興皇重地，「處王城之隅，居聚落之內，呼吸顧望之客，唇吻縱橫之士，奮鋒穎，勵羽翼，明目張膽，被堅執銳，聘異家，衒別解，窺伺間隙，邀冀長短，與相酬對，捇其輕重」，競爭異常，「豈得默默無言，唯唯應命？」接著，傅縡還說，恭卑謙讓等「道德之事」是俗世所重，並且，講經論義，「他人道高，則自勝不勞讓矣；他人道劣，則雖讓而無益矣。欲讓之辭，將非虛設？」〔註56〕由此可見，吉藏這種著意破斥他家學說主張的行爲，不是師心獨見，而是其來有自。

〔註53〕唐‧釋道宣：《續高僧傳》卷7；《大正藏》冊50，頁477下。
〔註54〕唐‧姚思廉：《陳書》（臺北：鼎文，1975年），頁401。
〔註55〕同前註，頁402。
〔註56〕以上引文，同前註，頁402～403。

此節的最後，本文想藉用「提問」的方式引出問題，以作爲接引下一節討論的媒介。龍樹《中論・邪見品》中的偈文說：

> 一切法空故，世間常等見，何處於何時，誰起是諸見？瞿曇大聖主，
> 憐愍說是法，悉斷一切見，我今稽首禮！〔註57〕

而青目解釋有云，偈文中「悉斷一切見」的「一切見」爲「一切見者，略說則五見，廣說則六十二見。」所謂的「五見」與「六十二見」，經論上說法不一，然而由此來看，青目的解說基本上還是沿循著傳統經論上的說法。但是，吉藏的疏解，順著青目的解釋卻進一步說：

> 略說五見及六十二見者，此偏舉外道見耳；然二乘及有所得大乘，
> 皆是一切見也。〔註58〕

又說：

> 大乘法中明諸法實相，畢竟空義，一切取相，有所得，無非邪見。
> 〔註59〕

第二段引文中所謂的「大乘法」指的是誰的「教法」呢？無疑的，當是上文所提及的包括吉藏自身、師承（主要是法朗、僧詮、僧朗），上溯至鳩摩羅什師徒，乃至於印度大乘諸論師（主要是龍樹、提婆一系），他們同奉佛意，助佛宣化。此外，統合上兩段引文來說，「一切取相，有所得，無非邪見」的「邪見」便是被吉藏屏除在此一陣線以外的人眾所持的主張與意見了；其中，除了外道之外，還包括他著意批判的當時其他教學傳統中的義解僧侶。那麼，接下來所觸發的問題是，區分「無所得」與「有所得」的判準何在呢？爲什麼只要被判入「有所得」陣營，其主張、見解，「無非邪見」呢？由這樣的角度切入，在下一節中，本文將嘗試進一步揭示吉藏經解體系中最根本的理論預設。

第二節　著爲累根：吉藏論說之根本預設

吉藏學說裡作爲區分不同立場所使用的標誌「有所得／無所得」中的「得」，換個說法，其實就是「著」，或說「執著」。〔註60〕本文以爲，這是吉

〔註57〕姚秦・鳩摩羅什譯：《中論》，卷4；《大正藏》冊30，頁39中。
〔註58〕隋・釋吉藏：《中觀論疏》卷10；《大正藏》冊42，頁169中。
〔註59〕隋・釋吉藏：《中觀論疏》卷10；《大正藏》冊42，頁164下。
〔註60〕如吉藏說：「無當者，是無住、無著之異名，無依無得之別秤也。」（隋・釋吉藏：《百論疏》卷上；《大正藏》冊42，頁234下），可見「當」、「住」、「著」、

藏一系從佛教經論中所解譯出的重要訊息，也是吉藏繁複論說開展的核心預設。「著」字的「執著」義項，是由「依附」義項發展而來的，〔註61〕用以描述人的心理狀態。在現代一般日常中，關於「執著」一詞的使用，通常被理解為與情感有關。當我們說某人太執著於「名利」時，意味著此人將過度的心思投注於「名利」上，並且，這樣的說法常帶有負面的意涵，亦即過度的投注、關懷，將導致情感、精神上的痛苦，或者以譬喻的方式來說，是糾結纏繞。意識上的執著將伴隨情感與精神上的苦，這樣一種說法，雖然無法加以量化證實，但應該是大部分人都可接受的。如戒喜尊者在解析馬哈希尊者的話時便說：

> 當你試著觀照疼痛時，你開始看清它。你了解痛是什麼，見到它生
> 起又滅去，你知道痛也是無常的。那麼，你不受心苦，你只是覺知
> 那疼痛，心並不受痛的干擾。當你的心不受干擾時，你就受一根針
> 的苦。如果你的心受到干擾，生氣、自憐、沮喪，那麼你就同時受
> 有兩種苦，佛陀將這情形比喻作被兩根針刺到的人——首先已有一
> 根針扎在肉裡，然後他想用另一根針插入肉中以挑取出第一根針，
> 因此他受到兩種苦。〔註62〕

而所謂的第二根針，指的就是對於病痛的執取，並且此種執取將伴隨情感與精神上的種種負面影響。

　　作為一名義解僧侶，吉藏是把描述心理意識的「著」這個概念與解釋經典文義二者給溝通了起來。在吉藏的想法中，其他義解僧侶解經舉措的心態，是把佛陀透過人類語言在經論上的宣說視為「真理」，因此，他們對於種種論題，企圖在經典上尋找解答，各據文義，各執一說，以為「是什麼」或「不是什麼」，「有什麼」或「沒有什麼」的表現本身，其實便意味著「執著」。

　　關於「著」是吉藏學說中的重要概念這一件事，如本文緒言所指出的，其實已經有不少學者的研究都有所涉及，然而，相關論文的討論焦點基本上都集中在「著」的反面，即強調攝山三論傳統的教學主張在於「無著」（或說，

「依」、「得」等，具有共同的使用意義。

〔註61〕從佛經語言學的角度討論中古時期作為動詞使用的「著」字，可參見志村良治著、江藍生等譯：《中國中世語法史研究》（北京：中華書局，1995 年），頁242～267。

〔註62〕馬哈希尊者、戒喜尊者著、溫宗堃編譯：《法的醫療》（臺北：南山放生寺，2006 年 6 月），頁7。

「無得」、「無依無得」、「無所得」等），而本文以下則將嘗試藉由檢視吉藏著作中關於「有見」與「無見」的討論切入，正面說明何以本文將「著」這個概念視爲吉藏展開繁複論說背後的根本預設。

一、由有、無二見談起

　　上一節文末曾提及吉藏在疏解《中論》「悉斷一切見」的偈文時說：「一切取相，有所得，無非邪見。」這裡，被吉藏判釋入「邪見」的所有「有所得」的主張，就他著作中的討論來看，其實都可以約化爲本小節所要討論的「有見」與「無見」，加以破斥。在漢傳佛典語詞使用的脈絡中，「見」此一語詞可作爲動詞使用，也可作爲名詞使用。作爲名詞使用的「見」，一般可解釋爲「主張」或「見解」；這種解釋意義下的「見」是一中性的語詞，它與具有正面義涵的詞相結合後，就成爲具有正面義涵的語彙，如「正見」；反之亦然，如「邪見」。然而，在其他使用語境下，「見」這個詞自己本身就具有負面的義涵，如《大般涅槃經》所說的「五見」及「六十二見」，〔註63〕因此，我們可以將此種使用語境下的「見」直接解釋成「錯誤的見解」或「錯誤的主張」，而吉藏著作中的「有見」與「無見」即爲此種使用意義。再則，「無見」又可稱爲「空見」，吉藏並不嚴格區分「無」與「空」，而是視他們爲具有共同的使用意義。〔註64〕

　　那麼，「有見」、「無見」中的「有」與「無」是什麼意思呢？所謂「有見」的「有」，基本上可以理解爲「存在」，「無見」的「無」，所指的則是「不存在」。由於吉藏對於「有見」與「無見」的使用，是針對他所批判對象各式主張的概稱，具有約化的性質，所以在某些場合裡，還可以進一步把「有見」的「有」解釋成「實在」，即「眞實存在」，而「無見」的「無」則是對於「實在」的缺乏。舉例來說，《中觀論疏》在討論「人」、「法」此二主題時說：小

〔註63〕《大般涅槃經》說：「何菩薩遠離五事？所謂五見。何等爲五？一者身見、二者邊見、三者邪見、四者戒取、五者見取。因是五見生六十二見，因是諸見生死不絕。是故菩薩防之不近。」（北涼・曇無讖譯：《大般涅槃經》卷25；《大正藏》冊2，頁515上）

〔註64〕如吉藏在《淨名玄論》中說：「方廣執無我無法，名爲空見」，而在《維摩經義疏》中說：「方廣執無我無法，名爲無見。」（隋・釋吉藏：《淨名玄論》卷1；《大正藏》冊38，頁857下、隋・釋吉藏：《維摩經義疏》卷1；《大正藏》冊38，頁912下）

乘部派中，薩婆多主張「無人有法」，可稱爲「亦有亦無見」。吉藏所說的「薩婆多」，即「說一切有部」，而所謂的「無人有法」的主張，則是認肯「人無我」，而否定「法無我」，吉藏說：

> 1、凡有三師：犢子部言「實有眾生」；薩婆多部明「無眾生」；訶梨所辨，「世諦故有，眞諦則無。」〔註65〕
>
> 2、犢子計「人有」；薩婆多明「人無，但有假名。」〔註66〕
>
> 3、薩婆多計「一切法有」，故名一切有部。〔註67〕

說一切有部以爲，在人類語言與思維體系中以「人」或「我」這個「名」所指稱者，並不具有常人誤以爲的「實在性」；而組成「人」及整個世界的基本要素，即「法」，則是實在的。因此，吉藏將說一切有部所主張的「無人有法」判釋入四句中的「亦有亦無」；分別言之，「亦有」所描述的「有法」主張，即爲「有見」，而「亦無」所描述的「無人」主張，即爲「無見」。

此外，在吉藏的學說中，「有」、「無」二見，與「常見」、「斷見」的關係也很密切，甚至在特定的語境脈絡下，可視爲具有相同的使用意義。關於此點，茲以以下文句爲證，吉藏說：

> 今涅槃是有，即是有見；有見即常，無見便斷；有、無、斷、常乃是生死，豈是涅槃！〔註68〕

又·說：

> 如有見外道則是常見，無見外道則是斷見。三世有部則是常見，二世無部則是斷見。學大乘者斷除二死，滅於五住，名爲斷見；有常住果起，名爲常見。乃至地論斷除妄想，名爲斷見；有眞如法身，則是常見。又云：不有心而已，有則相續至佛，則是常見；煩惱會眞，有斷期，則是斷見。又謂心不可朽滅，是常見；草木一化便盡，則是斷見。又云：煩惱成就，未得治道，已來決定是有，則是常見；得治道斷之，名爲斷見；聞熏習不滅則常，滅則斷見。〔註69〕

吉藏將「無」、「有」二見與「斷」、「常」二見相連繫的說法，應該與龍樹在

〔註65〕隋·釋吉藏：《維摩經義疏》卷5；《大正藏》冊38，頁965上。

〔註66〕隋·釋吉藏：《中觀論疏》卷6；《大正藏》冊42，頁90中。

〔註67〕隋·釋吉藏：《中觀論疏》卷6；《大正藏》冊42，頁100上。

〔註68〕隋·釋吉藏：《中觀論疏》卷10；《大正藏》冊42，頁157下。

〔註69〕隋·釋吉藏：《中觀論疏》卷9；《大正藏》冊42，頁138中。

《中論‧觀有無品》中的論述有關。龍樹說：

> 定有則著常，定無則著斷；是故有智者，不應著有、無。〔註70〕

又說：

> 若法有定性，非無則是常；先有而今無，是則為斷滅。〔註71〕

在龍樹的認識中，一件事物是「有」，即「存在」，必須具備「恆常不變改」的性質，因此，「有」這個概念就與「常」這個概念聯繫了起來。再則，「斷」或「斷滅」這個概念，如果與「常」成為對偶性的概念時，也可稱為「無常」。至於「斷滅」與「無」的關係，《大智度論》則說：

> 若諸法無者，有二種：一者常無，二者斷滅故無。若先有今無，若今有後無，是則斷滅。〔註72〕

佛教經論中關於「常」與「無常」，或「常」與「斷滅」的討論，典型的例子之一即是「身神一異」的問題，乃至於當「身」滅去時，即「個體生命」終止時，被認為是具有「主體性」涵義的「神」是與之俱滅呢？即「斷」呢？還是持續「存有」？即所謂「常」？

接著談「有見」與「無見」所代表的批判意識在中觀論典中出現的意義。如被吉藏批評為「有見」的說一切有部的「法有」主張，一般被視為是龍樹《中論》主要的攻擊對象，因為他們雖然否認了如「人」這一聚合體的「實在性」，但是卻肯定了構成此聚合體的組成要素的「實在性」。另一方面，《大智度論》說：

> 或有眾生謂一切皆空，心著是空，著是空，故名為無見。〔註73〕

「無見」所要破斥的對象之一，是信受佛陀「空」教說，而以為不僅「人空」、「法空」，乃至「一切皆空」者。關於此，《大智度論》稱之為「方廣道人」：

> 更有佛法中方廣道人言：「一切法不生不滅，空無所有，譬如兔角、龜毛常無。」〔註74〕

而吉藏則順著中觀典籍的思想指出，主張「一切皆空」，即「一切事物皆不存在，或沒有實在性」，將導致有道德上的危機：

〔註70〕姚秦‧鳩摩羅什譯：《中論》卷3；《大正藏》冊30，頁20中。

〔註71〕同前註。

〔註72〕姚秦‧鳩摩羅什譯：《大智度論》卷15；《大正藏》冊25，頁171中。

〔註73〕姚秦‧鳩摩羅什譯：《大智度論》卷37；《大正藏》冊25，頁331中。

〔註74〕姚秦‧鳩摩羅什譯：《大智度論》卷1；《大正藏》冊25，頁61上。

1、方廣道人謂一切諸法如龜毛、兔角，無罪福報應。〔註75〕

2、有大乘人聞畢竟空，成空見，便謂無罪福報應等。〔註76〕

3、聞大乘説畢竟空，不知何因緣故空；若都畢竟空，云何分別有罪福報應等？〔註77〕

中觀典籍這種主張事物存在或不存在二俱不可的立場，其思想淵源，據呂澂的研究來看，應可上溯至小本《寶積經》。呂澂以爲，小本《寶積經》是繼般若之後出現的大乘經類之一，其基本理論雖仍出於般若，但卻大大發展了「根本正觀」這一方面的思想，他說：

> ……《寶積經》的根本正觀是來自般若。具有智慧，就掌握了判別正與不正的方法，從而使他們的理論超出了單純的空觀，提出所謂「中道」來。「空觀」原對「實有」而言，「實有」固然不對，若定以空爲實在的「空」，那也不對，離去「空觀」、「實有」的兩邊。他們主張「中道」。「中道」原在部派佛學時期也偶爾談到，現在大乘把它擴大，而且固定在「正觀」方面運用，這就是從小品寶積開始的一個重要思想。……小品寶積還特別指出，「有見」很壞，但「有見」走向極端即使大如須彌山，也還有辦法破除；如果着了「空見」，那就不可救藥了。可見，《寶積經》一類比「空觀」進了一步，它破空破有，提倡「中道正觀」。〔註78〕

小本《寶積經》這種思想，對於後來所謂中觀學說的形成應該是有所影響的，如《大智度論》便嘗以「離二邊」（二元對立）的方式來解釋「行中道」與所謂的「般若波羅蜜」：

> 復次，常是一邊，斷滅是一邊，離是二邊行中道，是爲般若波羅蜜。又復常／無常、苦／樂、空／實、我／無我等亦如是；色法是一邊，無色法是一邊；可見法／不可見法，有對／無對，有爲／無爲，有漏／無漏，世間／出世間等諸二法亦如是。復次，無明是一邊，無明盡是一邊，乃至老死是一邊，老死盡是一邊，諸法有是一邊，諸法無是一邊，離是二邊行中道，是爲般若波羅蜜。菩薩是一邊，六

〔註75〕隋・釋吉藏：《三論玄義》卷1：《大正藏》冊45，頁11中。

〔註76〕隋・釋吉藏：《二諦義》卷中：《大正藏》冊45，頁101上。

〔註77〕隋・釋吉藏：《二諦義》卷上：《大正藏》冊45，頁83下。

〔註78〕呂澂：《印度佛學淵源略講》（上海：上海人民，2002年9月），頁106。

波羅蜜是一邊，佛是一邊，菩提是一邊，離是二邊行中道，是爲般
若波羅蜜。〔註79〕

而青目釋《中論》「中道」時也說：

離有、無二邊，故名爲中道。〔註80〕

因此，在西方中觀研究史上，最早有學者以「虛無主義」的觀點來詮釋龍樹
思想，但是隨即受到批評，其受批評的主要理據之一，顯而可見的，便是中
觀論典自己所提出並且加以否定的「無見」（空見），或「斷滅見」。

然而，這種對於「某者」，不能主張其「存在」（有），亦不能主張其「不
存在」（無）的原因何在呢？僧肇〈不眞空論〉說：

譬如幻化人，非無幻化人；幻化人，非眞人也。〔註81〕

又說：

《中論》云：諸法不有不無者，第一眞諦也。尋夫不有不無者，
豈謂滌除萬物，杜塞視聽，寂寥虛豁，然後爲眞諦者乎！誠以即
物順通，故物莫之逆，即僞即眞，故性莫之易；性莫之易，故雖
無而有，物莫之逆，故雖有而無；雖有而無，所謂非有；雖無而
有，所謂非無。如此，則非無物也，物非眞物；物非眞物，故於
何而可物？〔註82〕

如果我們以現象與本質二分的觀點來解釋僧肇〈不眞空論〉的立義，指
出「事物」在現象上是「有」，所謂「非無」，而在本質上卻是「無」，所謂「非
有」；抑或是說，被常人視爲「存在」的「事物」，其實不是「眞實的存在」，
即所謂「物非眞物」的話，似乎可以解決所謂「中道離有、無二邊」的難題。
但是，姑且不論這般「存有」進路的解釋是否符合僧肇的本意，對於吉藏來
說，他則會採取強力破斥的立場。怎麼說呢？因爲這種解釋恰好就是被他判
釋爲小乘作品的《成實論》作者訶梨跋摩所持的主張，他說：

訶梨云：「世諦有我有法，故非無；眞諦無我無法，故非有。」即二
諦合明中道非有非無也。〔註83〕

並且，吉藏還說，這一種主張也爲當時研究《成實論》的開善、莊嚴等

〔註79〕姚秦・鳩摩羅什譯：《大智度論》卷43；《大正藏》冊25，頁370上-中。
〔註80〕姚秦・鳩摩羅什譯：《中論》卷4；《大正藏》冊30，頁33中。
〔註81〕姚秦・僧肇：《肇論》卷1；《大正藏》冊45，頁152下。
〔註82〕同前註，頁152中。
〔註83〕隋・釋吉藏：《淨名玄論》卷1；《大正藏》冊38，頁857下。

成實論師所承繼：

> 訶梨所辨，世諦故有，眞諦則無，而成實論師用訶梨義。〔註84〕

按查《成實論・世諦品》，它說：

> 又佛法名清淨中道，非常非斷：第一義諦無，故非常；世諦有，故
> 非斷。〔註85〕

根據上文的討論，這裡《成實論・世諦品》所說的「非常非斷」與吉藏所說
的「非有非無」，在使用的意義上，應無二致。此外，《成實論・世諦品》還
說：

> 問曰：若說無我亦是邪見。此事云何？
>
> 答曰：有二諦。若說第一義諦，有我是爲身見；若說世諦，無我是
> 爲邪見。若說世諦故有我，第一義諦故無我，是爲正見。又第一義
> 諦故說無，世諦故說有，不墮見中，如是有、無，二言皆通，如虎
> 啗子，若急則傷，若緩則失，如是若定說我則墮身見，定說無我則
> 墮邪見。又過與不及二俱有過，若定說無，是則爲過，若定說有我，
> 是名不及，故經中說：「應捨二邊。」若第一義諦故說無，世諦故說
> 有，名捨二邊，行於中道。〔註86〕

《成實論》指出，由第一義諦的角度來說，不可主張「有我」；而由世諦的角
度來說，不可主張「無我」。反之，在世俗的層面上，就可以說「有我」；而
在眞諦的層面上，實際上則是「無我」。引申來說，「名言」所指稱的「事物」，
從俗諦的觀點來說，是「有」，所以「非無」；但是從眞諦的觀點來說，是「無」，
所以「非有」；這就是所謂的「非有非無」的「中道」了。因此，由此段的引
文來看，《成實論》正是站在「存有」的觀點上，設立了如同「現象」與「本
質」二分的視域，來解決大乘經典上所指示的主張「有」、主張「無」，二俱
不可所涵藏的解釋困境。

然而我們知道，無論是《成實論》或成實諸師的主張，都是吉藏學說所
極力破斥的對象，正如前文所提及的，在吉藏的學說中，任何主張都可以約
化爲「有見」或「無見」，加以破斥。那麼，吉藏批評有、無二見，乃至一切
見的理據何在呢？要解決這個問題，恐怕不能像《成實論》那般，從「存有」

〔註84〕隋・釋吉藏：《維摩經義疏》卷5；《大正藏》冊38，頁965上。
〔註85〕姚秦・鳩摩羅什譯：《成實論》卷10；《大正藏》冊32，頁316下。
〔註86〕同前註。

或「形上」的範疇切入，而是要由「救渡學」的角度著手。本文以爲，對於吉藏來說，關鍵不在於在「存有」或「形上」的範疇中提出了什麼主張，而是提出主張背後，亦即「見」背後所代表的心識狀態，而這個狀態，以適當語言稱之的話，即是本節標題「著爲累根」的「著」，或是「有所得」。關於此，以下，透過吉藏著作中批判「有見」與「無見」的表現方式，就能夠得到更進一步的說明，吉藏說：

1、若有佛可見，則是有見。〔註87〕

2、一切人見有燈，即是有見。〔註88〕

3、雖有內外大小不同，同言有涅槃，若爾便成有見。〔註89〕

4、又有惑，則是有見；無惑，名爲無見。〔註90〕

5、若無眾生，即是無見；若實有法，即是有見。〔註91〕

6、有佛有眾生，斯則有見，何猶是佛？無眾生無佛，復爲無執，豈是佛耶？〔註92〕

7、又謂凡夫有煩惱，故起有見；謂聖無煩惱，故起無見。〔註93〕

8、又成實師明有此眞諦四絕之理，即成有見，若是有見，便名爲常；若無此理，則便是斷。〔註94〕

9、必謂有人能歸，有三寶所歸，名爲有見，乃是歸有，非歸佛也。……若言無三可歸，則是歸無，復是無見。〔註95〕

以上諸例證，其實都可以以下列這樣的形式歸納之，即：

1、有「X」（存在），則爲有見。

2、無「X」（存在），則爲無見。

（其中，X可代換成各種語詞概念或語句。）〔註96〕

〔註87〕隋・釋吉藏：《維摩經義疏》卷3；《大正藏》冊38，頁941上。

〔註88〕隋・釋吉藏：《中觀論疏》卷5；《大正藏》冊42，頁81下。

〔註89〕隋・釋吉藏：《中觀論疏》卷10；《大正藏》冊42，頁155中。

〔註90〕隋・釋吉藏：《淨名玄論》卷5；《大正藏》冊38，頁888上。

〔註91〕隋・釋吉藏：《維摩經略疏》卷4；《續藏經》冊19，頁213上。

〔註92〕隋・釋吉藏：《淨名玄論》卷1；《大正藏》冊38，頁860中。

〔註93〕隋・釋吉藏：《淨名玄論》卷3；《大正藏》冊38，頁874中。

〔註94〕隋・釋吉藏：《中觀論疏》卷2；《大正藏》冊42，頁32下。

〔註95〕隋・釋吉藏：《百論疏》卷上；《大正藏》冊42，頁241上。

〔註96〕如引文一可作「有可見之佛（存在），即爲『有見』。」引文五可作「有有煩惱的凡夫（存在），即爲『有見』；無沒有煩惱的聖者（存在），即爲『無見』。」再如最後一段引文，可作「有能歸之人（存在），即爲『有見』」及「有所歸

　　這裡，我們當注意作為動詞使用的「有」與「無」，他們比之前所談，作為名詞使用的「見」，更能表現人在「存有」或「形上」議題上作出主張時所代表的心識活動狀態。〔註 97〕於是，在吉藏的著作中，有時，會採用近似歸結的話語說：

> 若望大乘無所得觀，裁起有心，即墮於常；徵〔註 98〕起無念，便入於斷。〔註 99〕

因此，上文所提及的可以類歸成「有」、「無」二見的「一切見」，之所以遭到吉藏的破斥，其實不在於他們對存在的世界主張了什麼，而是在於主張背後所代表持此主張者當下的「心理狀態」，就此，可以稱之為「著」或「執著」。本文以為，在佛典既是思想形塑來源以及解釋對象的這個面向上，諸此是吉藏由經論中所接收到的訊息。至於是從何部經論的何處接受到這樣的訊息？在證明上，恐怕是一個極高難度的研究主題。不過，基本上，本文相信，與傳統四論等中觀論典必然有很大的關係，因為舉例來說，《大智度論》在〈釋習相應品第三之餘〉討論有、無二見時，一入手就提出了「著」這個概念，並且通貫首尾：

> 一切世間著二見，若有、若無：順生死流者多著有，逆生死流者多

<hr>

〔註 97〕詹偉倫《論嘉祥吉藏二諦並觀法》嘗針對「有」、「無」此二語詞的內容，區分出五種意義；其中，第一種意義，詹氏稱為「表存在與否」，並且，此一意義下的「有」與「無」是作為「動詞」使用的，此一意義與本文這裡所言相同，他說：「一、表存在與否。就一般的用法來說，『有』、『無』這兩個字作動詞之用，常用來標示事物的存在與否，例如，我們說：『這裡有一張桌子』，即意謂著：一張桌子『存在』於這裡。而當我們說『這裡無桌子』的時候，即意味著：桌子『不存在』於這裡」（詹偉倫：《論嘉祥吉藏的二諦並觀法》（臺北：臺灣大學哲學研究所碩士論文，蔡耀明指導，2006 年），頁 44）再則，本文以為，「有 X（存在），則為有見；無 X（存在），則為無見」此一般式中，作為「動詞」使用的「有」與「無」，比作為「名詞」使用的「見」，能更深刻地表示吾人在對於特定議題作出特定主張時，其背後所涵藏有的「心理狀態」，或「心理運作狀態」。

〔註 98〕「徵」字，《大正藏》無校勘註解，承中嶋隆藏先生指出或應作「微」，筆者以為就文義上來說是合理的。然「徵」與「微」關係本就密切，《漢語大詞典》引楊樹達《積微居小學述林・釋徵》說：「余謂徵字當以徵兆為本義……字從微者，徵兆為事物初見之端，隱微未顯，故從微也。」由於吉藏著作中相對於「裁起」之「徵起」一詞僅一見，「徵」是否為「微」之誤字，仍待進一步考證，特附記於此。

〔註 99〕隋・釋吉藏：《中觀論疏》卷 7；《大正藏》冊 42，頁 113 中。

三寶（存在），即為『有見』」；至於「無見」的表達形式類同。

著無；我見多者著有，邪見多者著無；復次，四見多者著有，邪見
多者著無；二毒多者著有，無明多者著無；不知五眾因緣集生著有，
不知集者著無；近惡知識及邪見外書故，墮斷滅、無罪福中；無見
者著無，餘者著有；或有眾生，謂一切皆空心，著是空；或有眾生，
謂一切六根所知法皆有，是為有見；愛多者著有見，見多者著無見。
如是等眾生著有見、無見。是二種見，虛妄非實，破中道。〔註100〕

二、「定」：「著」的另一種表示方式

此一小節談吉藏把描述心理狀態的「著」與「解釋佛典文義」二者連結
起來的意義。

一般認為，人類語言及其背後所代表的理性思維並非是萬能的，而是有
所侷限。關於此點，對於中國僧侶來說，也是極為普遍的共識。然而，他們
一方面雖說「至理無言」或「至道無言」，另一方面卻總又強調人「非言不悟」，
如慧皎在《高僧傳‧義解》篇後就說：

夫至理無言，玄致幽寂。幽寂故，心行處斷；無言故，言語路絕。
言語路絕，則有言傷其旨；心行處斷，則作意失其真；所以淨名杜
口於方丈，釋迦緘默於雙樹，將知理致淵寂，故聖為無言。但悠悠
夢境，去理殊隔；蠢蠢之徒，非教孰啟；是以聖人資靈妙以應物，
體冥寂以通神，借微言以津道，託形傳真，故曰：「兵者不祥之器，
不獲已而用之；言者，不真之物，不獲已而陳之。……」〔註101〕

對於吉藏來說，作為一名義解僧侶，「語言／思維」此一系統雖有其侷限性，
但卻是他們賴以接收、彰顯、論辯佛陀教說的主要憑藉。因此，在同樣使用
語言的基礎上，加以從佛典上解譯出的「著」這個訊息，三論教學傳統有自
覺地對於他們在宣講經論及與他家論辯時所使用的語言，投以關注。所以，
在吉藏的學說中就出現了關於「有所得人」與「無所得人」對於語言使用態
度的區分，所謂「語言雖同，其心則異」。〔註102〕當然，有所得人對於語言的
使用態度，自然是與「著」相關的。吉藏在《二諦義》中批評成實諸師面對
佛教經典時是：

〔註100〕姚秦‧鳩摩羅什譯：《大智度論》卷37；《大正藏》冊25，頁331上-中。
〔註101〕梁‧釋慧皎：《高僧傳》卷8；《大正藏》冊50，頁382下～389上。
〔註102〕隋‧釋吉藏：《中觀論疏》卷6；《大正藏》冊42，頁102上。

聞有作有解，聞無作無解。〔註103〕

這句話的意思是說，成實諸師把佛典上的「有」這個詞，理解成一般使用意義下的「有」；同樣的，對於佛典上的「無」這個詞，也理解成一般使用意義下的「無」。何謂「一般使用意義」呢？吉藏同樣在《二諦義》裡討論「二諦」之「名」與「義」的關係時說：

> 言一名一義者，一名即一俗名，一眞名；一義者，「俗」以「浮虛」
> （爲）義，「眞」，「眞實」義。從來得此一句。〔註104〕

「從來得此一句」即是筆者所謂的「一般使用意義」。如果以語詞的「符號」、「內涵」與「外延」的關係來解釋的話，「一般使用意義」指的是如「俗」此一語言符號，具有「浮虛」的內涵，而在語言以外的世界，找的到與此「內涵」相對應的「外延」，因此，「外延」內的「諸成員」，都可以「俗」此一符號指稱之。〔註105〕所以，在吉藏的構想裡，有所得義解僧侶在這樣的語言認知或使用態度下，便是企圖尋找經論上的語言文字在「存有」範疇中的位置，把佛陀透過人類語言在經論上的宣說視爲「眞理」。舉例來說，吉藏以爲，當佛陀宣說「涅槃具常、樂、我、淨」時，信受此語的「有所得」義解僧是將之理解成「有具常、樂、我、淨的涅槃（存在）」，而就現代的哲學話語來說，其意義即指，在語言以外的世界裡，存在「涅槃」這一「實在」，並且，此「實在」具備了「常、樂、我、淨」等「性質」。〔註106〕又如，在「法身有色、無色」此一主題上，吉藏說：

> 有人言，法身有色，《泥洹經》云：「妙色湛然，常安穩，不隨時節、
> 劫數遷」；《涅槃》云：「捨無常色，獲得常色」。……次江南雲旻藏
> 等悉云：佛果無色，故《涅槃》云：「願得如來無色主身」；《文殊十
> 禮經》云：「無色無形相，無根無住處，不生不滅，故敬禮無所觀也。」
> 〔註107〕

〔註103〕隋·釋吉藏：《二諦義》卷上：《大正藏》冊45，頁79上。

〔註104〕隋·釋吉藏：《二諦義》卷中：《大正藏》冊45，頁94下。

〔註105〕西方語言哲學中的指稱論還討論到專名與通名的問題，如 J. S. Mill 認爲專名沒有內涵，它指稱被它所稱謂的個體。（陳道德等著：《二十世紀意義理論的發展與語言邏輯的興起》（北京：中國社會科學出版社，2007年），頁14）。本文此處的討論暫不作如此之細分。

〔註106〕這裡，筆者採用的是亞里斯多德的形上學觀點，於此，「實在」，又可稱爲「實體」或「自立體」，而「性質」則可稱爲「依附體」。

〔註107〕隋·釋吉藏：《勝鬘寶窟》卷1：《大正藏》冊37，頁15下。

同理，主張「法身有色」者的意態是將「法身有色」理解成「有有色的法身（存在）」，而以現代的哲學話語來說的話，其意義即指在語言以外的世界裡，存在著「法身」這一「實在」，並且，此「實在」具有「色」此「性質」；另一方面，主張「法身無色」者的認知則是將「法身無色」理解成「有無色的法身」，其意義即指在語言以外的世界裡，存在「法身」這一「實在」，並且，此「實在」並不具有「色」此一「性質」。〔註108〕由此看來，這些解經觀點，可說都是企圖尋找語詞或語句在「存有」或「形上」範疇中的意義。

　　吉藏有時會用「定」這一詞語來描述有所得人這種「執著」的心理意態，他說：

　　　1、若學者定執經論一文，以成一家之義者，皆是繫屬魔人耳。〔註109〕

　　　2、若決定解，是名執著；如是執著，能斷善根，故弘法之人宜虛其心，實其照矣。〔註110〕

吉藏的著作中，他以「定」此一語詞來表示其他義解僧侶執取經論上的概念或陳述的例子俯拾即是，這裡，筆者姑引幾例為證：

　　　1、依廣州大亮法師，定以言教為諦。〔註111〕

　　　2、他人二諦定境、定理、定一、定異。〔註112〕

　　　3、若言佛果為二諦攝，即佛果定在二諦之內，定是有、無。〔註113〕

　　　4、汝言涅槃定常，不得無常，斯則常故常，名有所得，有所得者，乃名生死，何謂涅槃？〔註114〕

以上諸此例證，我們可以稱之為「決定解」或「決定說」。此二說法各具有什麼意義呢？一者強調接受，一者強調接受後的反應；前者說明的是吉藏所批判的義解僧侶在面對經典文句時的心態，而後者則強調了這些義解僧在各自信奉的經典文句下對於「真理」進行宣稱的表現態度。當然，這是一體兩面的事。因此，經由上文的討論，我們就能夠解釋，本文所舉的「《華嚴經》為釋迦所說，還是舍那所說」這個討論主題，吉藏之所以俱斥北方「釋迦與舍

〔註108〕又或者，可以把「法身無色」理解成「無有色的法身」，如是，即指在語言以外的世界裡並不存在「有色的法身」此一「實在」。

〔註109〕隋・釋吉藏：《金剛般若疏》卷1；《大正藏》冊33，頁90上。

〔註110〕隋・釋吉藏：《法華玄論》卷1；《大正藏》冊34，頁362中。

〔註111〕隋・釋吉藏：《大乘玄論》卷1；《大正藏》冊45，頁15上。

〔註112〕隋・釋吉藏：《大乘玄論》卷1；《大正藏》冊45，頁22上。

〔註113〕隋・釋吉藏：《大乘玄論》卷1；《大正藏》冊45，頁22中。

〔註114〕隋・釋吉藏：《涅槃經遊意》卷1；《大正藏》冊38，頁232中-下。

那為異」、南方「釋迦與舍那為一」的主張，其原因就在於他們對於經論文義，採取「決定解」、「決定說」的態度：

> 今時明因緣義，但為對彼定義：南方定云一，北方定異。為破彼定
> 一、定異，明今因緣一、異。

很明顯地，吉藏以「定」來形容南、北義解僧的主張，這意味著，持「釋迦與舍那為一」者以為在語言以外的世界中，定可以找到「釋迦與舍那為一」的事實，而持「釋迦與舍那為異」者的主張亦然。〔註115〕

正是因為這種「執取」語言的態度，吉藏以為，他所批判的義解僧侶，對於經典所提出的論題，皆是依著各自所信奉的經典文句，提出各自的主張，以為「定見」的。如在「佛是什麼」這個問題上，吉藏說：

> ……諸大小乘人執佛是「有」，今偏是大乘人執「空」是佛，如江南
> 尚禪師。北土講《智度論》者，用「真如」是佛。〔註116〕

再如「什麼是法身」此一問題，吉藏說，北方有以「如」為法身，南方則說法身是「靈智」，所謂：

> 北土〔註117〕以如為法身佛，凡聖一如，故同一法身。南方云：〔註118〕
> 如是頑境，佛即是靈智，以眾德均等，故云同共一法身。〔註119〕

持平而論，這些被吉藏攻擊的義學僧侶，在面對探究佛教經典義理的課題時，他們皓首窮經的苦心，也許不下於吉藏，但是苦心孤詣所得出來的見解，卻一律地被吉藏斥為「邪見」，其關鍵的原因就在於，對於吉藏來說，關於一個特定的議題，雖然這些義解僧侶各異的主張基本上都有經典文句上的支持，但是，正由於把經論文句當作是「真理」來看待，這種作「決定解」的心態，〔註120〕使得他們各執一是，相互爭執；並且，當他們各執一是時，便同樣面對著一個難題：既然與他們採取不同主張者，亦同樣持有經論上的文句作為立說的理據，那麼，在把佛陀教說當成是「真理」的條件限制下，如何解釋佛陀要在經論的不同處，面對同一個主題，宣說不同的「真理」呢？

〔註115〕此外，引文中所謂的「今時明因緣義」，或「因緣一異」，即是吉藏師門在「著」這個預設下所建立的詮經方法，這是本文下一章才會討論到的部份。

〔註116〕隋・釋吉藏：《中觀論疏》卷9；《大正藏》冊42，頁142下。

〔註117〕按，《新修大正藏》校勘指出，寫本龍谷大學藏本傍註曰長安地論師等。

〔註118〕同上，寫本龍谷大學藏本傍註曰成論師等。

〔註119〕隋・釋吉藏：《淨名玄論》卷1；《大正藏》冊38，頁860下。

〔註120〕本文所使用的「決定解」一詞的確切界義，也可參見頁164～169的討論。

〔註121〕

　　關於吉藏學說中這種「把語言爲基礎的陳述，當作是對於『實在』的描述」的觀點，鄭學禮的研究，亦嘗有所述及，他說：

> 很不幸地，根據中觀的觀點，人們不能洞察概念與語詞所涵藏的空性意義。他們通常相信概念與語詞代表了語言以外的特定物體或存在，並且，「名稱」的意義就是「物體」。對他們來說，了解一個具概念意義的「符號」或「陳述」的意義，即是去尋找語言以外的「存在」；並且，探究「眞理」本身就等同於尋找「實在」。……如果一個爲眞的陳述並不指涉一經驗上的現象，那麼，它指陳的必然是非經驗的，或絕對的「實在」了。所以，哲學家們常不自覺地被導引入諸如「實在是一是多」、「實在是常是無常」、「是否有創造諸實在的上帝」等形上議題的爭辯中。〔註122〕

進一步引申地說，就吉藏而言，即使面對「事物是否具有實在性」或「世界是否存在眞實的本質」等爭論而主張這一切命題都爲假，抑或根本不要主張，還是一種主張，還是一種「見」，並且，只要是「見」，就是必須被批判的對象。由上小節的討論可知，吉藏所關注的不在於透過語言主張了「什麼」，而是主張者「主張什麼」背後所代表的心理狀態。

三、何以不可「著」？

　　此小節成立的目的，只在於處理一個問題，亦即佛教以外的人，對於世界的究竟所進行的表述，以及佛教內部的人，在經論文句的基礎上，對於世界的究竟所進行的表述，此二者一律被吉藏冠上「有所得」，即「著」、「執著」的標號；但是，爲什麼「有所得」這個標號意味著負面的義涵呢？

　　在吉藏的學說中，關於這個問題的回答，相信也是其師門一系從被視爲

〔註121〕如《大般涅槃經》裡，同時宣說佛性本有與佛性始有的教說。再則，比較來說，《般若經》宣說無我，而《涅槃經》卻宣說有我；《法華經》只說佛陀壽命久遠，《涅槃經》卻說法身常住。此外，吉藏有時把這種情況稱爲「不能通他難」，如他說：「毘曇定見有得道，成實觀空成聖，並定住空、有，不能通他難也」；又說：「道理有空，道理有色，既道理有空、色，則是有所得；有所得，豈能通他難？」（隋·釋吉藏：《百論疏》卷上；《大正藏》冊42，頁235上、《二諦義》卷下；《大正藏》冊45，頁106上）

〔註122〕Hsueh-li Cheng（鄭學禮）, *Empty Logic: Mādhyamika Buddhism from Chinese sources*, p72.

權威的經論上所接收到的訊息。關於此一訊息的揭示，在吉藏著作中有或異的表達文句，〔註123〕其中，論述最具體完備的當屬他在《勝鬘寶窟》卷一所引用的其師法朗誨訓門人的話，說：

> 家師朗和上，每登高座，誨彼門人，常云：「言以不住為端，心以無得為主，故深經高匠，啓悟群生，令心無所著。所以然者，以著是累根，眾苦之本，以執著故，三世諸佛敷經演論，皆令眾生心無所著；所以令無著者，著者是累根，眾苦之本；以執著故，起決定分別；定分別故，則生煩惱；煩惱因緣，即便起業；業因緣故，則受生老病死之苦；有所得人未學佛法，從無始來任運於法而起著心，今聞佛法更復起著，是為著上而復生著，著心堅固，苦根轉深，無由解脫，欲令弘經、利人，及行道、自行，勿起著心。」〔註124〕

表面上，本段引文所要揭示的論點，在於「不住」、「無得」、「無所著」等字眼，但實際上，更重要的卻是貫通於整段文字的「著」這個概念，因為即使是「不住」、「無得」等教學上的勸說，也是環繞著「著」此一概念而有的。此外，此段引文還告訴我們，「著」之所以具有負面的義涵，乃在於它是「累」、「苦」的「根本」；並且，法朗還清楚地描述了一條由「執著」引發，接續著「決定分別」、「煩惱」，乃至於「生老病死」的「累苦之鏈」。當然，我們可以進一步探問，這種由「執著」所代表的心理意識所造成的「苦」的連鎖效應，在「存有」的意義上，是僅止於「現世」呢？還是接續著「來生」？不過，在吉藏的著作中，並沒有正面處理這個問題。理由很簡單，如果吉藏明確主張有「輪迴」的存在，就墮入了「有見」；同樣的，沒有「輪迴」的存在，便墜入了「無見」。在他的學說中，二者都是要被破斥的意見的。因此，吉藏實際上是把「著為累根」這一從經典上所接受到的訊息，當成是他講經立說開展背後的預設。至於為什麼將之稱為預設呢？這是下一小節所將進一步處理的問題。

四、「著」是吉藏學說中的根本預設

「著」作為預設，是吉藏學說開展背後的理論依據。根據上文諸小節的

〔註123〕如吉藏說：「若有所著，便有所縛，不得解脫生、老、病、死、憂、悲、苦、惱。」此一敘述頗為簡單，而且明瞭。（隋·釋吉藏：《三論玄義》卷3；《大正藏》冊45，頁7上）
〔註124〕隋·釋吉藏：《勝鬘寶窟》卷1；《大正藏》冊37，頁5下。

討論，此一預設包含幾個部份：第一，指稱心理意識狀態的「著」；第二，此「著」是造成苦痛的根源；第三，持有對於「世界究竟」的主張，即「見」，其心理狀態也是「著」的一種。此三者都是吉藏透過自身的教學傳統，面對佛教經典所接受到的訊息。當然，這幾個訊息之中，最特別的是第三，把「著」，與人類藉由語言與思維，對世界究竟進行探問的行為，此二者連結起來，致使此行為本身涵藏負面的義涵。〔註125〕

先不談吉藏學說中的「著」所引發的個體生命終結之後是否還有來世的「輪迴」問題，就現世的生活經驗而言，個人情感上的執取將造成精神上的苦痛這一件事，應該很容易獲得共鳴，雖然難以用客觀、公共的標準加以驗證；但是若說將人類由於「好奇」，藉由「理性」，探究「世界的本質」，並透過「語言」對「真實」進行宣稱，乃是一種執著，將造成個體生命的「累苦之鏈」，這一說法，恐怕將遭到強大的反對。不過，這的確是吉藏師門由佛教經論上所解讀出的訊息，並不是師心臆說，本文這裡姑引兩段文句為證。《大智度論》在卷七中解釋《般若經》「能斷種種見纏及諸煩惱」此一經句時說：

> 見有二種：一者常，二者斷。常見者，見五眾常心忍樂；斷見者，見五眾滅心忍樂，一切眾生多墮此二見中，菩薩自斷此二，亦能除一切眾生二見，令處中道。復有二種見：有見、無見。復有三種見：一切法忍，一切法不忍，一切法亦忍亦不忍。復有四種見：世間常，世間無常，世間亦常亦無常，世間亦非常亦非無常；我及世間有邊、無邊，亦如是；有死後如去，有死後不如去，有死後如去不如去，有死後亦不如去亦不不如去。復有五種見：身見、邊見、邪見、見取、戒取。如是等種種諸見，乃至六十二見。斷如是諸見，種種因緣生，種種智門觀，種種師邊聞。如是種種相，能為種種結使作因，能與眾生種種苦，是名種種見。〔註126〕

而《大般涅槃經》則說：

> 外道眾中復有梵志，名曰富那，復作是言：「瞿曇！汝見世間是常法已，說言常耶？如是義者，實耶？虛耶？常、無常、亦常亦無常、非常非無常；有邊、無邊、亦有邊亦無邊、非有邊非無邊；是身是

〔註125〕如本文緒論所提及的，吉藏學說將「著」這個概念與對於「實在」、「世界究竟」等探求二者聯繫起來的舉措，廖明活與鄭學禮的研究已有論及。

〔註126〕姚秦·鳩摩羅什譯：《大智度論》卷7，：《大正藏》冊25，頁110上。

命、身異命異：如來滅後如去、不如去、亦如去不如去、非如去非
不如去？」

佛言：「富那！我不說世間常、虛、實，常、無常、亦常無常、非常
非無常；有邊、無邊、亦有邊無邊、非有邊非無邊；是身是命、身
異命異；如來滅後如去、不如去、亦如去不如去、非如去非不如去。」

富那復言：「瞿曇！今者見何罪過不作是說？」

佛言：「富那！若有人說世間是常，唯此爲實，餘妄語者，是名爲見；
見所見處，是名見行、是名見業、是名見著、是名見縛、是名見苦、
是名見取、是名見怖、是名見熱、是名見纏。富那！凡夫之人爲見
所纏，不能遠離生老病死，迴流六趣，受無量苦，乃至非如去非不
如去，亦復如是。富那！我見是見有如是過，是故不著，不爲人說。」
〔註127〕

首先，我們可以發現，《大智度論》與《大般涅槃經》對於「見」的討論都與
所謂的「無記」問題有關。所謂「無記」問題，在原始佛教中已被提出，一
直到部派佛教及大乘佛教的經論中仍可見其蹤跡。現在的學者，一般把「無
記」問題類歸爲形而上的問題，並引發佛陀爲何沉默的探究主題；〔註128〕而
在《集異門足論》、《大毘婆沙論》等說一切有部的論典及《大般涅槃經》與
《大智度論》等經論中，站在他們對於「佛陀爲何沉默」的解釋立場上，已
經不像是《阿含經》等所記載的那樣，把諸此無記問題當成是純粹的「好奇」
與「疑問」，而是詰難者對於某一「形上」或「存有」問題的一種特定主張，
如在「身神一異」的問題上主張「神與身是一」、「神與身是異」等，並把諸
此特定主張評判爲「錯誤」的。所以，在這樣的脈絡之下，我們看見了上兩
段引文，把這些隱涵負面義涵的主張，與「見」這個詞相連繫了起來。再則，
無論是《大智度論》或《大般涅槃經》，都分別指出「見」之所以隱涵負面的
義涵，乃是因爲「見」伴隨有「苦」，因此，《大智度論》才說：「如是諸見種
種因緣生，種種智門觀，種種師邊聞。如是種種相，能爲種種結使作因，能
與眾生種種苦」，而《大般涅槃經》則說：「凡夫之人爲見所纏，不能遠離生

〔註127〕北涼・曇無讖譯：《大般涅槃經》卷39；《大正藏》冊2，頁596下～597上
〔註128〕關於原始佛典中「無記」相關文獻的整理，以及當代學者的理解，可參金龍
　　　　煥：〈佛陀と形而上學--無記說に對する諸解釋を中心に〉，《パーリ学仏教文
　　　　化学》第9期（1996年5月），頁71～90。

老病死，迴流六趣，受無量苦」。

　　如實來說，在原始佛典中，無記問題的記載，是面對著外道的疑難，到了說一切有部的論典仍保持這一特色。而在《大智度論》與《大般涅槃經》等大乘經論中，持有錯誤主張的對象，基本上，除了外道之外，還可以是佛教中被他們稱為「小乘」的部派論師。但是，到了吉藏的學說中，由上文的討論可知，他把可批判的對象的範圍擴大了：理論上是對任何議題有所主張的人都將受到批評，而在實務上，主要針對的則是其師門所面對的其他中國義解僧侶。對吉藏來說，他把條件限縮得很窄，所謂關於議題的討論，「裁起有心，即墮於常；徵起無念，便入於斷」，也因此，他可以批判的對象就比經論上所涉及的對象來得廣泛得多了。〔註129〕

　　當然，關於吉藏學說的這一特點，我們可將之視為一命題，進行檢視與驗證，亦即何以透過人類語言與思維對於諸「存有」或「形上」議題進行探究及提出主張的心態，將使人沉浮於「生死苦海」？並且，吉藏這種特殊論點，實際上也是必須加以審視的。但是，就本文的立場來說，在沒能以適當的工具、方法進行驗證之前，暫且將吉藏一系由佛教經論上所解譯出的訊息視為一種對於權威的相信；另一方面，更重要的是，對於吉藏來說，這不是他所要提出的主張或說是對於「真理」的宣稱，正如鄭學禮所提示的，吉藏學說所關懷的不在於「存有論」的範疇，而是在於「解脫」，因此，諸此由經論中所解譯出的訊息，對於吉藏的學說而言，乃是其詮解經論以及與他家論辯背後的根本預設及理論依據。

　　上文曾提及，相關學者的討論重心基本上都集中在「著」的反面，即強調攝山三論傳統的教學主張在於「不著」、「無所得」、「無依無得」等，而筆者之所以認為此種進路在吉藏核心思想的詮釋與釐清上仍有所不足，是因為如果「無所得」被認為是吉藏學說中的「理則性」的主張，是對於「真理」的宣稱（Truth Claim），那麼，將面臨一個問題，即「有此無所得」仍是「有見」，「無此無所得」則是「無見」，斯乃斷、常二見，何有「無得」可得，吉藏說：

　　　　若定用無得為是，還成有得，不名無所得。〔註130〕

────────────

〔註129〕當然，換另一個角度來說，站在佛陀以及四依菩薩「慈悲」的本懷上，所謂的「批判」也可說是「拯救」了。

〔註130〕隋・釋吉藏：《涅槃經遊意》卷1；《大正藏》冊38，頁232下。

他認為「如對有所得，故有無所得。有所得既無，無得亦無。」〔註131〕可見「無所得」的主張，還是針對「得」而發的。

本文在此節所特意標舉出的「著」，若就「存有」的意義上言，恐怕是吉藏學說中最具「實在性」的概念，換句話說，亦即「著」是世界最真實的本質，而根據上文以「有」、「無」二見的判準模式來檢視「無所得」，這裡，我們也可以說是「有此著，則為有見」，「無此著，則為無見」，並加以破斥；但是，我們也當注意，更重要的是，判定「著」為「有見」或「無見」背後所依據的還是強調心理狀態的「著」這個概念。職是之故，本文才會將「著」當成是吉藏學說中最根本的預設，並指出吉藏的繁複論說都是圍繞著這個預設而展開的。

吉藏在《三論玄義》中嘗開宗明義地說：

夫適化無方，陶誘非一，考聖心，以息患為主，統教意，以通理為宗。〔註132〕

所謂的「適化無方」，「陶誘非一」等文句，可說皆是環繞著「患」這個概念而有的。並且，這裡所謂的「患」，自然是因有所著，是故有所患，基本上可視為同一件事。本文在此節中已經說明了「著」這個概念在吉藏學說中所扮演的角色，在下一章中，則將進一步討論在這個預設下，吉藏學說所建立的詮經方法與論說設立。至於該段引文中所謂的「理」，在吉藏的理論體系中作何解釋，〔註133〕則會在第五章討論「否定」此一主題後，再作進一步的析辨。

〔註131〕隋・釋吉藏：《百論疏》卷3；《大正藏》冊42，頁306下。
〔註132〕隋・釋吉藏：《三論玄義》卷1；《大正藏》冊45，頁1上。
〔註133〕在《淨名玄論》、《法華義疏》相類似的語句中，吉藏將「以通理為宗」的「理」代換為「道」。無論是「理」或「道」在吉藏學說中的使用意義，可參見第五章第三節的相關討論。

第四章　根本預設下的詮經方法（一）
——四假說、因緣對自性

　　在本章與下一章的討論裡，將進一步對於在「著」此一根本預設下，吉藏所設立的解經方法等內涵，加以顯題化，期望架設一套較為妥適的解釋模型，以助於能較完好地解釋吉藏詮經舉措中的繁複論說，並藉此釐清諸此繁複論說下所涵藏的真實意圖。本章的討論主題有二：首先，論及吉藏學說在「著」這個預設下所表現出的對語言使用的自覺性關注；接著，在第二、三節中，則分別討論吉藏經解體系中的兩個詮經方法：「四假說」以及「因緣對自性」。

第一節　「有所得」與「無所得」：語言使用及認知態度的區分

　　上一章提及，吉藏學說中「有所得」與「無所得」的劃分依據乃在於「著」，以為「有所得人」將語言的使用視為是對世界真實的一種表述，而特別是被吉藏判為「有所得大乘」的當時其他中國義解僧侶，他們把佛典上以語言文字所進行的宣說當成是「真理」，是對於外在世界「真實情況」的一種陳述：以「正因佛性」這個主題為例，吉藏所提及的諸家主張，在他們企圖探究「佛性是什麼？」的意態上，就現代的哲學觀點而言，實際上是企圖為「佛性」此一概念尋找在「存有」或「形上」範疇中的意義，所以，或有謂「真神」為「佛性」、「心」為「佛性」、「真諦」為「佛性」，乃至於「得佛之理」為「佛性」者，所言雖不同，然而諸家各異的主張，在各自的立場上，指的其實都

是世界中的「真實存在」。由是，吉藏師門注意到了講經論義時所使用的「語言」本身，從而有自覺地在同樣使用人類語言文字的基礎上，區分出了「有所得人」的使用心態，以及經論上的佛陀及四依菩薩等「無所得人」，在面對著「有所得人」這種使用心態（或稱爲「著」）下，進而使用語言進行教化的使用目的。吉藏在《大乘玄論》中說：「一切言說皆是假故。」〔註1〕所謂的「一切言說」，指的是人類語言系統中的所有語詞概念，而「一切言說皆是假」，其意思則是說「無所得人」所使用的「語言文字」，其性質無非是「假」。「假」，或說「假名」，一般指的是佛陀權便施設的名言概念。〔註2〕吉藏這裡所說的「一切言說皆是假」，是對著「有所得人」「聞有作有解，聞無作無解」的認知態度而說的；而針對這種對於「語言」作「決定解」的認知態度，吉藏強調，我們對於佛典上的語詞概念，舉例來說，「不可聞起，定爲起解；聞不起，定作不起解也。」〔註3〕我們可以把以下這段文字視爲是以通則的方式說明了吉藏對於「語言」的使用態度或認知態度的兩種區分。筆者嘗試以分段疏解的方式進行解說。

吉藏說：

> 興皇大師云：「今自有二轍義：一者理外義，二理內義。若心行理外，故云理外；心行理內，復云理內。理內具真、俗等一切法；理外亦具真、俗等一切法。」〔註4〕

文中的「理內」與「理外」，可視爲「無所得」與「有所得」的另一種表現方式；而所謂的「理內具真、俗等一切法；理外亦具真、俗等一切法」指的就是「無所得人」與「有所得人」同樣使用人類語言這一互通消息的語言符號

〔註1〕 隋・釋吉藏：《大乘玄論》卷1；《大正藏》冊45，頁19下。

〔註2〕 萬金川指出，鳩摩羅什以「假名」一詞來翻譯相對應的梵文；此中，所謂的「假」，並非取其「虛假不實」的意思，而是憑藉或依靠；至於「名」，指的則是語言上的施設或安排，也就是一般所謂「名言概念」或「陳述」的意思。（萬金川：《中觀思想講錄》（嘉義：香光書鄉，1998年），頁144）此外，更深入的討論可參見氏著：《龍樹的語言概念》（南投：正觀，1995年），頁57～63。而就中國傳統佛教的意見來說，淨影慧遠的《大乘義章》嘗將「假名」區分出四個意思：一，諸法無名，假與施名；二，假他得名，故號假名；三，假之名稱，曰假名，世俗諸法，各非定性，假他而有，名爲假法；四，諸法假名而有，故曰假名。亦可作爲參考。（隋・釋慧遠：《大乘義章》卷1；《大正藏》冊44，頁477下～478上）

〔註3〕 隋・釋吉藏：《中觀論疏》卷1；《大正藏》冊42，頁17下。

〔註4〕 隋・釋吉藏：《淨名玄論》卷6；《大正藏》冊38，頁896下。

體系。

　　考宗。問：同具一切法，云何有內、外異？

　　答：理內一切法，皆是因緣義；理外一切法，非假名義，是故爲異。

〔註5〕

或有問者曰，既然用的都是人類的語言符號（「同具一切法」），爲什麼還要有「理外」與「理內」的區分呢？而吉藏的回答則說，一爲「因緣義」，一爲非「假名義」。這裡，「因緣」或「假名」是佛教思想中的重要術語，通常與「自性」成爲一組對偶性的範疇。然而關於這一組範疇的意義，佛教內部乃具有不同的說法，並且，當代學者的詮釋也各有所異。下文還會進一步論及吉藏學說中關於「因緣」與「自性」的使用意義。

　　問：若理內、外具一切法者，理內既有因緣假名，理外亦應有因緣
　　假名，何得將因緣假名，簡理內、外耶？〔註6〕

既而，問者又問，既然理內、外人都使用同一種語言符號，那麼，這表示「因緣假名」此語詞，應該理內、外人都可使用，如是的話，何以用「因緣假名」此一語詞作爲簡別「理內」與「理外」的標準呢？

　　答：如所問也。理外亦有假，但假是假，故有假可得，名有所得假；
　　理內假不自假，名爲不假假，而假無所假，故無假可得，名理內假。

〔註7〕

這裡，吉藏所說的「假是假，故有假可得，名有所得假」，就本文的立場來說，即是上一節所論及的語詞的「一般使用意義」，亦即「假」此一名，有其之所以爲「假」的內涵，以及外延，即在語言以外的世界，可以以「假」此名指稱之物，都具有「假」之所以爲「假」的內涵，或說是本質。而吉藏把此稱爲「有所得假」。此外，他還說，面對著理外「有所得假」，理內人所使用的「假」此一語詞，其使用認知是「不自」，故名爲「不假假」。其中，「不假」指的是不是理外所使用的「假」，此「不假」是作爲「定語」使用，以限定作爲「中心語」使用的「假」。因此，對於「假」此一語詞，吉藏說理外人所使用的「假」是「有假可得」的「假」，而理內人所使用的「假」是「假不自假」，「無假可得」的「假」。

───────────────

〔註5〕　同前註。
〔註6〕　同前註。
〔註7〕　同前註。

> 問：理內、外既具一切法，亦應理內、外自有無所得，何以故將得、
>
> 無得分內、外？〔註8〕

接著，引文中的問者，其問話其實是重複同一個意思的。他說，既然理內、外都同樣使用人類的語言符號，那麼，「無所得」此一詞語，理內、外人都可使用，爲何要以「得」與「無得」來區分理內、外人呢？

引文以下，吉藏還有一連串繁複的議論，然而基本上，我們已無須再進行進一步檢視了。應當注意的是，對於吉藏來說，重要的不是使用哪一語詞來界定敵、我，重要的是使用語詞背後所代表的認知態度。因此，上述引文中，吉藏所說「理內一切法，皆是因緣義」，我們若把「因緣」定當「因緣」解，則在認知上就表示了「有因緣可得」，如此，還是「有所得」，是必須加以批判的。本文強調，吉藏的學說以爲，經論上的佛陀及四依菩薩，乃至於他自身，對於語言的使用，都是環繞著特定的「著」而興發的，亦即有其針對性，〔註9〕而當這個針對性消失了，原本因爲此一針對性而有的主張，就失去了它的意義。〔註10〕實際上，吉藏是用這樣的方法，避免了自己對於語言以外的世界有所主張，因爲，誠如上文所提及的那種作「決定解」的認知態度，如果他有所宣稱，無論或語或默，都將使得他自己落入「有」、「無」二見的泥淖裡，自己批判起自己的主張來。

第二節　論「因緣」、「隨緣」、「對緣」、「就緣」四假

環繞著上一章所討論的「著」這個預設，在吉藏著作中出現了所謂「四

〔註8〕 同前註。

〔註9〕 把握「教說的針對性」是理解吉藏學說很重要的關鍵之一，吉藏在《法華玄論》卷四中嘗以《大智度論》中的「各各爲人悉檀」，即爲不同的眾生說不同的教法，來解釋經論的不同處，對同一個議題，爲什麼宣說了相對立的主張，他說：「十二部八萬法藏言並相違，或三、或一，或無常、或常，或佛出二諦外、或二諦內，或三世有、或一世有，……所以八萬法藏及塵沙法門並相違者，此是如來各各爲人悉檀，故不相違背，如《大經》云：以此眾生非一根性，非一善友，非一國土，是故如來不得一向定說。」此外，吉藏還以「對治悉檀」來說明針對不同的眾生所使用的各異的教說，其目的都在於對治眾生煩惱，他說：「第三名爲對治悉檀，如來所以說各各爲人，說八萬法藏及塵沙法門，皆爲對治眾生煩惱故也。」（隋·釋吉藏：《法華玄論》卷4；《大正藏》冊34，頁391下）

〔註10〕關乎此，本文將之稱爲「語詞概念」在「救渡」的範疇中具有意義。

假說」，即「因緣假」、「隨緣假」、「對緣假」、「就緣假」四假。此「四假」是針對佛典上以語言文字為基礎所呈現的「教法」的一種分類。在第一章中，本文嘗引用智顗的話說：「古來諸師講說，何必盡有經論明文，如開善光宅『五時明義』，莊嚴『四時判教』、地論『四宗五宗六宗』、攝山『單複、中假』、興皇『四假』，並無明文，皆是隨情所立，助揚佛化，其有緣者，莫不承習，信解弘宣。」可見吉藏學說中的「四假」，當秉承自其師興皇法朗，為法朗所設立。此外，「因緣假」、「隨緣假」、「對緣假」、「就緣假」的區別，在分類上並不是互斥的，而是每一「假」的設立，分別著眼於不同層次、面向上的考量。

　　吉藏在《三論玄義》中討論《中論》等四論的教說的「適用性」時，對於「因緣」、「隨緣」、「對緣」、「就緣」四假有通則性的解說，他說：

> 次明四論用假不同門。一切諸法雖並是假，領其要用，凡有四門：
>
> 一因緣假、二隨緣假、三對緣假、四就緣假也。
>
> 一因緣假者，如空、有二諦，有不自有，因空故有，空不自空，因有故空，故空、有是因緣假義也。
>
> 二隨緣假者，如隨三乘根性，說三乘教門也。
>
> 三對緣假者，如對治常，說於無常，對治無常，是故說常。
>
> 四就緣假者，外人執有諸法，諸佛、菩薩就彼推求，檢竟不得，名就緣假。
>
> 此四假總收十二部經，八萬法藏，然四論具用四假，但《智度論》多用因緣假，以釋經立義門故，《中論》、《十二門》多用就緣假，《百論》多用對緣假。〔註11〕

引文中所說「一切諸法雖並是假，領其要用，凡有四門」，又說：「此四假總收十二部經，八萬法藏。」正可說明上文筆者所指出的，三論教學傳統對於經論上佛陀與四依菩薩使用語言所進行的教說的關注。當然，還當注意一點，即第三章嘗提及的，吉藏是把自己與師門講經論義的立場與佛陀及四依菩薩的立場等同起來，所以，這裡，吉藏對於經論上語言使用的區分原則，當也可運用在後人解讀其疏作中的論說上。

　　以下，分就引文中關於「四假」的解說，進行討論：

〔註11〕隋・釋吉藏：《三論玄義》卷1；《大正藏》冊45，頁13上-中。

一、因緣假

　　所謂「因緣假」，是對著「自性」而言的。關於此，下文還將設立專節，加以討論。總之，「因緣假」的基本立意是針對「聞有作有解，聞無作無解」此種「作決定解」的語言認知態度而設立的，所以引文中，吉藏以二諦為例，說：「如空、有二諦，有不自有，因空故有，空不自空，因有故空，故空、有是因緣假義也。」在三論教學傳承中有所謂的「初章」的教學設立，是其教學傳統接引初學者的教法。〔註12〕至於「初章」的內涵為何呢？吉藏《二諦義》卷一說「初章」的內容可分為兩節，前節是：

> 他有有可有，有無可無。有有可有，不由無故有；有無可無，不由
> 有故無。不由無故有，有是自有；不由有故無，無是自無。自有，
> 即有故有；自無，即無故無。〔註13〕

吉藏說，他家對於「有」、「無」二詞的使用心態是「有是自有」，「無是自無」，即上文筆者所說的「語詞」具有固定的「內涵」，能指稱外在的「實在」。而相對於這種「性執」，後節指的則是另一種對於語言的使用態度，他說：

> 今對他明二諦是教門，無有可有，無無可無。無有可有，由無故有；
> 無無可無，由有故無。由無故有，有不自有；由有故無，無不自無。
> 不自有有，是無有，不自無無，是有無。〔註14〕

「無有可有，無無可無」的意思是說，沒有上文他家認知意態下的「有」和「無」，即沒有「自性之有」可有，亦沒有「自性之無」可無。為什麼呢？因為就「無所得人」特殊的語言觀來說，「有」這個詞與「無」這個詞是相待成立的，所謂「因無故有，因有故無」。這就是所謂的針對「自性」所設立的「因緣假」。此中，吉藏師門所用之「假」，採用的是《成實論》中「相待假」的概念，關於此，待至下小節將有更詳盡的討論。最後，吉藏對於初章的解釋還說：「初章通一切法。何者？『有』、『無』作既然，一切法亦例此作。」〔註15〕也就是說，初章中對於「有」、「無」使用意義的區分原則，是通則，可以運用在其他語詞概念上。

　　再則，吉藏還指出：「《智度論》多用因緣假。」為什麼呢？因為《大智

〔註12〕吉藏說：「初章者，學者章門之初，故云初章。」（隋・釋吉藏：《二諦義》卷上：《大正藏》冊42，頁89中）

〔註13〕隋・釋吉藏：《二諦義》卷上：《大正藏》冊45，頁84上。

〔註14〕同前註。

〔註15〕隋・釋吉藏：《二諦義》卷上：《大正藏》冊45，頁89中。

度論》的內容有很大一部分是與佛教名相術語的解說有關，因此就此點來說，相較於《中論》、《十二門論》以及《百論》，就較偏向於知識性的引介。筆者以為，吉藏之所以說「《智度論》多用因緣假」，是為了避免習學者對於《大智度論》中的名相解說，採「決定解」的態度。此外，本文在第二章中也曾提及，吉藏著作中有很大一部分的內容是關於名相事數的解說的，因此，倘若「因緣假」的原則也可以運用在吉藏自己的論說上的話，那麼，基本上也就拒絕了讀者由「存有」或「形上」的範疇來理解其論說中的語句，以為他對於名相的解釋，隱涵了從佛教的觀點來表述外在世界的各個真實面向及其組成成分。

二、隨緣假

《三論玄義》的引文中，吉藏對於「隨緣假」只提及例證，所謂「如隨三乘根性，說三乘教門也」。以這個例子來說，「隨緣假」強調的是面對不同的「根性」（理解能力），設立不同的教說。而在《大乘玄論》卷五中，吉藏則說：「隨緣所宜而說，即是隨緣假。」〔註16〕在這段文句中，吉藏雖沒有提及「根性」，但強調的重點也在於不同的對象，應該對應個別適宜的教法。此外，這種「適時應機」的觀念其實是佛教中普遍的共識。

在吉藏的著作中，明言「隨緣假」處不多，但意思都是相近的，如他說：「如來隨緣說法，教無定也」，〔註17〕又說：「佛說、不說義，隨緣所見，適時用之，義可知也」，〔註18〕都表明了隨著不同的「緣」，有不同的「教法」。而《三論玄義檢幽集》卷七所載慧均《大乘四論玄義》逸文對於「隨緣假」的解釋，其義大抵相似，但側重點不同，慧均說：「隨緣假者，既同前緣之說，今欲化之，故隨根姓種種方便為其說，應聞『有』得悟，即為說『有』，應聞『空』得悟，即為說『空』，應『非有非無』悟，即為說『非有非無』，應聞三乘法，即為說，如三十三身化也。」〔註19〕慧均的說法，除強調「根性」之外，還指出佛陀教說雖不同，但都同樣指向「悟」這個目的。其實，「悟」這個概念，吉藏也有所述及，所謂「唯悟為宗」，並且，也有學者針對這一主

〔註16〕隋・釋吉藏：《大乘玄論》卷5；《大正藏》冊45，頁71下。
〔註17〕隋・釋吉藏：《法華玄論》卷3；《大正藏》冊34，頁384中。
〔註18〕隋・釋吉藏：《法華義疏》卷10；《大正藏》冊34，頁603下。
〔註19〕日・證釋：《三論玄義檢幽集》卷7；《大正藏》冊70，頁481下。

題進行過考察。〔註20〕當然，由「悟」這個概念出發，更往裏一層追溯，我們就可以找到本文所強調的「著」這個預設，因為「悟」這個概念是伴隨著「著」這個預設才有的，如同「無得」與「得」的關係一樣。

安澄《中觀疏記》嘗說：「各各為人，即隨緣假」，指明法朗「四假」中的「隨緣假」乃是《大智度論》中「各各為人悉檀」的化身。所謂「各各為人悉檀」，《大智度論》說：

> 各各為人悉檀者，觀人心行而為說法，於一事中或聽，或不聽，如經中所說：「雜報業，故雜生世間，得雜觸雜受。」更有破群邪，經中說：「無人得觸，無人得受。」
>
> 問曰：此二經云何通？
>
> 答曰：以有人疑後世不信罪福，作不善行，墮斷滅見，欲斷彼疑，捨彼惡行，欲拔彼斷見，是故說雜生世間，得雜觸雜受。是破群邪經說：「計有我、有神，墮計常中，而問佛言：『大德誰受？』」若佛說，某甲某甲受，便墮計常中，其人我見倍復牢固，不可移轉，以是故，不說有受者、觸者。如是等相，是名各各為人悉檀。〔註21〕

問者「此二經云何通」的疑問，起因於論主所引二經，一說「得雜觸雜受」，一說「無人得觸，無人得受」，主張明顯對立。而論主的回答，則強調了對於不同的「執見」有不同的「教說」，呼應開頭所說的「觀人心行而為說法」。《大智度論》的解釋其實尚有值得析辨之處：引文中所舉的例子，對於不同的「執見」，經典上宣說與之相對立的「教說」，是可以統攝在「觀人心行而為說法」所涵括的範圍內的，但是，「觀人心行而為說法」還可以引發不同的解釋，如上文吉藏與慧均所提及的隨著「根性」不同而有各異的教說，這一說法所強調的是「理解能力」，而不是強調對於主張的「執取」。

最後，所謂面對不同的「執見」採取相對立的「教說」，實際上又與「四悉檀」中的「對治悉檀」有關。關於此，我們在「對緣假」中還會有進一步的討論。

總之，吉藏著作中明言提及「隨緣假」處並不多，解釋也極為簡略，但是即便簡單地將「隨緣假」解釋成「針對不同的『緣』有不同的教說」，我們

〔註20〕末光愛正：〈吉藏の「唯悟為宗」について〉，《駒澤大學佛教學部論集》第15號（1984年10月），頁259～273。

〔註21〕姚秦・鳩摩羅什譯：《大智度論》，卷1；《大正藏》冊25，頁60上。

還是可以從中抽繹出兩個理解吉藏論說的重要關鍵：一則關於「緣」，吉藏的解釋雖也言及「根性」，但更重要的則是《大智度論》「各各爲人悉檀」所強調「執見」，即「對於主張的執取」；二則是「教說」的「針對性」。關於此，以下這段吉藏自己著作中的論說，其實就包含了這兩方面的意思，雖然它沒有直接提及「隨緣」這個概念：

> 夫適化無方，陶誘非一，考聖心，以息患爲主，統教意，以開道爲宗。若因開以取悟，則聖教爲之開；若由合而受道，則聖教爲之合。如其兩曉，並爲甘露；必也雙迷，俱成毒藥。若然者，豈可偏守一逕，以應壅九達者哉？〔註22〕

三、對緣假

《三論玄義》引文中，吉藏也是以例舉的方式來解說「對緣假」的，所謂「如對治常，說於無常；對治無常，是故說常。」這裡的意思，與上文《大智度論》解釋「各各爲人悉檀」所舉「欲拔彼斷見，是故說雜生世間，得雜觸雜受」以及爲「墮計常中」說「無人得觸，無人得受」的兩個例子是相通的。除此之外，「對緣假」也與《大智度論》解釋「對治悉檀」所用的「藥病之喻」有關。《大智度論》說：

> 對治悉檀者，有法對治則有，實性則無，譬如重熱膩酢醶藥草飲食等，於風病中名爲藥，於餘病非藥；若輕冷甘苦澀藥草飲食等，於熱病名爲藥，於餘病非藥。……佛法中治心病亦如是，不淨觀思惟，於貪欲病中名爲善對治法，於瞋恚病中不名爲善，非對治法。〔註23〕

論主以譬喻的方式來解釋「對治悉檀」，指出某物或某方式之所以被稱爲「藥」，是針對於它所能夠治療的「病」而成立的，所謂「重熱膩酢醶藥草飲食等，於風病中名爲藥，於餘病非藥」；同樣的，就佛陀的教法來說，某教法之所以「有效」，所謂「善」，是針對特定的「心病」而說的，如「不淨觀思惟，於貪欲病中名爲善對治法」。吉藏教學中的「對緣假」，所取的就是《大智度論》解釋「對治悉檀」中所採用的「藥病之喻」的喻義，如吉藏所說：「對治常，說於無常；對治無常，是故說常」。

接著，如是將引發一個問題，亦即以「常」對治「無常」或以「無常」

〔註22〕隋・釋吉藏：《法華義疏》卷1；《大正藏》冊34，頁452中。
〔註23〕姚秦・鳩摩羅什譯：《大智度論》卷1，；《大正藏》冊25，頁60上。

對治「常」，這種以兩個相互對立的主張相互對治的意義何在呢？乃至於上文所言「欲拔彼斷見，是故說雜生世間，得雜觸雜受」以及「墮計常中」，說「無人得觸，無人得受」，那麼，世界到底是「有雜觸雜受」呢？還是「無觸無受」？這也使我們聯想到了在「釋迦與舍那一異」的論題上，吉藏以「釋迦與舍那為異」與「釋迦與舍那為一」互破的例子。本文嘗強調，以當代學術所設立的範疇來說，吉藏學說所關注的主題在於「解脫」，並不是「形上」或「存有」的討論，因為若他對於這個世界的本質或真實有所主張，則將使自己墮入「裁起有心，即墮於常；徵起無念，便入於斷」的「常」、「斷」，或「有」、「無」二見之中。也因此，吉藏學說的「對緣假」以及「藥病之喻」引出了一個很特殊的解經設立，即以「常」對治「無常」時，只是要對方放棄對於「常」的執著，此外，別無其他意義；以「無常」對治「常」亦然。在這樣的立場上，以「常」對治「無常」的「執見」時，當對方放棄「無常」的「執見」後，作為「藥」的「常」就失去了「藥」的效用，如果放棄「無常」此一「執見」者又轉而執取「常」，這時，所謂的「藥」，反而又成為「病」了。這就是吉藏學說中所謂的「因病設藥」，「病消藥除」的意思，所謂「病息故，無非藥；病不息，無是藥也。既為息病，病息藥廢，不應復執著之也。」〔註24〕關於此，下文還將有更仔細的討論。這裡，我們換個方式來討論「對治」的意義。此外，為了避免解說過於複雜，惑人耳目，僅以吉藏所說的「對治常，說於無常」為例，以進行解說。

「對治常，說於無常」一句中，用來對治「常」的「無常」是「藥」，被對治的「常」是「病」。再則，被稱為「病」的「常」，其實指的是「自性」之「常」，即「有所得人」語詞使用態度下的「常」；而被目為「藥」的「無常」，當然就是「無所得人」語詞使用態度下的「無常」。當注意的是，「病」／「藥」二分中的「常」與「無常」雖屬同一個語言系統中的詞彙，但其背後卻分別對應兩種不同的使用態度；換個方式說，作為「病」的「常」，是「常以常為義」、「有常可常」的「常」，是「自性常」；而作為「藥」的「無常」，是「無常以常為義」、「無常不自無常，因常故無常」的「無常」，是「因緣無常」。這就是上文所說的「因緣假」。因此，對吉藏來說，他所要對治的其實是「自性之常」背後所代表的語詞使用態度，在上一章中，本文將此稱為「著」。也因此，上段所言以「無常」對治「常」，當「常」病消解以後，反而轉而主

〔註24〕隋・釋吉藏：《法華玄論》卷4；《大正藏》冊34，頁391下。

張「無常」，還是「病」，因爲所謂的「病」，在吉藏學説中指的是表示意識狀態的「著」，無關乎對於某一議題，持有哪種主張，甚至宣稱不要主張。

四、就緣假

《三論玄義》引文中，吉藏説：「外人執有諸法，諸佛、菩薩就彼推求，檢竟不得，名就緣假。」據吉藏的解釋來看，法朗「四假説」中的「就緣假」，主要是針對《中論》、《十二門論》等中觀論典所設立的詮經方法。怎麼説呢？因爲《中論》等論典的主要特色在於「以破爲立」，即以破斥他家主張爲主要的論説方式。那麼，如何破斥呢？就是引文中所説的「就彼推求，檢竟不得」，即檢視特定的主張，以指出持此主張的矛盾。吉藏説：

1、若執有、無，則有、無是所破。問：用何破，破有、無耶？答：有二種，一、借有破無，借無破有，謂對緣假破；二、就有求有無蹤，名就緣假破。〔註25〕

2、就緣假破者，就眾緣内撿無有「自（性）」，如五陰内無人，四微内無柱，尚無有「自性」，云何言從自性生耶？〔註26〕

3、《中論》初云：諸論師種種説生相。就其責覓生相不得，故言不生；種種説滅相，責滅者不得，故言不滅，即是就緣假義。〔註27〕

在一般的觀點裡，《中論》主要論破的對象是部派佛教的「多元實在論」，那麼，所謂「以破爲立」，以「就彼推求，檢竟不得」的方式破除了所有「實有」的見解，最後要呈現的是什麼「形上」主張呢？關於此點，學界的研究頗爲分歧：或有以「虛無主義」解之，不僅視中觀思想爲對於「實體存有論的全盤否定，同時也把它視爲對所有倫理價值基礎的攻擊」；〔註28〕或有以「絕對主義」解之，以爲「所有多元性（的存在）是幻象，而唯有整全才爲神祕直觀所認知的實在」等。〔註29〕至於吉藏的詮釋立場是什麼呢？由上文的討論可推知，即使以「就緣假」的方式破斥他家主張，吉藏所關注的仍舊是「主

〔註25〕隋・釋吉藏：《十二門論疏》卷下；《大正藏》冊 42，頁 201 中。

〔註26〕隋・釋吉藏：《中觀論疏》卷 3；《大正藏》冊 42，頁 43 中。

〔註27〕隋・釋吉藏：《大乘玄論》卷 5；《大正藏》冊 45，頁 72 上。

〔註28〕林鎮國：〈中觀學的洋格義〉，《空性與現代性》（臺北：立緒，2004 年），頁 185。

〔註29〕同前註，頁 187。

張」背後所代表的心理層面上的「著」，因此，論破的目的只在於破「著」，並沒有要引出其他見解或主張的意思。關於此，鄭學禮所提出的諸多論點，頗具有發人省思之處，他說：

1、從三論宗的資料顯示，龍樹不執著也不肯認任何限定形式的眞理與邏輯結構。他認為眞理與邏輯不過是一種巧妙的工具而已，它們眞正的價值卻是在於是否能夠有效地幫助眾生解決實際上的問題，尤其是生命解脫上的問題。〔註30〕

2、由三論宗的資料顯示，龍樹對邏輯形式的論點具有較大的彈性。嚴格說起來，龍樹並沒有一套自己的邏輯觀，他的邏輯論證目的不是在建立任何觀點或論題，而僅是為了排除一切形上學的看法。他並以歸謬法為辯證手段來批判所有的論點，以論敵自己的一套邏輯法則去顯示出他們理論中的矛盾或謬誤。這種藉由辯證法而呈顯出矛盾或謬誤的結果，並不是因為龍樹邏輯，而僅是由於對方自己的邏輯。龍樹使用了「以子之矛，攻子之盾」的方法，使論敵從自身所主張的論調裡去醒悟到所犯下的矛盾或謬誤，其矛盾便可不攻而自破了。〔註31〕

3、詹姆士的實用主義是基於實在論。而龍樹的認識論並不預設任何形上觀點，相反地，它排除了任何存有上的肯定。〔註32〕

第三節　「自性」及對「自性」的「因緣」

「因緣」或說「緣起」，與「自性」是中觀佛教中一組重要的理論範疇。印順法師在解釋「自性」的涵義時曾指出：

「自性」，即自有或自成，有自體存在或自己規定自己的意思。〔註33〕

又言：

自性是自己如此的，也是本來的性質是如此的。如哲學上所說的實在、本體、本元等，皆與此自性的涵義相合。〔註34〕

〔註30〕鄭學禮著、吉玲玲譯：〈三論宗中道思想的眞理與邏輯觀〉，頁33。
〔註31〕同前註，頁39。
〔註32〕同前註，頁42。
〔註33〕印順法師：《中觀今論》（新竹：正聞，2004年），頁1。
〔註34〕同前註，頁64～65。

而至於「緣起」，一般被認爲是用以證成諸法無「自性」或說「自性空」的重要概念。Elizabeth Napper 在《藏傳佛教中觀哲學》的導論中說：

> 「緣起」可被視爲佛陀的標誌，那是指世界上一切物事的「因緣依待性」（relatedness）。物事依因待緣而形成，並在與其他物事的關係中定位他們本身。沒有什麼是單獨、自足及孤立的，一切都是在相互依待的網絡中才存在。〔註35〕

然而，雖說「自性」與「因緣」，對於佛教來說是一組重要的理論範疇，但無論是傳統僧侶或是當代學者，在實際的理解與使用上，可說是各有所見，各異其趣的。本節的主要目的即在於討論吉藏如何運用「自性」與「因緣」這對範疇。

一、「自性」的使用意義

據萬金川指出，「自性」此一漢譯語詞，梵文作 *sva-bhāva*，「相當於英文 self-being，也就是所謂的『自有』──自己是自己存在的根據。」〔註36〕而 J.W. De. Jong 的研究，則先引用了 Schayer 的說法，將「自性」（*sva-bhāva*）區分出以下四個意義：

> （一）自性指固有之性（*svo-bhāva*），即本質。例如熱是火的本質而非水的本質，以火常熱故。
>
> （二）自性即自相（*sva-lakṣaṇa*），即個物的性質，這是毗婆沙師（*vaibhāsikas*）的理論。他們認爲世界是由無數的極微所組成，而每一個極微都有他們自己的殊性。事實上毗婆沙師對殊性與通性分別得很清楚。例如無常，是一切有爲法的通性；而自相則祇屬於一單獨的有爲法，使其有別於其他。
>
> （三）自性是所依（*āśraya*）或依體（*prakṛti*），例如，每一事物均有其最後不變的實在。
>
> （四）最後，自性是本有（*svato-bhāva*），即絕對之有，完全獨立自在。〔註37〕

〔註35〕Elizabeth Napper 著、劉宇光譯：《藏傳佛教中觀哲學》（北京：中國人民大學，2006 年），頁 1。

〔註36〕萬金川：《中觀思想講錄》（嘉義：香光書鄉，1998 年），頁 32。

〔註37〕J.W. De. Jong 著、盧瑞珊譯：〈中觀學派的絕對概念〉，收錄於《中觀與空義》（臺北：華宇，1986 年），頁 88〜89。

接著，他從這四種意義中約化出兩種意義，來表示中觀學派的自性觀念，他說：

> 因此，我們可以概括出中觀學派的自性觀念只有兩種意義。
>
> （一）每一物的自性（自相或本質），但他們認爲這是不眞實的；
>
> （二）萬物底據的自性（依體或絕對之有）。〔註38〕

而「自性」此一漢譯語詞在漢傳佛教的語境中，又有哪些使用意義呢？吉藏說，「夫論『自』者，謂非他爲義。」〔註39〕至於「性」一詞，淨影慧遠的《大乘義章》則提出了四種解釋，所謂「種子因本之義」、「體義名性」、「不改名性」、「性別名性」，並且各義以下還有分別。〔註40〕慧遠這種聚類區分的繁複論說方式，是企圖透過這種方式來處理爲何《大般涅槃經》對於「佛性」有種種異說的問題，這裡可暫置不談。〔註41〕不過，慧遠列舉的解釋中，後三者其實是與現代學者的見解相近的：慧遠所舉「體義名性」的「體」，可視爲「本質」或「性質」，如說「火」具有「熱」此一「性質」；又，由於一物之爲一物的「本質」或「性質」，具有固定不變的意思，所以，即可稱爲「不改」；再則，「熱」作爲一物之「性質」，與同作爲「性質」的「冷」，是互斥的概念，所謂「性別」。

接著，本文以《十二門論疏・觀性門》中的一段話來討論吉藏對於「自性」的界義：

> 性、相異者，《智度論》云：「性爲其內，體不改爲性；相爲其外事

〔註38〕 同前註，頁 90。又，筆者嘗將此書所據原稿，筆者的碩士論文，濃縮改寫成〈吉藏解經的基本立場及其主要方法〉一文，投稿至《台大佛學研究》，關於這兩段筆者所引用的文字，該學報兩位審查人都有所質疑：其中一位審查人明確指出，「熱並不是火的本質（*dravya*），而應該是火的屬性（*guöa*）」、「*prakṛti* 不可以翻爲『依體』，因爲它就是數論派（Saṃkhya）所使用的作爲物質世界第一因的『自性』」、「本有並不是 svata-bhāva，這一梵文字是可以翻爲『自體有』或『自生有』，翻成『本有』是相當勉強的」。然而由於筆者未能取得 J.W. De. Jong 的原文，故不知錯誤來自譯者或原作者，不敢遽改譯文，特附記於此，供讀者參考。

〔註39〕 吉藏在解釋「自」的字義時著眼於與「因他」相對，原文爲：「夫論『自』者，謂非他爲義。必是因他，則非自矣，故自則不因，因則不自，遂言因而復自，則義成桦楯。」（隋・釋吉藏：《三論玄義》卷1；《大正藏》冊45，頁1下）

〔註40〕 慧遠的討論，詳見隋・釋慧遠：《大乘義章》卷6；《大正藏》冊44，頁472上-中。

〔註41〕 關於淨影慧遠對於「佛性」議題相關論說的研究，可參見廖明活：《淨影慧遠思想述要》（臺北：學生書局，1999年），頁125〜176。

表彰，故名爲相。」此二是萬物之總要，是故破之。二者，復因中
有果性，名之爲性，此是別性之性，以性非是事故，所以稱別。三
者執性，如執著一切法皆是實有，故名爲性。〔註42〕

第一，吉藏之所以提及「性」與「相」的區別，是因爲在他的科判裡，〈觀性
門〉之前的四品主要是破「相」的，而該品則在於破「性」，所謂「自上四門，
撿相無蹤，今此一品，觀性非有。」〔註43〕第二，吉藏言及「性」與「相」
的區別，引用《大智度論》的說法，所謂「性爲其內，體不改爲性；相爲其
外事表彰，故名爲相。」就他所引的文句來看，「相」所強調的是視覺上可見
的表徵，而所謂「性爲其內，體不改爲性」，或可視爲慧遠「體義名性」及「不
改名性」的綜合性說法，基本上可以理解成「本質」或「性質」。再則，按查
《大智度論》，並沒有找到與吉藏所引相對應的原文，倒是同樣言及「性」、「相」
的分別，《大智度論》是這樣說的：

> 問曰：先已說性，今說相，性、相有何等異？
>
> 答曰：有人言，其實無異，名有差別，說「性」則爲說「相」，說「相」
> 則爲說「性」，譬如說火性，即是熱相，說熱相即是火性。有人言，
> 「性」、「相」小有差別；「性」言其體，「相」言可識，如釋子受持、
> 禁戒是其性，剃髮、割截、染衣是其相；……如火，熱是其性，烟
> 是其相。〔註44〕

吉藏所說的「性爲其內，體不改爲性；相爲其外事表彰，故名爲相」，大抵就
是《大智度論》所言的「『性』、『相』小有差別；『性』言其體，『相』言可識。」
此中，所謂「『相』言可識」正可證明筆者上文所言，「相」強調的是視覺上
可見的外顯表徵。此外，《大智度論》所舉的例子，「火，熱是其性，烟是其
相」，我們也可將之解釋成「熱」是「火」固有之「性質」，而「烟」則是「火」
在視覺上的外顯表徵。至於吉藏提及的「體不改爲性」的「不改」，雖不見於
《大智度論》，但也許是由《大智度論》以下文句所推估出的結論：

> 近爲性，遠爲相，相不定從身出，性則言其實，如見黃色爲金相，
> 而內是銅，火燒、石磨，知非金性；如人恭敬供養時，似是善人，
> 是爲相罵詈毀辱、忿然瞋恚，便是其性。性、相，內外遠近初後等，

〔註42〕隋・釋吉藏：《十二門論疏》卷下；《大正藏》冊42，頁204下。
〔註43〕同前註。
〔註44〕同前註。

有如是差別。〔註45〕

在此段引文中，「相」涵藏著不一定是「眞實」的意思，譬如《大智度論》所舉的例子，外表看似「良善」的人，「良善」不一定是他眞正的本質；而相對於此一意義下的「相」，「性」就涵藏了「眞實」的義涵，所謂「性則言其實」。因此，進一步說，不一定「眞實」的「相」就有改變的可能，相對的，涵藏著「眞實」意義的「性」，或說「本質」、「性質」，本身就意味著所謂的「不改」了。

第三，吉藏還說，「二者，復因中有果性，名之爲性，此是別性之性，以性非是事，故所以稱別。」吉藏這裡所說的「別性」，意思不是很確定，就「因中有果性」，「以性非是事」來看，或許指的是「因事」與「果性」的差別。〔註46〕

第四，此點是最重要的——「自性」的使用意義，對於吉藏來說，最重要的其實不是「本質」、「實體」或「本體」等與「存有」或「形上」範疇的討論具有密切關係的概念，而是引文中的第三點，「執性」，所謂「三者，執性，如執著一切法皆是實有，故名爲性。」所謂「執性」，有時又稱「性執」。〔註47〕吉藏所代表的三論教學傳統這種對於「自性」的解釋，在中觀思想的詮釋史上，恐怕是獨一無二的。那麼，「性執」是什麼意思呢？引文中，問者亦有此問，所謂「此與初體性何異？」〔註48〕而吉藏則回答說：

執有體者未必是性，如假有體家亦言體而非是性，約彼所明，故體、性義異。〔註49〕

又說：

若執性之性，但計諸法決定作有、無解，故名爲性。又執性之性，其義則通：裁起有心，言異無者，則是性有，裁起無心，言異有者，即是性無：有、無既爾，亦有亦無等例然。〔註50〕

由引文中所說的「決定作有、無解」，以及「裁起有心……，裁起無心」，正相通於上一章所提及的「定」，以及「有」、「無」二見的討論。由是可知，吉

〔註45〕同前註。

〔註46〕即因事之中仍具果性，然此事、性有別。

〔註47〕如其言「中、假即破性執、釋疑；中破性執，假爲釋疑。」（隋·釋吉藏：《中觀論疏》卷2：《大正藏》冊42，頁28上）

〔註48〕隋·釋吉藏：《十二門論疏》卷下：《大正藏》冊42，頁204下。

〔註49〕同前註。

〔註50〕同前註。

藏所謂的「性」，正是本文所揭示的「著」此一預設，指的是有所得人對於「語言」採決定解的認知態度。因此，上文吉藏所言「如執著一切法皆是實有，故名爲性」一句中，「故名爲性」的「性」，指的並非「執著一切法皆是實有」中的「實有」，而是作爲「動詞」使用的「執著」一詞背後所隱涵的心理狀態；就這個角度來說，即便說是「執著一切法皆是幻有」，或說「空無所有」的主張，也是可以包含在吉藏學說中的「執性」或「性執」的範疇裡的。這是吉藏學說非常特別的詮釋觀點。

正因爲如此，緊隨著上段引文之後，吉藏自問自答地說：

> 他云：外道、毘曇可是性義，我習大乘，非是性也。
>
> 今問若非性義，眾生心神不可朽滅，色法不可爲心，眞諦四絕不可爲不絕，世諦三假不得四絕，豈非定性？地論人眞中之眞，古今常定，不可爲不眞，豈非性耶？〔註51〕

這裡，可看出吉藏所批評的正是其學說中所謂的「有所得大乘」，此外，我們還可以替諸此文句稍作修飾，使其意義更爲顯明，如言：「定有眾生心神，不可不朽」、「定有色法，不可爲心」、「定有四絕之眞諦，不可爲不絕」，乃至於「定有三假之世諦，不得四絕」，以及「定有眞中之眞，古今常定，不可爲不眞」。就吉藏來說，這些「有所得大乘」在面對佛典上的「教說」時，都將之視爲「眞理」，以爲語詞或陳述指涉著外在世界的「眞實情況」，而吉藏正是把「定有」此種「作決定解」的心態，定義爲「性」，或說「自性」。以下兩段引文同樣也說明此事：

> 1、次考性義。問：誰義明有有可有，有無可無，故成自性耶？答：今通明一切內外大小有所得義，必有有可有，得有：無可無，得無，名有所得，故墮自性也。〔註52〕
>
> 2、他有有可有，則有生可生，有減可減；有生可生，生是定生，有減可減，減是定減；生是定生，生在減外，減是定減，減在生外；生在減外，生不待減，減在生外，減不待生；生不待減，生則獨存，減不待生，減則孤立，如斯生、減，皆是自性，非因緣義宗也。〔註53〕

〔註51〕同前註，頁205上。
〔註52〕隋・釋吉藏：《淨名玄論》卷6；《大正藏》冊38，頁869上。
〔註53〕隋・釋吉藏：《大乘玄論》卷2；《大正藏》冊45，頁27下。

因此，根據以上討論，我們知道吉藏學說中的「自性」，其實與「有所得」、「理外」、「決定解」等詞彙具有相同的使用意義，強調的都是表示心理層面的「執著」，如吉藏自己說：

> 性即執著義，猶是有所得異名耳。〔註54〕

如實而言，吉藏這種解釋雖然特別，但是另一方面也意味著在「形上」或「存有」的討論中，他對於佛教所提出的「自性」概念所可能蘊含的哲學義涵及適用性的釐清或界定，並沒有提出積極的主張，或說是有實質的助益；並且，就這個面向來說，吉藏學說在哲學上的意義與價值，也是可受公評的。然而，吉藏採取「救渡」的進路對於「自性」所作出的解釋，卻使得他擺開了在「形上」或「存有」範疇中如何解釋「自性」此一概念所可能遭遇到的困難。怎麼說呢？

上文所提及的 Schayer 對於中觀學派「自性」觀念的兩種意義，第一種意義「每一物的自性（自相或本質）」，Schayer 以為是中觀學派所反對的。如果說，所謂的「每一物的自性」指的是反對部派佛教「極微」主張所代表的「多元實在論」，一般而言是無太大爭議的。其實，Schayer〈中觀學派的絕對概念〉一文主要要處理的問題是「自性」觀念的第二種意義，即所謂「萬物底據的自性」，他在歸結出中觀學派「自性」的兩個義涵後，以提問的方式說，「現在的問題是：中觀學派是否亦排斥後一自性的存在，正如一般所批評的，進入完全的虛無主義？」〔註55〕而關於此點，也正是學界爭議不休的焦點所在。舉例來說，以「虛無主義」角度切入者以為中觀學派也反對第二種意義的「自性」，亦即存在世界中只有單純的現象，沒有「本質」或「實在」；然而，以「絕對主義」角度出發者卻認為中觀學派雖反對「多元實在」的主張，卻主張虛假不實的現象背後，有一超越語言與思維的「實在」，並且，只能以神秘的直觀方式認識此「實在」。〔註56〕然而，所謂的「絕對主義」的觀點，其中仍有分別，或有將「絕對」視為「形上」範疇中的混然無別的唯一「實在」，或稱為「真理」，亦有將其解釋為超越相對的一種「境界」。〔註57〕此外，中

〔註54〕隋・釋吉藏：《十二門論疏》卷下；《大正藏》冊42，頁 205 上。

〔註55〕J. W. De Jong 著、盧瑞珊譯：〈中觀學派的絕對概念〉，頁 90。

〔註56〕參見吳汝鈞：〈現代學者的中觀研究及其反思〉，《印度中觀哲學》（臺北：圓明，1993 年），頁 22〜28、36〜40；以及林鎮國：〈中觀學的洋格義〉，《空性與現代性》，頁 183〜191。

〔註57〕關於所謂的「境界」，如吳汝鈞在討論西方學者以「絕對」（Absolute）這個概

觀佛教之所以提出「自性」的概念，是其「自性空」或「沒有自性」主張的前置作業，然而，「諸法自性空」此一陳述中的「諸法」到底涵括有哪些內容？也是一個極爲困擾的問題。請看以下這個命題：

　　命題一：X 沒有自性。

就這個命題來說，作爲主語的 X，其涵括的範圍究竟有多大？恐怕是一個極難解決的問題。若說 X 指的是如「花」、「人」、「牛」、「馬」等名詞，說諸此沒有「自性」，或說是沒有獨立自足的「本質」或「實在性」，其爭議性不大。然而，問題在於，如「眞」、「假」、「實在」、「本質」等語詞有沒有「自性」呢？如果說他們有特定的定義，那麼這些特定的定義，稱不稱得上是這些「語詞」的「自性」？又再如佛教經論中環繞著「如來」而產生的「神聖概念群」，如「法身」、「般若」、「涅槃」等，有沒有「自性」呢？

　　然而，對於吉藏的解經立場來說，卻避免掉了上述問題的種種糾纏，並且，由以上問題所引發的種種主張或見解，無論是主張「無」，或是「有」，乃至於「怎樣」的「有」，對他來說，都是可以判入「無見」或「有見」，加以破斥的。

　　以上，本文討論了吉藏學說中「自性」一詞的使用意義，指出其意義指的就是第三章第二節所揭示的「著」這個預設，當然，這裡所謂的「著」，強調的是對於語詞使用的一種「決定解」的態度；並且，在此意義下，「自性」與「有所得」、「理外」等詞的用意是相通的。由是也可說明，正如鄭學禮所關注到的，就哲學領域所區分出的討論範疇而言，吉藏所關懷的主題在於「解脫」，而不在於旨在探討關於世界「本質」或「眞實」的「存有」或「形上」範疇。〔註58〕

　　念來詮釋中觀思想的「空」時指出：「倘若它（絕對）是表示一種超乎種種相對性之上的絕對不二的境界的話，則中觀的空，無疑是有這個意思的。」（吳汝鈞：〈現代學者的中觀研究及其反思〉，頁24）

〔註58〕鄭學禮在〈中觀、康德與維根斯坦〉一文中指出，「三論宗大師認爲，『空』主要是一種解脫工具或教育上的工具（教諦）。它是用來幫助人們獲得開悟的工具。空的方式基本上即是解脫的方式。中觀解脫的觀念即是指整個人的完全轉變（transformation）；它涉及到心靈的、肉身的、知性的與精神的各個層面。就宗教的層面而言，空指的是解脫（moksa），從此世的貪、嗔、癡中獲得一種整體的自由與解放。就心理的層面而言，空是不執著，它要淨除一切情緒上與知性上，也就是人生罪惡與痛苦根源的執著。……就形而上的層面而言，空是指一事物缺乏性質、特徵與功能。它教導我們，形上學家所謂的存有並非是世界上眞正的對象或實在，而只是人類心靈的虛構。形上思辯應

二、對「自性」的「因緣」：何謂「相待假」

這裡討論的「因緣」，指的是「四假」中的「因緣假」，乃爲針對「自性執」的語言使用心態所設立的詮經方法。〔註59〕吉藏釋《中論・因緣品》品名時曾說：「以生死／涅槃，凡／聖，解／惑，皆是假名相待，無有自性，稱爲因緣義，故因緣義總。」〔註60〕

在漢傳佛教的傳統中，關於「假名」（即佛陀權便施設的名言概念）的討論，主要的理論來源有二：一是「因成假」、「相續假」、「相待假」三假，義出《成實論》，二是《大品般若經》所提出的「法假」、「受假」、「名假」，以及《大智度論》對此三假的解釋。吉藏如何解說「因成假」、「相續假」、「相待假」三假，本文在第二章已有所述及，茲不贅述。至於他怎麼看待《大品般若經》所提出的「三假」呢？吉藏說：

> 今明正《大品》中「三假」爲宗：一者法，二者受，三名。解三假不同，今所用者，以四微成根、大，並法假；眾生假人，此是受假；一切名皆是名假。名假本通：就名假中，取能成義爲法假，所成義爲受假，不如他家法假爲體，餘二爲用，故《大品》云：「波若及五陰爲法假，菩薩爲受假，一切名字爲名假。」內法如此，外法可知：四微、四大爲法假，世界爲受假，一切名字爲名假。〔註61〕

吉藏將「三假」的適用範圍區分成「人自身」，以及「人以外的世界」兩個討論範疇，指出各自的討論範疇中，取「能成義」爲「法假」，「所成義」爲「受假」，並且，更重要的是，無論內、外範疇中的「一切名字」，即「語言符號」，皆可稱爲「名假」，所謂「名假本通」。

該加以摒除，棄絕了一切形上之見即是獲得解脫。」（鄭學禮著、陳錦鴻譯：〈中觀、康德與維根斯坦〉，頁44）

〔註59〕至於「因緣」二字的名詞解釋，吉藏說：「依名釋義亦有三種：一者，種子親而能生爲因，水土疏而助發，故爲緣；二者，本無互體，辨之令有，故稱爲因，有可生之義，假緣助發，故目爲緣，故互具有無二義，種受因緣兩名，故曰因緣；三者毘曇人云：攝因爲緣，故名因緣。又經有三說：一者，但作因名，如六因、十因之例，六因如《雜心》說，十因《地持論》明；二者，但作緣名，如四緣、十緣之流，四緣經論皆備，十緣如《舍利弗毘曇》敍；三者，因緣兩說，皆如十二因緣。此皆適化不同，故立名非一也。」（隋・釋吉藏：《中觀論疏》卷1；《大正藏》冊42，頁7上）

〔註60〕隋・釋吉藏：《中觀論疏》卷1；《大正藏》冊42，頁5下。

〔註61〕隋・釋吉藏：《大乘玄論》卷1；《大正藏》冊45，頁18中。

　　不過，吉藏學說為了「對治」上一小節討論的「性執」所代表的語言認知態度所提出的「因緣假」，其設計理念，實際上來自於《成實論》「三假」中的「相待假」，吉藏曾說：「菩薩用相待」，〔註62〕又說：「相待為本」。〔註63〕因此，以下，本文將討論吉藏如何設計所謂的「相待假」，以及「相待假」如何對治「自性執」。

　　首先，我們先回顧一下什麼是「性執」的語言使用態度。以例舉的方式來說，上文討論吉藏對「有所得人」語言使用心態的表示，曾舉過的例子有：「聞有作有解，聞無作無解」、「一名一義者，……『俗』以浮虛義，『真』，真實義」、「他有有可有，……有是自有」等。接著，我們可以採用通則的方式來表示這些例子：

　　　1、聞「X」作「X」解。

　　　2、「X」以「X」為義。

　　　3、有「X」可「X」，「X」是自「X」。

　　（並且，「X」指的是人類語言體系中的任一語言符號或詞語組。）

　　至於這種語言使用心態，我們可以說是「以為特定的語言符號具有特定的內涵以及外延，能指涉語言以外世界中的特定事物，而諸此事物具有共同且實在的本質。」並且，所謂的「以為」，其背後代表一心理狀態，即「著」。這裡，筆者以「X自」來表示上述「有所得人」所使用的語言符號，而以「X假」來表示「無所得人」所使用的語言符號，即所謂的「因緣假」或「相待假」。當然，特別值得注意的是，「X自」與「X假」的區分，強調的是對於同一個語言符號的兩種認知態度。那麼，何謂「相待假」呢？

　　所謂「相待假」，吉藏在進行釋義時曾說：「如君／臣、父／子、大／小，名字不定，皆相隨待，故言相待假。」〔註64〕在吉藏的理論構設中，「相待假」是指替一個單獨的語詞尋找另一語詞，組成一組對偶性的詞語組，來證成單獨語詞自身是沒有「自性」的，如引文中的「君／臣」、「父／子」、「大／小」，以及本小節開頭所提及的「生死／涅槃」、「凡／聖」、「解／惑」，乃至於吉藏著作中使用頻繁的「常／無常」、「境／智」，以及「有／無」等。相對於上文為「自性」所作的通則性示例，這裡也可以以通則的方式為所謂的「相待假」

〔註62〕同前註。

〔註63〕同前註，頁18下。

〔註64〕同前註，頁18中。

作出規定。如對於「X」以「X」爲義而言，「相待假」可以表示爲：

對 X、Y 來說，X 以 Y 爲義，Y 以 X 爲義。

如吉藏說：，「眞以俗爲義」，「俗以眞爲義。」

再則，對於有「X」可「X」，「X」是自「X」來說，「相待假」可以表示爲：

對 X、Y 來說，由 Y 故 X，由 X 故 Y。

如吉藏說：「無有可有，由無故有；無無可無，由有故無。」

那麼，示例中構成所謂「對偶性」詞組的「X」與「Y」，其選擇條件爲何呢？關於此，吉藏並未曾加以說明，並且，就他所使用的例證來說，這裡所謂的「對偶」，其實並沒有哲學意義上的嚴格定義。怎麼說呢？因爲在吉藏的論說中，出現了「佛」與「菩薩」也是一組「相待假」的情形，他說：

佛菩薩所行名爲因，名爲波若；菩薩佛所行名爲果，名爲薩波若。

〔註65〕

爲什麼說引文中「佛」與「菩薩」是一組「相待假」呢？因爲所謂的「佛菩薩」，其中，「佛」是作爲「定語」使用，用以限定作爲「中心語」使用的「菩薩」；而同樣的，所謂的「菩薩佛」，其中，「菩薩」作爲「定語」使用，用以限定中心語「佛」。這是吉藏師門對於語言使用的特色之一，並且在漢傳佛教的解經傳統中，看來也是獨一無二的。因此，「菩薩佛」的意思其實就是「佛以菩薩爲義」，而「佛菩薩」的意思則是「菩薩以佛爲義」。吉藏是透過這樣的方式來強調不能「聞佛作佛解」，「聞菩薩作菩薩解」，因爲謂有「佛」或「菩薩」（存在），則墮入了「有見」。〔註66〕此外，由此一詮經設立來看，便可解釋本文第三章所提及的「釋迦與舍那爲一、爲異」的論題中，爲何當法朗底下的從學者說出「舍那釋迦，釋迦舍那」這樣的話時，建初法師可以立即作出「我已解」的肯定回應，所謂：

建初法師曾以此問興皇一大學士云：「舍那、釋迦，爲一、爲異耶？」

答云：「舍那釋迦，釋迦舍那。」建初即云：「我已解。」

怎麼說呢？因爲「舍那釋迦」一句中，「舍那」是作爲「定語」使用，以限定

〔註65〕 隋・釋吉藏：《大乘玄論》卷 2；《大正藏》冊 45，頁 29 中。

〔註66〕 吉藏嘗說：「大小乘人雖復異計不同，終言有佛，故淨名呵善吉云：『若須菩提不見佛，不聞法，乃可取食。』此明善吉有佛可見，有法可聞，名有所得，不堪受食。」（隋・釋吉藏：《中觀論疏》卷 9；《大正藏》冊 42，頁 140 中）

作為「中心語」使用的「釋迦」；同樣的，「釋迦舍那」一句中，「釋迦」是作為「定語」使用，以限定作為「中心語」使用的「舍那」。三論教門是透過這樣的方式，以說明不能定執有一相異於「釋迦」的「舍那」存在，乃至於定執有一同等於「釋迦」的「舍那」存在；反之亦然。

　　關於這種特殊的表現方式，以下，再舉一個例子以資證明，吉藏說：

　　　今明諸佛、菩薩無所得空、有，因緣無礙，故空是有空，有是空有；

　　　空是有空，雖空而有；有是空有，雖有而空。〔註67〕

吉藏指出諸佛與菩薩對於「空」與「有」這兩個語詞的使用是「無所得」的，所以，所謂的「空」是「有空」，即「空以有為義」，所謂的「有」是「空有」，即「有以空為義」。至於所謂的「雖空而有」與「雖有而空」，則指出在因緣相待的意義下，不能聞「空」定作「空」解，聞「有」定作「有」解，當然，這是針對「性執」的認知態度而強調的。

三、「因緣」如何對「自性」：「相待假」提出的目的及意義

　　上一小節的標題之所以設定為「對『自性』的『因緣』」，其目的在於強調在吉藏的學說中，「因緣」或「相待」概念的提出，是為了對治「自性」之「病」的。本文在下一節將提到，吉藏對於經論上所提出的「對治」此一概念的理解，非常特殊，以「藥病之喻」來說，吉藏以為經論上所提出的特定教說，皆是用以治療特定「心病」——「著」的「藥」，並且，病好了，藥就失去了用途。由這個角度來說，吉藏師門所提出的「因緣」此一詮經設立，目的在於治療「自性」之「病」，此外別無意義。這裡所謂的「別無意義」是指三論教學傳統「因緣」教法的提出，不是對於「真理」的宣稱，對於「世界真實」的陳述，或是世界運作的理則、法則，也就是說，此一詮經設立在「形上」或「存有」的範疇中是毫無意義與價值的。以下將藉由檢視吉藏自身的論說，以揭示「相待假」此詮經設立提出的目的及意義。

　　這裡，以吉藏在《中觀論疏》卷二「淺深門第五」中關於「初章」與「中假」二者的論說為主要的檢視對象。吉藏說：

　　　問：他亦云，有為世諦，空為真諦，與今何異？

　　　答：須初章語簡之，他云：有有可有，則有無可無，故有不由無，

〔註67〕隋·釋吉藏：《淨名玄論》卷6；《大正藏》冊38，頁895中。

　　即無不由有；有是自有，無是自無。今無有可有，即無無可無；無
　　有可有，由無故有，無無可無，由有故無。由無故有，有不自有，
　　由有故無，無不自無；有不自有，故非有，無不自無，故非無；非
　　有、非無，假說有、無，故與他為異。

　　問：非有、非無，假說有、無，是中假義不？

　　答：非也。此明有、無義耳。良由有不自有，故非有，無不自無，
　　故非無，非有、非無，假說有、無，即有、無始成也，故是始明有、
　　無義耳，不言非有、非無是中，有、無即是假。得意密取此語名為
　　中假，亦無所妨。〔註68〕

　　第一，或有問者問曰，和你在講經教學時所使用的用語一樣，他家也有
以「有」指稱「俗諦」，「空」指稱「眞諦」者，此中有何差別呢？〔註69〕

　　第二，吉藏回答所提及的「初章」，是三論教學傳統所發展出來的教學理
論，本文已有所述及，而所謂的「有有可有，則有無可無，故有不由無，即
無不由有；有是自有，無是自無」一句所要說明的，可以以「有自」與「無自」
表示之，而所謂「今無有可有，即無無可無；無有可有，由無故有，無無可
無，由有故無」則可以以「有假」與「無假」表示之。「有自／無自」與「有假
／無假」二者所代表的是對於語言使用的兩種態度。再則，「有不自有，故非
有，無不自無，故非無」指的是三論教門所使用的「有」這一語詞不是「自
性」之「有」，即所謂「非有」（這裡，「非有」意指非自性之有），同樣的，
所使用的「無」這一語詞，不是「自性」之「無」，所謂「非無」（這裡，「非
無」意指非自性之無）。因此，接著的「非有、非無，假說有、無，故與他為
異」這一句話是說，我家教門使用的是「有假」與「無假」，而不是「有自」與
「無自」，因此雖同樣使用「有」、「無」二詞，卻與他家為異。

　　第三，問者又問，所謂「非有、非無，假說有、無」就是你們教門中的
「中假義」嗎？所謂的「中假」，是由止觀僧詮說提出的理論，主要是用來解
釋「二諦」與「中道」之間的關係的。而吉藏回答的意思是說，所謂的「非
有、非無，假說有、無」只是要說明我們對於「有」、「無」的使用與他家有

〔註68〕隋·釋吉藏：《中觀論疏》卷2；《大正藏》冊42，頁28上。
〔註69〕這裡所說的「有」與「空」可視為「一切諸法性空，而世間顛倒謂有，於世
　　　間是實，名為世諦」以及「諸賢聖眞知顛倒性空，於聖人是實，名第一義諦」
　　　二者的約化，大抵可理解為「存在」及「不存在」。

別，即「非自性之有、非自性之無，假說有、無」，與「中假」理論無涉，但是如果你了解本家教門立說的用意，則以「中假」視之也無妨。

接著，問者又繼續問：

初章與中假何異？〔註70〕

而吉藏的回答則說，如果說是為「初學之章門」，即為初學者所說，則「皆是初章」，又若以「一切法不離中假」的角度來說，則「皆是中假」，並且指出其師法朗在教學上嘗將「初章」、「中假」二者進行過區分：

答：若總諮此一章，為初學之章門，皆是初章；一切法不離中假，故皆是中假，而師分之一往異：初章者，他有有可有，即有無可無，今無有可有，即無無可無。他有有可有，不由無故有，有無可無，不由有故無；今無有可有，由無故有，無無可無，由有故無。他不由無故有，有是自有，不由有故無，無是自無；今由無故有，有不自有，由有故無，無不自無。他有是自有，名有故有，無是自無，名無故無；今有不自有，名不有有，無不自無，名不無無。此四節語為初章也。不有有，則非有，不無無，即非無；非有非無，假說有、無，此是中假義也。〔註71〕

此段引文中大部分文句與上段引文相仿，茲不再累釋。其中，還值得說明的是，所謂的「不有有」是指「不是自性之有的有」，「不有」作為「定語」使用，以限定中心語「有」，而「不無無」可類推。

問：初章、中假明何物義耶？

答：初章是伏，中假是斷。初明假有無，是伏性有無，次明假有無，入非有非無，即性有無永斷也，故初章、中假為破性病，性病若去，此語亦不留。若守初章、中假者，是中假師耳。又云：初章是動執生疑，謂動性有無之執，令疑性有無；中假即破性執釋疑，中破性執，假為釋疑，明假說有、無，何失有、無義耶？〔註72〕

問者又再有問，即初章、中假等教說提出的目的何在？而根據上文的討論可知，吉藏以為「初章說」的目的在於說明三論教學傳統對於「有」、「無」二詞的使用與他家有別，即「有假／無假」與「有自／無自」的分別，所以這裡吉

〔註70〕同前註。
〔註71〕同前註。
〔註72〕同前註。

藏回答「初明假有無，是伏性有無」，即初章明「有假／無假」的目的在於伏「有自／無自」。至於什麼是「伏」呢？連結下文，吉藏說是「動執生疑」，亦即動搖「有所得人」對於語言使用的心態，使之生疑。再則，吉藏說「中假說」的目的則在於「破性執釋疑」；「中」，所謂「非有非無」，能破「性執」，因為「非有非無」的意思是說「非有自非無自」，亦即破斥、指明「有所得人」對語言使用的態度是「錯的」；「假」，所謂「假說有、無」，在吉藏著作的他處又作「而有而無」，此能「釋疑」。所謂「疑」，大概是指「有所得人」對於自己語言使用心態的懷疑，亦即「為什麼我這樣理解佛典上的語言是錯的呢？」而「假說有無」能釋疑的意思是說，針對「有所得人」的疑竇，指出經論中佛陀與四依菩薩對於語言使用的態度在於「X假」，而不是「X自」。

由以上略顯複雜的例證說明來看，可以知道，對於吉藏來說，其教門「相待假」的提出是為了破斥「性執」的，即以「相待假」來證成單一「語詞」沒有「自性」，而這裡所謂「沒有自性」的「自性」，在吉藏的學說中所指的是一種代表心理層面的「執著」。對於「什麼」的執著呢？即執著於「語詞」有固定的內涵，能對應外在世界的實際情況，亦或說，被統攝在諸名之下的事物，都具有共同且實在的「本質」。這裡將引發一個疑問，亦即，如果說「語詞有固定的內涵，並且其所對應的外在事物具有共同的本體」此一主張是一種執著，是錯誤的，所謂「邪見」，如是，這是否意味著「語言所對應的外在事物不具有共同本體」此一主張是正確的，所謂「正見」呢？不是。因為對於吉藏來說，「外在事物沒有共同的本體」此一主張即是「無見」，而主張「有此沒有獨立自足的本體的世界」，則為「有見」。基本上，吉藏學說中的「有」、「無」二見此一來自佛典中的預設，根本阻斷了他在「存有」或「形上」範疇中有所主張的可能，乃至於詮釋者在「存有」或「形上」範疇中探究其論說意義的可能。因此，吉藏學說所謂的以「相待假」破「自性」，要說是破「自性」所代表的在「存有」或「形上」範疇中的主張，如上文所引諸學者的意見，也可以，但更確切地說，它所破斥的是諸此主張背後的心理狀態，即「著」。由這個面向來說，所謂破「自性」的「相待假」本身並不意味著另一個「存有」或「形上」範疇中的主張，指示著此一世界的真實情況，它被設立的目的只在於「破執」，此外，別無他用；或者，換個方式來說，「相待假」只在能夠產生或發揮「解脫」或「救渡」功效時才具有意義。關於此，便是下一章第一節所要討論的吉藏學說中很特殊的一條詮經設立，亦即「無所得人」

使用語言所進行的或破或立的論說，都是爲了對治某一「主張」背後所涵藏的「執著」之「病」，並且，倘若此一「執著」之「病」消除了，相對應的教說就失去了意義，如吉藏嘗引其師法朗的話說：

> 師又云：凡有所説，皆爲息病，病息則語盡，如蕾摧草，草死而蕾
> 消，不得復守言作解；守言作解，還復成病，無得解脱。〔註73〕

由此一解經立場來說，正可解釋爲什麼興皇法朗要批評他的同儕，所謂「中假師」。上文對於吉藏在《中觀論疏》卷二「淺深門第五」中的論說的檢視，最後一段引文中，有這麼一段話：

> 性病若去，此語亦不留。若守初章、中假者，是中假師耳。

可見就法朗、吉藏師徒而言，止觀僧詮提出「中假」之說的目的，只在於破「性執」，但「中假師」卻不體師意，反把「中假」的內容，所謂「非有非無爲中，而有而無爲假」視爲是「眞理」來依持了。這裡，再重引一遍本文嘗提及的一段法朗嚴厲批評「中假師」的話，以觀其趣：

> 師云：中假師罪重，永不見佛！所以作此呵者，本爲對性故説假，
> 令其迴悟耳。而遂捨性，存假，謂決定，爲是心有所依，故永不見
> 佛，宜須破之。〔註74〕

〔註73〕隋・釋吉藏：《中觀論疏》卷2；《大正藏》冊42，頁27中。又，如果當眞把握吉藏師徒所言「病息則語盡」此一原則，則對於此段引文的解讀，我們不能將「無得解脱」的「解脱」看成眞有個什麼能縛的東西需要被解開，可以被解開，「無得解脱」的用意只在於指明「守言作解」是錯的，但除了指明錯誤之外，並沒有其他義涵，如意指有著其他什麼是對的，否則仍舊是「守言作解」。

〔註74〕此外，附帶一提的是，此段引文中，所謂「而遂捨性，存假，謂決定，爲是心有所依，故永不見佛，宜須破之」一句，除告訴我們透過這樣的方式無法見佛之外，通常附帶被解譯的訊息則是，透過「另一種」方式可以見佛；但是，另一方面，本文第三章在討論有、無二見時所引的一個例子，吉藏卻說：「若有佛可見，則是有見」，以是加以破斥可以見佛的主張。此二段文句所透露出的訊息似乎具有明顯之矛盾。關乎此，正可作爲本文緒論所指出的，吉藏著作之不同處，常存在分歧之意見與説法，致使其眞實意圖與旨趣難以把握的例證之一。而就本文所討論的詮經設立來說，對於此一衝突，吉藏經解體系可以提出兩種解釋：第一，就「因緣對自性」這個詮經設立來說，他家主張「有佛可見」是「自性義」，意指在語言以外的世界中，存在「可見之佛」；而吉藏師門在經解上所使用的「見佛」一句是「相待假」、「因緣義」，分而言之，「見」此一動詞可與「不見」形成一組相待假，因此，此「見」是「不見見」，斯乃見而無所見，「佛」一詞可類推。吉藏透過這個方式告訴讀者，其所使用的語詞、語句，不是一般使用意義下或説「有所得者」所使用的語詞、

不過，由於被法朗稱爲「中假師」的其他三論教學傳統中的僧侶，並沒有著作傳世，因此，我們也無從認識其學說之眞實究竟。以現存隻字片語的記載來推測的話，他們大概是把「非有非無」的「中道」「定」當成是一種「形上」的「實在」，並以此來解釋佛經中諸如「涅槃」等隱涵「終極」、「神聖性」意義的語詞概念，如灌頂說：

中假師云：「除斷、常，顯中道，爲一實諦。」興皇悉不用。〔註75〕

而吉藏說：

1、中假師以中道爲佛。〔註76〕

2、是此中假師等，用非有非無爲涅槃，亦是立涅槃出二諦外，名非有非無。〔註77〕

最後，吉藏在著作中嘗不斷強調「一切病不出性、假」，將「性病」與「假病」並舉而論。這裡，所謂的「假病」，其實就是對經論上所提出的「因緣假名」等教法採「決定解」的態度，〔註78〕如《中觀論疏》卷二中說：

若聞生謂生是滅生，名爲因緣生，而遂作因緣解，即成因緣病，須破此因緣，故破假、實，須望觀心精密投之，不爾，還成舊義。〔註79〕

就這段引文所表示的意思來看，「假病」其實是可以歸入「性執」的範疇中的。然而，吉藏爲何要特別將「假病」單獨提出，與「性執」並列而論呢？

在一般的情況下，針對某個論題，如果有人拿 A 此一主張以指明 B 此一主張是錯誤的，通常隱涵了對於此一論題，A 主張才是正確的的意思，但是，

語句，因此對諸此不能採「決定解」的態度，以爲其師門所言之「見佛」，在「形上」或「存有」的範疇中，果乃眞有一（諸）佛可見。第二，就本文下一章所將討論的「因病設藥，病消藥廢」及「否定的使用意義」這兩個詮經設立來說，吉藏以「故永不見佛，宜須破之」指出中假師對於僧詮教說的理解是「錯誤的」，而其目的也只在於指摘對方的錯誤，此外，並不隱涵其他的方式是「正確的」的意思。關於此，詳見下章之相關討論。職是之故，吉藏著作看似分歧的議論，實則並不矛盾。

〔註75〕隋・釋灌頂：《大般涅槃經義疏》卷15；《大正藏》冊38，頁131下。

〔註76〕隋・釋吉藏：《維摩經略疏》卷5；《續藏經》冊19，頁239下。

〔註77〕隋・釋吉藏：《中觀論疏》卷10；《大正藏》冊42，頁157下～158中。

〔註78〕本文這裡所謂的「採決定解的意態」，其實指的就是企圖尋找語詞、語句在「存有」或「形上」範疇中的意義的意態。這裡所謂的「語詞、語句在存有或形上範疇中的意義」，指的是語詞或陳述能夠指涉，並且也指涉了語言符號體系以外的「眞實」。

〔註79〕隋・釋吉藏：《中觀論疏》卷2；《大正藏》冊42，頁25中。

如同上文所提及的，在吉藏的學說中，凡有所立說，皆爲破病；病除了，藥就失去了意義，所謂「經中若立、若破，皆爲破病」，以至於「在邪既息，則正亦不留。」〔註80〕因此，可能的解釋是因爲在經論上，以及吉藏自己教門的學說裡，非常強調所謂「因緣義總」，並以「因緣假名」來對治「自性」，也正因如此，容易使稟教者，如「中假師」之流，轉而執取「因緣」教法，將之視爲「眞理」，是對於存在世界的表述，並且，如吉藏在批評成實諸師所說的，以爲「迷之，即有六道紛然；悟之，即有三乘十地」，因此他才要把「假病」特別標舉出來，與「性執」並立，加以破斥。以下嘗略舉吉藏著作中批評「假病」的相關文句，以爲本節的結束：

1、問：云何無病不破？答：申因緣則破性義，復破因緣則破假義，破性名破世諦病，破因緣名破假病；一切病不出性、假，故無病不破也。〔註81〕

2、二諦未曾性／假、得／失，性／假、得／失出自兩緣也。然只自性、因緣，亦復無有二；有方便者，學自性成因緣，無方便者，學因緣成自性。如無方便者，服甘露成毒藥，有方便者，服向毒藥成甘露；學二諦人亦爾，無方便學因緣成自性，有方便學自性成因緣。爲是故，學二諦有得、有失，有自性、有因緣也。〔註82〕

3、又破外道自性故，明諸法無有自性，假諸因緣；然性病若去，因緣亦捨；然性病雖去，實無所去，雖捨因緣，亦無所捨；心無依寄，即便得道，而觀諸部有性之可捨，有因緣之可立，即是取捨成斷、常見，不體佛意也。〔註83〕

4、今當重說對由來性義，是故立假治學教偏病，所以明中，令捨偏不著中，（性）去不留假，即須知，偏捨無所捨，性去無所去。
〔註84〕

〔註80〕 這裡，我們可以說，即使連「經中若立、若破，皆爲破病」此一句話也是爲「破病」而說的，當然，如果說所有的「病」都消解了，佛教的教說也就失去了它的意義。這也是本文強調「著」是吉藏學說的根本預設的意義，因此，吉藏學說中的所有論說，都是圍繞著此一根本預設而開展的。
〔註81〕 隋・釋吉藏：《十二門論疏》卷上；《大正藏》冊42，頁176中。
〔註82〕 隋・釋吉藏：《二諦義》卷上；《大正藏》冊45，頁88下～89上。
〔註83〕 隋・釋吉藏：《中觀論疏》卷1；《大正藏》冊45，頁19上。
〔註84〕 隋・釋吉藏：《中觀論疏》卷2；《大正藏》冊45，頁27中。

第五章　根本預設下的詮經方法（二）——
因病設藥，病息藥廢、否定的使用意義

　　前一章所討論的「因緣對自性」中的「因緣」，實際上指的是「相待假」，吉藏是透過兩個語詞相待的關係，來證成單一語詞自身並沒有「自性」。然而，由是將引發一個問題，亦即「相待假」的提出，除了證成單獨語詞自身並沒有「自性」之外，是否還具有其他意義與目的？舉例來說，在「釋迦與舍那為一、為異」的論題中，所謂「舍那釋迦，釋迦舍那」的回應，是以「舍那」、「釋迦」此二語詞具相待的關係，即「舍那以釋迦為義，釋迦以舍那為義」，來指明不能單獨地對「釋迦」或「舍那」，乃至於「釋迦與舍那是一」或「釋迦與舍家是異」等陳述，採取「決定解」的態度，抑或說是，「舍那釋迦，釋迦舍那」指明了沒有「相異於『釋迦』的『舍那』存在」，也沒有「同等於『釋迦』」的『舍那』」存在」；「釋迦」亦然。〔註1〕那麼，何謂既不與「釋迦」等同，亦不與「釋迦」相異的「舍那」？同樣的，何謂既不與「舍那」等同，亦不與「舍那」相異的「釋迦」？乃至於「釋迦與舍那，既非一，亦非異」的意義何在？諸此問題可說皆是從「存有」的角度發問的。關乎此，吉藏的意見必須透過「因病設藥，病息藥廢」此一詮經設立的確立，始可得到確定。這也是本章第一節所將討論的主題。

　　此外，第二節則將討論另一個詮經設立，「否定」的使用意義。一般說來，對於某者的否定，通常同時意味著對他者的肯定。舉例來說，上段便使用了很多「否定」概念，如「對於單一語詞的認知不能採決定解的態度」中的「不

〔註1〕　即沒有相異於「舍那」的「釋迦」存在，也沒有同等於「舍那」的釋迦存在。

能」，「證成單獨語詞自身並沒有自性」中的「沒有」，「不與釋迦等同，亦不與釋迦相異的舍那」中的「不與」，乃至於「釋迦與舍那，既非一，亦非異」中的「既非⋯⋯亦非⋯⋯」等。這些「否定」的使用，在否定此一概念、語詞、關係、狀態、性質，乃至陳述的同時，是否同時意味著對於另一概念、語詞、關係、狀態、性質，乃至陳述的肯定呢？諸此問題，即爲本節的討論重點。

第一節　因病設藥，病息藥廢

一、「因病設藥，病息藥廢」的意義

　　本小節所設立的標題，所謂「因病設藥，病息藥廢」，單純就字面上的意思來說，可以理解成面對不同疾病，設置不同的藥；而當個別的疾病被治癒了，個別針對性的藥就失去了它的作用。所謂的「藥病之喻」，即將眾生所遭受的各式「苦難」比喻成「病」，面對眾生苦難而產生的佛陀「教法」比喻成「藥」，是佛教中常見的譬喻，並未有何新奇之處。然而，三論教學傳統的經解舉措，對於「藥病之喻」的使用，卻有著獨特、不與他同的詮釋設立，其關鍵正在於「病息藥廢」的提出。吉藏在討論《大智度論》中的「對治悉檀」時說：

> 第三名爲對治悉檀。如來所以說各各爲人說八萬法藏及塵沙法門，皆爲對治眾生煩惱故也，如《大經》云：譬如大地諸山藥草能爲眾生病之良藥，我法亦爾，能令眾生煩惱病藥。是故一切教門，無有定性，但令病息：病息，故無非藥；病不息，無是藥也。既爲息病，病息藥廢，不應復執著之也。〔註2〕

正如本章標題「根本預設下的論說設立」所指明的，吉藏師門是在「著」這個預設下提出「病息藥廢」此條詮經設立的。吉藏學說中「病息藥廢」此一譬喻，是用以指示佛教中的習學者，對於經論上的佛陀以及四依菩薩以語言文字爲基礎所提出的教說，不能採取「決定解」的態度，否則，將墮入「有見」或「無見」、「常見」或「斷見」等「邊見」、「邪見」之中，「苦海浮沉」，無由得脫。什麼是「不能採取決定解的態度」呢？以下將討論「決定解」所涵藏的兩個義涵，以探究「病息藥廢」此一解經設立的意義：

〔註2〕　隋·釋吉藏：《法華玄論》卷4：《大正藏》冊34，頁391下。

　　第一，依得。吉藏在《中觀論疏》卷二中說：

　　問：心云何有所依耶？

　　答：心如步屈虫，捨一取一，必定不得無所依，故捨外道著小乘，

　　捨小乘著大乘，捨生還復住無生，故有所住著，非八不意。〔註3〕

吉藏所言之「步屈虫」，典故主要出自《大般涅槃經》。《涅槃經》卷八中說：
「若言諸法皆無有我，是即斷見，若言我住，即是常見；若言一切行無常者，
即是斷見，諸行常者，復是常見……修一切法常者，墮於斷見，修一切法斷
者，墮於常見，如步屈虫，要因前腳，得移後足，修常、斷者，亦復如是。」
〔註4〕再則，此段文句的語境脈絡，是在討論如何看待《中論》「八不」教說
時，對於吉藏學說所設立的論敵，所謂「有所得人」，理解佛典教說心態的批
評：

　　（問：但應釋八不，云何乃遍呵自、他耶？）

　　答：以遍破自、他有所得心，畢竟不生，即是釋於八不。所以然者？

　　論主爲學佛教人，著語言名字，故失無生，今聞八不無生，還復作

　　義解者，即八不還復成病；如此之人，即不可化。所以然者？以尋

　　經作有所得解，即佛不能化，學論復起依著之心，即菩薩不能化，

　　故若經、若論，佛與菩薩所不能化人，即知其人鈍根罪重；若經、

　　若論，佛與菩薩，即於其人並是毒藥，是以常須心無所依，即是悟

　　八不也。〔註5〕

吉藏以爲，「有所得人」在面對經典時，總有企圖把握經典中的宣稱或主張，
以爲依持的心態；並且，當其他經論對於同一個議題出現分歧主張，相互衝
突時，「有所得人」在企圖放棄舊有主張的同時，通常意味著他又攀上了另一

〔註3〕　隋·釋吉藏：《中觀論疏》卷2：《大正藏》冊42，頁32上。
〔註4〕　北涼·曇無讖譯：《大般涅槃經》卷8：《大正藏》冊2，頁410中。此外，慧
　　　　琳《一切經音義》卷25解釋此「不屈虫」乃云：《纂文》云，吳人以步屈名
　　　　桑閗，方言蠖，又名步屈也。……今詳此虫，即槐蟲之類是也。步步屈身，
　　　　要因前足捉物，方移後足，經喻外道欣上厭下，取一捨一，不離斷、常等見，
　　　　如不屈蟲也。（唐·釋慧琳：《一切經音義》卷25：《大正藏》冊54，頁469
　　　　下）再則，我們當注意的是，就慧琳的解釋來看，《大般涅槃經》以「不屈虫」
　　　　爲喻所批判的對象只侷限在「外道」，但就吉藏來說，則將其範圍進一步擴大
　　　　爲本文所討論的「有所得人」，其中，自然包括他在講經道義過程中所批判及
　　　　的其他中國義解僧侶。
〔註5〕　隋·釋吉藏：《中觀論疏》卷2：《大正藏》冊42，頁31下～32上。

個主張，所謂「捨外道著小乘，捨小乘著大乘，捨生還復住無生」。而關於此種面對經論的態度，吉藏以「步屈虫」攀附在地面前進時一依一捨的模樣，生動地予以譬喻。此所謂「依得」。

同樣的，吉藏在《法華玄論》卷二中破斥諸家對於《法華》「經宗」的主張之後，有問者提出「前明得失，自是舊宗。今欲安心，願聞異說」的要求，〔註6〕吉藏則藉機大發議論，他說：

> 夫欲安神好異者，蓋是入道之巨累，通教之尤毒，今當為子陳之失：心有所安，則情有所寄；情有所寄，則名有所得；有所得者，則有所縛；有所縛者，蓋是眾累之府藏、萬苦之林苑。子欲安神，事招斯過。又云願聞異說，若云求異，則異更有異，使異異無窮。古語云：「真言歸於競辨，宗逾出於好異。」可謂去城逾遠，岐路逾多；乖之彌至，失之彌甚。必欲會虛宗，契玄寂者，宜自同於前，冥異於後，內視不己見，外聽不我聞。虛其心，實其照者，即是聞所未聞，未曾有法。如此法者，稱為法華。《法華》大宗，其意在此。〔註7〕

吉藏洋洋灑灑、借題發揮的責難，其實是要告訴問者，其想要「安心」此一企圖本身，便意味著「取執」的心態，此乃「入道之巨累，通教之尤毒」，並且，又欲求異說，由是，以譬喻的方式來說的話，目標雖說是欲達彼城，但卻反倒是「去城逾遠，岐路逾多」了。因此，「因病設藥，病息藥廢」此一解經設立的提出，其用意之一，即在於避免習學者對於經論上的宣說有所依得。

第二，經論上的宣說是對於「真實」的一種表述。「決定解」的第二個義涵，則是把經論上的教說當作是「真理」。吉藏以為，「有所得人」對於經論的解釋，乃把經典文句當成是對於世界真實景況的一種表述。什麼是「對於世界真實景況的一種表述」呢？舉例來說，上文在關於「自性」與「因緣」的討論中，筆者嘗引述 Elizabeth Napper 所作的一般性解釋，說：

> 「緣起」可被視為佛陀的標誌，那是指世界上一切物事的「因緣依待性」（relatedness）。物事依因待緣而形成，並在與其他物事的關係中定位他們本身。沒有什麼是單獨、自足及孤立的，一切都是在相互依待的網絡中才存在。

由 Elizabeth Napper 所作的解釋看來，「緣起」與「自性」可說是一種「理則」，

〔註6〕 隋・釋吉藏：《法華玄論》卷2；《大正藏》冊34，頁381中。
〔註7〕 同前註，頁381中-下。

或說是「原理原則」，因爲無論何是何非，它們都各自指示著各自所以爲的世界眞實情況；因此，換個方式來說，引文中的「緣起」與「自性」，其實是在「形上」或「存有」範疇中被追探其意義的。而在吉藏的學說中，他對於「有所得人」經解主張的批判，用現代的學術術語來說，正可說是批判他們企圖在「形上」或「存有」範疇中探求經典文句的意義。關於此，本文嘗試以例舉的方式，以以下這段論說作爲例證。《二諦義》卷一說：

> 言學二諦失二諦，成一諦者有二種：一者，學二諦成空諦；二者，學二諦成有諦。
>
> 學二諦成一空諦者，諸法於顚倒有，名世諦：諸賢聖眞知性空，名第一義諦；明顚倒有爲非，諸法性空爲是。何以故？諸賢聖眞知諸法性空，故知諸法性空定是也。此人聞空故空，聞有亦是空，學二諦唯成一空諦也。
>
> 學二諦成一有諦者有二義：一者，即鼠嘍栗二諦；二者，心無義。鼠嘍栗二諦者，經中明色色性空，彼云：色性空者，明色無定性，非色都無，如鼠嘍栗中肉盡，栗猶有皮殼，形容宛然。栗中無肉，故言栗空，非都無栗，故言栗空也，即空、有併成有也。言心無義者，然此義從來太久，什師之前，道安、竺法護之時，已有此義。言心無義者，亦引經云，色色性空者，明色不可空，但空於心，以得空觀，故言色空，色終不可空也。肇師破此義，明得在於神靜，失在於物虛；得在神靜者，明心空，此言爲得；色不可空，此義爲失也。〔註8〕

吉藏指明了兩種對於「二諦」理解的錯誤：一是「學二諦成空諦」，二則是「學二諦成有諦」。所謂的「學二諦成空諦」，吉藏指出，或有聽聞經論上說「諸法於顚倒有，名世諦；諸賢聖眞知性空，名第一義諦」者，乃作「顚倒有爲非，諸法性空爲是」解，以爲「諸法性空定是」，乃至於「聞空故空，聞有亦是空」，一切皆空。此或即爲《大智度論》所提及的方廣道人，聞佛說「空」，便主張這個世界空無所有。而所謂「學二諦成有諦」，吉藏舉出兩個例子：「鼠嘍栗二諦」與「心無義」。「鼠嘍栗二諦」的主張是以鼠吃栗子爲例，指出鼠將果肉給吃了，空留下栗子殼，所謂「鼠嘍栗中肉盡，栗猶有皮殼，形容宛然」，以此來比喻聽聞《般若經》宣說「色色性空」，而主張雖「色無定性，

〔註8〕　隋・釋吉藏：《二諦義》卷上：《大正藏》冊45，頁84上。

非色都無」，如同雖「栗中無肉」，而「非都無栗」，吉藏說此是「空、有併成有也」。以現在的話來說，持「鼠嘍栗二諦」主張者認爲此世界在本質上雖一無「實在」，卻非無現象上之「有」，如吉藏在《大乘玄論》中提及「不空假名」的主張時嘗說：「不空假名者，但無性實有，假世諦不可全無，如鼠嘍栗。」〔註9〕至於「心無義」，一般指的是鳩摩羅什譯經事業以前，傳統僧侶對於《般若》經系思想詮解的意見之一，關於此，在學者討論僧肇與格義的問題時亦常有所述及；此外，就吉藏著作中的記載來看，後代或有持相同主張者，也被他用「心無義」以指稱之。這裡，吉藏指出，彼亦引《般若經》「色色性空」的教說爲證，然而，與「鼠嘍栗二諦」不同的是，其所空者不在於客觀事物的「本質」，而是主觀上的「執取」，所謂「明色不可空，但空於心，以得空觀，故言色空」。因此，無論是「學二諦成空諦」者所主張的「世界空無所有」，或是「鼠嘍栗二諦」者主張的「現象之有」，乃至於「心無義」者主張的「空於心」、「外物非無」，都指明了經論上的語詞概念、文句，與語言以外世界的某種聯繫關係。而諸此經解的態度正是上文所提及的，是把經典文句視爲「眞理」，能指涉與之相符合的外在世界中的眞實情況。

以上所論及的「依得」以及「經論上的宣說是對於『眞實』的一種表述」二者，即爲「決定解」所涵藏的兩個義涵，吉藏之所以反對這種對於經論文句採「決定解」的態度，本文第三章已有所述及，因爲他「相信」所謂「著爲累根」，「執著」將伴隨種種苦累與煩惱。因此，在此假設前提下，吉藏提出了「因病設藥，病息藥廢」此一解經設立。所謂的「病」，主要指的是《大智度論》所言之「心病」，即「執著」，而「藥」指的是經論上的教說；在吉藏的認知裡，當然指的是大小乘經，以及大乘論等教說。至於「因病設藥」則是強調個別教說的「針對性」，而「病息藥廢」則是在上述「決定解」將帶來苦累此一假設前提下所特意提出的，指明經論上的教說，其意義不在於表述世界，而是在於「解脫」，因此，執著之病消解了，作爲藥用的特定「教說」就失去了意義。以下諸文句都是吉藏用以說明「病息，藥就應廢」的例證：

1、蓋是借今以破古，古既去，今亦不存耳。〔註10〕

2、本對自性，是故有假，在性既無，假亦非有。〔註11〕

〔註9〕 隋・釋吉藏：《大乘玄論》卷1：《大正藏》冊45，頁24下。

〔註10〕 隋・釋吉藏：《中觀論疏》卷3：《大正藏》冊42，頁39下。

〔註11〕 隋・釋吉藏：《中觀論疏》卷1：《大正藏》冊42，頁6下。

3、破定，言無定耳，云何復更執無定耶？〔註12〕

4、由外人倒見有，今求其倒見有不得，故名無所有，若復執無，還是倒見無耳。〔註13〕

5、然本對外道之邪，故有內之正，邪既不立，故正亦不留，如是生死、涅槃，真之與妄，乃至理外、理內，有得、無得，義並類然。〔註14〕

二、關於「因病設藥，病息藥廢」的運用

　　吉藏雖嘗言及所謂「經中或時歎空破有，或時歎有破空。」〔註15〕然而，單就「因病設藥，病息藥廢」此一詮經設立來看，是有些奇怪的，因為它要人將經論上對於某一議題的主張，看成是對另一主張的反對，如「以空破有」或「以有破空」；並且，相關主張的提出，除了「反對」之外，並無其他目的及用意。這樣一種對於經論文句的詮釋意見，實有違於一般對於語言文字使用的理解。然而，此一詮經設立的提出，並非全無論據，因為其背後有來自於吉藏師門對於佛典所傳遞出的訊息的解讀的支持，或說是制約。本文曾指出，對於義解僧侶來說，經典是他們思想形塑的來源，也是他們著意解釋的對象，因此，「因病設藥，病息藥廢」此一通則的提出，便是屬於「解釋經典」的範疇，而其背後的論據，所謂「對於佛典所傳遞出的訊息的解讀，或說是被制約」，指的正是本文所揭示的「著」此一預設。而關於「因病設藥，病息藥廢」的應用，在處理被現代學者視為與般若經系及中觀論典屬於不同思想流派的經論所提出的教說時，比較當時其他義解傳統的經解意見，其意義便顯得特別突出。以下，同樣嘗試以例舉的方式，檢視吉藏如何運用此一通則來解釋諸如《勝鬘經》、《大般涅槃經》，乃至於《攝大乘論》等被類歸為「真常唯心」或「虛妄為識」的經典所提出的主要概念或教說。

（一）《大般涅槃經・如來性品》的「藥病之喻」

　　關於《大般涅槃經》卷七〈如來性品第四之四〉所使用的「藥病之喻」，《大般涅槃經》本身的意向，乃至於淨影慧遠《大般涅槃經義記》的解釋，

〔註12〕隋・釋吉藏：《法華玄論》卷4；《大正藏》冊34，頁392上。
〔註13〕隋・釋吉藏：《中觀論疏》卷4；《大正藏》冊42，頁68中。
〔註14〕隋・釋吉藏：《百論疏》卷下；《大正藏》冊42，頁302上。
〔註15〕隋・釋吉藏：《中觀論疏》卷4；《大正藏》冊42，頁68下。

與吉藏學說「因病設藥，病息藥廢」此一詮經設立的立意有著極大且有趣的差別。

　　曇無讖所譯的《大般涅槃經》，一般被學界視為是「如來藏系」的經典，且非一時一地之作。據釋恆清法師指出，其中心思想可歸納為三：「如來常住」、「涅槃具常、樂、我、淨」，以及「一切眾生悉有佛性」。〔註16〕其中，屬於經文前半部份的〈如來性品〉一品，首尾一貫地集中以種種譬喻來說明「如來常存不變」以及「一切眾生悉有佛性」此二條教說。在〈如來性品〉中有一則「藥病之喻」是這麼說的：

> 復次，善男子！譬如女人生育一子，嬰孩得病，是女愁惱，求覓醫師，醫師既來，合三種藥：酥、乳、石蜜，與之、令服，因告女人：「兒服藥已，且莫與乳，須藥消已，爾乃與之。」是時，女人即以苦物用塗其乳。母語兒言：「我乳毒塗，不可復觸。」小兒渴乏欲，得母乳，聞乳毒氣，便遠捨去，遂至藥消，母人以水淨洗其乳，喚其子，言：「來！與汝乳。」是時，小兒雖復飢渴，先聞毒氣，是故不來。母復語言：「為汝服藥故，以毒塗，汝藥已消，我已洗竟，汝便可來飲，乳無苦。」是兒聞已，漸漸還飲。〔註17〕

這一段譬喻是在《涅槃經》宣說所謂「我者，即是如來藏義，一切眾生悉有佛性，即是我義。如是我義，從本已來，常為無量煩惱所覆，是故眾生不能得見」〔註18〕此一教法時所使用的第二個譬喻；並且，《涅槃經》自身對於此段譬喻的喻義也有所說明，他說：

> 善男子！如來亦爾，為度一切，教諸眾生修無我法，如是修已，永斷我心，入於涅槃，為除世間諸妄見，故示現出過世間法，故復示世間計我虛妄非真實，故修無我法清淨身，故喻如女人為其子，故以苦味塗乳，如來亦爾，為修空故，說言諸法悉無有我。如彼女人淨洗乳已，而喚其子，欲令還服，我今亦爾，說如來藏，是故比丘

〔註16〕 這裡，所謂的「中心思想」，其實是「求其異」的講法，即「如來常住」、「涅槃具常、樂、我、淨」、「一切眾生悉有佛性」等主張是相較於《般若經》、《法華經》諸經，相異且較為特出的主張。實際上，如釋恆清法師所言，《大般涅槃經》自身對於「佛性」此一概念，也有種種分歧、並不統一的說法；此外，《大般涅槃經》中的部分教說其實是相同於其他經論的。（釋恆清：《佛性思想》（臺北：東大，1997年2月），頁7、39）

〔註17〕 北涼・曇無讖譯：《大般涅槃經》卷7；《大正藏》冊2，頁407下。

〔註18〕 同前註，頁407中。

不應生怖。如彼小兒聞母喚巳，漸還飲乳，比丘亦爾，應自分別如
來祕藏，不得不有。〔註19〕

引文中的解釋，能確定的是，第一，以「嬰兒之病」比喻所謂「世間計我虛
妄」；第二，以彼女人之「乳」比喻「如來藏」，亦即「一切眾生悉有佛性」
的「佛性」。此外，該段經文並未提及醫生所開之藥所喻為何？只提及「以苦
味塗乳」的「苦味」，而且似乎有把「苦味」當作是比喻「諸法悉無有我的教
法」的譬喻的意思，然而，實際上並不很確定。而根據淨影慧遠的解釋，此
段譬喻的意思則更為清楚。〔註20〕

　　慧遠說，「女子」所喻為「佛」，「子」為「聲聞眾」，「嬰孩得病」的「病」
指的是「起惑計我」之病；這裡所指之「我」，慧遠解為「假名集用義」或外
道「神我義」，非「自實」義。並且，「佛心慈憐，說為『愁惱』」，於是「訪
求，即為『化儀』」，「化儀現心」，名「求覓醫師」、名「醫師既來」。至於佛
陀所開對治「起惑計我」之病的三種藥乃「無常」、「苦」、「無我」三種教說。
接著，母之「乳」指「真我」，即「自實」義，而「以苦物塗乳」，慧遠則解
釋為「第二權言覆實喻中，佛說無我，隱覆真我，故言女人苦味塗乳；誠令
捨我，名母語兒；我乳毒塗，（名）真為權隱」，用意在於以「無常」、「苦」、
「無我」三藥治聲聞「起惑計我」之病時，警告聲聞弟子勿受「真我」之教
說，有所混淆，進而對於病癒進程有所妨礙。然而，「無我」之說，畢竟是權
宜之教，為的是對治眾生妄執之「我見」、「常見」。小兒在治病的過程中，仍
「渴乏，欲得母乳」，所謂「所化眾生，大欲漸起，名為『兒渴』，厭小心生，
說之為『乏』；求佛真我，名『欲母乳』；執昔權言，名『聞毒氣』，未肯從真，
名『遠捨去』。」於是，待至「藥消」，即以「無常」、「苦」、「無我」成功對
治「起惑計我」之病後，「母人以水淨洗其乳，喚其子言：『來與汝乳。』」，
此即所謂「佛以大教，拂權顯實，以法招引，勸學真我。」然而，此時，聲
聞未肯受大，所謂「小兒雖復飢渴，先聞毒氣，是故不來」，佛於是告之宣說
「無我」權教之由，聲聞「聞已，漸漸還飲」，明其受大，修學「真我」。所
謂的「漸漸」，在慧遠的理解中，也是富有深意的，因為它指的是「學之不頓」，

〔註19〕同前註，頁407下。
〔註20〕由於慧遠的疏解有些細瑣，以下，筆者嘗試整理其要點，茲不俱引原文，逐
　　　　一討論。至於慧遠討論之全文，參見隋‧釋慧遠：《大般涅槃經義記》卷3；《大
　　　　正藏》冊37，頁693中～694上。

也就是牽連到了「頓悟」與「漸悟」之辨。

暫且不論「漸／頓」的問題，就慧遠的解釋來看，醫生所開的「藥」，所謂「酥、乳、石蜜」，指的是「無常」、「苦」、「無我」三種教法，諸此是用來治療「聲聞人」執取所謂「假名集用義」的「我見」，或外道的「神我義」的。然而，這終究只是「權教」，其母之「乳」，所謂「真我」或「如來藏」，才是真正的「實教」，或說是「真實的教說」。因此，在慧遠的解釋下，〈如來性品〉所使用的此一「藥病之喻」，有指明相較於「無我」的教法，「真我」的教說，所謂「我者，即是如來藏義，一切眾生悉有佛性，即是我義。如是我義，從本已來，常為無量煩惱所覆，是故眾生不能得見」才是「究竟」或「更高一層」的「真理」的意味。〔註21〕由是可以得知，此一譬喻的出現，基本上是《大般涅槃經》用以合理化「如來藏」此一「真我」教說的。而之所以必須進行「合理化」，大概是因為阿含諸經、部派佛典，乃至初期的大乘經論，其主要的教說標誌都在於宣說「無我」，因此，如果不對於「如來藏」相關教法的出現，給予解釋，在宣教過程中極可能受到習學者的抗拒。

此外，《大般涅槃經》卷四〈如來性品第四之一〉也藉用一譬喻引出關於為何佛陀先說「無我、無常」教法，後說「常住」教法的解釋，他說：

> 佛說法時，有一女人，乳養嬰兒，來詣佛所，稽首佛足，有所顧念，心自思惟，便坐一面。爾時，世尊知而故問：「汝以愛念，多令兒酥，不知籌量消與不消？」爾時，女人即白佛言：「甚奇！世尊！善能知我心中所念，唯願如來教我多少！世尊！我於今朝多與兒酥，恐不能消，將無夭壽，唯願如來為我解說！」佛言：「汝兒所食，尋即消化，增益壽命。」女人聞已，心大踊躍，復作是言：「如來實說，故我歡喜。世尊如是為欲調伏諸眾生故，善能分別說消、不消，亦說諸法無我、無常；若佛世尊先說常者，受化之徒，當言此法與外道同，即便捨去。」復告女人：「若兒長大能自行來，凡所食噉，能消難消，本所與蘇，則不供足。我之所有聲聞弟子，亦復如是，如汝嬰兒，不能消是常住之法，是故我先說苦、無常。」〔註22〕

〔註21〕這裡，儘就諸此文句作如是解，實際上，如本文第二章所提及的，慧遠的教判立場，乃主張對於大乘諸經的教義，「勿得於中，輒定淺深」，因此，就慧遠的經解體系來說，是否認為「真我」的教說較「無我」的教說來得究竟，仍須另立主題，詳加考辨才是。

〔註22〕北涼·曇無讖譯：《大般涅槃經》卷4；《大正藏》冊2，頁385中-下。

此段引文基本上解釋了為什麼佛陀一開始不宣說「常住」的教法，即因聲聞弟子聽此教法，可能將之理解成與外道無異的主張，或說諸此聲聞弟子（的根性）還不堪信受此「常住」教法。

由以上兩個例子來看，《大般涅槃經·如來性品》的立場，有把「常存不變」以及「悉有佛性」的「佛性」等主張視為比「無常、無我」等教說更為究竟的「真理」的傾向。這也是如慧觀等中國傳統僧侶，在進行判教時，把《大般涅槃經》視為漸教中最終的「常住教」的原因之一。

至於吉藏如何解釋《大般涅槃經》所提出的「以苦物塗乳」的喻義呢？據文獻目錄記載，吉藏亦著有《涅槃義疏》，惜今已亡佚，無從見其疏解之意。不過，倒是可從吉藏另一本著作《涅槃經遊意》關於「無常」與「常」的討論，來觀察他的基本立場。在該書中，關於「常」與「無常」的討論，吉藏雖沒有提到「以苦物塗乳」，反倒是提及了〈壽命品〉中的另一個具有相同意思的譬喻，他說：

> 涅槃非常（非）無常，常、無常皆涅槃方便。何者共耶？常病重，故設無常之藥，眾生執有為涅槃，故設無，身心皆盡，乃為妙極；物情不了，便謂佛身無，涅槃斷滅，故經云：「其復不久，王復得病，須服乳藥。」故今教為對無常，故設常住，則左右除病，迭代破執，執病若盡，在藥皆除，涅槃之法，竟何所有？雖無所有，而無所不有；雖無所不有，而無所有。有、無既爾，常、無常亦然，非常、非無常，常、無常具足也。〔註23〕

此段引文，吉藏不僅使用了「因病設藥，病息藥廢」，還用了「因緣對自性」，乃至於「否定句式」等詮經設立，實際上是相當複雜的。這裡，略敘其義，至於更進一步的解釋，有待下文的處理。

「涅槃非常（非）無常」此種表述方式，通常被學者拆成「主謂句」來看待，即「涅槃」為「主語」，「非常（非）無常」此種「雙非」表現方式為「謂語」，並且再進一步連結到吉藏疏論中所使用的「（至）道」、「（至）理」的語彙，聯想至道家著作中「道」與「理」的使用意義，從而由這種理解出發，將吉藏判釋為「一元論者」，以為其主張有一超越語言表述的「實在」存在，如伊藤隆壽所言的「根源性實在」。然而，實際上，我們可以將「涅槃非常（非）無常」，拆成兩個句子看待，即「涅槃非常」與「涅槃非無常」，並

〔註23〕隋·釋吉藏：《涅槃經遊意》卷1；《大正藏》冊38，頁230下。

且分別視之爲對「涅槃常」與「涅槃無常」二句的否定。這裡，所謂的「涅槃常」與「涅槃無常」可視爲「有所得人」對於經典文句的執取，即一執取「涅槃定常」，一執取「涅槃定無常」，此即爲上文所說的「性執」。因此，吉藏所說的「涅槃非常非無常」，其實是針對這兩種「自性執」的主張而提出的說法，是用以對治的；並且，運用本節所提出的「因病設藥，病息藥廢」此一詮經設立的話，「涅槃非常非無常」的目的只在於破斥「著心」而已，並無其他用意。此外，這裡所說的「否定」，可視爲對於「語句」的否定，至於對於「語詞概念」的否定，與「涅槃」相關的例子，常見的文句如「非生死非涅槃」等，當然，此種對於「概念」的否定是指對於「有所得人」執取「生死」、「涅槃」二概念的否定，因此所謂的「非生死非涅槃」，在本文中可表示爲「非『生死自』、非『涅槃自』」。

接著，回到正題。在本段引文中，吉藏基本上是把「常」與「有」、「無常」與「無」視爲具有共同的使用意義的，因此，所謂的「常病重，故設無常之藥，眾生執有爲涅槃，故設無，身心皆盡，乃爲妙極；物情不了，便謂佛身無，涅槃斷滅」是說，面對執取「涅槃是有」的眾生說「無」，嘆「身心皆盡，乃爲妙極」，但是眾生不解佛意，反執藥成病，所謂「物情不了，便謂佛身無，涅槃斷滅」，所以吉藏說，對於執取「佛身無，涅槃斷滅」者，再設「常住」之藥，此所謂「左右除病，迭代破執」，並且，「執病若盡，在藥皆除」。由此可見，在吉藏的學說中，並不存在定把《涅槃經》所提出的「常存不變」以及「悉有佛性」的「佛性」等主張視爲最究竟「眞理」的想法，反而以爲佛陀說「常」、說「無常」，是分別對於「無常自」、「常自」等而說的，這與上文所提及的淨影慧遠的解釋與《大般涅槃經・如來性品》的意向非常不同。

此外，補充言之，就吉藏的詮經體系而言，第一，引文中「雖無所有，而無所不有」一句中的「無所有」是「無所得人」所使用的語詞，即可作「無假」，與「無所不有」，即「有假」，二者爲一組相待假。而吉藏使用「雖無所有，而無所不有」一句的用意乃爲強調，對於「無所得人」所使用的「無所有」一詞，不能採決定解的態度，以爲此「無所有」乃「『無所有』以『無所有』爲義」的「無所有」，就本文的設立來說，可作「無自」，因此，爲對治於此「無自」的認知態度，吉藏強調，必須以「雖無所有，而無所不有」來看待「無所得人」所使用的「無所有」一詞；至於「雖無所不有，而無所有」一

句，則同理可推。第二，「有、無既爾，常、無常亦然」一句的意思是說，引文對於「雖無所有，而無所不有；雖無所不有，而無所有」的分析，也可運用在「常」、「無常」二詞上，即指經論上的佛陀與四依菩薩所使用的「常」、「無常」是對治「自性」的「因緣義」，可表示為「常假」以及「無常假」，如同吉藏在《涅槃經遊意》他處所提及的「今明常、明無常，因緣假名字說，無有無常可有，亦無有常之可得，一無所住，故名無所得也。」一樣。〔註24〕第三，引文中末尾所言「非常、非無常，常、無常具足也」一句，其中，「常、無常」即「常假」以及「無常假」，此外，「非常、非無常」指的自然是「非『常自』、非『無常自』」；最後，所謂「具足也」，若強為之解的話，就「因病設藥，病息藥廢」此設立來說，其用意只在於指出他家釋經「並不具足」，要他人離捨他家之詮經方法，如是而已。

（二）《大般涅槃經》中的佛性始有與本有之爭

　　曇無讖所譯《大般涅槃經》引介到南方之後，成為南方義解思想資取的新源泉，並且也以「佛性」此一概念為中心，開啟了許多論辯主題，而「佛性究竟是始有，還是本有」此一由《涅槃經》本身經文的歧異所形成的議題，也引來了僧侶間各式討論，如吉藏在《大乘玄論》卷三中說：

> 經有兩文，一云，眾生佛性，譬如暗室瓶瓮、力士額珠、貧女寶藏、雪山甜藥，本自有之，非適今也，所以《如來藏經》明有九種法身義；二云，佛果從妙因生，責驊馬直，不責駒直也、明當服蘇，今已導臭、食中已有不淨、麻中已有油，則是因中言有之過，故知佛性是始有。經既有兩文，人釋亦成兩種。〔註25〕

由於《大般涅槃經》經文對於「佛性始有、本有」有兩種說法，因此，義解僧侶間也產生了兩種主張。其中，所謂「暗室瓶瓮、力士額珠、貧女寶藏、雪山甜藥」四者，都是〈大般涅槃經‧如來性品〉所提及的譬喻，誠如吉藏所說，諸此譬喻皆釋放出「佛性本自有之，非適今也」的訊息。舉例來說，如「雪山甜藥」之喻，〈如來性品〉說：

> 譬如雪山有一味藥，名曰樂味，其味極甜，在深叢下，人無能見，有人聞香，即知其地當有是藥。過去往世有轉輪王，於此雪山，為此藥故，在在處處，造作木筒，以接是藥。是藥熟時，從地流出，集木筒

〔註24〕同前註，頁 232 下。
〔註25〕隋‧釋吉藏：《大乘玄論》卷 3；《大正藏》冊 45，頁 39 上。

中，其味真正。王既歿已，其後是藥，或醋、或醎、或甜、或苦、或辛、或淡，如是一味，隨其流處，有種種異。是藥真味，停留在山，猶如滿月。……一味者喻如佛性，以煩惱故出種種味，所謂地獄、畜生、餓鬼、天人、男女、非男非女、剎利、婆羅門、毘舍、首陀。佛性雄猛，難可沮壞，是故無有能殺害者，若有殺者，則斷佛性，如是佛性，終不可斷，性若可斷，無有是處，如我性者，即是如來祕密之藏，如是祕藏，一切無能沮壞、燒滅，雖不可壞，然不可見，若得成就阿耨多羅三藐三菩提，爾乃證知，以是因緣，無能殺者。〔註26〕

很是正面地肯定「佛性」是本有、無可沮壞的，然需透過修行，始能證知。

　　而至於「責騾馬直，不責駒直也、明當服蘇，今已薰臭、食中已有不淨、麻中已有油」四種譬喻皆出〈師子吼品〉，用以說明佛性是始有，非因中已有。以「麻中已有油」喻為例，〈師子吼品〉有言：

譬如有人種植胡麻，有人問言：「何故種此？」答言「有油」，實未有油。胡麻熟已，收子熬蒸、擣壓，然後乃得出油，當知是人非虛妄也，以是義故，名未來有，云何復名過去有耶？〔註27〕

該品藉由「種麻取油」為例，強調雖答「有油故種」，但「此有」是未來將有，不是已然本有，以指明雖說「有佛性」，但是是「未來始有」，不是「從來本有」。可見此與上段所言「佛性本有」的主張是明顯對立的。

　　接著，關於眾師的主張，主張本有者，吉藏說：

一師云：眾生佛性本來自有，理性真神阿梨耶識，故涅槃亦有二種：性淨涅槃本來清淨，方便淨涅槃從修始成也。〔註28〕

就引文中提的「阿梨耶識」來看，此當為地論師的主張。此外，地論教學傳統一般把「佛性」區分成「理（佛）性」與「行（佛）性」，而這裡所謂的「佛性本來自有，理性真神阿梨耶識」，指的應當是「理（佛）性本有」。《大乘玄論》卷三說：

但地論師云：佛性有二種，一是理性、二是行性。理非物造，故言本有；行藉修成，故言始有。〔註29〕

〔註26〕北涼・曇無讖譯：《大般涅槃經》卷7；《大正藏》冊2，頁408中-下。

〔註27〕同前註，卷28；頁532上。

〔註28〕隋・釋吉藏：《大乘玄論》卷3；《大正藏》冊45，頁39上-中。

〔註29〕同前註，頁39中。

由此可見，地論師是以「理性」與「行性」的分別來處理《大般涅槃經》經文本身主張「本有」、「始有」之間的對立的。

上述地論師的意見，以地域而言，是屬於北方的佛教傳統，在《涅槃經遊意》中，吉藏還提及了南方學者主張「佛性本有」的兩種意見，他說：

> 第一靈味高高，生死之中，已有真神之法，但未顯現，如蔽黃金，《如來藏經》云：如人弊帛裹黃金像，墮泥中，無人知者，有得天眼者，提淨洗，則金像宛然。真神亦爾，本來已有常住佛體，萬德宛然，但爲煩惱所覆，若斷煩惱，佛體則現也。

> 次有障安瑤師云：眾生有成佛之道理，此理是常，故說此眾生爲正因佛性，此理附於眾生，故說爲本有也。〔註30〕

至於主張「佛性始有」者，吉藏在《大乘玄論》卷三中說得極簡略，因此，無從考察此是何人之見解，他說：

> 第二解云：經既說佛果從妙因而生，何容食中已有不淨？故知佛性始有。〔註31〕

總之，不論其他僧侶持何主張，皆在吉藏的破斥之列，因爲對吉藏來說，他們都「定執」某一見解爲是，他說：

> 若執本有，則非始有；若執始有，則非本有。各執一文，不得會通經意，是非諍競，作滅佛法輪，不可具陳。〔註32〕

此外，吉藏還特別批評地論師以「理性」與「行性」的分別來處理「始有」、「本有」的爭執，他說：

> 若言理性本有，非始、行性始有，非本者，更執成病，聖教非藥，而世間淺識之人，但見其語，定以爲是，以成迷執也。〔註33〕

那麼，吉藏自己如何處理「本有」與「始有」的問題呢？他說：

> （問：若言佛性非本、始者，以何義故說本、始？）

> 答：至論佛性，理實非本、始，但如來方便，爲破眾生無常病，故說言一切眾生佛性本來自有，以是因緣，得成佛道，但眾生無方便，故執言佛性，性現相常樂，是故如來爲破眾生現相病，故隱本明始。

〔註30〕隋・釋吉藏：《涅槃經遊意》卷1；《大正藏》冊38，頁237下。
〔註31〕隋・釋吉藏：《大乘玄論》卷3；《大正藏》冊45，頁39中。
〔註32〕同前註。
〔註33〕同前註。

> 至論佛性，不但非是本始，亦非是非本非始，為破本、始，故假言
> 非本非始，若能得悟本始非本始，是、非平等，始可得名正因佛性。
> 〔註34〕

首先，吉藏說：「如來方便，為破眾生無常病，故說言一切眾生，佛性本來自有，以是因緣，得成佛道，但眾生無方便，故執言佛性，現相常樂，是故如來為破眾生現相病，故隱本明始」，以為佛陀是為了破斥「無常之病」而宣說「佛性本有」，但眾生聽聞「佛性本有」教說，轉執「現相常樂」，執藥成病，故佛陀再說：「佛性始有」。可見對他來說，「本有」與「始有」是分別對破「執病」而宣說的主張。

再則，以「因緣對自性」的詮經設立來解釋的話，眾生執取的「本有」、「始有」可表示成「本有（自）」與「始有（自）」，而佛陀對治執病所使用的「本有」、「始有」則可表示成「本有（假）」與「始有（假）」。因此，引文開頭「至論佛性，理實非本、始」中所謂的「非本、始」實際上可視為對「本有（自）」與「始有（自）」的否定。而根據上文的討論，實際上這裡所言之「否定」也可視為是對於「語句」的否定，即是對於執取「佛性本有」及「佛性始有」二者的否定。本文以為，以這樣的觀點出發，能較好地理解吉藏學說中的論說。如實而言，經論上提出的「佛性本有」與「佛性始有」兩個命題或陳述，對於義解僧侶來說，是屬於被解釋的對象，因此，就吉藏而言，並不是他自己先提出了「佛性」此一概念，如同亞里斯多德的形上體系一般，先認可作為主語的「語詞」在「存有」範疇中的地位，再對其「性質」，進行表述。因此，關於吉藏對於經論文句的討論，應當區分出「語句」，如「佛性始有」，以及「語詞概念」，如「佛性」此二者的分別，如此，在面對吉藏著作中眾多如「甲，非 A 非 B」的表現形式時，便不致於因為作為主語的「甲」，而認為吉藏肯定「實在」，並且由於「非 A 非 B」此種「否定」的表現形式，以為他是透過「否定」的形式對於此「實在」進行表述。因為，根據本文的討論可知，只要肯定有某者的存在，無論其性質為何，終還是應當破斥的「有見」，誠如吉藏自己所說：「雖複絕言，終有絕言之理，既終有此理，終是有見，了何由得道？又終有此理，而不可說其有無者，與犢子部『我』，有何異耶？」〔註35〕

〔註34〕同前註，頁 39 下。
〔註35〕隋・釋吉藏：《淨名玄論》卷1；《大正藏》冊38，頁 856 下。此外，我們也可以這樣處理，即視「佛性非本有」一句中的「非」作為否定詞，是對於「具

第三，面對「佛性本有」以及「佛性始有」二者的執取，吉藏說：「至論佛性，理實非本、始」，然而，吉藏顧慮習學者聽聞「佛性本有」以及「佛性始有」二者皆非，即錯誤的，反將轉執「有一非本有非始有的佛性（存在）」。因此，引文中末尾又說「至論佛性，不但非是本始，亦非是非本非始，爲破本、始，故假言非本非始」。這裡，吉藏的思辨是更進一層的。怎麼說呢？吉藏所說的「假言非本非始」是屬於「無所得人」所使用的語言，因此是「因緣相待義」。與何相待呢？分而言之，「非本」與「本」相待，「非始」與「始」相待，而所謂的「非是本始，亦非是非本非始」便是對於「有所得人」取執「本、始」以及「非本、非始」的否定。所以，「至論佛性，不但非是本始，亦非是非本非始，爲破本、始，故假言非本非始」整句話是說，「本、始」及「非本、非始」具有「因緣相待」的使用意義，是用以對治「性執」的，因此，由於「本、始」及「非本、非始」是「相待假」，就不能將之視爲「自性義」範疇中的「本始」與「非本、非始」，所謂「至論佛性，不但非是本始，亦非是非本非始」。〔註36〕

（三）《勝鬘經》中的「如來藏」概念

在漢傳的佛教傳統中，關於如來藏系思想的討論，主要集中在《大般涅槃經》所提出的「佛性」此一漢譯語彙上。除此之外，關於「如來藏」概念的相關討論，最重要的經典之一，則是《勝鬘經》。

《勝鬘經》，全名爲《勝鬘師子吼一乘大方便方廣經》，最早由劉宋時期

有本有性質的佛性（的存在）」的否定；同理，「佛性非始有」一句，我們也可視之爲對於「具有始有性質的佛性（的存在）」的否定。就此而言，也可說明，不必然在解讀上，要先肯定作爲主語的「佛性」的存在，並因爲「非本有非始有」等否定句式，遂以爲此「存在」或「實在」，必須透過遮詮的方式始能表述之。

〔註36〕即非有「具本有性質的佛性（存在）」、非有「具始有性質的佛性（存在）」，以及非有「不具本有性質亦不具有始有性質的佛性（存在）」。至於這裡所言之「非有」，作爲否定使用，隱涵有怎樣的使用意義，則是本章下節的討論重點。此外，附帶一提的是，吉藏既然對於「具本有性質的佛性（存在）」、「具始有性質的佛性（存在）」、「不具本有性質亦不具有始有性質的佛性（存在）」等都加以否定，是不是意味著，對他來說，因爲在「存有」的範疇中，根本沒有「佛性」的存在，因此諸此陳述根本就是沒有意義的命題，以至於他要一再地加以否定呢？不是。因爲就吉藏的經解體系來說，在存有或形上的範疇中，主張沒有佛性（的存在），即是理當破斥的「無見」，因此，他不可能有如是主張，致使自己所設立的經解體系，批判起自己的主張來。

的求那跋陀羅（394～468）於丹陽郡譯出。另一漢譯版本則爲唐代菩提流志（562～727）所譯的《大寶積經》中的〈勝鬘夫人會第四十八〉。求那跋陀羅所譯《勝鬘經》主要討論的主題是「一乘」與「如來藏」等概念，其卷數只有一卷，份量雖不如《華嚴經》、《大般涅槃經》等大部經典，但是就《高僧傳》的記載來看，流通亦非常廣泛，研習、講說、疏釋者頗多。而對於這部屬於如來藏系的經典，吉藏也著有《勝鬘寶窟》三卷，進行疏釋。此本疏論不僅表達了他對於如來藏思想的理解立場，還爲後代保留了許多如今已亡佚的其他義解僧侶疏作中的說法，彌足珍貴。不過，本文這裡只想藉由檢視《勝鬘寶窟》卷三中的一段論說，以查考吉藏如何運用「因病設藥，病息藥廢」此一詮經設立，來解釋一般被認爲或對「實在」有所肯定的「如來藏」概念。

吉藏在《勝鬘寶窟》卷三整理了七點佛陀宣說「如來藏」的目的，摘引如下：

（1）又破二乘執，自謂究竟，故說如來藏，唯如來藏，無有餘乘。

（2）又爲破外道，故說如來藏，如《楞伽》云：大慧！我說如來藏者，爲諸外道執著於我，攝取彼故，令彼外道離於神我妄想見、心執著之處，入三解脫門，得成菩提，故說如來藏。

（3）又爲斷見眾生謂眾生之性同於草木，盡在一期，無復後世，爲破此故，是故今明如來藏，必當作佛，不同草木，盡在一期，故《涅槃》云：佛性者，非如牆壁瓦石也。如《法華》常不輕菩薩，爲令增上慢人，發菩提心，故說眾生悉有佛性。

（4）又令眾生知自身中有於佛性，發菩提心，修行成佛，故說佛性。

（5）又令眾生知他心身中悉有佛性，不行殺等十惡業罪。

（6）又於眾生不起二乘等見，既唯有佛性，則無復二乘，故於眾生不起二乘之見。

（7）又欲說波若，故說佛性。波若即是中道智慧，中道智慧者，令眾生遠離有、無二見，令知生死之中，無虛妄我故，息其有見；有如來藏，息於無見，如《攝論》云：爲破外道邪我，故說波若爲我因，以如是等諸因緣故，說如來藏。

此是佛法之大意也。〔註37〕

其中，第五點屬於倫理的範疇，所謂「令眾生知他心身中悉有佛性，不

行殺等十惡業罪」，勸說人不造惡業；而第四點，在七點之中，則屬於較正面的立說，所謂「令眾生知自身中有於佛性，發菩提心，修行成佛」。關於此，吉藏在解釋佛典上諸如「涅槃」、「佛知見」等看似具有「神聖性」或「尊貴性」的概念時，也嘗引「歎美」、「引進」等說法：

1、非常、無常，歎美爲常，爲欲引物。〔註38〕

2、非小、大，歎美爲大，非金剛、非不金剛，歎美爲金剛。〔註39〕

3、非大、非少，偏結皈大者，此是嘆美義，則是引進也。非愚、非知，結爲智，非常、非無常，結爲常，皆爾。然《涅槃經》初辨常亦是治無常義，亦是嘆美引進義也。〔註40〕

由諸例句來看，所謂「歎美」、「引進」、「強爲之名」所引出的諸「名」，如「常」、「大」、「智」等，皆有與之相對應的「他名」，如「無常」、「小」、「愚」等。實際上，我們可以由反面的角度來看待所謂的「歎美」與「引進」，即所謂「離捨」，亦即要人離捨於對於「無常」、「大」、「愚」等「自性」之執，如同吉藏學說中所標舉的「破邪顯正」，其中所謂的「正」，其實也可解釋有「歎美」與「引進」的意思，並透過「那是壞的，這是好的」的教說方式，要人離捨於「彼」，當然，離捨於「彼」，並不代表要轉執於「此」，所以吉藏才要強調所謂「爲息於邪，強名爲正，在邪既息，則正亦不留，故心無所著。」〔註41〕因此，如果從此一角度來看待「令眾生知自身中有於佛性，發菩提心，修行成佛」的話，不必然要將它解釋成在「存有」的意義上，有「佛」此名言所指涉的「存在」，無論此存在是何種存在，並且，透過修行的方式，眾生必然能達致此種存在狀態。

再則，七點中的其他五點都表示「如來藏」概念的提出，是針對某種執取而說的，如第三點說「又爲斷見眾生謂眾生之性同於草木，盡在一期，無復後世，爲破此故，是故今明如來藏，必當作佛，不同草木，盡在一期」。這裡，「如來藏」這個具有肯定「實在」的概念，是對著「斷見」的眾生說的，而所謂的「斷見」，當然與「如來藏」相對，乃具有否定常存不變的「實在」的義涵。又如第七點，吉藏說，經論中主張「虛妄無我」是破「有見」的，

〔註38〕隋・釋吉藏：《百論疏》卷下；《大正藏》冊42，頁294下。

〔註39〕隋・釋吉藏：《金剛般若疏》卷1；《大正藏》冊33，頁88下。

〔註40〕隋・釋吉藏：《大品經義疏》卷1；《續藏經》冊24，頁197下。

〔註41〕如吉藏說：「諸法未曾生死、亦非涅槃，但爲眾生虛妄，故成生死，爲止生死，故強說涅槃。生死若除，則涅槃亦息。」（隋・釋吉藏：《中觀論疏》卷10；《大正藏》冊42，頁155中）

而主張有「如來藏」是爲破「無見」的，所謂「令知生死之中，無虛妄我，故息其有見；有如來藏，息於無見」。

此外，附帶一提的是，吉藏還說「波若即是中道智慧，中道智慧者，令眾生遠離有、無二見」。這裡，我們可以藉以考察吉藏對於「般若」此一概念的解釋。首先，吉藏將「波若」等同於「中道智慧」，接著，又說：「中道智慧者，令眾生遠離有、無二見。」所謂「令眾生遠離有、無二見」強調的是經論提出「中道智慧」的「目的性」，並且，根據第三章的討論，吉藏學說中的「有」、「無」二見，基本上阻斷了詮釋者探索其論說中的「語詞概念」與「語句」在「存有」或「形上」範疇中的意義，即所謂的「事物」在「存有」的範疇中究竟是「有」（存在）或「無」（不存在），乃至於如果是「有」（存在），是怎樣的「有」（存在）？因此，我們便無從查考與「中道智慧」等同的「般若」在「存有」或「形上」範疇中的意義，因爲只要在「存有」的範疇中有所主張，馬上就墮入了「有」、「無」二見的制約中；另一方面，則只能從「救渡」的角度，探究吉藏如何解釋它在經典上被提出的「用意」。再進一步說，吉藏是透過這種方式來解釋經論上諸如「法身」、「涅槃」、「般若」、「佛性」等環繞著「如來」而產生的「神聖概念群」。關於此，本章第三節中還會有更詳細的討論。

（四）《攝大乘論》所提出的「唯識」概念

此小節僅簡單地討論吉藏如何運用「因病設藥，病息藥廢」來解釋唯識經典所提出的「唯識無塵」的教說。他在《淨名玄論》卷一中以代表「主觀」的「識」與代表「客觀」的「塵」，來歸納諸學者對於世界「本質」，或說「究竟眞實」的主張時說：

> 三、明即世所行塵、識四句：一、薩婆多部，不得法空，計有塵有識；二、方廣道人學毘佛略，執邪無之義，明無識無塵；三、藏什未至之前，有心無之說，明有塵無識，如肇公《不眞空論》云：「無心者，無心於萬物，萬物未嘗無。」肇公評之云：「此得在於神靜，而失在物空也。」；四、計無塵有識，如執唯識，無有境界。如此等說，皆墮四門，亦無絕四，故無不二之道，如上斥之。〔註42〕

接著，有問者問曰，前三是邪見，「可得非之」，第四所謂「無塵有識」

〔註42〕隋・釋吉藏：《淨名玄論》卷1：《大正藏》冊38，頁857下。

是大乘論師天親菩薩所說，爲什麼也是錯的呢？所謂：

> 問：有塵有識，是毘曇執有之見；無塵無識，方廣邪無之宗；無識有塵，人師自心。此三可得非之。唯識之旨，蓋是方等之宏宗，菩薩之大智度論，何以排斥？〔註43〕

而吉藏則回答說：

> 考天親唯識之意者，蓋是借心以忘境，忘境不存心，肅〔註44〕然無寄，理自玄會，非謂塵爲橫計，心是實有，末學不體其旨，故宜須斥之，故各在門人。〔註45〕

由其回答可知，他同樣是以「因病設藥，病息藥廢」來解釋唯識經典所提出的「唯識無塵」的教法的：以爲「唯識無塵」是對於某一執見所說的，所謂「借心以忘境」，而並非是對於世界眞實的一種主張，所謂「非謂塵爲橫計，心是實有」，因此，主張「有塵」的執著消失了，「唯識」此教說就失去了意義，所謂「忘境不存心」。此外，本文想談一下引文中所謂的「蕭然無寄，理自玄會」此一說法。

「蕭然無寄，理自玄會」在吉藏學說中並不難見，基本上可以把它視爲「無所得」的較文學性的表現方式，因此，它是對「有寄」與「明會」，即「有得」所說的，並非強調在「存有」的範疇中，定有一「蕭然無寄，理自玄會」的境界（存在）。所以，如果以此角度來詮釋吉藏的學說，以爲他在「存有」的範疇中，主張有一離於言說的「存在」，並且在修行或認識的目標上，主張人要絕言棄智地回歸或達到此一存在狀態，恐不得其實；如同吉藏面對「什麼是佛」此一議題，批判了所謂「終謂有佛，不可說」、「終謂有佛，但不許著」二則主張一般，如果主張有一離於言說的「存在」或說是蕭然無寄的「境界」的存在，亦不過是墮入「有見」而已。

最後討論「因病設藥，病息藥廢」此詮經設立在吉藏學說中的重要性。先由「釋迦與舍那爲一、爲異」此一論題談起。本章前言所提及的對於「釋迦與舍那爲一、爲異」論題的回應，所謂「舍那釋迦，釋迦舍那」，是以「舍那」、「釋迦」此二語詞具相待的關係，即「舍那以釋迦爲義，釋迦以舍那爲

〔註43〕同前註，頁 858 上。。

〔註44〕按，「肅」此字《新脩大正藏》並無校勘，然當作「蕭」。吉藏著作，作「肅然無寄」僅此一見，他處皆作「蕭然無寄」。

〔註45〕隋・釋吉藏：《淨名玄論》卷1；《大正藏》冊 38，頁 858 上。

義」，來指明不能單獨地對「釋迦」或「舍那」等語詞，乃至於「釋迦與舍那是一」或「釋迦與舍家是異」等陳述，採取「決定解」的態度，或者，利用第四章「因緣對自性」此一詮經設立來說，我們可以將「舍那釋迦」表示為「釋迦（假）」，「釋迦舍那」表示為「舍那（假）」，並以此來否定「舍那（自）」與「釋迦（自）」二者。接著，運用本節所討論的「因病設藥，病息藥廢」，「釋迦（假）」與「舍那（假）」的提出，其目的只在指明「舍那（自）」與「釋迦（自）」，乃至於「釋迦與舍那定是一」或「釋迦與舍那定是異」的主張是錯誤的，以促使他人放棄諸此主張而已，因為「病消，藥就須息」，不應復執著之，從而我們根本無法探究「舍那（假）」、「釋迦（假）」，乃至於所謂的「舍那、釋迦此二語詞具相待的關係」等語詞概念及語句在「存有」或「形上」範疇中的意義是什麼。並且，由此例出發，「因病設藥，病息藥廢」也當能應用在大小乘經、與大乘論，乃至於吉藏師門以及吉藏自身的論說上。如此一來，吉藏著作中的或立或破、或正或邪、或理內或理外、或無得或有得，乃至於吉藏經解理論中的所有詮經設立，都是對著「著」這個預設而興發的。對吉藏來說，只要這個預設被抽離了，或語或默，都將失去意義。也因此，如果有人對於吉藏所提出的主張採取所謂的「決定解」的態度時，在吉藏的教學中，一般有兩種破斥的方法：其一，以「有」、「無」二見的模式破之，即「有 X 存在」，則為「有見」，「無 X 存在」，則為「無見」，如吉藏自己批評道：「終有非有、無之道，還是有見；若無此非有、無道，即是無見」；〔註46〕其二，採「本對 X，所以說 Y；X 既去，Y 亦不留」的說法，如吉藏說：「本對外道之邪，故有內之正；邪既不立，故正亦不留。」〔註47〕

此所謂「因病設藥，病息藥廢」。

第二節　「否定」在吉藏學說中的使用意義

「否定」的使用在吉藏的經解體系中也佔有相當重要的地位。然而，雖說吉藏的論說多所仰賴於「否定句式」，但是他自己並沒有針對所使用的「否定句式」背後所隱含的「使用意義」，加以明確的說明。就這點來說，不若前文所論及的「四假」、「因緣對自性」、「因病設藥，病息藥廢」等詮經設立，

〔註46〕隋・釋吉藏：《中觀論疏》卷 7；《大正藏》冊 42，頁 111 下。
〔註47〕隋・釋吉藏：《百論疏》卷下；《大正藏》冊 42，頁 302 上。

因此，本節的主要課題便是嘗試將吉藏學說中相關否定句式背後所隱含的「使用意義」，進一步予以顯題化。

一、吉藏著作中關於「否定」的使用

在這一節中，嘗試依照不同的區分依據來討論吉藏著作中的眾多否定句式，以爲下兩小節討論的基礎。

（一）單純作為「否定詞」使用，與作為「複合詞」成分使用的區別

在吉藏的著作中，如「不」、「非」、「無」等否定詞，在語句中所扮演的角色可以區分爲二：第一，單純作爲「否定詞」使用，用以否定「語詞概念」、「謂語」、「述語」或「語句」等，如以下這些例證：

　　1、本對邪觀，故說正觀，既無邪觀，豈在正觀耶？〔註48〕

按：「無邪觀」中的「無」，用以否定「邪觀」的存在。

　　2、理雖非中（非）不中，爲令物得悟，故強立中名也。〔註49〕

按：「理雖非中（非）不中」一句中的「非」，用以否定「中」與「不中」。

　　3、若不見因緣，即不見法，不見法，即不見佛也。〔註50〕

按：以「不」此一否定詞，否定「見因緣」、「見法」，以及「見佛」。

第二，則是與其它「語詞」形成「複合詞」，通常用以作爲一個句子的「主語」、「賓語」、甚至是「謂語」使用，例舉如下：

　　1、理雖非中（非）不中，爲令物得悟，故強立中名也。〔註51〕

按：「理雖非中（非）不中」一句中「不」與「中」形成「不中」此複合詞。

　　2、本有是常，始有無常。常、無常異，不得即也。〔註52〕

按：這裡，可以把「常、無常異」一句中的「無常」視爲以「無」與「常」所構成的複合詞。

　　3、又小乘人有無我理，決定是無，亦名爲性，故破性，破小乘人也。

〔註53〕

〔註48〕隋・釋吉藏：《中觀論疏》卷5：《大正藏》冊42，頁73上。

〔註49〕隋・釋吉藏：《中觀論疏》卷1：《大正藏》冊42，頁2中。

〔註50〕隋・釋吉藏：《大乘玄論》卷2：《大正藏》冊45，頁31下。

〔註51〕隋・釋吉藏：《中觀論疏》卷1：《大正藏》冊42，頁2中。

〔註52〕隋・釋吉藏：《大乘玄論》卷1：《大正藏》冊45，頁21下。

〔註53〕隋・釋吉藏：《十二門論疏》卷下：《大正藏》冊42，頁205上。

按：「無」與「我」形成複合詞，作爲「理」一詞的定語。

（二）「有所得人」與「無所得人」對於「否定」使用的區別

　　吉藏學說在「著」這個預設下，自覺地區分出了「有所得人」與「無所得人」在語言認知態度及使用目的上的不同，因此「否定」既然是人類語言體系中的組成成分之一，那麼，在吉藏的學說中，對於「否定句式」的使用意義亦當有所區別。吉藏在《大乘玄論》卷二中論及「非」、「不」與「無」等否定詞的使用是這麼說的：

> 「非」與「不」及「無」三名，亦得通目一法，亦不無其異，不得一向一種，後別明之。〔註54〕

吉藏注意到了「非」、「不」與「無」在一般使用意義上是有所分別的。但是，對他來說，「無所得人」對於此三者的使用只有同一個目的，並沒有嚴格區分的必要：

> 異者，如「不有」、「非有」及與「無有」，不得不異義。如食，「無食」，則未曾有食；若言「不食」，則非是無食，故知有異也。雖異而爲洗諸法，即明三字不異，還是一意，以八不洗除盡淨諸法，故經中具有百非，即還是百不、百無等，故多有所關義。〔註55〕

吉藏指出，在一般的使用上，「不有」、「非有」及與「無有」在意義上是有所區別的。他舉「食」爲例，說「無食」是沒有食物的意思，或說是還沒吃飯的意思，而「不食」的意思就與「無食」不同，吉藏沒有說明「不食」的意思，但他所指「不食」的意思應當是不吃飯或不要吃飯。這是一個方面。另一方面，吉藏說，在同爲「洗除盡淨諸法」的這個目的上，三者的使用就沒有什麼區別，所以經中所言的「百非」，也可視爲「百不」、「百無」。那麼，什麼是「洗除盡淨諸法」呢？本文以爲，所謂「洗除盡淨諸法」，是吉藏用以強調「無所得人」使用「否定」句式的目的。什麼目的呢？當然是用以破斥「一切見」的。但是，這裡所說的「破一切見」，並不是要吾人在否定一切見解、主張之後，結穴於「空無所有」此一「眞理」，因爲，若主張一切虛假、空無所有，對於吉藏來說，亦只不過是墮入「空見」或「無見」而已。因此，破是要破「見」背後的「著」，而「破一切見」，即是要破「一切著」。

　　以下，分就「有所得人」與「無所得人」對於「否定」的使用，進行討論。

〔註54〕隋・釋吉藏：《大乘玄論》卷2：《大正藏》冊45，頁25上-中。
〔註55〕同前註，頁25中。

1、「有所得人」對於「否定」的使用意義

上文對於「否定詞」「非」、「不」、「無」等所區分出的單純「否定詞」及「複合詞」兩種使用方式，自然可以運用在這裡的討論。

先談單純「否定詞」的使用意義。吉藏在批評成實論師所提出的三種中道義時是這麼說的：

> 問：云何學佛教人，三中不成？
>
> 答：他云：「實法滅，故不常，假名相續，故不斷；不常不斷，名世諦中道。」今謂，不常猶是斷，不斷猶是常，唯見斷、常，何中之有？又言：「因中未有果事，故言非有，有得果之理，故言非無；非有非無，爲世諦中道。」考而論之，非有猶是無，非無猶是有，亦無中矣。又云：「眞諦四絕，故名爲中。」今請問之，爲有四絕之理，爲無此理耶？若有四絕之理，則名爲有，不得稱中；若無四絕之理，則無眞諦，亦非中矣。又，眞諦定絕，不可不絕，此乃是偏，何謂中道耶？又，中是無礙。眞諦定絕，遂不得不絕。既其有礙，云何名中？又，眞諦四絕，絕除四句，則是無於四句，故名爲斷；有此四絕之理，則名爲有，故是常見。〔註56〕

引文提及有三種中道：第一，「實法滅，故不常；假名相續，故不斷。不常不斷，名世諦中道」；第二，「因中未有果事，故言非有；有得果之理，故言非無。非有非無，爲世諦中道。」；第三，「眞諦四絕，故名爲中。」其中，第三種中道是把「眞諦」與「俗諦」二分中具「絕四句」屬性的「眞諦」，與「中道」此一概念等同起來。關於此，吉藏則是從「有」、「無」二見，或說「斷」、「常」二見的角度，加以批評，他說：「眞諦四絕，絕除四句，則是無於四句，故名爲斷；有此四絕之理，則名爲有，故是常見。」不過，這裡所要探討的是他對於前二中道的批判。對於第一種中道，吉藏批評說：「不常猶是斷，不斷猶是常，唯見斷、常，何中之有」；此外，對於第二種中道，吉藏也說：「非有猶是無，非無猶是有，亦無中矣」。這是什麼意思呢？我們可以利用二元互斥的全集合概念，加以解釋。首先，在「斷／常」互斥的全集合裡，對「斷」的否定，其意義等同於「常」，反之亦然；同樣的，在「有／無」互斥的全集合裡，對「有」的否定，其意義等同於「無」，反之亦然。根據前一章對於吉

〔註56〕隋・釋吉藏：《中觀論疏》卷1；《大正藏》冊42，頁11上。

藏學說中「性執」的相關分析，這裡，成實師對於「常」、「斷」、「無」、「有」等語詞的使用心態可說是「有常可常，有斷可斷」、「有無可無，有有可有」，以至於「常」、「斷」、「無」、「有」等語詞概念，與語言以外的世界具有某種聯繫關係，因此他們對於「否定」的使用，是與「表述世界眞實」這一件事相關的，所以在「語言能表述世界眞實」這件事上，否定了特定語詞或陳述，通常意味著肯定另一語詞與陳述，如否定了「常」，則有「斷」可得，否定了「有」，則有「無」可得。

再則，關於「複合詞」的使用意義，我們正好可以以吉藏對於攝論師的批評爲據，作爲討論的範例。吉藏在討論著有《攝大乘論釋》的天親與當時中國依持《攝大乘論釋》等經典的攝大乘論學者的區別時說：

> 問：《攝論》親明有「三無性」，今云何破之？
>
> 答：天親一往對破性，故言無性耳。而學人不體其意，故執三無性。
>
> 二者，彼云無性者，明其無有性，非謂有無性，學人雖知無有性，
>
> 而謂有無性，故不解無性語也。〔註57〕

「三無性」是與「三性」相連繫的概念。所謂「三性」，指的是「遍計所執性」、「依他起性」，以及「圓成實性」，而所謂的「三無性」，一般被稱爲「相無自性」、「生無自性」以及「勝義無自性」，是分別相應於「三性」的。〔註58〕據楊惠南指出，三性是把一切事物完全歸納爲眞、俗二諦兩個範疇，以說明一切世間和出世間法的本質，不外是這三性；而至於分別對應於「三性」的「三無性」，其意義則在於將世、出世間一切事物的三種本質，一一加以否定，指明這些本質都是不眞實的。〔註59〕而吉藏面對「《攝論》親明有『三無性』，今云何破之」的詢問，其回答則直接挑明了說，天親提出「三無性」的目的與攝論師的認知，二者乃有所不同。那麼，此二者的區別何在呢？吉藏則提出了兩種解釋。關於這兩種解釋，恰好運用了上文所提及的兩種使用方式。關於此，等到下文討論「無所得人」對於「否定」的使用時再進行解說。這裡，先解釋「學人雖知無有性，而謂有無性」這句話的意義。

「學人雖知無有性，而謂有無性」的意思是說，習學《攝大乘論》者，或即攝論師，他們知道「三無性」的提出是用以反對「三性」的，所謂「知

〔註57〕隋・吉藏：《中觀論疏》卷7；《大正藏》冊42，頁107中。
〔註58〕參見高崎直道等著、李世傑譯：《唯識思想》，頁310～317。
〔註59〕楊惠南：《吉藏》，頁104。

無有性」；但是，在否定了「三性」之後，他們卻反而主張「有（此）『無性』」。在此語句中，「無性」成為一名詞複合詞；並且，我們可以引申地說，吉藏以為，攝論師對於「三無性」是採決定解的態度的，〔註60〕即是把「三無性」的內容當成是「真理」或「理則」來依持，以為諸此陳述，相對應著世界的實際情況。由是，原本作為否定性動詞使用的「無」，與「性」此一概念，形成了一複合詞，被攝論師當成是一條「理則」，乃具有「形上」或「存有」範疇中的意義。

　　以上，本文透過兩個例子說明「有所得人」對於「否定」的使用意義。其中，在作為純粹「否定詞」使用方面，吉藏以為，「有所得人」認為否定某一語詞概念，同時意味對另一語詞概念的肯定，如所謂「不常，猶是斷」、「非有，猶是無」；而在否定詞與其它語詞形成複合詞方面，「有所得人」在面對經典上所出現的相關語詞時，是將其當成「理則」或「真理」來依持的。而之所以如此，當然是因為「有所得人」認為語言在「存有」或「形上」的範疇中具有意義或表述能力的緣故所致。

2、「無所得人」對於「否定」的使用

　　這裡，同樣以上文吉藏對於攝論師的批評為例。吉藏說：「天親一往對破性，故言無性耳。而學人不體其意，故執三無性。二者，彼云無性者，明其無有性，非謂有無性，學人雖知無有性，而謂有無性，故不解無性語也。」

　　誠如上文所說，吉藏的回答採用了兩種方式來解釋天親宣說「三無性」的意義。第一，他說，天親為了破除對於「性」的執取，而說「無性」，這裡的「無性」可視為一複合詞，作為名詞使用，用來對治對於「性」的執取，如同以「無常」此一概念破斥「常」，或以「無我」此一概念破斥「我」一樣，吉藏所用的詮經設立，正是「四假說」中的「對緣假」。當然，再運用「因病設藥，病息藥廢」此詮經設立來說的話，「性病」消除了之後，作為藥用的「無性」此一概念就應該捨去。第二種解釋，吉藏則指出，天親所說的「無性」也可以視為對「性」的否定，即「無」作為動詞使用，以否定作為名詞使用的「性」。當然，此將引發一個問題，即上文所言「有所得人」對於語詞概念的否定，同時蘊含著肯定，那麼，「無所得人」對於語詞的否定，是否同樣具有肯定的意味呢？關於這個問題，待至下文另行解答。

〔註60〕如吉藏自己說：「大乘人定作『無性』解，捨『性』而存『無性』，宜決破之。」
　　　　（隋・釋吉藏：《十二門論疏》卷下；《大正藏》冊42，頁205上-中。）

（三）「因緣」、「自性」與「否定」的關係

這裡所說的「因緣」與「自性」，指的即是「因緣對自性」此一詮經設立。其中，「因緣」實際上指的是「相待假」；並且，本文還指出，吉藏學說是以「相待假」來證成語詞是沒有「自性」的。而在本文第三章相關的文句疏解中，實際上已經使用到了「否定」這個概念，如吉藏所提出的「初章說」，所謂：

> 他云：有有可有，則有無可無，故有不由無，即無不由有；有是自有，無是自無。今無有可有，即無無可無；無有可有，由無故有，無無可無，由有故無。由無故有，有不自有，由有故無，無不自無；有不自有，故非有，無不自無，故非無。

至於本文的解釋，則區分了兩種對於語言使用的態度，指出「無所得人」與「有所得人」對於「有」、「無」二詞的使用，分別可以以「有假／無假」與「有自／無自」表示之。因此，「有不自有，故非有，無不自無，故非無」一句中的「有不自有」的「有」，即是「有假」、「無不自無」的「無」，即是「無假」，而「非有」與「非無」則指的是「不是自性之有」以及「不是自性之無」，即「非有自」與「非無自」。再則，「非有」、「非無」或「非有自」、「非無自」中的「非」，即是作為「動詞」使用的否定詞。

在上一段的回顧中，當注意其中的三個要素：第一，「有所得人」使用的語詞；第二，「無所得人」使用的語詞；第三，單純作為「否定詞」使用的「否定詞」。其中，單純作為「否定詞」使用的「否定詞」，原本既可以為「有所得人」所使用，也可為「無所得人」所使用；而上段作為否定詞使用的「非」是「無所得人」所使用的。至於「無所得人」所使用的此一否定詞「非」，除了否定之外，具不具有肯定的意味，則是下小節所要處理的問題。以下，嘗試再藉由吉藏在《大乘玄論》卷一中引用法朗「第一方言」中的「三種中道說」的內容，進一步討論筆者所言「三個要素」彼此之間的關係。

首先，要先了解的是，「第一方言」的內容是用以解釋什麼是「中道」的。也就是說，「中道」是經論所提出的論題，三論教學傳統要對其提出解釋。另外，亦當注意三論教學論說的針對性，所謂「一師語多對他起」，〔註61〕第一

〔註61〕《中觀論疏》卷二說：「一師語多對他而起，他有有可有，即有空可空；有有可有，不由空故有；若有空可空，不由有故空。今無有可有，即無空可空；無有可有，由空故有，無空可空，由有故空，故以空有為世諦，有空為真諦。……」（隋・釋吉藏：《中觀論疏》卷2；《大正藏》冊42，頁22中-下）

方言中的「三種中道說」，所謂「世諦中道」、「眞諦中道」，以及「二諦合明中道」，是針對他家所提出的「中道理論」而設立的，目的在於指明他家中道理論的錯誤。接著，談「三種中道」的實際內容。

　　吉藏說：

　　　非生、非不生，既是中道；而生、而不生，即是假名。〔註62〕

此句即是三論教學中所謂的「中假義」，只不過將原來的「有」與「無」代換成「生」與「不生」。這裡的「生」，取的是《中論》「八不」中「不生不滅」裡的「生」；而「不生」是對於「生」的否定，可視爲是以「不」加上「生」組成的複合詞。「而生、而不生，即是假名」一句中的「生」與「不生」是一組「相待假」，是「無所得人」使用的語詞，可作「生假」與「不生（假）」。至於「非生、非不生，既是中道」一句中的「生」與「不生」則是「有所得人」所使用的語詞，可作「生自」與「不生（自）」，「非生、非不生」中的「非」則是無所得人用以否定「自性執」，即「生自」與「不生（自）」的否定詞。吉藏說，否定了「生自」與「不生（自）」乃是「中道」一詞的內涵，那麼，具有此一內涵的「中道」代表什麼意義呢？這一問題必須等到下文討論到「無所得人」對於「否定詞」的使用意義，除了否定以外，是否同時意味著肯定這個問題後，才能回答。最後，引文中的「中道」與「假名」，在「無所得人」的使用意義中，也是一組「相待假」，即「中道（假）」與「假名（假）」，而強調他們是一組相待假的目的在於指明不能用「性執」的觀點來看待他們。這意思是說，如果有人以「性執」的觀點去看待他們，他們就變成了「中道（自）」與「假名（自）」，在此情形下，其中的一種破斥方法是再透過否定詞將之給否定掉，所謂「非中道（自）、非假名（自）」。

　　第二，吉藏說：

　　　假生，不可言生，不可言不生，即是世諦中道。〔註63〕

「假生」的意思，即是指此「生」乃是與「不生」相待下的「生」，即「生（假）」。而「不可言生，不可言不生」中的「生」與「不生」，即爲「生（自）」與「不生（自）」，其背後代表了「有所得人」對於語言使用的心態。至於「不可言」，簡化爲「非」此「否定詞」即可。因此，「假生，不可言生，不可言不生」整句可表達爲「生（假），非生（自）、非不生（自）」。當然，「生（假），非生（自）、

〔註62〕隋・釋吉藏：《大乘玄論》卷1；《大正藏》冊45，頁19下。
〔註63〕同前註。

非不生（自）」作爲「世諦中道」的內涵，具有怎樣的意義，同樣待到下一小節的討論以後才能獲得解決。

第三，吉藏說：

假不生，不可言不生，不可言非不生，名爲眞諦中道。〔註64〕

這裡，吉藏討論的是所謂的「眞諦中道」。「假不生」的意思，即是指此「不生」乃是與「非不生」相待下的「不生」，即「不生（假）」。而「不可言不生，不可言非不生」中的「不生」與「非不生」，即爲「不生（自）」與「非不生（自）」，背後代表了「有所得人」對於語言使用的心態。至於「不可言」，簡化爲「非」即可。因此，「假不生，不可言不生，不可言非不生」整句可表達爲「不生（假），非『不生（自）』、非『非不生（自）』」。

最後吉藏論及的「二諦合明中道」是其著作中最常見的，他說：

世諦生滅，是無生滅生滅，第一義無生滅，是生滅無生滅。然無生滅生滅，豈是生滅，生滅無生滅，豈是無生滅，故非生滅、非無生滅，名二諦合明中道。〔註65〕

吉藏使用的討論概念是「生滅」與「無生滅」，並且「生滅」乃爲「世諦」的內涵，「無生滅」則爲「眞諦」的內涵。「世諦生滅，是無生滅生滅」中的「無生滅」是作爲「定語」使用，以限定作爲「中心語」使用的「生滅」，因此，作爲「世諦」內涵的「生滅」是「無所得人」語言使用心態下的語詞，可作爲「生滅（假）」；同理，作爲「眞諦」內涵的「無生滅」，可表示爲「無生滅（假）」。再則，「豈是」可直接改稱爲「非」此一否定詞；因此，「無生滅生滅，豈是生滅，生滅無生滅，豈是無生滅，故非生滅、非無生滅」整句可改寫爲「生滅（假），非『生滅（自）』；無生滅（假），非『無生滅（自）』；故非『生滅（自）』、非『無生滅（自）』。」

以上，本文透過吉藏所引其師法朗「第一方言」中的「三種中道說」內容的析辨，標舉出吉藏著作中「無所得人所使用的『否定詞』」、「無所得人所使用的語詞概念」，以及「有所得人所使用的語詞概念」三個要素。這三個要素的區分，乃有助於我們進一步認識隱藏在吉藏繁複論說背後的思想義涵與立場，這是本章下一節所關注的問題。

〔註64〕同前註。
〔註65〕同前註。

二、「無所得人」使用的「否定詞」具有「肯定」的義涵？

上文提及「有所得人」所使用的「否定詞」，除了否定以外，同時意味著肯定，而本小節所要處理的問題是，「無所得人」所使用的「否定詞」，是否與「有所得人」一樣，除了否定以外，同時具有肯定的義涵呢？

在一般的使用意義下，關於「否定」的使用，這種除了否定以外，通常也蘊含了肯定的說法，B.K. Matilal 在〈否定式與中觀辯證法〉一文中，也有所見，他說：

> 普通的否定大致可分為兩方面：否認（Denial）和表態（Commitment）。這裏先談談第二面。當我們以否定的態度回答一有意義的問題時，我們也同時是對其它的問題予以肯定的答案。這種表態有不同程度。當我們說「那朵花不是紅色的」，我們已承認那朵花是有別的顏色（甚至是近於紅色的）。當我們說「人並非宇宙的創造者」，我們介入程度則是淺少的。對於這個問題，我們甚至可以辯說不一定要接受宇宙是有創造者這觀點。
>
> 否定的第一面是否認。這否認存在於一切否定中，但它的強度也是有變化的。如果我們將上述的例子改作「那朵花是非紅色的」或者說「這個人不省人事了」，這兩個句子中的否定強度是很弱的。在上述的情況，我們多半是陳述一種境況而並非否定主體及謂詞間之任何特殊關係。但我們在「人並非宇宙的創造者」這句子中的否定態度則非常顯著了。不了解否定的兩方面的強度，會引起哲學上很多問題。〔註66〕

B.K. Matilal 的劃分是很仔細的，他先區分出否定所涵藏的兩種意義：「否認」與「表態」；接著指出，在不同的否定句式中，此二意義的作用強度也有所差別。回到吉藏的學說中來說，我們可以把吉藏學說中的所謂「有所得人」對於「否定」的使用，視為具有 B.K. Matilal 所說的「否認」及「表態」的兩個意義，並且，就上文的討論來說，吉藏只強調「有所得人」在否定某者的同時，必然同時肯定有他者的存在，或企圖尋找他者的存在，但不如 B.K. Matilal 那樣，再細分出作用強度的差別。

此外，B.K. Matilal 還提及，關於否定的使用，也有極端的可能情形，他

〔註66〕B.K. Matilal 著、馮禮平譯：〈否定式與中觀辯證法〉，《中觀與空義》，頁118～119。

說：「在某些否定的情況下，『否認』的一面可以強烈（到）把『表態』一方減至全無」，〔註67〕又說：「這種極端的否定式在否定了一立場之後並不須要接受那相反的立場」。〔註68〕B.K. Matilal 所言及的這一種極端情形，正是吉藏學說中所設立的「無所得人」關於「否定」的使用態度。就吉藏來說，「無所得者」對於「否定」的使用，無論他是用了「非」、「不」，還是「無」，其用意只在於單純的「否定」而已，並沒有在「否定」的同時，企圖肯定另一個概念或命題。什麼是「單純的否定」呢？意思便是要執取某一見解主張的對方，放棄執取該見解主張。這種「否定詞」所具有的特殊「使用意義」，吉藏自己並沒有明白指出，然而筆者以為，可以由本章第一節所謂的「因病設藥，病息藥廢」此一詮經設立推估出來。

本文第三章強調，由於吉藏學說將來自於經典中的「有」、「無」二見的定義，劃限得很窄，所謂「若起有心則名為有；纔起無心。目之為無」，因此，這一預設，根本阻斷了吉藏透過語言文字，在「存有」或「形上」的範疇中有所主張的可能，以至於在他的經解體系中建立了「因病設藥，病息藥廢」此詮經設立，指出經論上的語詞、概念，以及他自己的論說，都是為破「著心」而說的，亦即語言文字的使用只在於「救渡」的範疇中具有意義，因此，特定「執病」取消了，相對應的「教說」，或破或立，也就失去了意義，所謂「凡有所說皆為息病，病息則語盡，如霆摧草，草死而霆消」。由此一詮經設立推估的話，「否定詞」對於語詞、陳述的否定，除否定的意義之外，在「形上」或「存有」的範疇中，並不具有肯定「它者」的意味，如否定「性實」，意味肯定「幻有」。

就此一否定的使用意義來說，上文所討論的吉藏學說以「X（假）」來否定「X（自）」，其目的僅不過在於破斥「X（自）」背後所代表的「著心」而已，否定「X（自）」並不隱含肯定了「X（假）」，換個方式來說，「X（自）」背後所代表的「著心」消除了，「X（假）」也就失去了意義。因此，如果習學者聽聞了以「X（假）」來否定「X（自）」之後，反執取「X（假）」，便是復執藥成病了。所以吉藏嘗說：

> 若聞生謂生是滅生，名為因緣生，而遂作因緣解，即成因緣病。須破此因緣，故破假實，須望觀心精密投之；不爾，還成舊義。〔註69〕

〔註67〕同前註，頁119。
〔註68〕同前註，頁120。
〔註69〕隋・釋吉藏：《中觀論疏》卷2；《大正藏》冊42，頁25中。

也因此，上段所謂「凡有所說……」一句的後半是這麼說的：「不得復守言作解，守言作解，還復成病，無得解脫。」

關於此，鄭學禮的研究亦有所見，他說：

> 爲了解釋對於邪見的拒絕，既不需要亦不意味某者持有另一主張或見解，中觀學派區別了「蘊含肯定的否定」（negation for affirmation）以及「純粹的否定」（pure negation）。……舉例來説，一方面，「否定」的使用具有肯定的目的，乃爲了建立另一個命題：Not-p 意味另一個不是 p 的東西（something）。「蘋果不是黑的」此一論斷建立在「蘋果是紅的」的論斷的基礎上。但對龍樹來説，否定的作用僅只有否定而已。Not-p 只意味著 p 的缺乏而已，並未蘊含對於他者的肯定。〔註70〕

第三節　語詞與語詞否定間的關係：顯道、強名與異名

一、問題的提出

一般在論及佛教的方法論時，可以區分出「表詮」與「遮詮」兩種不同的表現形式。所謂的「遮詮」，是透過對於語詞概念或語句的否定來處理「表詮」，即以語言進行正面表述，所無法處理的問題。此外，「遮詮」此種方法論或認識論，也常被以所謂「撥雲見日」、「撥雲見月」等譬喻加以描述。然而，如同譬喻中所提及的「日」與「月」，「遮詮」作爲一種方法論或認識論，是否同時意味著在「形上」或「存有」的範疇中預設了透過否定方式始能爲吾人所認識或表述的「實在」呢？遂引發爭執。而此一爭執的產生，則與般若或中觀經典所宣稱的「空」思想有著密切的關係。

據楊惠南的研究指出，吉藏著作中所使用的「遮詮」方法，便預設了「形上」的「實在」，他稱其爲「絕對眞理」或「最高的絕對眞理」。楊氏在〈吉藏的眞理觀與方法論〉一文中明確指出，吉藏始終認肯有一「最高的絕對眞理」存在，但在方法論上，早年偏向以「遮詮」的方式表述之，晚年則受《法

〔註70〕 本段引文爲筆者自行之翻譯。此外，和筆者一樣，鄭學禮對於中觀學派關於否定使用意義的見解也是建立在吉藏「因病設藥，病息藥廢」論説的基礎上，更詳細的説明，參見 Hsueh-li Cheng（鄭學禮），*Empty Logic: Mādhyamika Buddhism from Chinese sources*, pp 46～48.

華》、《涅槃》等經論的影響，開始採用「表詮」的方式，加以論說：

> 吉藏的真理觀，存在著早年（五十歲前）和晚年（五十歲後）的差
> 異；早年，吉藏的真理觀，完全承襲印度龍樹論師及其弟子——提
> 婆（`Aryadeva`）論師所著之《三論》。而在晚年，由於吉藏研讀了
> 世親（婆藪槃豆，Vasubandhu；320～400）所著之《法華論》（即
> 《妙法蓮華經優婆提舍》），對於其中的「一乘」、「佛性」等思想，
> 有了嶄新的了解，因此思想上起了本質性的轉變；而其真理觀也隨
> 著有了不同於早年的看法。簡略地說，吉藏早年的真理觀偏向於「遮
> 詮」式的理解，亦即雖然主張有一最高真理的真實存在性，但是，
> 卻無法採用任何語言文字來描述它。因此，說它是「邪」、是「有」、
> 是「俗（諦）」等等，固然不對；但是，說它是「正」、是「無」、
> 是「真（諦）」等等，也同樣不對。然而，吉藏的晚年，卻偏向於「表
> 詮」式地理解最高真理，亦即，除了承認有一最高的絕對真理存在
> 之外，還進一步採取肯定的語詞，例如「（實）有」、「真實」、「不空」
> 等等語詞，來描述這一最高的絕對真理。〔註71〕

先談所謂的「遮詮」。所謂的「無法採用任何語言文字來描述」此一說法，
將引發一個疑問，亦即，既然無法透過語言進行正面表述，吾人又何能以語
言概念，無論是「絕對真理」或「形上的實在」，乃至於「實有」、「本體」、「實
體」等，稱呼之呢？同樣的，既然無法透過語言進行正面表述，吉藏晚年又
為何轉以「（實）有」、「真實」、「不空」等語詞，嘗試正面地進行表述？要解
決這個問題，或可引進《老子》中所謂「強為之名」的論說，加以解釋。《老
子》二十五章說：

> 有物混成，先天地生。寂兮寥兮，獨立而不改，周行而不殆，可以為
> 天地母。吾不知其名，字之曰「道」，強為之名曰「大」……〔註72〕

既然無法透過人類語言進行正面表述，卻「強言之」，之所以如此，或許可以
說，乃因為「語言／思維」此一系統，雖然有其侷限性，但卻也是人類賴以
互通消息的工具中，適用性最強、共通性最大的，因此，不經由「此」，又通
由何「彼」呢？

〔註71〕楊惠南：〈吉藏的真理觀與方法論〉，《臺大哲學評論》第14期（1991年1月），
頁191。

〔註72〕樓宇烈：《老子周易王弼注校釋》（臺北：華正，1983年），頁63。

接著，在「強言之」的意義下，又爲何有如「絕對眞理」、「形上的實在」、「實有」、「本體」、「實體」，乃至於「（實）有」、「眞實」、「不空」等種種名的產生呢？關於此，可以有三種可能的解釋。第一，王弼在《老子指略》中說：

> 故可道之盛，未足以官天地；有形之極，未足以府萬物。是故歎之者不能盡乎斯美，詠之者不能暢乎斯弘。名之不能當，稱之不能既。名必有所分，稱必所有由。有分則有不兼，有由則有不盡；不兼則大疏其眞，不盡則不可以名，此可演而明也。〔註73〕

所謂「名必有所分，稱必所有由」，說明了人類語言體系中的語詞概念在表述上的限定性，亦即侷限性，然而，既然「名之不能當，稱之不能既」，卻又「強言之」，則強言時所使用的語言概念，各各表現了「不可言說者」的某一面向或特性。〔註74〕因此，《老子指略》接著說：

> 夫「道」也者，取乎萬物之所由也；「玄」也者，取乎幽冥之所從出也；「深」也者，取乎探賾而不可究也；「大」也者，取乎彌綸而不可極也；「遠」也者，取乎綿邈而不可及也；「微」也者，取乎幽微而不可覩也。然則「道」、「玄」、「深」、「遠」之言，各有其義，未盡其極也。〔註75〕

這裡，王弼說明了「道」、「玄」、「深」、「遠」之名，雖皆未能「盡其極」，但在表述上，卻也「各有其義」。

第二、目的性，或爲釋放訊息的不同。其實，既有所說，當有所表。一般來說，任何言說者對於語言的使用，都有其目的性，亦即爲了對聽者、讀者釋放「訊息」，所以，企圖使用語言把「不可說者」納入人類的認知體系中，代表了作者或詮釋者想要藉由「語言」對外透露「訊息」。因此，用以表述的不同「名言」，都代表了其用以表述上各自不同的目的，或說是爲傳達不同的訊息給接受者。如引文中，王弼解釋《老子》一書之所以採用「道」一詞，乃「取乎萬物之所由也」，而《老子注》中的注釋同樣也說：「言道取於無物而不由也，是混成之中，可言之稱最大也。」〔註76〕「道」一字的原意是「道路」，又由於「道路」爲人行走所依之軌線，所以亦引申出「可依循」、「應依

〔註73〕同前註，頁196。
〔註74〕這裡，即使「不可言說者」的「不可言說」本身，也指示了某種「屬性」或「性質」。
〔註75〕樓宇烈：《老子周易王弼注校釋》，頁196。
〔註76〕樓宇烈：《老子周易王弼注校釋》，頁63。

循」的涵義，因此，就王弼所言「取乎萬物之所由也」的解釋來說，《老子》
選擇「道」作爲學說中的重要核心概念，可能的解釋有二：其一，在宇宙生
成論上，萬物皆從「道」而出，或「道」乃萬物在「存有論」中的根據；其
二，《老子》圍繞著「道」所展開的種種論說，「可依循」、「當依循」，具有引
領他人遵從的意圖。同樣的，在本文下一章第一節中所將提及的伊藤隆壽的
觀點，亦認爲吉藏學說存在著「不可言說者」，並且，將之稱爲「根源性實在」。
伊藤隆壽所言「根源性實在」一詞，在使用的目的上，乃具有將他所認識的
吉藏思想與老莊思想「同一化」的明顯企圖。

　　第三，學術討論脈絡的不同。在現在學者的討論中，將「形上」的具有
「不可說」性質的「某者」，或稱爲「絕對」、「本體」、「實在」、「實有」、「實
體」、「眞理」等，顯現了學者們討論問題背後所隱含的不同學術討論脈絡。
如在楊惠南的研究中，對於吉藏思想的探究，歸結出「有一眞理，然眞理不
可說」的結論，他所使用的「眞理」一詞，其背後似乎也隱含一學術脈絡可
徵。楊氏使用「眞理」一詞來指稱關於吉藏思想詮釋中的「不可說者」，也可
說是受到吉藏自身論說的啓發，然而吉藏著作中與「眞理」或「理」看似具
有同等地位的用語，尚有「至道」、「正道」、「中道」、「實相」等語彙，而楊
氏最終選擇「眞理」一詞，顯見他嘗試就其所設立的學術脈絡來處理吉藏學
說，以確立吉藏思想的意義與定位。

　　關於楊惠南所指出的吉藏學說中，在「形上」範疇預設了一「離於言說」
的「實在」（絕對眞理），在「認識論」或「方法論」上，則分別採用「遮詮」
與「表詮」的進路以表述此一「實在」（絕對眞理），在西方神學中也有相類
似的討論。西方神學中，關於探討如何表述、認識、或證明「上帝存在」的
議題，神祕主義的代表人物，託名爲狄奧尼修斯（Dionysius）的無名氏指出，
「上帝」乃超越人類語言的一切正面肯定與負面否定的表述：

> 1、關於萬物之因的眞理應是如此：既然祂是全部存在者的原因，我
> 們應當提出所有有關存在者的肯定，並將其賦予上帝；更爲恰當
> 的是，我們應當否定所有這些肯定，因爲祂超出萬物。我們不要
> 認爲否定只是肯定的相反，而應認爲萬物之因遠遠優先於此，祂
> 超出缺乏，超出所有的否定，超出所有的斷定。〔註77〕

〔註77〕　（託名）Dionysius 著、包利民譯：《神祕神學》（香港：漢語基督教文化研究
　　　　　所，1996 年），頁 93。

2、祂既不可被「不存在」，也不可被「存在」所描述。存在者並不知
道祂的真實存在，祂也不按它們的存在認知它們。關於祂，既沒有
言說，也沒有名字或知識。黑暗與光明、錯誤與真理──它一樣也
不是。祂超出肯定與否定。我們只能對於次於祂的事物作肯定與否
定，但不可對祂這麼做，因為祂作為萬物完全的和獨特的原因，超
出所有的肯定；同時由於祂高超地單純與絕對的本性，祂不受任何
限制，超出所有的局限；祂也超出一切的否定之上。〔註78〕

儘管如此，在認識論上，狄奧尼修斯（Dionysius）還是提出了以「肯定」與
「否定」的兩種方式來表述或認識「上帝」，並且強調「肯定」的方式必須從
最高的範疇肯定起，「否定」則要從最低的範疇否定起，他說：

現在你或許會疑問：為甚麼當我們的方法是關於肯定時，我們從最
高的範疇開始；而當我們的方法是關於否定時，現在卻要從最低範
疇開始？原因是這樣的：當我們肯定那超出一切肯定的事物時，我
們必須從與祂最接近的事物開始，這麼做，我們便肯定了所有其他
事物所依靠的事物。但是當我們否定那超出一切的否定的事物時，
我們必須開始於否定那些與我們期望達到的目標最不相像的事物。
難道說上帝是「生命」和「善」不是比說祂是「石頭」或「空氣」
更加真實些嗎？否定祂會「醉」或「怒」，它不比否定祂有語言或思
想更正確嗎？〔註79〕

誠如學者的觀察，吉藏繁複的論說中的確也存在著「表詮」與「遮詮」這
兩種語句表現方式，因此，以下諸小節所要處理的問題即在於引進上文對於吉
藏學說中「無所得人」與「有所得人」所使用的語詞概念，以及「無所得人」
所使用的「否定詞」，三者的區別，來討論吉藏經解體系中關於「語詞」以及對
於「語詞」否定的使用，是否即作為「認識論」上的兩種方法，在目的上，欲
藉以認識或表述「形上」範疇中「離於言說」的「絕對」的「實在」？抑或者，
在吉藏的學說中，是否必然要預設此一「離於言說」的「實在」存在？

二、「顯道」顯何「道」：離於言說的「形上實在」？

本文第四章「對自性的因緣」一小節論及吉藏學說中所謂的「相待假」，

〔註78〕同前註，頁97。
〔註79〕同前註，頁96。

指出它是針對「性執」的語言使用心態所設立的詮經方法，可以以「X 假」、「Y 假」表示之，並且將「X 假」、「Y 假」定義爲：

對 X、Y 來說，X 以 Y 爲義，Y 以 X 爲義。

或，

對 X、Y 來說，由 Y 故 X，由 X 故 Y。

如以「有」、「無」兩個語詞爲例，它們成爲一組「相待假」，就吉藏自己的說法是，「有以無爲義，無以有爲義」，「由有故無，由無故有」，乃至於「有是無有」，「無是有無」，是針對「性執」而設立的。什麼是「性執」呢？即「有以有爲義，無以無爲義」，「由有故有，由無故無」，「有是自有」，「無是自無」。吉藏有時把關於「相待假」的語詞釋義稱爲「因緣釋義」或「互相釋義」，如他說：「就因緣釋義者，明俗，眞義；眞，俗義」，〔註80〕又說：「所言互相釋義者，中以偏爲義，偏以中爲義。所以然者，中、偏是因緣之義，故說偏令悟中，說中令識偏。」〔註81〕除此之外，他還提及了另一種字詞釋義，所謂「顯道義」，有時又稱爲「理教義」。

「顯道義」指的是語詞與語詞否定之間的關係，如以下這幾個例子：

1、就顯道釋義者，明俗是不俗義，眞是不眞義。〔註82〕

2、理教釋義者，中以不中爲義。〔註83〕

3、顯道釋，權以不權爲義，實以不實爲義。〔註84〕

吉藏所言的顯「道」是顯何「道」呢？再看以下這幾個例子：

1、諸大乘經顯道，乃當無異。〔註85〕

2、眾經顯道無異，而作異名說之。〔註86〕

3、顯道未曾生死、亦非涅槃，不知何以字之，強爲立名，名爲涅槃。

〔註87〕

4、至論道門未曾邪、正。〔註88〕

〔註80〕隋・釋吉藏：《二諦義》卷中：《大正藏》冊 45，頁 95 上。

〔註81〕隋・釋吉藏：《三論玄義》卷 1：《大正藏》冊 45，頁 14 中。

〔註82〕隋・釋吉藏：《二諦義》卷中：《大正藏》冊 45，頁 95 中。

〔註83〕隋・釋吉藏：《三論玄義》卷 1：《大正藏》冊 45，頁 14 中。

〔註84〕隋・釋吉藏：《法華玄論》卷 4：《大正藏》冊 34，頁 394 上。

〔註85〕隋・釋吉藏：《法華玄論》卷 2：《大正藏》冊 34，頁 378 下。

〔註86〕隋・釋吉藏：《大乘玄論》卷 5：《大正藏》冊 45，頁 66 上。

〔註87〕隋・釋吉藏：《十二門論疏》卷上：《大正藏》冊 42，頁 186 下。

〔註88〕隋・釋吉藏：《中觀論疏》卷 1：《大正藏》冊 42，頁 16 上。

在第一、二個例子中，吉藏強調諸經所顯之「道」無異，即同顯一道。此外，有時，此「道」又稱「正道」，或「至理」，如《十二門論疏》說：「此論與《中論》同顯正道，俱息戲論，至理不殊。」〔註89〕而在後二個例子中，則運用了「遮詮」的表述法，如「未曾生死亦非涅槃」一句，可改寫為「非生死非涅槃」，即透過否定詞「非」，對於語詞「生死」與「涅槃」進行否定。在吉藏的著作中，與以上諸例句相似的說法很多，那麼，可否就這些例證推估出吉藏經解體系中預設了一形上的「實在」（「至道」）存在，〔註90〕並且，必須透過否定的方法進行表述呢？關於這個問題，以下將嘗試透過吉藏批評成實師二諦理論的相關論說，進行解答。

　　本文嘗提及吉藏批評成實師把二諦當成是兩種「理則性」的「實在」，所謂「未有智時，已有此境」、「有佛、無佛，嘗有此境」，而其師門正是針對此種「天然之境」的主張，提出著名的「二諦是教，非關境理」的教說。《大乘玄論》卷一有言：

> 彼明二諦是理：三假是俗，四絕是真。今明二是教，不二是理。他家有理無教。〔註91〕

吉藏所謂的本家「有理有教」，指的是面對成實師「二諦是理」的主張，在二諦議題的討論上，三論教學傳統引進了「中道」的概念，指出「有」、「無」二是「教」，「非有非無」不二是「理」。此外，吉藏在《二諦義》卷下中還說：

> 所以明中道為二諦體者，二諦為表不二之理，如指指月，意不在指，意令得月。二諦教亦爾；二諦為表不二，意不在二，為令得於不二，是故以不二為二諦體。〔註92〕

所謂「中道為二諦體」一句中的「體」，在吉藏學說中，與「用」為一組論說範疇；而相對於「中道為體」，「用」指的則是引文中的「二諦」。實際上，這裡所言及的「體／用」，即是「理／教」。再則，所謂「如指指月」的譬喻，指的則是「以教顯理」或「以用顯體」；吉藏所運用的此一譬喻，〔註93〕並非

〔註89〕隋・釋吉藏：《十二門論疏》卷上；《大正藏》冊42，頁177下。
〔註90〕當然，這裡所提及的「至道」，已經屬於上文所提及的「強為之言」的範疇了。
〔註91〕隋・釋吉藏：《大乘玄論》卷1；《大正藏》冊45，頁15中。
〔註92〕隋・釋吉藏：《二諦義》卷下；《大正藏》冊45，頁108中。
〔註93〕此一譬喻當出《大智度論》。《大智度論》卷九在解釋「依義不依語」的意義時乃云：「依義者，義中無諍好惡、罪福、虛實故，語以得義，義非語也。如人以指指月，以示惑者，惑者視指而不視月，人語之言：『我以指指月，令汝知之，汝何看指，而不視月？』此亦如是。語為義指，語非義也，是以故，

其師門所獨創，乃吸取自他家的教學方法。《二諦義》卷上中說：

> 廣洲大高釋二諦義，亦辨二諦是教門也。彼舉指爲喻，爲人不識月，舉指令得月。彼云：不識月，故尋指得月；雖尋指知所指，所指竟非指；所指竟非指，指、月未嘗同。尋指知所指，所指因指通，所指所指通，通之由神會，指、月未嘗同，所指，恒指外。〔註94〕

引文中，「廣洲」之「洲」，當作「州」，而「高」乃「亮」之訛誤，「廣州大亮」所指的是北多寶寺道亮，〔註95〕《高僧傳》有言：「釋道亮，不知何許人，住京師北多寶寺，神悟超絕，容止可觀，而性剛忤物，遂顯於眾。元嘉之末，被徙南越。時人或譏其不能保身，亮曰：『業理所之，特非人事。』於是命侶宵征，南適廣州。弟子智林等十二人，隨之停南六載，講說導眾，化陶嶺外。」〔註96〕

　吉藏強調，成實師所理解的「二諦」是「定住有、無」的「二諦」，無法用以彰顯「非有非無」不二的「中道」，他說：

> 1、有所得有、無，定住有、無，故有不須表於非有，無定住無，故無不得表於非無。如此有、無，既不顯非有、非無不二正道，故名爲失。因緣假名有、無，則有不住有，有表不有，無不住無，

不應依語。」（姚秦・鳩摩羅什譯：《大智度論》，卷9；《大正藏》冊25，頁125上-中）

〔註94〕 隋・釋吉藏：《二諦義》卷上；《大正藏》冊45，頁90上-中。又，此段引文，「手指」是「能指」，「月」「所指」，「尋指得月」可解釋成「循著手指所指的方向可以找到月亮」，因此，「所指因指通」一句，表面上是說「月亮因手指而得以被看見」，實際上則強調透過「有、無二諦」（教說），可以使人認識「教說」所欲顯示的「對象」，所謂「所指因指通」，「通之由神會」。然，「所指所指通」一句不知何解，或有衍字、訛字，亦未可知。

〔註95〕 如何知是「多寶寺道亮」呢？吉藏在《大乘玄論》卷一中說：「依廣州大亮法師，定以言教爲諦」，而慧均《大乘四論玄義》則提供我們一條線索，他說：「第四宗國北多寶寺廣州大亮法師云：『二諦者，蓋是言教之通詮，相待之假稱，非窮宗之實因也。』」而案查《高僧傳》，則有〈宋京師北多寶寺道亮〉一傳，言其本住北多寶寺，後駐廣州，是以知吉藏所言「廣州大亮法師」即《高僧傳》中之北多寶寺道亮。再則，據布施浩月所考，此「北多寶寺道亮」即《涅槃經集解》中的「僧亮」。此外，《涅槃經集解》所收注疏，尚有居靈味寺的寶亮，而天台智者、灌頂以及三論吉藏、慧均等著作，都嘗記載所謂「靈味小亮法師」或「小亮法師」云云，可見當時南朝佛教學術圈中，有以「大亮」指稱「道亮」，「小亮」指稱「寶亮」的區別。大亮與小亮之分別，湯用彤已有所見，參見氏著：《漢魏兩晉南北朝佛教史》，頁516。

〔註96〕 梁・釋慧皎：《高僧傳》卷7；《大正藏》冊50，頁372中。

故無表不無。如此有、無，能表不二正道，故名爲得。〔註97〕

2、汝有住有，不表不有，無住無，不表不無；有、無不表非有、非
無；二不表不二，即不能顯道，故非了義。今明因緣有、無，有
表不有，無表不無；有、無二，爲顯清淨不二之道，故名了義。
〔註98〕

那麼，接下來的問題是，吉藏所言他家的「有」、「無」二諦，無以顯「道」，
本家的「有」、「無」二諦之「教」，可以顯「非有非無」之「道」（即「中道」），
在這樣的討論範圍下，我們是否可以說，「有」、「無」二諦所爲彰顯的「非有
非無」的「中道」，在吉藏學說中所扮演的角色乃爲一透過否定始得彰顯的「形
上實在」？

　　吉藏在《二諦義》卷上中提及：

如來說有，爲表不有，說無，爲表不無；說二，爲表不二。彼聞有
作有解，聞無作無解。聞有作有解，有於凡實，名俗諦；聞無作無
解，無於聖實，名第一義諦。此之二諦皆失。〔註99〕

單就「如來說有，爲表不有，說無，爲表不無；說二，爲表不二」此句而言，
在理解上是有困難的，因爲我們如何在面對佛典上宣說此是有、彼是無，此
是眞諦、彼是俗諦時，直接將其理解成此有不表有，此無不表無，乃表非有
非無，不二中道呢？因此，「如來說有，爲表不有，說無，爲表不無，說二，
爲表不二」一句背後實際上隱涵了三論教學自身的一套論述，以爲支持。就
這個面向來說，經論上的「有」、「無」二諦，乃至「中道」等概念與文句，
是經解教學上被解釋的對象。那麼，在吉藏的學說中，「有」如何表「不有」，
「無」如何表「不無」呢？要處理這個問題，必須引進上文所提及的「無所
得人」與「有所得人」所使用的語詞概念，以及「無所得人」所使用的「否
定詞」，三者的區別，參與討論。

　　關乎此，在上一段引文中，吉藏自己的論說實際上就已經有所提示。所
謂的「有所得有、無」指的就是「有所得人」所使用的語詞，在本文的設計
下，可表示爲「有自」、「無自」，而「因緣假名有、無」或「因緣有、無」指的
則是「無所得人」所使用的語詞，可表示爲「有假」、「無假」。因此，「有能表

〔註97〕隋・釋吉藏：《淨名玄論》卷1；《大正藏》冊38，頁893下。
〔註98〕隋・釋吉藏：《二諦義》卷上；《大正藏》冊45，頁88中。
〔註99〕隋・釋吉藏：《二諦義》卷上；《大正藏》冊45，頁79上。

不有，無能表不無」，實際上指的是「無所得人」使用的「有」是「有假」，因為是「有假」，所以不是「有自」，同理，「無」是「無假」，所以不是「無自」，因此，「不有不無」或「非有非無」指的則是「非有自非無自」。吉藏稱此爲「中道」。〔註100〕這裡的討論，按照吉藏自己的話說是這樣的：

> 今對他明二諦是教門，無有可有，無無可無。無有可有，由無故有；
> 無無可無，由有故無。由無故有，有不自有；由有故無，無不自無。
> 不自有有，是「無有」；不自無無，是「有無」。「無有」不有，「有
> 無」不無。此有、無表不有、（不）無，故名爲教門。〔註101〕

在吉藏的學說中，此段論說被稱爲「二諦合明中道」。那麼，所謂「所顯」的「不有不無」或「非有非無」的「中道」，是不是一「形上」的「實在」？接下來，需讓「無所得人所使用的否定詞」這一設立加入討論。

吉藏說：

> 問：非有非無是愚癡論，云何是中道？
>
> 答：不取非有非無爲中，乃明離有、無見，乃名爲中耳。若離有、
> 無，而著非有非無者，即非中也。〔註102〕

這裡，吉藏以「離」這個動詞來說明所謂的「非有非無」是離捨「有」、「無」二見，而不是對於一「非有非無」的「中道」（存在）的指涉。然而，實際上，我們直接使用「無所得人所使用的否定詞」這一設立加以解釋，事情會更爲清楚。上文的論說指出，「二諦合明中道」的「非有非無」，可以表示爲「非有自非無自」，指的即是對於自性之有與自性之無二者的否定。這裡，作爲「否定」使用的「非」一詞，是「無所得人使用的否定詞」，這意味著「否定」除了「否定」之外，並不隱含對於「他者」的肯定，如肯定「有假」與「無假」。此是其一。第二，是對何者的否定呢？是對於「有自」、「無自」的否定。「有自」、「無自」意味著什麼呢？意味著「有所得人」對於語詞的認知態度或使用態度。怎樣的使用態度？即是本文所指明的「著」此一預設所包含的內涵。而這種使用態度，歸結吉藏自身的說法來說，可以有以下幾種表現方式：

> 1、有「X」（存在），則爲有見；無「X」（存在），則爲無見。

〔註100〕這裡所謂的「中道」，已經運用到了「強爲立名」的概念。關於「強爲立名」的運用，本文在下一小節中還會有所處理。

〔註101〕隋・釋吉藏：《二諦義》卷上；《大正藏》冊45，頁89中。

〔註102〕隋・釋吉藏：《中觀論疏》卷1；《大正藏》冊42，頁19下～20上。

2、聞「X」作「X」解。

3、「X」以「X」爲義。

4、有「X」可「X」，「X」是自「X」。

而本文的立場，則將此使用態度設定爲認爲語詞或語句在「存有」或「形上」的範疇具有意義，亦即「X」在「存有」或「形上」的範疇是「存在」（有）的，或「不存在」（無）的；而如果是「存在」（有）的，則必然是「某種」「存在」（有）。由此來說，吉藏的論說既然否定了此一使用意義，即意味著阻斷了他自身藉由語言在「存有」或「形上」的範疇中立說的可能。就此，吉藏所言「有理有教」意義下的「非有非無」的「中道」，就不可能是一「形上」的「實在」了。用吉藏自己的話說是：

> 設言道未曾有無，終有非有無之道，還是有見，若無此非有無之道，即是無見。〔註103〕

此外，吉藏在《淨名玄論》卷一設立了非常繁複的三重四句與四句否定的論說時，在一層否定，再進一層之後，最終還是強調：

> 明鑒深四句：初階絕單四句，次階絕複四句，第三絕複重四句；雖復次第漸深，而或者終謂窈冥之內，有妙理存焉，即名爲有；若無此妙理，則名爲無；亦有此理亦無此理，名爲亦有亦無；非有此理非無此理，爲非有非無。若然者，終墮四句之內，何有絕四之宗？
>
> 是故今明生心動念，則便是魔，若能懷無所寄，方爲法印。〔註104〕

這裡，所謂「生心動念，則便是魔」，換一個方式說，即是「有所得」，乃可二分爲「裁起有心，即墮於常；徵起無念，便入於斷」的「斷」、「常」或「有」、「無」二見，而「若能懷無所寄，方爲法印」，即是「無所得」。並且，以吉藏的論說設立來說，「若能懷無所寄，方爲法印」作爲一種教說，它是針對「生心動念，則便是魔」而說的，如果「生心動念」之執病消除了，「若能懷無所寄，方爲法印」的教說就失去了意義，所謂「因病設藥，病消藥廢」。自然，「無所得」與「有所得」的關係也是一樣的。

因此，就本文的立場來說，吉藏所言「有不住有，有表不有，無不住無，故無表不無。如此有、無，能表不二正道」一句中的「不二正道」，不是一個「形上實在」。那麼，顯「道」之「道」既然不是一「形上實在」，在吉藏學

〔註103〕隋・釋吉藏：《中觀論疏》卷7；《大正藏》冊42，頁111下。

〔註104〕隋・釋吉藏：《淨名玄論》卷1；《大正藏》冊38，頁858中。

說中，「道」此一詞語具有怎樣的使用意義呢？《中觀論疏》卷十說：

> 如《波若》云：「波若爲大事故起。」所謂示是道非道，今亦爾，示
> 有所得定性，此非是道，示無所得因緣，名之爲道。〔註105〕

所謂的「是道非道」，吉藏說是「示有所得定性，此非是道，示無所得因緣，名之爲道」，亦即實際上是對於「道」此一語言符號，區分出「有所得」與「無所得」兩種使用意義。因此，我們可以說，吉藏所言「顯道」之「道」，理當類歸於「無所得」的使用範疇中。如何看待「無所得」使用意義下的「道」呢？吉藏在討論《仁王般若經》的經宗時說：

> 夫欲講讀經前，須識大旨，此經以無生正觀爲宗，離有、無二見，
> 假言中道。〔註106〕

「假言中道」告訴我們「中道」一詞是屬於吉藏解經體系爲對「性執」而設立的「相待假」範疇，並且，引申來說，「無所得人」使用的所有語詞概念都同屬於此一範疇。這意味著可以爲此一範疇中的任一語詞，找到另一個與之相待的語詞，藉以論證各自的使用意義並不是「有所得」或「性執」。因此，上文嘗指出「顯道義」又稱爲「理教義」，所謂的「理／教」正是一組相待的範疇，而事實上，「理／教」，在吉藏學說中又可稱爲「中／假」、「體／用」、「豎／橫」：

> 就顯道釋義者，明俗是不俗義，眞是不眞義。……眞俗不眞俗，即
> 名義，不眞俗眞俗，即義名；眞俗不眞俗，（即）教理，不眞俗眞俗，
> （即）理教；斯則名／義、理／教、中／假、橫／豎也。〔註107〕

引文中，「眞俗不眞俗」一句，「眞俗」作爲「定語」使用，以限定中心語「不眞俗」；同理，「不眞俗眞俗」一句，「不眞俗」作爲「定語」使用，以限定中心語「眞俗」；所謂「名義」、「義名」、「理教」、「教理」等，類此可推。吉藏透過此段引文所要強調的是，其論說所使用的諸此語詞是「相待假」，因此，在認知上，即爲相對於「有所得」的「無所得」。所以，「道」此一詞語，若爲「無所得人」所使用的話，就不能被以「自性」的觀點看待，並不具有「形上」或「存有」中的意義；不僅如此，就吉藏的學說體系而言，「無所得」所使用的所有語詞亦然。那麼，這些語詞在何處具有意義？之所以被使用的目

〔註105〕隋・釋吉藏：《中觀論疏》卷1；《大正藏》冊42，頁154中。

〔註106〕隋・釋吉藏：《仁王般若經疏》卷1；《大正藏》冊33，頁315上。

〔註107〕隋・釋吉藏：《二諦義》卷中；《大正藏》冊45，頁95中。

的爲何呢？這是下一小節討論「強爲立名」此一主題所將涉及的問題。

三、如何看待「強爲立名」以及強爲立名的目的

《十二門疏》卷上說：

> 顯道未曾生死、亦非涅槃。不知何以字之，強爲立名，名爲涅槃。
> 〔註 108〕

由這個例子看來，吉藏學說中，「強名」（強爲立名）此一說法，應啓發自《老子》一書，殆無疑義。吉藏著作中關於「強爲立名」的使用，通常伴隨著「否定詞」，其通則是先對於「語詞」進行否定，再以「強爲立名」的方式肯定「語詞」，如以下這些例證：

1、如來正土未曾有、未曾無，未曾淨、未曾穢，斯則非有、非無，非穢、非淨，不知何以目之，強名中道正土。〔註 109〕

2、絕待妙者，非麁、非妙，不知何以字之，故強名爲妙。〔註 110〕

3、今言空者，不見空與不空，如是五句，皆無所得，不知何以目之，強名空耳。〔註 111〕

4、絕待中者，本對偏病，是故有中，偏病既除，中亦不立，非中、非偏，爲出處眾生，強名爲中，謂絕待中。〔註 112〕

5、今明雖非常、（非）無常，無名相中，強名相說，歎以爲常。
〔註 113〕

本文嘗指出吉藏經解體系區別出了使用共同語詞符號的「有所得」、「無所得」兩種使用態度。這裡列舉之例句，其中關於『語詞』的否定，如「未曾『有』」、「未曾『無』」、「非『麁』」、「非『妙』」、「不見『空』與『不空』」，可視爲對於「有所得人」所使用語詞的否定，可表示爲「非『X自』」。當然，示例「非『X自』」中的「非」，則爲「無所得人」所使用的否定詞，其除了純粹的否定以外，並不具有肯定的作用，如「否定 A，同時意味著肯定 B」。再則，「強名」所引出的「語詞」，如「中道正土」、「妙」、「空」、「中」等，可

〔註 108〕隋・釋吉藏：《十二門論疏》卷上：《大正藏》冊 42，頁 186 下。

〔註 109〕隋・釋吉藏：《華嚴遊意》卷 1：《大正藏》冊 35，頁 9 中。

〔註 110〕隋・釋吉藏：《法華玄論》卷 2：《大正藏》冊 34，頁 371 下。

〔註 111〕隋・釋吉藏：《法華玄論》卷 1：《大正藏》冊 34，頁 363 上。

〔註 112〕隋・釋吉藏：《三論玄義》卷 1：《大正藏》冊 45，頁 14 中。

〔註 113〕隋・釋吉藏：《勝鬘寶窟》卷下：《大正藏》冊 37，頁 78 下。

視爲「無所得人」所使用的語詞符號。本小節的討論主題在於如何看待「強爲立名」，以及「強爲立名」的目的，亦即：如何看待「無所得人」所使用的語詞符號，以及「無所得人」使用語詞符號的目的？

（一）如何看待「強為立名」

如何看待「無所得人」所使用的語詞符號呢？就吉藏經解體系的詮經設立來說，自然要將「無所得人」所使用的語詞符號視爲對「自性」的「相待假」。由於「無所得人」所使用的語詞符號是「相待假」，所以其使用態度，便不同於「有所得人」。而就「應病設藥，病消藥廢」此設立來說，所謂的「不同於」，只是對於「性執」的否定而已，並不意味對於「相待假」的肯定。因此，上一小節討論吉藏論說中「顯道」顯何「道」時提及的吉藏對於成實師二諦主張的批評，其所強調的「有、無二諦是教，非有非無中道是理」本身，就是一組「相待假」。試看以下這段論說：

> 次說二悟不二，此二諦竝得。何者？因二悟不二，二即是理教，不
> 二即是教理；二即中假，不二即假中；二即體用，不二即用體；故
> 此二諦是得也。〔註114〕

第一，「二」即「有」、「無」的省稱，「不二」即「非有非無」。第二，「二即是理教，不二即是教理」，則說明了「二」與「不二」，「有、無」與「非有非無」，具「相待」的關係，非「自性義」；其中，「理教」、「教理」二詞的意思，以吉藏學說中「因緣釋義」的方式說是，「教以理爲義」，「理與教爲義」。第三，「中／假」、「體／用」可說是「理／教」此一組範疇的不同表現方式。由是可知，吉藏學說中的「（中）道」並不具有「形上」的意義；換句話說，「有、無二諦」與「非有非無中道」皆非「定性義」。如果將之視爲定性義的話，乃有所得，就吉藏的立場來說，還是要進一步透過「否定」加以破斥，如作「非二非不二」、「非教非理」、「非用非體」，乃至於「非假非中」等說。最後，附帶一提的是，引文文末說「此二諦是得也」。此句乍看易使人心生疑惑。爲什麼呢？因爲吉藏在疏論中著意強調自家教門是「無所得」，他家乃「有所得」，這裡卻說自家二諦主張乃爲「得」，此間似有矛盾窒礙之處。事實上，就吉藏自身立場加以解釋的話，文中所說的「得」與「失」，如同「破邪顯正」中的「正」與「邪」，透過「那是壞的，這是好的」的論說，促使人「離彼入此」，

〔註114〕隋·釋吉藏：《二諦義》卷上；《大正藏》冊45，頁82下。

但所謂的「入」也只是「離」，即「離著」也，用吉藏自己的話說是「爲息於邪，強名爲正，在邪既息，則正亦不留，故心無所著。」此外，以如何看待「強爲立名」此一角度來說，吉藏所使用的「得」是「失得」之「得」，「失」是「得失」之「失」，亦即是一組「相待假」，非「自性執」。因此，如同執著定有「正」、「邪」之分別，面對「得、失」之說而執取有「得」有「失」者，吉藏會說：「至論道門，非得非失」，如他在《中觀論疏》卷一中說：

> 令知佛法，故謂顯正也。此是對邪，所以說正，在邪若去，正亦不
> 留，至論道門，未曾邪、正。〔註115〕

什麼是「至論道門」呢？其指的是論及「終極實在」時，不可言說、離於言說嗎？如果是這樣的話，吉藏學說則主張有一「離於言說」的「實在」存在了。然而，有「X」存在，無論此「X」具有怎樣的性質，不正是吉藏經解體系中所著意破斥的「有」、「無」二見中的「有見」嗎？若然，豈非使得吉藏攻擊起自己的主張？如他在批評成實師的「眞諦理」時說：「撫臆論情，二關之中，雖複絕言，終有絕言之理；既終有此理，終是有見，了何由得道？又終有此理，而不可說其有無者，與犢子部『我』，有何異耶？」

那麼，如何看待「至論道門……」此一敘述模式呢？如同現代中文所使用的「實際上」、「事實上」等用語一樣，當我們說：「實際上，如何」時，所要強調的是更符合「眞實」的情況，但在中觀相關著作中，此種表達方式在解讀上將遭致到困難，如在吉藏的經解體系中，若我們將「實際上，如何」一句理解成「有一怎樣的實際狀況（存在）」，便是「有見」，而「沒有一怎樣的實際狀況（存在）」，則是「無見」；二者都是應該予以破斥的。因此，本文以爲，吉藏所採用的「至論道門……」此一敘述模式不應該被解讀爲是用以描述「形上」或「存有」範疇中的「眞實」，而是應該著眼於其論說的「針對性」，如「至論道門，未曾邪、正」一句，是對於有「邪自」、有「正自」兩種主張而說的，並且，其意義也僅在於此，所謂「因病設藥」，「病消藥除」。

至此，本文想再以前文所提及的吉藏學說中關於「中假說」的定義，作爲討論如何看待「強名」的範例。所謂「中假」乃：

> 非有非無爲中，而有而無爲假。

「非有非無」實際上就是「中道」，「而有而無」則是「二諦」。所謂「中」、「假」，亦可說是「強名爲中」與「強名爲假」。而「非有非無」可視爲對於「有自」、

〔註115〕隋‧釋吉藏：《中觀論疏》卷1；《大正藏》冊42，頁16上。

「無自」的否定,「而有而無」一句中的「有」、「無」則是「有假」與「無假」。
再則,「中」與「假」即一組「相待假」,亦即「非有非無爲中」一句的「中」
是「中以假爲義」的「中」,可作「假中」,或「中假」;同理,「而有而無爲假」
的「假」,可作「中假」,或「假假」。而「中」、「假」二詞既然是一組「相待
假」,分別作爲其定義的「非有非無」與「而有而無」,﹝註116﹞自然也可說是
一組「相待假」。因此,「非有非無」可視爲是對於「有自」、「無自」的否定;
此外,若將其視爲詞組的話,它與「而有而無」具有「相待」的關係。那麼,
若將「非有非無」視爲一名詞詞組的話,強爲立名的目的何在呢?吉藏說:

> 今總問汝:爲以非有(非)無作藥用?爲道理有此非有無耶?若作
> 藥用,病盡則藥消。若道理有「非有(非)無」,我亦道理有「有、
> 無」;若言求有、無不可得者,我亦求非有(非)無,不可得也。

此段是對於他者的詰問。吉藏問道,汝家所言「非有非無」是藥用呢?還是
眞有此「非有非無」?如果作爲藥用,病盡,藥就應除。如果主張果眞有此
「非有非無」,本家不僅有此「非有非無」,亦有「有」與「無」。然就本家教
門的立場來說,求「有」、「無」是不可得的,即「有」、「無」不具有「存有」
或「形上」的意義,既然「有」、「無」是不可得的,「非有非無」也就不可得
了,即「非有非無」不具有「存有」或「形上」的意義。這裡,吉藏的第一
種解釋,即視「非有非無」一詞具有「救渡」上的意義,然而也僅有「救渡」
上的意義。那麼,「非有非無」作爲「藥用」,是對何病而說的呢?我們可以
說是對成實師執「有」、「無」二理而說的,即針對「眞諦」、「俗諦」此二「天
然之境」而說唯有「非有非無」此一「中道」之理。然而,就吉藏的詮經設
立而言,作爲藥用的「非有非無」「中道」之理,在執取「有」、「無」二理的
病消除了之後,就應廢除,否則將復執藥成病。

　　以上此一例證所言作爲「藥用」的「非有非無」所指示的「無所得人」
使用「語言」的目的,下文還將有更進一步的討論。這裡本文將爲此節論說
的要點,作一總結:吉藏自己在討論問題時所使用的「語詞概念」,都可以套
用其經解體系中相對於「自性執」的「相待假」此詮經設立。而所有「語詞
概念」都可套用「相待假」的意義在於避免吉藏自身對於「語言」的使用,
被視爲是對於「眞理」、「世界眞實」的宣稱,致使他墮入「有」、「無」二見
等邊見與邪見中,批判起自己的主張。由是,若因吉藏疏論中所強調的「唯

﹝註116﹞在吉藏著作中,通常作「不二」與「二」。

有一理，無有二理」等論說，將之判釋為「形上的一元論者」，恐不如實。

（二）強為立名的目的

　　本小節所要探討的「強名」的目的，亦即「無所得人」使用人類語言的目的，實際上則扣回了本文第三章所討論的「著」這個根本預設。就本文的立場而言，吉藏把所謂的「著」，或說是「有所得」，界定為以為人類語言能夠表述「真實」，並且企圖透過語言對於「真實」有所宣稱所代表的「心理狀態」，並認為這樣的一種「心理狀態」正是造成人類「苦痛」的根本性原因，所謂「著為累根」。因此，「無所得人」使用語言的目的，不在於表述「真實」，而是在於破除「有所得人」使用語言，對於「真實」進行各式宣稱背後所意味的「執著」。這裡，所謂「『無所得人』使用語言的目的，不在於表述『真實』，而是在於破除『有所得人』使用語言，對於『真實』進行各式宣稱背後所意味的『執著』」，乃有兩層義涵：第一，就吉藏作為義解僧所從事的經解工作而言，他把大、小乘經，以及大乘論中的佛陀與菩薩透過語言文字所展現的宣說，解釋成是對治不同「執取」之「病」的「藥」，而不是「存有」範疇中的「真理」，不是對於「真實」的宣稱。第二，吉藏既然透過「無所得」與「有所得」二分的方式把自身講經道義的立場與佛陀及四依菩薩的立場等同起來，這意味著後代詮釋者在「形上」或「存有」的範疇中探究吉藏著作中的語詞概念與語句的意義必須小心謹慎。舉例來說，吉藏的著作中的確多次言及所謂「唯有一理」等說法，然而，在下段引文的語境脈絡中卻告訴我們，所謂的「唯有一理」是針對於成實諸師「二諦乃天然境理」的主張而言的：

> 然今明二諦是教門者，正為拔二理之見。彼埋二理見深，有此二理終不可改，為是故，今明唯有一理，無有二理。何者？如來說有、說無，為表一道，此之有、無乃是道門，非是理，為是故，明二諦是教，非是理也。〔註117〕

同樣的，上文所提及的一般被視為吉藏二諦理論重要標誌的「二諦是教，非關境理」，亦是針對成實師二諦主張而說的，並非是不可變改的「理則」。因此，這也說明了為什麼上文雖提及吉藏著作中以「以指指月」來說明「二諦是教」的譬喻乃援引自北多寶寺道亮的詮經方法，但吉藏卻在《二諦義》卷

〔註117〕隋・釋吉藏：《二諦義》卷上：《大正藏》冊45，頁87下。

一中一方面主張「二諦唯是教門」，另一方面卻對道亮「二諦是教」的主張，有所批評，如他說：

> 二諦者，蓋是言教之通詮，相待之假稱，虛寂之妙實，窮中道之極號。明如來常依二諦說法：一者世諦，二者第一義諦，故二諦唯是教門，不關境理，而學者有其巧、拙，遂有得、失之異。……開善云：「二諦者，法性之旨歸，一真不二之極理。」莊嚴云：「二諦者，蓋是袪惑之勝境，入道之實津。」光宅云：「二諦者，蓋是聖教之遙泉，靈智之淵府。」三說雖復不同，或言含智解，或辭兼聖教，同以境理爲諦。若依廣州大亮法師，定以言教爲諦。今不同此等諸師。
>
> 問：攝嶺、興皇何以言教爲諦耶？
>
> 答：其有深意，爲對由來以理爲諦故，對緣假說。〔註118〕

其次，回過頭來談第一個義涵。關於吉藏如何解釋經論中的佛陀與菩薩透過語言文字所欲宣說的教說，本章第一節「『因病設藥，病息藥廢』主要處理的問題」此一主題中的討論，所舉的吉藏對於《大般涅槃經》「佛性本有、始有」、《勝鬘經》「如來藏」，以及《攝大乘論》「唯識」等概念或主題的解釋，都說明了吉藏對於這些教義的提出，視爲是對於不同「執取」之「病」的「藥」，而不是對於「真實」的一種宣稱，抑或者說，經論上的語詞概念與陳述乃在「救渡」的範疇中具有意義。這裡，本文就不再累述了。

四、異名同體？

無論任何宗教所揭示出的概念，一般都可以以「神聖界／凡俗界」二分的方式，進行歸類。如上文所提及的託名狄奧尼修斯（Dionysius）的作者，在《論聖名》一書中就曾指出，基督教聖典嘗以種種「名」稱呼「超乎萬名之上」的「上帝」：

> ……但另一方面他們也賦予了祂許多名稱，像「我是自有永有的」、「生命」、「光」、「神」、「真理」。同樣還是這些智慧的著述者，當他們讚頌各種存在物的原因時，他們運用了從結果方面構造的名字：善、美、智慧、我所親愛的、眾神之神、萬主之主、至聖者、永恆、存在、永世的原因。……〔註119〕

〔註118〕隋・釋吉藏：《大乘玄論》卷1；《大正藏》冊45，頁15上。
〔註119〕包利民譯：《神秘神學》，頁8～9。

東西方許多神話或宗教中，以語言所表示的、屬於「神聖界」的各種概念，如果無視於它們的「神聖性」，相當程度可以與我們所處的「世俗世界」的各式概念相比擬。以「人」這個概念爲例，「人」這一「物種」擁有各式美、惡之「形體」、「面容」，具有「理性」、「情感」與「良知」，有「能力」，能造作；形容「人」存續的狀態稱爲「活著」；「人」以「理性」爲基礎所認識的對象是「知識」、「理則」與「眞理」。這些環繞著人而有的概念，如果我們像亞里斯多德一樣承認他們的「實在性」的話，則這些概念所指涉的「實在」，乃是不同的「實在」。然而，在宗教領域中，「神聖界」中能與「世俗界」裡各式概念相比擬的概念，我們是否還能說「它們」指涉著不同的「實在」，或者，相較於「世俗界」的「實在」而言，指涉著不同的「超越性實在」呢？這是一個令人頭疼的問題。回到關於佛教的討論上，如果說「三十二相好」是「如來」的「殊勝面容」，「十八不共法」是如來獨有的「德行」，「般若」是「如來」的能證之資，「實相」是「如來」所證之理，而「涅槃」是對於「如來」所證之境地，或證後的存續狀態的形容的話，那麼，我們是否可以宣稱，這些概念分別指涉不同的「實在」呢？又或者，以「如來」爲主所形成的「神聖領域」，相較於「世俗界」的「實在」，是一種「終極的實在」、「超越性的實在」的話，那麼，我們又可否宣稱，在「超越性的實在界」中，各概念所指涉的「實在」有著屬性與種類上的分別呢？〔註120〕

　　上述的問題對於中國義解僧侶來說也是無可迴避的，尤其南北朝以降，被現代學術認爲隸屬於不同思想流派的佛教經典陸續翻譯、流通於當時的中國佛教界後，問題越顯複雜。而對於吉藏來說，事情就更爲艱鉅了。怎麼說呢？因爲相較於當時佛教內部其他教學傳統而言，吉藏所秉承的教學傳統之所以被時人與後人以「三論」之名稱之，自然是因爲他們比其他僧侶更重視《中論》、《十二門論》及《百論》等中觀佛典的緣故。而這些論典所宣揚的是般若經系「空」的思想，如楊惠南在《龍樹與中觀哲學》一書中強調，龍樹宣揚的「空」，意義是在告訴吾人事物沒有眞實的本質，世界的本質是空。不僅如此，按照呂澂的說法，繼《般若》之後出現的大乘經類──小本《寶積經》，強調「中道正觀」，不僅批判執著事物具有「實在性」的「有見」，還批判執著事物沒有「實在性」的「空見」，而「空」、「有」二見的說法也被中

─────────────────

〔註120〕舉例來說，在最終的領悟境域裡，是否還存在著能證的「般若」與所證的「實相（之理）」的區別？

觀學派的經典所繼承。這麼一來，說「空」、說「有」都有問題的話，那麼，
對於佛典中以「如來」爲主而產生的「神聖概念群」，在「存有」的範疇中，
究竟指不指涉「實在」？如果答案是肯定的，那麼指涉的「實在」可以是個
別的「實在」嗎？等問題，如何予以妥善無礙的解釋，對吉藏來說，便顯得
異常困難。

　　在吉藏的釋經舉措中，是以「眼目異名」的方式來統攝這些「神聖性」
概念的。這種說法在其著作中隨處可見，這裡，姑引幾個例子爲證：

　　　1、法界是佛性之異名，法身之別目。〔註121〕

　　　2、經中有明佛性、法性、眞如、實際等，並是佛性之異名。〔註122〕

　　　3、空者，諸法實相、法性、本際異名也。〔註123〕

　　　4、如者，佛性、法性、正道、不二之異名也。〔註124〕

　　　5、故知波若是涅槃異名，佛性別稱。〔註125〕

　　　6、諸法實相者，《法華論》云謂，如來藏，法身之體不變故。此亦
　　　　名實相，亦名佛性，正法、正觀之異名也。〔註126〕

如果吉藏學說中存在著一不可言詮的「形上實在」，如伊藤隆壽所言的「根源
性實在」，那麼，我們便可以說，吉藏以「眼目異名」的方式所統攝的這些「神
聖性」概念，如同《老子指略》所說的「『道』『玄』、、『深』、『遠』之言，
各有其義，未盡其極也」那樣，乃是在「強爲立名」的意義下，用以指涉「形
上實在」，因此，便可稱呼這些概念乃爲「異名同體」了。〔註127〕然而，就本
文的立場而言，吉藏學說中並不存在此一不可言詮的「形上實在」，因爲若吉
藏主張有此「實在」存在，便爲有見，將成爲自身學說所批判的對象。那麼，
這些概念是在什麼樣的意義下被以「眼目異名」的方式給統合起來呢？且看
下列這條引文。吉藏說：

　　　空者，只是無得異名，以不依無得故，不能難，不能通也。

這條引文說，「空」與「無得」是異名，而就上文所引「空者，諸法實相、法

〔註121〕隋・釋吉藏：《淨名玄論》卷1；《大正藏》冊38，頁859中。

〔註122〕隋・釋吉藏：《大乘玄論》卷3；《大正藏》冊45，頁41下。

〔註123〕隋・釋吉藏：《仁王般若經疏》卷2；《大正藏》冊33，頁323上。

〔註124〕同前註，頁324上。

〔註125〕隋・釋吉藏：《法華玄論》卷3；《大正藏》冊34，頁388下。

〔註126〕隋・釋吉藏：《法華義疏》卷3；《大正藏》冊34，頁488下。

〔註127〕當然，這裡所謂的「體」也是在「強爲之名」的意義下被使用的。

性、本際異名也」可知，「空」乃「諸法實相」、「法性」、「本際」等異名，透過這般一一聯繫的方式，吉藏所指出的所有本來具有「神聖性」義涵的概念，便都成了「無得」的「異名」了。因此，從這樣的角度出發，我們可以說，這些概念被以「眼目異名」的方式給統合起來的意義乃有二：第一，同為「強為立名」中的成員，他們是為了對治「著心」，即所謂「有所得」，而被使用的；第二，為了對治「著心」而被使用，說明這些語詞僅在「救渡」範疇中具有意義，並不具有「形上」或「存有」上的意義，此即所謂「無所得」。就此，便可解釋為何在吉藏的著作中，作為「動詞」使用的如「捨」、「破」等概念，也被以「眼目異名」的方式，與「中道」、「佛性」等概念給統合在一起，吉藏說：

1、捨者，蓋是中道之異名，佛性之別目。〔註128〕

2、故知兩捨，猶是正觀之異名，不二之殊稱也。〔註129〕

3、此破，即是畢竟空之異名，故一切無成。〔註130〕

透過引文中的例證，吉藏告訴我們，在面對其著作中作為「動詞」使用的「捨」、「破」等語詞，也不能以「決定解」的態度，在「存有」的範疇中，將之理解成「定有什麼可捨」，乃至於「定有什麼可破」。所以，他在《中觀論疏》卷二中嘗說：

……今當重說對由來性義，是故立假，治學教偏病，所以明中，令捨偏，不著中，性去，不留假，即須知：偏捨無所捨，性去無所去。

〔註131〕

〔註128〕隋・釋吉藏：《百論疏》卷上；《大正藏》冊42，頁239上。

〔註129〕同前註，頁239下。

〔註130〕同前註，卷下；頁306上。

〔註131〕隋・釋吉藏：《中觀論疏》卷2；《大正藏》冊42，頁27中。

第六章 相關議題新詮——玄佛交涉、修行觀與判教論

第一節 吉藏學說與道家思想的關係：以批判佛教學者觀點爲主的反思

在中國佛教思想史上，有一討論主題稱爲「格義」。狹義來說，「格義」指的是以佛教中的法數名目，擬配中國固有經典中的語詞概念；廣義來說，「格義」指的是以中國固有的思想，特別是《老》、《莊》思想，爲容受基礎，以理解印度佛教經典。〔註1〕此外，在「格義」問題的研究上，鳩摩羅什弟子，被目爲「解空第一」的僧肇，其著作中的論說，佔據重要卻又複雜的關鍵地位。怎麼說呢？因爲一方面，或有學者以爲僧肇在佛教思想史上的意義，象徵中國僧侶擺開了「格義」，能正確地理解印度般若及中觀佛教思想；另一方面，或有學者以爲僧肇大量引用《老》、《莊》等書中的語詞概念與語句以開展議論，顯見他仍舊是以《老》、《莊》等中國固有思想來闡釋佛教經典，還是一種格義。〔註2〕再則，研究中國佛教的日本學者伊藤隆壽自言受到袴谷憲昭與松本史朗等研究觀點的影響，進而主張所有受到固有中國思想，特別是老莊思想，影響的中國佛教，全部都是「格義佛教」。之中，包括本文所研究

〔註1〕 參見伊藤隆壽〈格義佛教考〉一文的相關整理。（伊藤隆壽著、蕭平、楊金萍譯：《佛教中國化的批判性研究》，頁128～165）
〔註2〕 龔雋：〈《肇論》思想辯証及其與石頭宗關聯〉，《禪史鉤沉——以問題爲中心的思想史論述》（北京：三聯書店，2006年8月），頁93～96。

的吉藏思想在內。

　　本文第二章嘗提及，相較於印度外道，吉藏是把以儒、道二家爲主的中國固有思想視爲本土的外道的，並且，在其著作中，比較來說，批評《老》、《莊》之言爲多。然而，另一方面，伊藤隆壽等學者的研究卻注意到吉藏疏論中的論說，深受僧肇著作的影響，從而多所援引《老》、《莊》等書的語詞概念及語句，實際上是以中國本土所謂道家思想來詮解佛教義理的。因此，本節的討論重心即在於以本文所提出的關於吉藏經解體系的討論爲基礎，檢視伊藤隆壽等批判佛教學者的詮釋觀點，察看吉藏學說是否眞如諸此學者所言，一方面視《莊》、《老》道家爲外道，加以批判；另一面，在思想主張上，卻同質於其所批判的道家思想。

一、何謂批判佛教思潮

　　20 世紀 80 年代以降，有所謂的「批判佛教思潮」的興起，指的是日本佛教界以駒澤大學爲中心所形成的重新評價印度大乘佛教、中國佛教、日本佛教的思潮。而主要的代表人物便是袴谷憲昭與松本史朗。這一思潮後來受到歐美學界的注意，1993 年在北美的美國宗教年會中，召開了一場以此爲討論主題的分組研討會，而 1997 年由夏威夷大學所出版的 *Pruning the Bodhi Tree: the Storm over Critical Buddhism*，便是此分組討論會的具體成果。

　　據學者指出，「批判佛教思潮」之所以產生，導火線主要來自於對於日本社會如「部落民」等長期不公義現象的反省。[註3] 袴谷憲昭、松本史朗等學者探究這種社會歧視現象的起因，將責任歸咎於日本佛教所充斥的「本覺思想」，也因而促使他們將心力投注於「什麼是佛教」的問題上。在他們對於「佛教」的重新界定中，主張佛教基本教義的內涵是「無我」與「緣起」。[註4] 所謂的「無我」，是反對任何「實在論」的主張；而所謂「緣起」，指的是強調從原因到結果的時間性序列的「十二支緣起」。[註5] 伊藤隆壽以爲松本史

[註3]　關於此一問題，參見蕭平、楊金萍爲《佛教中國化的批判性研究》一書所寫的代譯序文〈批判佛教思潮產生的導火線──日本社會中的部落民歧視問題〉。（伊藤隆壽著、蕭平、楊金萍譯：《佛教中國化的批判性研究》，頁 1～9）

[註4]　Paul Groner〈他們爲何説禪不是佛教──近期日本的佛性批判〉一文，對於袴谷憲昭、松本史朗著作，曾進行過摘要，可參。（龔雋等譯：《修剪菩提樹："批判佛教"的風暴》，頁 1～26）

[註5]　「十二支緣起」指的是，無明（avijjā）、行（saṅkhārā）、識（viññaṇa）、名色

朗的「緣起說」乃包含兩個要點：

> 第一，在此只承認一因一果之生起，具有不可逆轉的方向性，講述
> 的是純粹的時間性的因果關係；第二，緣起的各支雖被叫做「法」
> （dharma），但此處的法並非爲實在。〔註6〕

而 Paul Groner 則在歸結松本史朗〈論緣起〉一文的特點時指出：

> 緣起是一個沒有根本基礎（underlying）的超界（super-loci）的序列；
> 是一個性質的而不是事物（諸法）的序列。在這個時間性的序列之
> 外或之下不存在任何實體（界）。本覺概念設置一個萬法由以產生或
> 在其中同時相互關聯的「前時間」或時間之外的狀態，這就是界。
> 〔註7〕

所謂「時間序列之外或之下皆不存在的『實體』」，袴谷憲昭稱爲「場所」，松
本史朗則自創了一個詞彙：「dhātu-vāda」，中文或翻爲「基體」，或翻爲「界」。
〔註8〕無論是「場所」或「基體」思想，皆是這些批判佛教學者所極力反對的
對象。

　　就呂凱文的研究指出，袴谷憲昭「場所佛教」（或稱爲「本覺佛教」）論
的特點乃有三：

> （1）本覺思想之絕對的前提乃是：一切存在（諸法）皆被涵攝於「單
> 　　　一的本覺」；並且這種思想是指從生物以來的太古中作爲輔育
> 　　　萬物和人類的「場所」（topos）；在場所之中，固有的土著思想
> 　　　和無意識相互調成合體，萬物生於焉、育於焉、死於焉。
>
> （2）由於本覺思想立基於土著思想，所以其自我肯定的性格也就不
> 　　　免趨向於誇耀自家傳統的權威主義；同時由於它太強調自我
> 　　　肯定的特色，也因此在理論與實踐上也就不可能「利他」。
>
> （3）由於本覺思想是在「單一本覺」的離念世界裡自鳴得意，因此
> 　　　這種被體得的「眞如」是無法用言語來表達，也正如此，本
> 　　　覺思想全然輕視「信仰」或知性，並且亦是無視語言的重要

（nāmarūpa）、六入（saḷāyatana）、觸（phassa）、受（vedanā）、愛（taṇhā）、
取（upādāna）、有（bhāva）、生（jāti）、老死（jarāmaraṇa）。簡要的介紹，參
見平川彰著、莊崑木譯：《印度佛教史》，頁65～68。

〔註6〕　伊藤隆壽著、蕭平、楊金萍譯：《佛教中國化的批判性研究》，頁15。

〔註7〕　龔雋等譯：《修剪菩提樹：“批判佛教”的風暴》，頁6。

〔註8〕　同前註，〈譯者序〉，頁6。

性。〔註9〕

此外，松本史朗自己則繪製有一張圖表，並加以定義性的說明，來解釋他的「基體說」：

附圖三

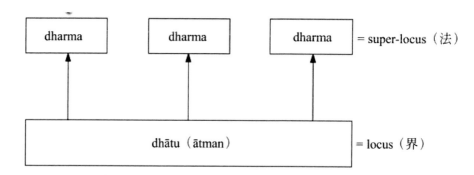

（1）L 是 S 的基體（locus）。〔註10〕

（2）故 L 生出 S（原因）。

（3）L 是單一，S 是多。

（4）L 是實在，S 是非實在。

（5）L 是 S 的本質。

（6）S 是非實在的，但因它是從 L 生出來的，以 L 為本質，所以也具有一定程度的實在性，或具有實在性的基礎。〔註11〕

又說：

（1）無庸置疑地就是決定"dhātu-vāda"結構自體的最重要因素。（2）中的 S 從 L 中生出，是從 L 的基體特徵和概念的自體中所推導出來

〔註9〕 呂凱文：《當代日本「批判佛教」研究：以「緣起」、「dhātu-vāda」為中心之省察》（臺北：政治大學哲學研究所碩士論文，林鎮國指導，1995 年），頁 13～14，以及林鎮國：《空性與現代性》，頁 26。

〔註10〕 L 為 locus 的略寫，S 為 super-locus 的略寫，以下準此。

〔註11〕 松本史朗著、蕭平、楊金萍譯：《緣起與空——如來藏思想批判》（北京：中國人民大學，2006 年），頁 5。又，袴谷憲昭在這個基礎上補上兩個條件，並認為自己的「本覺思想」論與松本史朗的「基體說」是一致的：S 無條件地依 L 被包攝、S 雖然不依語言而表現，但 L 是超越語言的。（氏著：《道元と仏教——十二卷本「正法眼藏」の道元》（東京：大藏出版，1992 年），頁 27～28）

的。就（3）和（4）而言，若把 L 視爲單一的實在，就不得不把 S
看成是與之異質的。否則，從 L 生出 S 就沒有意義。就（5）來说，
所謂本質（ātman），可認爲是"如果沒有 a，就不能生出 b"關係
（avinābhāva 關係）中的 a。因爲如果沒有 L，就不能生出 S。事實
上，如來藏思想的代表性經典《勝鬘經》和《涅槃經》，就明確地把
L 稱爲"ātman"（我）。（6）是構成支撐"差別・區別的絕對化・固定
化"的思想原理。五姓分別論和種姓制，都可從中找到依據。〔註12〕

　　無論是袴谷憲昭所設立的「場所佛教」，或是松本史朗的「基體說」，二
人的主張至少具有兩項共同的特徵：第一，就「存有」或「形上」的範疇而
言，反對任何「實在論」的主張，無論是「多元實在論」或「一元實在論」。
如果以本文第四章所提及的 J.W. De. Jong 對於「自性」一詞所區分出的兩個
意義，「每一物的自性（自相或本質）」、「萬物底據的自性（依體或絕對之有）」，
來说，二者都是袴谷憲昭與松本史朗所反對的；第二，就「認識論」而言，
二人都極重視「理性」，〔註13〕以佛教的術語來说是「分別智」，反對拋棄語
言與理性思維的具有神秘性質的認識論或修行觀，以佛教的術語來说是「無
分別智」，或是現代學者一般所言之「玄悟」或「直觀」能力。如袴谷憲昭在
〈「批判哲學」對抗「場所哲學」〉一文中，以《莊子》書中的「無何有之鄉」
爲批判的例證，说：

　　沒有任何的東西比「無何有之鄉」更能代表古代中國的場所概念
　　了。……與任何事物都不同，「無何有之鄉」的本質是本身沒有「所
　　在」的一切事物的終極「所在」，因此既非「虛無」亦非「不存

〔註12〕 同前註。
〔註13〕 如龔雋说：「『批判佛教』對佛教本意的判釋，基本上是一現代理性的立場。
　　　　他們所理解的理性，是笛卡爾哲學意義上的。袴谷憲昭就说過，佛陀是一位
　　　　笛卡爾式的批判哲學家。在批判佛學家看來，這種理性最基本的功能之一，
　　　　就是對於語言與言说意義的確認。他們認爲，『批判哲學』（Critical
　　　　Philosophy）和『場所哲學』（Topical Philosohpy）在方法上的對立，就表現
　　　　在對語言和直覺的不同態度上。以笛卡爾爲代表的批判哲學強調語言、邏輯
　　　　對於認識眞理的優先性，而以維柯（Giambattista Vico）爲代表的場所哲學
　　　　則強調直覺勝於邏輯，『發現』先於『證明』。這種場所哲學主張『思想和語
　　　　言都來自於一種先驗意識的統一體，而同時又遮蔽了那種統一性的眞理』。
　　　　即是说，眞理是不可言说和超越語言的，對於這種不可言述的統一體的直接
　　　　的、個體性的經驗才是宗教的基礎。」（龔雋：《禪史鉤沉──以問題爲中心
　　　　的思想史論述》，頁 376～377）

在」。……很明顯，在這個烏托邦中遊戲的基本要求就是放棄語言和知識。〔註14〕

又說：

這種世界觀起源於一個共同的、原初的、普遍的場所。如同無何有之鄉一樣，從觀念上講烏有之所必定是本身沒有場所的萬物的終極場所，終極場所必定只有一個。而且，就像這永恆不變的場所通常要遮詮的方式來表達，這樣一個場所必定在根本上非語言所及。〔註15〕

就袴谷憲昭與松本史朗的立場而言，在傳世的佛教經典中，若有「場所」或「基體」思想的摻雜，都必須被嚴肅對待，從而將之剔除在「佛教」之外。在他們的想法中，這種「根源實在論」的思想，〔註16〕源發自「萬物生於太一並復歸於太一」的思維，乃見之於一切古代社會，是東、西方皆然的「土著」思維；而大乘佛教中的「如來藏」思想，以及中國的「老、莊學說」，皆是此種土著思維哲學化的具體表現。〔註17〕並且，他們認為，日本佛教所充斥的漫天的「本覺思想」，即是必須被批判的「場所」或「基體」思想。而為什麼會有這種「偽佛教」的出現呢？這些學者把矛頭指向了日本佛教所從出的中國佛教。他們提出一種主張，以為發展於中國的佛教，是印度「神我」或「如來藏」思想與中國固有的「道家」思想合流下的產物，是必須被屏除在真正意義下的「佛教」之外的。當然，這裡所指真正意義下的「佛教」，是這些學者自身所定義的。

二、吉藏是偽佛教徒：伊藤隆壽等學者的詮釋觀點

（一）伊藤隆壽的詮釋主張

相較於楊惠南對於吉藏思想的詮釋是將其擺放於佛教內部「空／有」之爭的脈絡來處理，伊藤隆壽的研究，依著他的特殊立場，可說是把吉藏的學說視為「佛教」與「非佛教」之辨中的「外道」思想的。伊藤隆壽是日本研

〔註14〕龔雋等譯：《修剪菩提樹：“批判佛教”的風暴》，頁71。
〔註15〕同前註，頁76。
〔註16〕「根源實在論」，又稱「發生的一元論」，乃松本史朗學說中的用語。（松本史朗著、蕭平、楊金萍譯：《緣起與空——如來藏思想批判》，頁6）
〔註17〕同前註，頁68～70。

究中國傳統佛教的學者，早期發表了許多以吉藏及三論宗爲中心的研究論文。然而，在 1992 年出版的《中国仏教の批判的研究》一書中，他卻強調要修正自己過往對於佛教的理解與研究態度，希望引入全新的視角，重新對於中國佛教進行「批判性」的研究。〔註 18〕伊藤隆壽所言對於中國佛教重新進行「批判性」的研究，指的是在上文所提及的袴谷憲昭與松本史朗等學者對於「什麼是佛教」所提出的理論成果的基礎上，對於中國佛教重新進行審視。關於什麼是「全新的視角」，他在《中国仏教の批判的研究》一書的序言中，提出了三個要點：

> 第一，我的研究以如下觀點和認識作爲基礎，即從思想哲學的角度看，認爲釋尊教導的核心在於「緣起說」，依緣起說所展示的佛教立場不應受時代、地域、語言等差異的限制，我們必須加以正確地學習，正確地傳播，其思想具有前後的一致性。

> 第二，中國人接受和理解印度佛教之際，依賴的是中國固有的思想，這種依賴媒介的方式叫做「格義」，而以這種方式所理解的佛教，就是「格義佛教」。就此，我提出一項假說，即認爲在格義佛教中起主要作用的，不是儒家思想，而是道家思想。所謂道家思想的實質，即是「道・理的哲學」，以此「道・理的哲學」爲基礎所理解和解釋的佛教，全部都是「格義佛教」。

> 第三，之所以要對中國佛教進行批判性的研究，是因爲「道・理的哲學」的結構，與「緣起說」勢不兩立，以此勢不兩立的思想來理解佛教，必然扭曲佛教的本來面貌，只能與佛教背道而馳。因此，只要從此觀點和認識看待佛教的話，那麼對中國佛教的研究，就只能是批判性的，只有批判才具有意義。〔註 19〕

伊藤隆壽的具體實踐，對於中國佛教「批判性」研究，主要的工作有兩方面：首先，要先論證道家思想的核心與松本史朗等人所說的「場所哲學」或「基體論」如出一轍；再則，便是證明傳統中國佛教的著述，皆受到了道家思想的影響，即是以道家思想的角度解釋佛教經典；結合此二者，便可達成「所有的中國佛教思想都是『僞佛教』」這樣一種目的。

於是，伊藤隆壽在《中国仏教の批判的研究》序論的第一章中，以「中

〔註 18〕伊藤隆壽著、蕭平、楊金萍譯：《佛教中國化的批判性研究》，頁 10。
〔註 19〕同前註。

國接受佛教的基礎——道‧理的哲學」爲題，爲他接下來所要展開的論說先
進行理論性的建構。他說：

> 因此，我擬在吸納前人研究成果的基礎上，從思想的角度，將中國
> 接受佛教的基礎定位爲道家思想，進而把道家思想的本質特徵設定
> 爲「道‧理的哲學」。同時認爲，其與主張「緣起」說的佛教，在思
> 想哲學上完全背道而馳。〔註20〕

又說：

> 本書在使用「道‧理的哲學」時，於「道」與「理」之間插入了中
> 點符‧表示它是「道的哲學」與「理的哲學」的合併。……將此二
> 者結合起來一併討論的理由是，因爲在道家中，「道」是理所當然的
> 概念，而原來僅作爲個別概念的「理」，是後來逐漸進入道家體系的，
> 道家將其附以「道」的根據，把它作爲與「道」具有同樣內容的概
> 念使用。尤其在魏晉玄學家那裡，「理」被加以邏輯化、哲學化，爾
> 後爲佛教家採用，佛教家以此來解釋佛典的目的，無外是想通過這
> 樣的方式，最終實現佛教的中國化。〔註21〕

伊藤隆壽之所以把道家思想的特徵稱爲「道‧理的哲學」，是因爲他注意
到了「道」一詞在所謂的「道家思想」的發展中，並不總是佔有主導或核心
的地位。

在他的理論建構中，伊藤隆壽以爲，在《老子》書中，「道」此一概念作
爲與松本史朗所言的「基體」具有同質性的意義，業已得到完成。他在考察
《老子》一書中「道」的概念，歸結出四個特徵：

(1) 恆常不變。

(2) 無名（不可言）、絕對、無限。

(3) 萬物之根源、唯一的實在。

(4) 生成原理。〔註22〕

並且繪製了一張「道」與「萬物生成」的關係圖，藉以說明「道的哲學」與
松本史朗「基體理論」的同質性：〔註23〕

〔註20〕同前註，頁2。
〔註21〕同前註，頁2～3。
〔註22〕同前註，頁12。
〔註23〕同前註，頁13。

附圖四

有名、有限、相對、二（多）

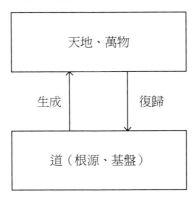

天地、萬物

生成　　　　復歸

道（根源、基盤）

無名、無限、絕對、一

而在「理的哲學」方面，伊藤隆壽則考察了「理」此一概念在《莊子》、郭象《莊子注》，乃至於張湛《列子注》中的發展，並以爲「理」在張湛手中得到了「存在論的根據」，並且成爲「普遍的、絕對的東西」。〔註24〕他對於張湛所言之「理」，整理出七項特徵，據以指出其與「基體說」的同質性：

〔註24〕 這裡，伊藤隆壽對於「理」的考察有些問題。第一，學界一般認爲在「存有論」或「形上」的範疇，張湛學說的核心概念是「太虛／太虛之域」，伊藤隆壽雖然也注意到了這點，最後卻還是把重要的位置給了「理」；第二，他知道郭象的學說中，雖然特別重視「理」，但此「理」還不具有他所要證成的「基體」概念的內涵（他說：「郭象最終也沒有給『理』賦予明確的存在論的依據」），因而指出郭象對於萬物生成所提出的重要概念是「自然」，並強調此「自然說」也是佛教所拒斥的對象。由此看來，伊藤隆壽所考察的對象，在「存有論」或「宇宙論」的範疇中，並沒能全部涵攝於他所言的「道·理的哲學」之下。因爲有著特殊目的，所以伊藤隆壽的論證，過於關注這些思想的「同質性」，而忽略了它們的「異質性」，更何況，在論及中國佛教全都受到「道家」思想影響以前，什麼是「道家」？和批判佛教學者所關注的「什麼是佛教」這一問題一樣，是一個複雜的問題，絕非一言兩語所能道盡。再則，吉藏論說中也曾明言反對莊子的「自然」，指出其「無因無果」的謬誤，但是伊藤隆壽在認定吉藏思想受到「道家」影響，因而必須被屏除在「眞正」的「佛教」之外時，吉藏與郭象反而成爲同一陣營的代表人物了。總之，伊藤隆壽所提出的觀點是極具興味的，然而，關乎「思想異同」的問題，應該還需有更細緻與縝密的區別與分析才是。（關於張湛學說的形上思想，可參見林麗眞師：〈張湛「貴虛」論及其玄佛思想之交涉〉，《臺大中文學報》第 15 期（2001 年 12 月），頁 61〜90；盧桂珍師：〈張湛宇宙觀辨析〉，《哲學與文化》第 31 卷 3 期（2004 年 3 月），頁 149〜170）。

（1）是處於萬物之根柢的理法。

（2）是普遍的、絕對的。

（3）是萬物生成流轉的根據。

（4）超越語言與意（心）。

（5）超越人智。

（6）無爲自然。

（7）是應悟的對象。〔註25〕

　　在架構了「道‧理的哲學」的內涵以後，伊藤隆壽在《中国仏教の批判的研究》一書的本論中，展開了他所謂的「批判性研究」。在這些中國佛教的研究個案裡，與吉藏相關的乃有兩篇論文，分別是〈僧肇與吉藏——中觀思想在中國變化的一個側面〉以及〈三論教學的根本構造——理與教——〉。

　　在〈僧肇與吉藏——中觀思想在中國變化的一個側面〉一文中，伊藤隆壽注意到了吉藏著作對於僧肇論說的引用及引後背後的信服，〔註26〕並認爲僧肇是以老莊思想來理解佛教經典，因此，吉藏便成爲了僧肇的「同路人」，對於佛教義理的詮解，乃同樣依憑著「道‧理的哲學」這樣一種認識基礎。再則，在實際的操作方面，伊藤隆壽將關注劃限在僧肇的〈涅槃無名論〉一文上，考察僧肇所認識的「涅槃」與《老子》學說體系裡「道」的同質性，以及吉藏著作中對於〈涅槃無名論〉的引用所表現出來的認知底蘊，指明僧肇所理解的「涅槃」，正是《老子》書中的「道」，而吉藏不僅全盤接受了僧肇的思想，更透過對於僧肇思想的介紹，重申了《老子》的「道」。伊藤隆壽在這篇論文的最後，做出了這樣的結論：

　　　　吉藏在展開自身空觀及涅槃觀之際，在引用經論的同時又引徵產生於上述思想背景之下的僧肇的觀點，這只能說明他們具有共同的旨趣。所謂「共同的旨趣」，就是唯一的眞理不能夠用言語表達，是斷絕思慮分別的。若把此唯一絕對的眞理作爲前提，那麼佛教的「涅槃」與《老子》的「道」就沒有區別了。〔註27〕

〔註25〕蕭平、楊金萍譯：《佛教中國化的批判性研究》，頁90。

〔註26〕吉藏著作對於僧肇論說的引用的整理，參見奧野光賢：〈吉蔵における僧肇説の引用について〉，《印度学仏教学研究》第34卷第2號（1986年），頁30～33，及同氏著：〈吉蔵における僧肇説の引用について（二）〉，《駒沢大学大学院仏教学研究会年報》第19號（1986年），頁36～44。

〔註27〕蕭平、楊金萍譯：《佛教中國化的批判性研究》，頁327。

在此段引文中，我們可以看到伊藤隆壽通篇文章嘗試且證得的結論：第一，吉藏與僧肇的思想具有「共同的旨趣」；第二，此共同的旨趣指的是肯定「形上」範疇中的「實在」，這裡，伊藤隆壽所使用的稱呼是「唯一絕對的眞理」，並且，此一「眞理」的性質是「不能夠用言語表達」、「斷絕思慮分別」；第三，吉藏與僧肇思想中此一「共同的旨趣」，同質於《老子》的「道」。

　　在〈三論教學的根本構造——理與教——〉裡，伊藤隆壽則討論了吉藏論疏中關於「理／教」的說法。誠如本文所提及的，吉藏言及「理／教」，主要與攝山以降的教學傳統中的「二諦理論」有關，其所發展出來的「二諦理論」，〔註28〕其目的，主要是反對成實師把「二諦」解釋成兩種「眞理」的說法，進而主張「二諦是教，不二是理」。伊藤隆壽在該篇文章中，以「理／教」此組範疇爲中心，考察了吉藏二諦學說的相關內涵，並簡要論及「理」此概念在原來中國固有經典，如《論語》、《周易》、《老子》、《莊子》等書中的使用意義。文末所歸結的要點有四：其一，吉藏學說強調「唯有一理」；其二，吉藏主張「得理捨教」，所謂「得月忘指」，與《莊子・外物篇》「得魚忘筌、得兔忘蹄、得意忘言」等譬喻具有共同的喻義；其三，「教爲言說，理乃離言」的明確區分；其四，作爲認識離於言說的「理」的方法，吉藏強調「悟」的直觀體驗的立場。〔註29〕

（二）松本史朗的詮釋主張

　　松本史朗是日本「批判佛教思潮」理論的主要建構者，他的「基體說」也是伊藤隆壽宣稱要對中國傳統佛教進行「批判性」研究的主要論理依據。這裡，之所以提及松本史朗，是因爲 1990 年所出版的一本名爲《三論教學の研究》論文集收錄了他的文章——〈三論教學の批判的考察——dhātu-vāda としての吉藏の思想〉。此篇論文使得他自己也進入了對於「中國傳統佛教」展

〔註28〕三論宗的「二諦理論」也是現代學者所關注的焦點，國內外亦有多本以此爲研究主題的碩、博士論文。在原始文獻上，主要有吉藏的《二諦義》3 卷，及《大乘玄論》卷一的〈二諦義〉；而最新的研究論著則有 Shih Chang-Qing（釋長清）, *The Two Truths in Chinese Buddhism*（Delhi: Motital Banarsidass, 2004）以及詹偉倫：《論嘉祥吉藏的二諦並觀法》（臺北：臺灣大學哲學研究所碩士論文，蔡耀明指導，2006 年）。

〔註29〕伊藤隆壽：《佛教中國化の批判性研究》（東京：大藏出版，1992 年），頁324～326。附帶一提的是，蕭平、楊金萍的譯本並沒有譯出此篇文章（〈三論教學の根本構造—理と教—〉）。

開重新詮釋的討論裡。

在該文中，松本史朗首先表明了自己的立場，即「佛教」的基本內涵是「緣起說」，而大乘佛典中的「如來藏」思想的本質則是與此內涵相悖反的「基體論」。〔註30〕接著，他以這兩方面來考察吉藏的論說，從而指出吉藏一方面反對「緣起說」，一方面則以「基體論」的立場詮解佛教經典。關於前者，松本史朗論及了吉藏在《中觀論疏》中把「十二支緣起」視爲「小乘觀法」，爲一種「方便」，而不是「究竟」之說，從而貶低它的價值的說法。〔註31〕至於後者，松本史朗一方面注意到了吉藏對於《大般涅槃經》「一味藥」的引用，〔註32〕從而強調吉藏「一」與「多」的分別中，「一」所隱涵有的「實在性」、「眞理性」，以及「無差別平等性」；〔註33〕另一方面，則是關於《維摩詰經》經文「從無住立一切法」的解釋，松本史朗指出，吉藏把「住無所住」的「無住」當成是「般若」、「正法」的異名，解釋成「一切萬物最終的基體」。〔註34〕

三、吉藏是僞佛教徒？本文研究立場的反思

（一）不同的詮釋嘗試

伊藤隆壽等學者所注意到的吉藏對於僧肇論說的徵引與徵引背後意味的信服，以及其論說曾吸納了《老子》、《莊子》等道家經典中的語詞概念與語

〔註30〕平井俊榮編：《三論教學の研究》，頁 194。

〔註31〕同前註，頁 210～217。

〔註32〕《大般涅槃經》以「雪山一味藥」的譬喻，來說明「佛性」與「眾生」的關係，原文爲：「復次，善男子！譬如雪山有一味藥，名曰『樂味』。其味極甜，在深叢下，人無能見。有人聞香，即知其地當有是藥。過去往世有轉輪王，於此雪山，爲此藥故，在在處處，造作木筒，以接是藥。是藥熟時，從地流出，集木筒中，其味眞正。王旣歿已，其後是藥，或醋、或醎、或甜、或苦、或辛、或淡；如是一味，隨其流處，有種種異。是藥眞味，停留在山，猶如滿月。凡人薄福，雖以鑱鐝，加功困苦，而不能得。復有聖王出現於世，以福因緣，即得是藥眞正之味。善男子！如來祕藏，其味亦爾，爲諸煩惱叢林所覆，無明眾生，不能得見。一味者，喻如佛性，以煩惱故，出種種味，所謂地獄、畜生、餓鬼、天人、男女、非男非女、刹利、婆羅門、毘舍首陀。佛性雄猛，難可沮壞，是故無有能殺害者。若有殺者，則斷佛性，如是佛性，終不可斷；性若可斷，無有是處。如我性者，即是如來祕密之藏。如是祕藏，一切無能沮壞、燒滅；雖不可壞，然不可見。若得成就阿耨多羅三藐三菩提，爾乃證知，以是因緣，無能殺者。」（北涼・曇無讖譯：《大般涅槃經》卷 7；《大正藏》冊 12，頁 408 中）

〔註33〕同前註，頁 196。

〔註34〕同前註，頁 201、202～203。

句，大抵是不錯的。如本文第五章所提及的吉藏疏論中關於「強爲立名」的說法，明顯啓發自《老子》。此外，吉藏所使用的「體／用」此一對範疇，二者並稱，最早也可追溯至王弼，而吉藏在論說時經常使用的「道」、「理」兩個概念，在先秦乃至魏晉時代傳統道家、玄學經典中也具有關鍵地位。然而，不同時代中的不同著作，使用相同的語詞概念與語句，是否意味著二者在思想上具有同質性？關於此一問題，龔雋則以福柯《知識考古學》的觀點提出反省，他說：

> 最值得注意的是，福柯對思想史主題之間類型相似性的觀念所做的反思。他認爲思想史上兩個陳述行爲完全一致，甚至都是由同樣的詞構成的主題，並不能把它們絕對統一化。也就是說，相同的話語事件並不可能在歷史的演變中不產生變化。「詞也不可能每次都在相同的意義被使用。」爲此，他區分了語言相似性、邏輯同一性和陳述同質性之間的差異，提出不能簡單以語詞的相似、邏輯命題的一致來規範陳述的一致性。因此，知識考古學並不在這種思想史上先後出現的「或多或少準確地重複了這種表達的句子之間」建立「任何的價值等級」，而恰要注意其間的異質性和複雜性的關係。〔註35〕

並且，他還以僧肇的著作爲例，指出：

> 關於僧肇的研究就是一個極能說明問題的例子。由於《肇論》中廣泛應用到老、莊、玄學的詞語和相關的一些命題，因而使學術界一致認定，僧肇是在道家、玄學化的系統中來完成印度中觀思想的，甚至說僧肇思想屬於中國道、玄學思想的內在系統。如果仔細勘辨僧肇的思想，可以發現，儘管僧肇於老、莊、玄學在語詞，甚至是某些思想命題上存在一定程度的內在關聯，但這些關聯絕不會像我們所說的那樣服從於一個同質性的體系。〔註36〕

誠如本文所提及的，在吉藏的認知中，是視自己與僧肇具有同質性思想的，然而這僅是吉藏自己的主觀意見而已，在現在學術的規範下，須先確立吉藏與僧肇各自思想的內涵，才能進一步論及思想同異的問題。此需另立主題，詳加考辨，也非本文的焦點所在。這裡則嘗試順著龔雋所提出的對於批判佛教學者詮釋觀點的反省，對於吉藏學說是否存在如伊藤隆壽、松本史朗等學

〔註35〕龔雋：《禪史鉤沉──以問題爲中心的思想史論述》，頁32～33。
〔註36〕同前註，頁33。

者所言之「根源性實在」或「基體」此一問題，在本文對於吉藏經解體系的預設及詮經方法等相關討論的基礎上，嘗試提出不同的詮釋見解以及反思。

1、關於「無住」的另一種可能解釋

上文提及松本史朗在〈三論教學の批判的考察——dhātu-vāda としての吉藏の思想〉一文中指出，吉藏對於《維摩詰經》「無住」概念的解釋，是將之解釋成不可言說、爲一切法本、更無所本的「一切萬物最終的基體」，而其主要徵引的例證是《維摩詰經義疏》中的一段話：

> 今文既稱「無住」，則絕四句，忘百非，言斷、慮窮，即是諸法實體，
> 爲一切法本，而此實相，更無有本。〔註37〕

單就此段引文來看，透露了幾個訊息：第一，「超越人類言之可及，思之可知之外」是「無住」概念的限定；第二，「無住」是諸法的實體；第三，作爲諸法的實體，意味是「一切法本」，其本身「更無有本」。單就這些訊息而言，吉藏的解釋，似乎是設定在「存有」的範疇中，對於「無住」此一概念進行描繪或表述，而松本史朗將之理解成「一切萬物最終的基體」，同質於他自己所設立的「基體說」的內涵，似乎也頗爲合理。然而，如果擴大考慮的文獻範圍，就會出現一些爭執。如吉藏在《中觀論疏》卷六中說：

> 數論師云：……眞諦爲本。眞諦即是無住，故從無住本，立一切法。
> 〔註38〕

引文所言「數論師」，在此段的語境脈絡中指的即是「成實師」。吉藏指出，「成實師」以爲「無住」即「眞諦」，能立一切法，爲一切法本。而本文也曾提及，吉藏說成實師所主張的「眞諦」，其性質是「四忘」，即「絕四句」，可理解成超逾人類語言所能表述。由此看來，吉藏對於「無住」的解釋，與成實師的「眞諦」主張，頗爲雷同，然而，本文又嘗提及吉藏學說極破斥成實師的經解意見，那麼，此二者可能存在的矛盾，理當有辨、再辨。因此，《中觀論疏》卷三中，有問者這麼問道：

> 問：經亦云：從無住本，立一切法。若了悟，還歸無住，乃至顛倒
> 從空而起，了悟還原本淨，與外道何異？〔註39〕

問者的問話雖然簡短，但從其問話的內容來看，似乎比所謂批判佛教學者早

〔註37〕隋・釋吉藏：《維摩經義疏》卷5；《大正藏》冊38，頁967中。
〔註38〕隋・釋吉藏：《中觀論疏》卷6；《大正藏》冊42，頁92上。
〔註39〕隋・釋吉藏：《中觀論疏》卷3；《大正藏》冊42，頁38中。

一步注意到了佛教經論在教說上的爭執。怎麼說呢？此段問話的語境脈絡是接續著吉藏在釋《中論》「八不」中的「不來亦不出」，對於成實師等學者經解主張的批評後所提出的。吉藏說：

> 成實師有流來、反去之義，地論師有乖眞起妄之來，息妄歸眞之去。如此來、去，悉同外道。今列外道即是破內。
>
> 問云：何破彼義？
>
> 答：汝若有眾生曾經得佛，可言至本處；今既未有得佛者，云何言還至本處？彼解云：眾生本有佛性，本有如來藏，爲生死作依持建立，今斷煩惱故得佛，故是還至本處。今問：爲佛性自作佛？眾生作佛耶？若言眾生作佛者，如經云：「昔時鹿王，我身是也。」爲鹿至佛耶？不至耶？若至佛，則猶是鹿；若不至佛，鹿滅於前？誰作佛？若佛性自作佛者，眾生應不得佛。〔註40〕

吉藏以爲，成實師與地論師所理解的作爲「動詞」使用的「流來」與「反去」，以及乖眞起妄之「來」與息妄歸眞之「去」，都預設了「存有」範疇中可回可離的「實在」，如「眾生本有佛性，本有如來藏，爲生死作依持建立，今斷煩惱故得佛，故是還至本處」一句中的「佛性」或「如來藏」，並且，斷除了所有煩惱，意味著此一「實在」的顯現，或說是被證得。〔註41〕然而，無疑的，吉藏批判這種理解，認爲其與外道無異，所以，引文末段他提出兩難式的問題，所謂「爲佛性自作佛？眾生作佛耶？」，質問道，如果說是「眾生作佛」，那麼，經中嘗提及如來嘗爲鹿身，爲鹿中之王的說法，則鹿王成佛時，是以

〔註40〕同前註。

〔註41〕又如吉藏在《中觀論疏》卷6〈本住品〉討論「本住」的概念時說：「如大乘人之言，本有如來藏，爲生死依持建立，生死則依如來藏，名爲本住；生死有於生滅，如來藏不生不滅，而如來藏離陰而有，故《涅槃》云：『我者，即是如來藏義。』故知神我、佛性、如來藏、阿摩識等，悉是本住之異名。」但吉藏批判這種見解。於是有問者問言：「若爾，此品應破《涅槃經》耶？」而吉藏回答說：「佛性實非有、無，亦非即、離，未曾始、終，而惑者橫謂，執之爲有，即是戲論佛性。今破其戲論謂性實，不破佛性，故《涅槃》云：『斷取著，不斷我見。』我見者，即佛性也。」吉藏所言「不破佛性」，就本文的立場來說，是不破佛陀所使用的「佛性」一語，即「佛性（假）」，乃因緣假名，具有「救渡」範疇中的意義，而非「存有」上的意義，而吉藏所破的是有所得大乘以「存有」的角度所理解的「佛性」，即「佛性（自）」。（隋·釋吉藏：《中觀論疏》卷6；《大正藏》冊42，頁92上）

鹿身爲成佛的主體嗎？如果是，證悟後的佛，還爲鹿身，如果不是，成佛時，鹿身將滅，如是，以何成佛？「誰」是成佛的主體呢？以此言之，衆生若爲成佛的主體，成佛後，衆生還是衆生；如果成佛時，衆生體滅，則誰當成佛？而若言衆生有「佛性」，爲成佛之「因」，成佛後則顯爲成佛之「果」，那麼，「佛性自作佛」，與衆生何涉？

再則，回過頭來檢視問者的問話。問者的問話表示了吉藏所批評的成實師與地論師的主張，在佛教的經典中是有文據的，並非空口白話，因此，問者的疑問在於，吉藏既然批評成實師與地論師的主張與外道無異，那麼，又該如何看待經論上這些被所謂有所得大乘所「誤讀」的文句呢？此是其一。其二，被誤讀成什麼呢？以上文所言，作爲「動詞」使用的「來」、「去」背後預設了「存有」範疇中可回可離的「實在」來說，問者所提及的經中所言「從無住本，立一切法。若了悟，還歸無住」一句中的「無住」，「顛倒從空而起，了悟還原本淨」中的「空」以及「本淨」，皆作爲「名詞」使用，以指涉「存有」範疇中作爲修行或認識論基礎所肯定的「實在」。由這個意義來說，是相近於批判佛教學者所言「萬物生於並復歸於太一」思維進一步哲學化的所謂「場所」、「根源性實在」或「基體」等概念的。然而，另一方面，伊藤隆壽與松本史朗等學者卻把他們自身所設立的「根源性實在」與「基體」說，運用在吉藏思想的詮釋上，如此一來，將使得吉藏一方面批判成實師與地論師等有所得大乘的主張，另一方面自己的主張卻似乎又與他所著意批判的對象無異。

那麼，吉藏是如何回答問者的問話呢？由於上文所引諸論說的語境是在處理如何解釋「八不」中「不來亦不出」的問題，因此他的回答並沒有涉及到對於作爲名詞使用的「無住」、「空」、「本淨」等概念的解釋，然而，就其回答的內容而言，仍舊提供給我們一些有用的訊息。吉藏說：

> 答：若必定作此解，與外道亦無異。但今明來無所從，去無所至，
> 蓋是不來來，不去去，未曾二相也。〔註42〕

吉藏的回答，所謂「若必定作此解，與外道亦無異」，告訴我們對於問者所提及的經論文句的解讀至少有兩種以上的可能。吉藏學說對於他家議論，嘗設立四種可能情況，《三論玄義》中說：

> 問：外道邪言，可得稱破，餘爲內教，何得亦破？

〔註42〕隋·釋吉藏：《中觀論疏》卷3；《大正藏》冊42，頁38中。。

答：總談破、顯，凡有四門：一破不收、二收不破、三亦破亦收、四不破不收。言不會道，破而不收；說必契理，收而不破；學教起迷，亦破亦收：破其能迷之情，收取所惑之教；諸法實相，言忘慮絕，實無可破，亦無可收，泯上三門，歸乎一相。照斯四句，破立皎然。〔註43〕

其中，第三，所謂「學教起迷，亦破亦收：破其能迷之情，收取所惑之教」，破斥的即是其他義解僧侶對於經典文句的錯誤理解，而不破經典文句本身。因此，這裡所謂「對於問者所提及的經論文句的解讀至少有兩種以上的可能」，就本文的立場而言，實際上指的就是本文對於吉藏學說所區分出的「無所得人」與「有所得人」對於語言認知或使用的兩種不同態度。所以，吉藏所言「今明來無所從，去無所至」，強調的是不能以「存有」的角度來理解佛陀或四依菩薩所言及的「去」、「來」兩個動詞。為什麼呢？因為如果肯定「去」、「來」二動詞在「存有」的範疇中具有意義，則意味必須同時肯定「能來」與「所來」、「能去」與「所去」的分別及其「實在性」。而吉藏所說的「不來來，不去去」便是告訴我們，不能以此「決定解」的認知態度來理解佛陀或四依菩薩所言及的「去」與「來」。〔註44〕此外，筆者所言之「不能」，作為否定之用，在吉藏的學說中除了單純的否定之外，並不隱涵對於他者的肯定，因此，所謂否定了「能來」與「所來」、「能去」與「所去」的分別，並非意味肯定了「無分別」的存在。由這個觀點切入，吉藏批判「存有」範疇中「能／所」的分別，並不是因為他是一元論者，同樣在「存有」範疇中主張「無分別」，因此他批判二元論或多元論的主張；更確切地說，實際上他所批判的，是「能／所」的分別背後意味的「著心」。如此說是因為，根據本文的研究發現，吉藏把傳統佛教經論中所批判的「有」、「無」二見的定義劃限得很窄，所謂「裁起有心，即墮於常；徵起無念，便入於斷」，這使得所有「存有」或「形上」範疇中的任何主張，所謂「無」（不存在）或「有」（存在），乃至於若是「有」（存在），是怎樣的「有」（存在），都在吉藏的批判範圍之內。

〔註43〕隋・釋吉藏：《三論玄義》卷1；《大正藏》冊45，頁1上-中。
〔註44〕「不來來」在吉藏的學說中，可以有兩種解釋：其一，「來」與「不來」是一組「相待假」，「不來來」指的是「來以不來為義」；其二，「來」非「自性之來」，「不來來」可作「不『來（自）』」之「來」，此「來」可作「來（假）」，即指「無所得人」所使用的語詞；「不去去」類此可推。

再則，上段所討論的吉藏對於作爲動詞使用的「來」與「去」的設說立意，同樣適用在「無住」一詞上：這意味著我們對於經論中所提及的「無住」，乃至於吉藏自己關於「無住」概念的演說，不能採「決定解」的態度，企圖尋找「無住」此一語詞在「存有」或「形上」範疇中的意義。

那麼，除了松本史朗所提及的《維摩詰經義疏》中的一段文句之外，在吉藏疏論中的他處，對於「無住」此一概念，有無其他討論呢？且看以下幾段引文：

1、無當者，是無住、無著之異名，無依無得之別秤也。〔註45〕

2、四依開士爲大、小學人心有所依，故出世造論，故有依、有得爲生死之本，無住、無著爲經論大宗。〔註46〕

3、問：心有所著，有何過耶？答：若有所著，便有所縛，不得解脫生老病死憂悲苦惱，故《法華》云：「我以無數方便，引道眾生，令離諸著。」《淨名》云：「不著世間如蓮華，常善入於空寂行，達諸法相無罣礙，稽首如空無所依。」三世諸佛爲六道眾生心有所著，故出世說經；四依開士爲大、小學人心有所依，故出世造論。故有依、有得，爲生死之本，無住、無著，爲經論大宗。〔註47〕

在這三段引文中，吉藏提及「無住」，皆與「著」此一與人類心理層面相關的概念有關，我們可以說，「住」即「著」之異名，具有共同的使用意義；而如同「無得」對「有得」一樣，「無住」是對於「住」（著）所說的。因此，吉藏在《大品經義疏》卷六中說：

般若以無住爲宗故，倒以住著爲本，今欲破顛倒住著，是故發音明無住也。〔註48〕

這裡，可以援引吉藏對於「無性」此一概念的解釋，來解釋「無住」。第一，將「無住」視爲對「住」的否定，即對於「著」的否定，而「無」作爲「無所得人」所使用的「否定詞」，其作用只在於單純的否定而已，套用吉藏自己的說法是，此明「無『有住』，非謂有『無住』」；第二，將「無住」視爲作爲名詞使用

〔註45〕隋・釋吉藏：《百論疏》卷上：《大正藏》冊42，頁234下。

〔註46〕隋・釋吉藏：《三論玄義》卷1：《大正藏》冊45，頁7上。

〔註47〕同前註。

〔註48〕隋・釋吉藏：《大品經義疏》卷6：《續藏經》冊24，頁260下。

的複合詞，則此「無住」作爲教說，是對治「住著」之「病」的「藥」，就「因病設藥，藥消病廢」此一詮經設立來說，「無住」只在對治「住著」時才具有意義，如同吉藏學說所設立的「無所得」與「有所得」一樣，如果定取「住」與「無住」的分別，則應該再透過否定的方式加以破除，所謂「非『住』非『無住』」。就此來說，吉藏所言「即是諸法實體，爲一切法本，而此實相，更無有本」的「無住」，不必然就是松本史朗所言之「一切萬物最終的基體」，乃「存有」範疇中的「眞實存在」，而是可將吉藏所言「諸法實體」的「諸法」解釋成佛陀的教說，即佛陀所使用的所有名言概念，而「無住」作爲諸法的「實體」，即基礎，所指的是佛陀所使用的所有人類名言概念，即「諸法」，其共同的目的在於破斥「執著」，如是，我們可以說，「無住」一詞所具有的意義乃在於「救渡」的範疇中，而不在於「存有」、「形上」的範疇裡。

2、關於「絕四句，超百非」的另一種可能解釋

上文所引《維摩詰經義疏》中的文據，有一句是這麼說的：

> 今文既稱「無住」，則絕四句，忘百非，言斷、慮窮。

所謂「絕四句，忘百非」，如吉藏自己所說的「言斷、慮窮」，通常被理解成「非爲人類的語言／思維所能涉及」；如同引文中「絕四句，忘百非」作爲「無住」的表述或限定一樣，批判佛教學者將之解釋爲「基體」、「場所」或「根源性實在」的「性質」，這是從「存有」的角度說的；其二，就「認識論」的範疇來說，「言斷、慮窮」亦被批判佛教學者當作吉藏輕視「理性」，重視具「神秘」性質的所謂「直觀」的認識方式的證據。這裡嘗試以伊藤隆壽《中国仏教の批判的研究》引用來證明吉藏與道家思想，所謂「道・理的哲學」，具有同質性的一段話爲檢視的對象，以討論吉藏對於「絕四句，忘百非」的使用，是否必定要被解釋爲用以描述「存有」範疇中所謂「根源性實在」的「不可思」與「不可議」。

吉藏在《三論玄義》裡舉出十個方面來破斥毘曇學說，其中，第一項乃「乖至道」，他說：

> 乖至道者，夫道之爲狀也，體絕百非，理超四句，言之者失其眞，
> 知之者反其愚，有之者乖其性，無之者傷其體；故七辯輟音，五眼
> 冥照，釋迦掩室，淨名杜口，豈可以「有」而爲道哉？〔註49〕

〔註49〕隋・釋吉藏：《三論玄義》卷一：《大正藏》冊45，頁2下。

第一，所謂「至道」或「道」，伊藤隆壽解釋爲「佛教中的『究極之道』」，〔註50〕這點是沒有什麼問題的；而末段所謂「豈可以『有』而爲道哉」則表示，吉藏反對毘曇學者把「有」當成是「究極之道」的內涵。這裡的「有」，最低的限度可理解爲說一切有部把「諸法」當成「實在的要素」的主張。

　　第二，「夫道之爲狀也，體絕百非，理超四句」一句中，我們可以把「體」、「理」當成是「道」的異名；〔註51〕此外，當注意到一件事，即「道」、「體」、「理」乃分別作爲「之爲狀也」、「絕百非」、「超四句」三者的主語。「道」（或「體」、「理」）作爲語句的主語，很容易被閱讀者理解爲，作者所要表達的乃是有一「道」（或「體」、「理」）的「存在」。〔註52〕這是人類認知「語言文字」的一種特性。再則，什麼是「絕百非」、「超四句」呢？這裡談二者一般被理解的使用意義。先論「道超四句」。「四句」指的是佛典中討論「無記」問題時所提及的四種句式，而吉藏在這裡所說的「四句」，強調的則是四種句式中，屬於謂語的部份。這一意義的「四句」，舉例來說，可以是「（是）有」、「（是）無」、「（是）亦有亦無」、「（是）非有非無」，抑或者，「（是）常」、「（是）無常」、「（是）亦常亦無常」、「（是）非常非無常」。再則，相關佛典是以「四句」來總括人類對於「主語」表述的所有可能情況，所以「超四句」的意思是說，無法用人類的語言進行表述。而所謂的「絕百非」，「百」是虛指，言其多也，「非」則是「否定」的意思。在其他著作中，吉藏對於如「佛知見」、「畢竟空」、「法身」等與「如來」相關的概念，曾有「百是不能是，百非不能非」的說法。吉藏在討論《法華經》「佛知見」的概念時有言：

　　（問：云何名「佛知見」？）

　　答：此是波若、佛性之異名，正法、涅槃之別目；未曾因、果，亦
　　　　非實、權；百是不能是，百非不能非，不知何以目之，強名「佛知
　　　　見」也。〔註53〕

所謂「百是不能是，百非不能非」的意思是說，不能用人類的語言，以任何

〔註50〕蕭平、楊金萍譯：《佛教中國化的批判性研究》，〈代序〉，頁16。
〔註51〕蕭平、楊金萍譯：《佛教中國化的批判性研究》，〈代序〉，頁16。又，也許我
　　　　們可以從中國人寫作的特點來解釋，即，在表示同一個意思時，一般會避免
　　　　重複使用同一個語詞，而是會選擇其他可替代的語詞。
〔註52〕關於此，以亞里斯多德對於「主謂句」的分析所使用的術語來說，「道」即是
　　　　一「自立體」，或說是「實體」。
〔註53〕隋‧釋吉藏：《法華玄論》卷5；《大正藏》冊34，頁403下。

肯定的方式，或任何否定的方式，表述之。因此，所謂的「絕百非」，指的即是無法用人類的語言進行負面的表述，所謂「遮詮」。

歸結以上兩點來說，「絕百非」、「超四句」指的是無法透過人類的語言進行表述，無論是採「表詮」或「遮詮」的方法。何者無法透過人類的語言進行表述呢？在此段的語境脈絡中，即所謂「道」（或「至道」）。因此，「乖至道者，夫道之爲狀也，體絕百非，理超四句」一句，就可用以證明，吉藏主張有「某者」存在，無論我們以「眞理」、「至道」，或「實在」稱呼之；再則，此「某者」是不能用人類語言所表述的。

以下，談吉藏此種主張，與僧肇乃至道家思想的關係。

第三，「言之者失其眞，知之者反其愚，有之者乖其性，無之者傷其體；故七辨輟音，五眼冥照，釋迦掩室，淨名杜口。」諸此文句可視爲「絕百非」與「超四句」的不同表現形式，旨在強調「至道」不能用人類語言表述；當然，不能用人類語言表示說法的背後，也意味著人類思維的無有用處。關於「七辨輟音，五眼冥照，釋迦掩室，淨名杜口」四者都是出自佛經的典故，是吉藏用以表示其主張有佛教經典文句的支持，非私心獨說。再則，「言之者失其眞，……釋迦掩室，淨名杜口」此一大段文句，乃脫胎於僧肇的〈涅槃無名論〉。該論說：

> 然則，言之者失其眞，知之者反其愚，有之者乖其性，無之者傷其軀，所以釋迦掩室於摩竭，淨名杜口於毘耶，須菩提唱無說以顯道，釋梵約聽而雨華；斯皆理爲神御，故口以之而默，豈曰無辯？辯所不能言也！〔註54〕

這也是伊藤隆壽主張吉藏與僧肇在思想上具有同質性的重要證據之一。

第四，吉藏「乖至道者」整段文句所要表達的意思，很容易使我們聯想到《老子》對於「道」的描述，而這一相似性其實有更明確的文獻證據，因爲王弼《老子指略》對於「強之曰『道』」的「道」，有如下的描述：

> 然則，言之者失其常，名之者離其眞，爲之者則敗其性，執之者則失其原矣。〔註55〕

由此可見，僧肇或吉藏「言之者失其眞，知之者反其愚，有之者乖其性，無之者傷其軀」的說法，有其更往上溯的源出所在。〔註56〕這自然也可被用來

〔註54〕姚秦・僧肇：《肇論》，卷1；《大正藏》冊45，頁157下。
〔註55〕樓宇烈：《老子周易王弼注校釋》，頁196。
〔註56〕筆者以爲，王弼與僧肇文句的差別主要在於，王弼意在指點人生作爲的「爲

證明吉藏、僧肇思想乃源出於伊藤隆壽所架構的「道家」思想的核心，所謂「道‧理的哲學」的。

　　吉藏著作對於僧肇論說及道家或玄學作品的引用，可由以上的例證得到說明，至於是否必然要將「夫道之爲狀也，體絕百非，理超四句」一句中的「道」理解爲「形上」範疇中「不可言說」的「實在」，乃至於吉藏學說主張有此「不可言說」之「道」的「形上實在」，以下則嘗試提出不同的詮釋見解。

　　上文嘗提及，伊藤隆壽用以證明吉藏學說與其所謂道家「道‧理的哲學」具有同質性的這一段話，其語境是吉藏用來批評毘曇學者把「有」當成是「究極之道」的內涵，所謂「豈可以『有』而爲道哉」的；並且，所謂的「有」，最低的理解限度，可說是說一切有部把「諸法」當成「實在的要素」的主張。我們可以說，說一切有部把「諸法」當成「實在的要素」的主張，約莫即是「多元實在論」，而在伊藤隆壽、松本史朗等學者的理解裡，吉藏之所以批判「多元實在論」，乃因爲他是「一元實在論」者；然而，如同鄭學禮所指出，吉藏在批判一形上主張的同時，並不意味著他持有另一形上主張，抑或說，吉藏並非站在某一形上立場，以批判另一形上見解，同樣的，本文的研究發現，吉藏之所以批判他家主張，判釋他們爲「有所得」，乃是批判諸此主張背後所意味的代表心理層面的「著」，在吉藏的經解體系中，他把與心理層面相關，並且將招致「苦累」的「著」這個概念，與透過語言對於「世界眞實」進行探求與表述二者聯繫了起來，由於他將佛教經論上所批判的「有」、「無」二見的定義，定義得很窄，所謂「裁起有心，即墮於常；微起無念，便入於斷」，以致於他所批判的對象，範圍變得相當廣大，所謂「生心動念」，皆是「有所得」。由此而言，我們若將「夫道之爲狀也，體絕百非，理超四句」一句理解爲「形上」範疇中「不可言說」之「道」的存在，以爲吉藏主張有此「不可言說」的「道」的存在，如是，在吉藏的學說中，即爲「有見」，則將使得吉藏自己的主張受到自己所設立的批判系統的批判。本文第二章第二節嘗提及吉藏《淨名玄論》卷二對於他家「不二法門」詮釋主張的批判，他是這麼說的：

　　（問：義宗乃廣陳「不二」，未詳「不二」定何等法？）

　　答：有人言，不二法門，則「眞諦理」也；有人言，不二法門，謂

之者則敗其性，執之者則失其原矣」二句被僧肇以「有之者乖其性，無之者傷其軀」取代，因此，使得僧肇所使用的整段文句較偏向於純粹「認識論」（如何認識、可否認識）與「名言觀」（語言的作用）上的討論。

「實相般若」；有人言，不二法門，則「性淨涅槃阿梨耶識」；有人言，不二法門，謂「阿摩羅識自性清淨心」。四宗之中，初二約境，後兩據心；雖識、境義殊，而同超四句，故釋迦掩室於摩竭，淨名杜口於毘耶，斯皆理爲神御，故口以之默，豈曰無辨，辨所不能言也。〔註57〕

吉藏說，諸家不管以「眞諦理」、「實相般若」、「性淨涅槃阿梨耶識」，或「阿摩羅識自性清淨心」等來指稱「不二法」，透露出或強調「客觀所緣之境」的訊息，或強調「主觀能緣之識」的訊息，實際上，乃皆以爲「理」（「不二法」）是「超四句」，「辨所不能言」的，只能以「神」會之。那麼，姑不論諸家所稱或異，其共通點不正是同樣主張有一「不可言說」的「實在」存在？再則，「只能以『神』會之」一句所指明的，不正也是「認識論」或「修行觀」上的「神秘性」嗎？由此而言，伊藤隆壽等學者對於吉藏學說所作的詮釋主張，將同質於吉藏學說所批判的所謂「有所得人」的主張，使得吉藏自己落入自己所劃限的「有所得」的陣營裡，自己批判起自己來。吉藏批評道：

眾師既云理不可言者，爲有不可言之理，爲無此理耶？答有此不可言理，即名有句，何名絕四？若無此不可言理，則皆無所會，凡不可革，聖何由成？〔註58〕

既然眾師皆說「理不可言」，那麼，其指的究竟是有此「不可言之理」的存在呢？還是沒有此「不可言之理」的存在？若說是有此「不可言之理」的存在，則是四句式（有、無、亦有亦無、非有非無）中的第一句，如此，怎能說「絕四句」呢？再則，如果是說沒有此「不可言之理」的存在，則佛教主張的「由凡入聖」的修行理論，到頭來不就是一場空嗎？

又說：

撫臆論情，二關之中，雖複絕言，終有絕言之理。既終有此理，終是「有見」，了何由得道？又，終有此理，而不可說其有、無者，與犢子部「我」有何異耶？犢子執「我」在第五不可說藏，今計眞諦理法不可說，在第五藏，彼執有我不可說，名爲「我見」，今計有眞諦理不可說，名爲「法見」。若然者，乃具人、法二見，不得兩空，何道之有耶？又終有此理，以爲宗極者，則此經以「有」爲宗極矣，

〔註57〕隋・釋吉藏：《淨名玄論》卷1；《大正藏》冊38，頁856下。
〔註58〕隋・釋吉藏：《淨名玄論》卷1；《大正藏》冊38，頁856下～857上。

－239－

　　　　願明識君子可詳而覽焉。〔註59〕

吉藏說，他揣測眾師「理不可言」的主張，有、無之間，應該指的是有此「不可言之理」的存在，然而，如此的話，即是「有見」；況且，主張有一「不可言之理」的存在，但不能說是有、是無，與部派佛教中犢子部所主張的「有我」，但在「非有非無」的「第五藏」中，又有什麼區別呢？再則，如果「不二法」是眾師所強調的具有「不可說性質」的理則性「實在」的話，那麼，《維摩詰經》便要以「有」為經宗了。如是，該經所要宣說的便是「有」，而不是一般所認為的「空」了。他要「明識君子」，「詳而覽焉」。

　　因此，如果將吉藏所說的「夫道之為狀也，體絕百非，理超四句」此句話解釋為「有一不可言說的『道』的存在」，將使得吉藏批判起自己的主張，使其學說體系具有扞格、矛盾。那麼，「夫道之為狀也，體絕百非，理超四句」一句是否有其他詮釋的可能呢？

　　首先，當注意「乖至道者，夫道之為狀也，體絕百非，理超四句，言之者失其真，知之者反其愚，有之者乖其性，無之者傷其體；故七辨輟音，五眼冥照，釋迦掩室，淨名杜口，豈可以『有』而為道哉？」整段話的語境脈絡是批判毘曇學者「見有得道」的主張的。因此，套用本文第五章所提出的「因病設藥，病息藥廢」來說，此段文句是對於毘曇學者「見有得道」主張的反對，旨在指陳其錯誤而已，並不隱涵對於他者的肯定，如否定「多元實在論」，意味肯定「一元實在論」。

　　再則，就「夫道之為狀也，體絕百非，理超四句」一句來說，其中，「絕」與「超」可視為「無所得人」所使用的「否定詞」，以否定「百非」與「四句」，這裡所言之「百非」與「四句」，即是上文所指的總括了以人類的語言進行「表詮」或「遮詮」的一切可能，而就吉藏學說的體系而言，指的是「有所得人」使用的一切語言概念及表述方法，因此，「絕百非」、「超四句」，是對於「有所得人」使用的一切語言概念的否定，即否定語詞概念在「存有」或「形上」範疇中的意義，或說是在「存有」或「形上」範疇中具有表述能力。因此，我們可以說，伊藤隆壽與松本史朗等學者對於吉藏思想所作出的如「根源性實在」、「基體」乃至於「不可言說的真理」等種種詮釋主張也在「絕」與「超」的否定範圍之內，因為無可否認的，諸此主張皆立論於「存有」或「形上」的範疇中，肯定了「根源性實在」、「基體」，乃至「不可言說的真理」等語詞

〔註59〕同前註。

概念的「實在性」。由是，不必然要將「夫道之爲狀也，體絕百非，理超四句」一句理解爲一形上具有不可說性質的「實在」，所謂「道」，乃至於透過此「道」的聯繫作用，將吉藏的思想同質化於老莊道家哲學，而是可將「夫道之爲狀也，體絕百非，理超四句」一句解釋成佛陀使用的「道」此一語言概念，絕超於人類對於語言使用的一般意義，即肯定語詞具有形上或存有中的意義，能相應於語言以外的「存在之物」，所以，既然佛陀所使用的「道」此一語詞概念，不具有形上或存有中的意義，遑論毘曇學者簡單地把「有」當作此「道」的內涵的謬誤了，所謂「豈可以『有』而爲道哉？」

第三，我們可以將「夫道之爲狀也，體絕百非，理超四句」一句簡化爲「道，非百非，非四句」，並調換其位置，加上「強名曰」，作「非百非，非四句，強名曰『道』」，如此，正可連接上一章第三節關於「強爲立名」的討論，指出「非百非，非四句」乃否定「道」此一語詞在「形上」或「存有」中的意義，而「強名曰道」的目的，即「無所得人」卻仍舊企圖使用「道」此一語詞的目的，其原因則在於「救渡」。因此，吉藏著作中與「夫道之爲狀也，體絕百非，理超四句」相似的語句，如「法身，超四句，絕百非」、〔註60〕「法身本土，即中道實相，此土非垢、非淨，不生、不滅，超百非，絕四句」、〔註61〕「諸方等經大明涅槃橫絕百非、豎超四句」、〔註62〕「佛性，絕四句，超百非，實不可說」〔註63〕等都可作如此解，不必然要將諸此例句中作爲主語使用的「法身」、「法身本土」、「中道實相」、「涅槃」，以及「佛性」等一般被認爲具有神聖性義涵的概念，視爲指涉同一形上範疇中不可言說的「實在」的種種「異名」。由是，特別值得注意的是，吉藏在著作中嘗強調，作爲「眞諦／俗諦」，「空／有」二分中的「有」，因爲與「法身」、「中道實相」、「涅槃」等概念，同爲「無所得人」所使用的語詞概念，所以也具有「絕四句」的特性。吉藏說：

> 如一假有則絕四句。所以然者，假有不可定有，假有不可定無，假有不可定亦有亦無，假有不可定非有非無，故此假有絕於四句。
>
> 問：假有何故不可定有？

〔註60〕隋・釋吉藏：《法華義疏》卷10；《大正藏》冊34，頁603上。

〔註61〕隋・釋吉藏：《淨名玄論》卷8；《大正藏》冊38，頁907中。

〔註62〕隋・釋吉藏：《中觀論疏》卷10；《大正藏》冊42，頁155中-下。

〔註63〕隋・釋吉藏：《法華義疏》卷4；《大正藏》冊34，頁506上。

答：既言假有，豈可定有，若是定有，便是定性，何名假有？或者
云：「假有若不可言有，假有便是無。」是故今明，既稱假有，寧是
定無？但言假有，云何得亦有亦無？唯稱假有，寧言非有非無？故
此假有絕乎四句。

問：何故明此義耶？

答：或者云：「真諦無言，可絕四句。」不知則假有一句，便具四絕，
故明一句四絕也。〔註64〕

　　吉藏所說之「假有」，在本文的設立下可作「有假」，與「無假」成一組相待
假，即「無有」之「有」或「有以無為義」的「有」，是吉藏學說用以否定語詞
概念具有「形上」或「存有」中的意義，或說具有表述語言以外的「真實」的
能力的詮經設立。因此，「有假」作為「無所得人」所使用的語詞，它就不具有
「有所得人」所使用的語詞的意義，於是，引文中乃言：「假有不可定有，假有
不可定無。假有不可定亦有亦無，假有不可定非有非無，故此假有絕於四句」。

　　此外，「或者云：『假有若不可言有，假有便是無。』」一句告訴我們，「有
所得人」對於語詞使用的特性，在「存有」的範疇中，如對「有」此一概念的
否定，意味著對於「無」此一概念的肯定，而由於「假有」指的是「無所得人」
所使用的語詞，因此，其使用意義則不等同於「有所得人」所使用的語詞概念，
無論是「有」、「無」，乃至於「亦有亦無」、「非有非無」等，所以吉藏說，眾家
解經皆謂「真諦無言，可絕四句」，而不知「假有一句，便具四絕」。

　　第四，關於「絕四句」一語，吉藏還說：

絕四句者，非謂絕於四句，名絕四句，乃明雖復洞絕，而宛然四句，
故名絕四句也。

問：何故明此義耶？

答：稟教之徒，聞上來絕諸四句，窈冥洞絕，同啞法外道，是故今
明，至道雖復妙絕，而四句宛然，是以經云：「不動真際，而建立諸
法。」豈聞妙絕，而謂妙絕之內，不能言哉？〔註65〕

吉藏說，此段論說的立意，是擔心習聞者在聽聞「絕四句」等教說時，取執
於人類的語言一無用處，所謂「稟教之徒，聞上來絕諸四句，窈冥洞絕，同

〔註64〕隋・釋吉藏：《淨名玄論》卷1：《大正藏》冊38，頁858下。
〔註65〕隋・釋吉藏：《淨名玄論》卷1：《大正藏》冊38，頁858中。

啞法外道」，因此設說「絕四句者，……乃明雖復洞絕，而宛然四句」。這裡，「絕四句」的「絕」並不作爲「動詞」使用，而是作爲「定語」使用，意謂「無言」，或「無名相」，以限定中心語「四句」，亦即「言說」，或說「有名相」，所以吉藏說：「明雖復洞絕，而宛然四句」；同理，我們也可以說：「雖復四句，而宛然洞絕」。吉藏這裡對於「絕四句」的解釋，乃是利用了「相待假」此一詮經設立，即「四句以絕爲義」，「絕以四句爲義」，抑或說，「名相以無名相爲義」、「無名相以名相爲義」，其立意在於阻絕習聞者對於「絕」、「四句」、「無名相」、「名相」等語詞採決定解的態度，如聽聞「妙絕」，便作「語言無有用處」解，所謂「豈聞妙絕，而謂妙絕之內，不能言哉？」

　　再則，引文中所言「不動眞際，而建立諸法」也是吉藏常引用的一段話。案查《新脩大正藏經》，漢譯經論中並無完全相同的文句，倒是僧肇〈不眞空論〉有一類似的引文，僧肇說：

　　……是以聖人乘千化而不變，履萬惑而常通者，以其即萬物之自虛，不假虛而虛物也，故經云：甚奇！世尊。不動眞際，爲諸法立處。非離眞而立處，立處即眞也。然則道遠乎哉？觸事而眞。聖遠乎哉？體之即神。〔註66〕

據《三論玄義檢幽集》的查考，吉藏所言「不動眞際，而建立諸法」，或僧肇所言「不動眞際，爲諸法立處」，當與般若經系的經典有關，他說：

　　言不動眞際者，如《大品經》第三十六卷：「佛告須菩提，菩薩行般若時，不壞眞際法，立眾生於實際中。」

　　《大品經》云：「如來建立眾生於眞際。」古本云：「爲諸法立處。」今引之也。〔註67〕

按查今《新脩大正藏經》所收鳩摩羅什譯《摩訶般若波羅蜜經》卷二十五載之曰：

　　佛告須菩提：「菩薩爲實際，故行般若波羅蜜。須菩提！實際、眾生際異者，菩薩不行般若波羅蜜。須菩提！實際、眾生際不異。以是故，菩薩摩訶薩爲利益眾生，故行般若波羅蜜。復次，須菩提！菩薩摩訶薩行般若波羅蜜時，以不壞實際法，立眾生於實際中。」〔註68〕

〔註66〕姚秦・僧肇：《肇論》，卷1；《大正藏》冊45，頁153上。
〔註67〕日・證禪：《三論玄義檢幽集》卷2；《大正藏》冊70，頁399中。
〔註68〕姚秦・鳩摩羅什譯：《摩訶般若波羅蜜經》，卷25；《大正藏》冊8，頁400下

至於《三論玄義檢幽集》所謂「古本云云」，當指無叉羅所譯之《放光般若經》。《放光般若經》卷二十說：

> 佛告須菩提：「如來無所著等正覺，得阿耨多羅三耶三菩時，爲諸法作處，便知有三惡趣，知有人道，知有三十三天；便知三十七品，乃至內外空，及所有無，所有空，知有十八法。是故，須菩提！是爲如來大士之所差特，不動於等覺法，爲諸法立處。」〔註69〕

何謂「眞際」呢？據《大智度論》指出，「眞際」即「實際」、「法性」、「諸法實相」等之異名：

> 1、實際者，如先說法性名爲實，入處名爲際。〔註70〕
>
> 2、復次，法性者，無量無邊、非心心數法所量，是名法性，妙極於此，是名眞際。〔註71〕
>
> 3、所謂諸法實相，名爲實際。〔註72〕

如果我們企圖從「形上」或「存有」的範疇出發，探究中國僧侶使用「眞際」、「實際」、「法性」、「諸法實相」等概念的意義，很容易取得與批判佛教學者相似的結論。〔註73〕怎麼說呢？如宋・遵式（964～1032）《注肇論疏》解「不動眞際」一句曰：

> 眞理是萬法之源，窮事見理，乃爲際畔，故立強名曰「眞際」。不動者，不離也。〔註74〕

〔註69〕 西晉・無羅叉譯：《放光般若經》卷20：《大正藏》冊8，140下。

〔註70〕 姚秦・鳩摩羅什譯、舊題龍樹著：《大智度論》，卷32；《大正藏》冊25，頁298下。

〔註71〕 同前註，頁299上。

〔註72〕 姚秦・鳩摩羅什譯、舊題龍樹著：《大智度論》，卷90；《大正藏》冊25，頁697上。又，關於「眞際」、「實際」、「法性」、「諸法實相」等概念在鳩摩羅什所譯《摩訶般若波羅蜜經》、《中論》、《大智度論》等經典中的意義與彼此間的關係，可參見中村元的研究。（川田雄太郎等著、李世傑譯：《華嚴思想》（臺北：法爾，2003年11月），頁104～140）

〔註73〕 不同於中村元對於「諸法實相」等譯語視爲與「緣生」、「緣起」具有同等的意義，伊藤隆壽指出，鳩摩羅什「的『實相』概念又藉著統括『如』、『法性』、『眞際』（『實際』）以及『般若』、『空』、『中道』、『涅槃』等概念得以確立，其指的是斷絕語言、普遍存在於諸法之中、唯一絕對的東西。」（川田雄太郎等著、李世傑譯：《華嚴思想》，頁113、伊藤隆壽著、蕭平、楊金萍譯：《佛教中國化的批判性研究》，頁193）

〔註74〕 宋・遵式：《注肇論疏》卷2：《續藏經》冊54，頁166下。

而解「諸法立處」一句則說：

　　眞理爲諸法建立之處。〔註75〕

單就引文中遵式對於「不動眞際，諸法立處」的解釋而言，「眞際」，即「眞理」，乃「萬法之源」，「諸法建立之處」，那麼，此一「眞理」，其義不正相通於松本史朗所言，作爲一切差別事相的基礎，本身再無分別的所謂「基體」嗎？〔註76〕然而，接下來的問題是，吉藏對於「眞際」或「實相」概念的解釋與運用，是否必定同質於松本史朗所著意設立的「基體」呢？

　　答案是否定的。吉藏在《淨名玄論》卷五中說：

　　……眞故無有，雖無而有，即是不動眞際，而建立諸法；俗故無無，雖有而無，即是不壞假名，而說實相。以不壞假名，而說實相，雖曰假名，宛然實相；不動眞際，建立諸法，雖曰眞際，宛然諸法。以眞際宛然諸法，故不滯於無；諸法宛然實相，則不累於有；不累於有，故不常；不滯於無，故非斷，即中道也。〔註77〕

由此段的文意可知，吉藏視「眞際」與「實相」爲「眞諦」的另一種表現方式，同理，「諸法」與「假名」則爲「俗諦」的另一種表現方式。〔註78〕此外，本文曾提及，吉藏在討論「二諦」議題時，嘗將「眞諦」與「俗諦」約化爲「無」（或「空」）與「有」兩個概念。因此，引文中的論述其實運用的便是「相待假」此一詮經設立，意在提醒習學者對於經論所言之「眞際」、「實相」、「諸法」、「假名」，乃至「無」、「有」，不能採「決定解」的態度：所謂「不動眞際，而建立諸法」的「諸法」，是「無有」的「有」，即「有以無爲義」的「有」，可作「有假」；同理，所謂「不壞假名，而說實相」的「實相」，是「有無」的「無」，即「無以有爲義」的「無」，可作「無假」；而「不滯於無」的「無」，與「不累於有」的「有」，指的即是吉藏學說批判的「有見」與「無見」，可作「無自」與「有自」，其背後代表著「有所得人」使用語言的認知態度——「著」。

〔註75〕同前註。

〔註76〕當然，這裡本文對於遵式主張的解釋，僅侷限在諸此文句的限定下，對於吉藏學說的研究告訴我們，對於作者單獨文句、段落的解讀，必須置於其整體論說的脈絡中來看，才能得到更進一步的確立。

〔註77〕隋・釋吉藏：《淨名玄論》卷5；《大正藏》冊38，頁883上-中。

〔註78〕《三論玄義檢幽集》卷二同樣指出：「言眞際者，謂眞諦空；言假名者，即俗諦法。」（日・證禪：《三論玄義檢幽集》卷2；《大正藏》冊70，頁399中。）

　　吉藏著作關於「不壞假名，而說實相」與「不動眞際，而建立諸法」等說法頗爲常見，這裡可再舉兩個例子，以見其趣。《中觀論疏》卷一，吉藏在解釋何以《中論》以〈觀因緣品〉爲第一品時嘗提及：

> 四者、因緣有宛然，即畢竟空，雖畢竟空宛然，因緣有，即是不壞假名，而說實相，不動眞際，建立諸法，而稟教之流聞因緣有，即失畢竟空，聞畢竟空，即失因緣有，故不知說空意也。〔註79〕

所謂「稟教之流聞因緣有，即失畢竟空，聞畢竟空，即失因緣有」指的即是習學者聽聞經論上或「因緣有」，或「畢竟空」等教說，分別採「決定解」的態度，乃「有所得」，乃「性執」，不解佛意，無得「解脫」。此外，所謂「因緣有宛然，即畢竟空」與「不壞假名，而說實相」指的即是「無假」，而「雖畢竟空宛然，因緣有」與「不動眞際，建立諸法」指的即是「有假」。

　　再則，吉藏在《法華義疏》卷一釋「如是我聞」之「聞」時說：

> 因緣故聞。因緣聞即無所聞，故《中論》云：「因緣所生法，則是寂滅性。」故聞宛然而不聞，亦不聞宛然而聞。以聞宛然不聞，故不壞假名，而說實相，以不聞宛然而聞，故不動眞際，建立諸法。又聞宛然而不聞故，是聞不聞；不聞宛然而聞故，則是不聞聞。不聞聞，豈是聞！聞不聞，豈是不聞！故非聞、非不聞，名爲中道，而聞而不聞，稱爲假名，故《論》云：亦爲是假名，亦是中道義。然中假，即是因緣，故中稱假中，假稱中假；中假非假，假中非中，故非中非假；辭相寂滅，非謂變轉前法，方稱寂滅，即因緣之聞，本來寂滅，故此經云：「諸法從本來，常自寂滅相也。」〔註80〕

吉藏透過「不壞假名，而說實相」與「不動眞際，建立諸法」等輔助說明，強調不能對經論上所謂的「聞」此一概念採取「決定解」的態度，因爲它是「無所得人」所使用的語詞，是「聞假」，而非「聞自」，並且吉藏透過「相待假」此一詮經設立，即以「聞」與「不聞」爲一組相待假，來說明此事，所謂「不聞聞」、「聞不聞」。再則，「不聞聞，豈是聞！聞不聞，豈是不聞！」一句中的「豈是聞」與「豈是不聞」，可作「非聞、非不聞」。這裡，「聞」與「不聞」是「有所得人」使用的語詞，而「非」，則是「無所得人」使用的否定詞。吉藏說：「非聞、非不聞，名爲中道，而聞而不聞，稱爲假名」，當然，

〔註79〕隋·釋吉藏：《中觀論疏》卷 1：《大正藏》冊 42，頁 19 中。
〔註80〕隋·釋吉藏：《法華義疏》卷 1：《大正藏》冊 34，頁 455 上-中。

此句中的「中道」與「假名」爲「無所得人」所使用的語詞概念，所以也是一組相待假，不能以「性執」的角度看待之。這是前一章第三節，筆者嘗強調過的意見。而在此段引文的最後，吉藏自己也著意說明此事，其立意或許是避免習學者「定」執其所言之「中道」與「假名」，若然，則要對此「中道（自）」與「假名（自）」再進一步否定之，所以他說：「然中假，即是因緣，故中稱假中，假稱中假；中假非假，假中非中，故非中非假。」〔註81〕

　　由上文諸段論說看來，吉藏對於「眞際」或「實相」等概念的運用與解釋，不必然同質於松本史朗、伊藤隆壽等學者所設立的「基體說」、「根源實在論」，乃至於所謂的「道・理的哲學」。

（二）本文立場與伊藤隆壽等學者觀點的主要差異

　　學界對於吉藏思想詮釋的兩種取向中，伊藤隆壽與松本史朗的研究是設定在「形上」的範疇中，主張吉藏學說存在一具「不可言說」性質的「實在」，他們賦予此「實在」諸如「根源性實在」、「基體」、「界」、「場所」等名稱，且雖言「不可說」，仍嘗試對此「實在」的種種性質進行界定與描述，並企圖藉由諸此性質的界定與描述，論證吉藏思想與所謂道家思想的同質性。然而，本文對於吉藏論說的研究，卻贊同於鄭學禮的詮釋觀點，以爲吉藏的經解體系拒斥任何「形上」的主張與見解，這同時意味著吉藏學說自身並不存在任何「形上」的主張與見解。之所以如此說，是因爲本文的研究發現，吉藏將大乘經論上所破斥的「有」、「無」二見的定義，定義得很窄，所謂「裁起有心，即墮於常；徵起無念，便入於斷」，這使得所有「存有」或「形上」範疇中的任何主張，所謂「無」（不存在）或「有」（存在），乃至於若是「有」（存在），是怎樣的「有」（存在）？都在吉藏的批判範圍之內。從這個角度來說，伊藤隆壽等學者從「形上」範疇對於吉藏學說所作出的詮釋主張，在吉藏的批判系統中，亦不過是「有見」而已。再則，本文還注意到了吉藏有意識地

〔註81〕此外，以下引文中的「雖無所有，而無所不有；雖無所不有，而無所有」一句，實際上也採用了「相待假」此一詮經設立，提醒習學者對於經中文句不能採取「決定解」的意態，吉藏說：「……常病重，故設無常之藥，眾生執有爲涅槃，故設無，身心皆盡，乃爲妙極；物情不了，便謂佛身無，涅槃斷滅，故經云：『其復不久，王復得病，須服乳藥。』故今教爲對無常，故設常住，則左右除病，迭代破執，執病若盡，在藥皆除，涅槃之法，竟何所有？雖無所有，而無所不有；雖無所不有，而無所有。有、無既爾，常、無常亦然，非常、非無常，常、無常具足也。」（隋・釋吉藏：《涅槃經遊意》卷1；《大正藏》冊38，頁230下）

區分兩種對於語言的使用態度，並且嘗試援用通常被置於「存有」範疇中考察其意義的「因緣」與「自性」這兩個概念以作為區別「有所得人」與「無所得人」對於語言使用的兩種態度。同時，吉藏是透過「因緣對自性」或說「相待假對自性」此一詮經設立，避免自己在「形上」或「存有」的範疇中有所主張，乃至於避免自己對於經論文句的解釋，被置於「形上」或「存有」的範疇中追探其意義。

然而，雖然本文的研究亦將吉藏的論說設立在「救渡」的範疇中，但是這並不意味著吉藏的經解體系在「存有」的範疇中可以一無肯定或預設。筆者以為，作為其論說開展的根本預設——「著」這個概念，或許可說是具有「實在性」的概念，乃世界最真實的本質。由於伊藤隆壽等學者的研究，對於「什麼是（正確的）佛教」的區別，過於重視「實體」或「實在」的有無，因此，如果本文對於吉藏學說的詮釋觀點若獲得認可的話，不知是否會因為具有「實在性」的「著」這一概念，吉藏的學說仍舊將被伊藤隆壽等學者屏除在所謂的「（正確的）佛教」之外？

此外，松本史朗所指出的吉藏對於被批判佛教學者視為「正確佛教」重要定義之一的「十二支緣起」的批評，由本文的立場來說，也可以得到不同的解釋。本文嘗指出吉藏的經解體系破斥小乘論，但並不破斥大乘經論與小乘經，因此，「十二支緣起」作為小乘經所提出的教法，對於吉藏來說，乃屬於佛陀的教說，是必須遵循的，他所破斥的，是習學「十二支緣起」教法的小乘學者，批評他們把「十二支緣起」當成是「真理」，以為依持。當然，更確切地說，他所破斥的，是把「十二支緣起」當成是「真理」，以為依持背後所涵藏的「著心」。〔註82〕

〔註82〕如吉藏在《中觀論疏》卷 1 中說：「十二因緣者，佛欲借妄止妄，故說十二因緣生。外道計無因、邪因生，是妄中之妄，今借輕妄，止其重妄，明諸法從十二因緣生，重妄既息，輕妄亦去，意令悟諸法本自無生。」吉藏解釋道，佛陀宣說「十二因緣生」，是為了破除外道計無因生或邪因生的「執見」而說的。所謂的「無因生」，如「萬法自然而生，不從因生」，而「邪因生」，如「自在天能生萬物」。那為什麼吉藏說「十二因緣生」是「輕妄」，佛陀宣說的目的乃「借輕妄，以止其重妄」呢？我們當注意他所言的「十二因緣生」一語中作為動詞使用的「生」一字。作為動詞使用的「生」要在「存有」的範疇中具有意義，其條件在於必須肯定「能生者」與「所生者」的「實在性」，因此吉藏這裡是把被他形容為「輕妄」的「十二因緣生」視為具有「實在」基礎的緣生過程，當然在吉藏的經解體系裡，此屬於「有所得人」的主張。吉藏是在這個意義下批判小乘學者對於「十二因緣生」的認識。另一方面，吉藏強調佛陀所說

最後，批判佛教學者對於吉藏學說的批評，除了指出吉藏主張有不可言說、混然無別的「實在」以外，還批評他在修行或認識論上輕視「理性」，重視具「神秘」特性的「直觀」；而吉藏論說中諸如「言息慮絕」、「非觀非緣」等說法，都成爲學者證成此一詮釋見解的主要論據。然而在筆者的研究過程中卻發現，作爲一位義解僧侶，在他與他所設立的論敵所展開的繁複論辯中，吉藏其實充分仰賴於「理性思維」，其論說並非毫無章法，無法辨識、不能理解。因此，我們當注意「言息慮絕」、「非觀非緣」在吉藏論說中的針對性，如同所謂的「無分別」是對於「分別」的「執見」而說的，反之亦然。因此，「言息慮絕」、「非觀非緣」等陳述只是吉藏繁複論辯開展的組成成分之一，而其疏論所展開的繁複論辯的整體，其實呈現了在思辨上的「動態過程」。筆者以爲此一透過語言所呈現的「動態過程」，實際上可視爲他在從事禪觀修行的一種另類展現。關乎此，將在下一節中進一步討論。

第二節　吉藏修行觀上的諸問題

誠如湯用彤所指出：「南朝末造，禪法之稍盛，亦由於攝山三論諸師」，〔註83〕又說：「吾人若論南齊至隋江東佛學之變遷，則首爲攝山奪成實之席。次爲天台繼三論之踪。前者爲義學之爭執，後者因定學而契合也。」〔註84〕吉藏所稟承的攝山三論教學傳統，在當時南方的佛教界中不僅只是在講經論義上特爲發達的僧團，在南方禪法的推廣與發展上也佔有一席之地。就文獻上的記載來看，如吉藏的老師法朗在受業僧詮以前，已曾就寶誌禪師習學禪

的「十二因緣生」是「無生的十二因緣生」，這裡所謂的「無生」，其意義指的是不能以「存有」的觀點看待佛陀宣說的「十二因緣生」，即此「十二因緣生」不具有「實在」基礎。從這個角度來說，不正相通於批判學者所強調的不具有「實在」意義的「十二支緣起」嗎？再則，我們當注意的是，二者還是有所區別的。因爲在吉藏的經解體系裡，他所破斥的是主張意見背後的「著心」，因此，就他來說，說佛陀宣說的是「無生的十二因緣生」，乃是針對小乘學者所認識的具有「實在」意義的「十二因緣生」而言的，因此，如果放棄了小乘學者所認識的「十二因緣生」，卻轉而視「無生的十二因緣生」爲「眞理」，此乃所謂「復執藥成病」，仍在吉藏破斥的行列裡，因此吉藏與批判佛教學者對於佛陀宣說的「十二因緣」或「十二支緣起」的詮釋仍有所不同。（隋·釋吉藏：《中觀論疏》卷1：《大正藏》冊42，頁18下～19上）

〔註83〕湯用彤：《漢魏兩晉南北朝佛教史》，頁594。
〔註84〕同前註，頁595。

法，此外，道宣《續高僧傳》還說法朗的同學智辯，乃「勝業清明，定、慧兩舉，故其講唱，兼存禪眾」，〔註85〕而慧布則「攝心奉律，威儀無玷，常樂坐禪，遠離囂擾，誓不講說，護持爲務」，〔註86〕且「末遊北鄴，更涉未聞，於可禪師所，暫通名見，便以言悟其意。可曰：『法師所述，可謂破我，除見莫過此也。』」，〔註87〕與禪宗系統中的慧可有過交涉。再如法朗的徒弟，本文第一章嘗提及的明法師，居茅山，更是禪宗牛頭宗法融的老師。〔註88〕

　　至於吉藏，一般爲學界所重視的是他在經解上的努力，然而，這並不意味他即是一專事講經，對於禪觀修行一無所重的僧侶。因此，本節嘗試從修行態度及修行理論兩個面向，以探討其修行觀的特點。

一、吉藏「愛狎風流，不拘檢約」的可能詮釋

　　本文第一章討論《續高僧傳》對吉藏的評價時嘗提及，道宣對吉藏的稱揚，主要著重在講經論義的事業上：

> 初藏年位息慈，英名馳譽，冠成之後，榮扇逾遠，貌象西梵，言寔東華，含嚼珠玉，變態天挺，剖斷飛流，殆非積學，對晤帝王，神理增其恒習，決滯疑議，聽眾忘其久疲。

另一方面，道宣也提及了吉藏的缺失，所謂：

> （吉藏）愛狎風流，不拘檢約，貞素之識，或所譏焉，加又縱達論宗，頗懷簡略，御眾之德，非其所長。

並且，本文亦嘗指出「御眾之德，非其所長」，就現在的話來說，大抵指的是吉藏頗不具備領導者的特質與能力。至於「愛狎風流，不拘檢約，貞素之識，或所譏焉」則是對於吉藏日常生活行爲舉措的一種評價。就「愛狎風流，不拘檢約」這點來說，吉藏給時人的觀感，可說與其父形成強烈的對比。因爲同樣在《續高僧傳・吉藏傳》裡，道宣對於吉藏父親道諒在日常修行舉措上的形容乃言：

> （藏）父後出家，名爲道諒，精勤自拔，苦節少倫，乞食聽法，以爲常業。每日持盋將還，跣足入塔，遍獻佛像，然後分施，方始進

〔註85〕唐・釋道宣：《續高僧傳》卷 7；《大正藏》冊 50，頁 477 下。
〔註86〕同前註，頁 480 下。
〔註87〕同前註。
〔註88〕釋印順：《中國禪宗史》（新竹：正聞，2005 年），頁 96。

之，乃至涕唾便利，皆先以手承取，施應食眾生，然後遠棄。其篤
謹之行，初無中失。

此外，本文第一章還提及藍吉富《隋代佛教史述論》一書嘗依據道宣對於吉藏的評價，進一步將吉藏定位爲一「出色的學僧」，並透過與隋代另一位法師信行的事蹟相比，說明就宗教修行的角度而言，吉藏乃遠不如信行之所謂「生命與信仰合一」。藍吉富說：

> 道宣是隋唐間的律學名僧。其《續高僧傳》中，對諸名僧並不輕易
> 貶抑。然而對一代大德吉藏之品評則如此，可見吉藏在隋唐間佛教
> 界裏，給人的印象並不算好。平心而論，就其人一生的風格來衡量，
> 吉藏也許可算是一個出色的學僧，但卻不能算是高僧。從宗教的立
> 場看，他不惟不如智顗，即擬諸三階教的信行，也若有缺憾。對於
> 佛教義學的素養，吉藏固然遠超過信行。然而就獻身於佛教的熱忱
> 而言，他是遠不足信行之「生命與信仰合一」的。

如果說「愛狎風流，不拘檢約」行爲背後意味著吉藏對於生活或修行的態度，那麼，造成此一態度的原因何在呢？首先，對於其造成的可能原因的考察，切入點乃可以是多方面的。譬如，由個人志趣這個角度來說，也許吉藏的性向，對於探究經典文義過程所涉及的智識上的思辨，乃有高度的偏好，以致於他在於日常生活其他事務上的表現，態度就顯得較爲隨性，或者寬鬆。又若從個人所處的環境來說，亦或許吉藏成爲講經法師後，一生接受皇家勢力的支持，生活富渥，乃使得他對於所謂「精勤自拔，苦節少倫」的生活方式，無法理解，也較不關心。然而，如果說「外顯行爲的背後涵藏著內在思想的指導」的說法可以成立的話，那麼，筆者以爲立基於本文對於吉藏經解思想研究的立場上，對於吉藏何以「愛狎風流，不拘檢約」此一問題，可以提出較不爲學者所注意的詮釋觀點。

　　苦行作爲一種宗教修行的方式，借用孟子的話說，是企圖透過「苦其心志，勞其筋骨，餓其體膚，空乏其身」的方式，〔註89〕以求得個體生命的「超脫」。印順法師《華語集》第三冊在討論提婆達多的「破僧」時，嘗提及釋迦牟尼所處的印度，其時是一個苦行盛行的時代：

> 三、苦行風尚：印度恆河流域的苦行精神，特別發達。與釋尊同時
> 而多少早一些的尼犍親子，出於毘舍離王族，立耆那教，特重苦行。

〔註89〕宋・朱熹：《四書章句集注》（臺北：大安，1996 年），頁 487。

一直到現在，印度還有不少的耆那教徒。釋尊出家修學時，也曾苦行了六年。在當時，苦行主義確是非常風行的，如『五分律』（二五）說：「此摩竭，鴦伽二國人，皆信樂苦行」。破（法輪）僧，是從佛教中分出一部分比丘而自成僧伽，自立新宗教，這不但要僧中有人附和，更要適合時代趨勢（契機），而得信眾的歸依。時代是苦行主義風行，而提婆達多正是一位頭陀苦行者。他向釋尊索眾而不得，內有釋種出家的擁戴，外應時代苦行的風尚，這才索性標揭苦行教條，起來破僧。

提婆達多所標榜的，主要是「五法」，廣律中都有說到，『四分律』敘述得最明白。提婆達多以為：「如來常稱說頭陀少欲知足樂出離者，我今有五法，亦是頭陀勝法，少欲知足樂出離者：盡形壽乞食，盡形壽著糞掃衣，盡形壽露坐，盡形壽不食酥鹽，盡形壽不食魚及肉」（『四分律』五）。……〔註90〕

此外，北涼‧曇無讖所譯的《大般涅槃經》卷十六也提到了外道種種苦行的方式：

> ……自餓法，投淵赴火，自墜高巖，常翹一腳，五熱炙身，常臥灰土、棘刺、編椽、樹葉、惡草、牛糞之上。……若行乞食，限從一家，主若言無，即便捨去，設復還喚，終不迴顧，不食鹽肉五種牛味，常所飲服糠汁沸湯，受持牛戒狗雞雉戒，以灰塗身，長髮為相，以羊祠時，先呪後殺，四月事火，七日服風……〔註91〕

而吉藏在著作中對於「刻苦求道者」則有所批評，如《法華統略》解釋「惡知識」時指出：

> 惡知識者，謂有所得凡夫、二乘，及有所得法師、律師、禪師等苦到求道者，皆是眾生惡知識也。〔註92〕

在《中觀論疏》釋「八不」時則說：

> 三論未出之前，若毘曇、成實有所得大乘，及禪師、律師，行道苦節，如此之人，皆是有所得生、滅、斷、常，障中道正觀。〔註93〕

〔註90〕 釋印順：《華雨集》第三冊（新竹：正聞，2005年），頁22～23。
〔註91〕 北涼‧曇無讖譯：《大般涅槃經》卷16：《大正藏》冊2，頁462上。
〔註92〕 隋‧釋吉藏：《法華統略》卷2：《續藏經》冊27，頁491下。
〔註93〕 隋‧釋吉藏：《中觀論疏》卷1：《大正藏》冊42，頁31中。

並且在釋〈涅槃品〉時也說：

> 行道、坐禪、講說之人，宜常應以此文在意，勿一形苦節，而破於
> 涅槃。〔註94〕

　　所謂的「求道苦節」，對於宗教修行的要求來說，似乎是一種正向、精進
的表現，然而事實上，卻倒也不盡然，因為何謂「正向」、「精進」？端看個
人所「信仰」的是何種修行理論，始能有所確定。吉藏說：

> 又一切行道、坐禪、學問人，如言有道可求，有禪可坐，有義可學，
> 皆是有見。……〔註95〕

在本文的研究裡，贊同於廖明活、鄭學禮等學者將吉藏學說的核心設定在「救
渡」的範疇中。從這個角度來說，吉藏在其疏論中所呈現的經解體系，一方
面顯現了他對於佛典文義的理解，實際上，另一方面，也是他自身所依持的
修行理論的展現。由此來說，吉藏經解體系所著重的強調個體心理層面的「著」
（或依吉藏自己的話說是「有所得」）這個預設，也是其修行理論的根本所在；
而其教學傳統所標舉的「無所得」或「無依無得」，誠如廖明活所說，則是作
為一種破斥「執著」的「方法」或「態度」。因此，我們便可以這麼解釋，「苦
行者」「勤苦刻厲」修行方式，其背後所意味的透過這種方式必能獲得「什麼」，
或者擺脫「什麼」的預設，對於吉藏來說，即是「執著」，即是「有所得」，
如吉藏嘗引法朗的話說：

> 我師興皇和上，每登高坐，常作是言：「行道之人，欲棄非道，求於
> 正道，則為道所縛；坐禪之者，息亂求靜，為禪所縛；學問之徒，
> 謂有智慧，為慧所縛。」復云：「習無生觀，欲破洗有所得心，則為
> 無生所縛，並是就縛之中，欲捨縛耳，而實不知皆是繫縛，故《法
> 華》云：『不覺不知，不驚不怖。』正擬斯人，以若〔註96〕欲捨苦，
> 更非求道也。」〔註97〕

因此，這樣一種「勤苦刻厲」，以譬喻的方式來說的話，目標雖說是欲達彼城，
但卻反倒是「去城逾遠，岐路逾多」了。

　　然而，話雖說如此，這並不意味著吉藏乃墮入「虛無」、「悲觀」的迷霧

〔註94〕同前註，卷9；頁143下。

〔註95〕同前註，卷7；頁111下。

〔註96〕按，「若」字《新脩大正藏》校勘指出，寫本龍谷大學藏本作「苦」字。

〔註97〕隋・吉藏：《淨名玄論》；《大正藏》冊38，頁874中。

中，主張放蕩、一無所謂的生活。因爲上文所引「又一切行道、坐禪、學問人，如言有道可求，有禪可坐，有義可學，皆是有見」文句的後半段乃：

　　　無有非道，乃至無有非義，即是無見。〔註98〕

基本上，吉藏對於大乘經論中所破斥的有、無二見的理解，不僅拒斥了他在「形上」或「存有」的範疇中有所主張的可能，同時也絕除了他在生活及修行上採取極端的方式或手段。就這點來說，與印順法師所提及的釋迦牟尼在放棄苦行之後，所採取的所謂「中道」修行態度，在行爲表現上是相類似的。〔註99〕因此，如同吉藏自己在著作中經常提及的「行道、坐禪、講說之人應如何如何」的說法，從道宣對於他的生平記載來看，吉藏作爲一名佛教僧侶，終其一生過著講經論義、坐禪修道的生活，實際上乃表現出不必定以什麼爲是，亦不必定以什麼爲非的「如順」的生活態度。那麼，如同其父道諒的「苦節少倫」、信行的「奉行剋峭，偏薄不倫」〔註100〕所展現的「精進」與「虔誠」，時人譏其所謂「愛狎風流，不拘檢約」，就吉藏自身所「相信」的修行理論來說，或許才是眞正「精進」的表現。

二、吉藏著作中的論辯即禪觀內容的另類展現

　　就本文的研究立場而言，同意鄭學禮的觀點，吉藏的經解立場，拒斥任何形上思想或體系，同時，這意味著免除他自身對於佛教經論文義的疏解，在「形上」或「存有」的範疇中有所設說的可能。就此而言，這對於我們企圖釐清佛教經論文義在「形上」或「存有」範疇中的眞實義涵，一點幫助也沒有。〔註101〕然而，這並不意味吉藏在講經論義上所作的努力，一無所謂。誠如廖明活、鄭學禮等學者，以及本文的研究立場，將吉藏學說的核心設立在「救渡」的範疇中，我們可以說，吉藏著作中的繁複論說，一方面在經解的工作上顯示了他對於佛陀教說的理解，另一方面，在修行上，其經解體系也是他自身所奉行的修行理論。並且，我們還可將其疏論中的繁複論辯，視之爲其禪觀修行內涵另類的一種可能展現。這是本小節所要進一步討論的問

〔註98〕隋・釋吉藏：《中觀論疏》卷7；《大正藏》冊42，頁111下。
〔註99〕參見釋印順：《華雨集》第一冊（新竹：正聞，1998年），頁91～95。
〔註100〕唐・釋道宣：《續高僧傳》卷16；《大正藏》冊50，560中。
〔註101〕當然，這便與吉藏對於佛陀教說的理解有所不同，因爲此一企圖本身即假設了佛陀的教說在「形上」或「存有」的範疇中是有所設立，職是之故，義解僧與當代學者的努力，只是將諸此設立的眞實內涵，完好地揭示出來。

題。

學界的一般觀點，將吉藏視爲一在佛教義學上具有長才的特出人物，然而，這並不意味著他是一名專事解經，在修行上一無所重的僧侶，如《高僧傳》就嘗說他：「造二十五尊像，捨房安置，自處卑室，昏曉相仍，竭誠禮懺。又別置普賢菩薩像，帳設如前，躬對坐禪，觀實相理，鎮累年紀，不替於茲。」在當代諸多吉藏研究的論文中，已有學者以「二諦並觀」爲主題，關注到吉藏的修行理論，並且有所論述，〔註102〕而筆者則以爲本文所揭示的吉藏經解體系，實際上也可視之爲其修行理論的一種展現。以下，先就本文所揭示的吉藏經解體系的特點，進行必要性的回顧，然後再將其轉換至修行理論範疇中進行討論。

本文第三章的研究嘗指出，吉藏把代表人類心理層面，並且伴隨著「苦累之鏈」的「著」這個概念與人類藉由語言與思維，對世界究竟進行探問的行爲連結起來，作爲其經解體系中最根本的理論預設，並且，環繞著此一預設，設立了「因緣對自性」、「因病設藥，病消藥除」、「否定的使用意義」等詮經方法，以企圖破斥他家或習學者採「決定解」的意態，以爲經論中的文句，在「形上」或「存有」範疇中具有意義，即是「有」（存在）、是「無」（不存在），乃至於如果是「有」（存在），是「怎樣」的「有」（存在）？從這個立場來說，本文並不贊同伊藤隆壽等學者的詮釋意見，視吉藏學說中有一不可言說的終極或根本性「實在」，因爲我們必須承認，此類詮釋意見仍舊是企圖透過語言文字，立論於「形上」範疇中有所主張，因此，就吉藏的立場來說，還是「有所得」，理當破斥。吉藏在《中觀論疏》卷十乃有這麼一段筆者認爲相當重要的對話：

　　……《大品》云：菩薩得無受三昧，行亦不受，乃至不受亦不受，

　　汝今乃受於有，此是受中之受，何謂無受？

　　問：我妙有涅槃，絕百非，故是不受。

　　答：雖絕百非，心有此有，故終是受也。〔註103〕

而如果把吉藏在著作中所破斥的因爲有所「著」，致使「心如步屈虫，捨

〔註102〕相關研究可參見 Koseki, Aaron K., "The concept of practice in San-lun thought: Chi-Tsang and the 'concurrent insight' of the two truths," *Philosophy East and West*, Vol.31 no.4（1981）：449～466.以及詹偉倫：《論嘉祥吉藏的二諦並觀法》（臺北：臺灣大學哲學研究所碩士論文，蔡耀明指導，2006 年）。

〔註103〕隋・釋吉藏：《中觀論疏》卷 10；《大正藏》冊 42，頁 156 下。

一取一，必定不得無所依，故捨外道著小乘，捨小乘著大乘，捨生還復住無生」的對象，轉化成自身的話，那麼吉藏的經解理論，就變成一套修行理論了。因此，吉藏在《中觀論疏》卷二爲江南學士智泰以十條釋「八不義」後乃云：

> 然此十條釋八不，一一皆須將自心來承取之。如破假、實二生，前須自看己心，若見此身心有實生實滅，即是實病，求之無從，故自實病得差。若爲他說者，還爲他檢實病無從，則他實病亦差。若自心中聞說因緣，即作因緣假解，成因緣病，以檢假生無縱迹處所，假病即差。爲他說亦爾。如此之人於念念中，自、他俱益。……又，此人若自如此悟，名聖默然，還爲眾生如此說者，名聖說法，故語、默之間，常順佛教，爲諸佛護念，於念念中，身心得住無生，名之爲住，迴一切假、實顛倒心，向於實相名爲迴向，得此心不可動，故名爲地。所以常須看心，作此釋者，不違三世佛，眞龍樹門人矣。
> 〔註104〕

因此，我們也可視吉藏著作中著意破斥他家主張所展開的反覆論辯爲其禪觀修行的另類展現。吉藏在《二諦義》卷下討論「出入觀」時，嘗引其師之語說：

> 出入觀者，大師云：「心常在正觀中行，名爲入；纔生心動念，即名爲出。起斷、常心爲出，在正觀爲入也。」〔註105〕

吉藏這一段話其實是對於個人修行的一種指示。一般說來，當人在面對「入」此一動詞時，除將之理解爲「進入某個地方」外，如果關於「此一地方」，我們並未擁有太多訊息，在心中難免會升起「什麼地方」、「怎樣的一個地方」等疑問。如實來說，吉藏學說關於這方面的問題，並沒能提供解答，甚至連有沒有「這個地方」，他都不肯置語，所以，如果我們要在「存有」或「形上」的範疇中討論其學說的積極意義，極可能徒勞，但是，在「實踐」的範疇中，吉藏倒提示了一些方法。如引文中所謂的「心常在正觀中行，名爲入；纔生心動念，即名爲出」，其所描述的，並不是「終極境界」與「非終極境界」的分別，而是一種在實踐上的「動態過程」。何謂「實踐上的動態過程」呢？即檢視自身對於名言概念有所取著，則應破斥。這裡，以以下此段話爲示例，

〔註104〕同前註，卷2；《大正藏》冊42，頁31下。
〔註105〕隋・釋吉藏：《二諦義》卷下；《大正藏》冊45，頁110中。

進行解說：

> 又破外道自性，故明諸法無有自性，假諸因緣；然性病若去，因緣
> 亦捨；然性病雖去，實無所去，雖捨因緣，亦無所捨；心無依寄，
> 即便得道，而觀諸部有性之可捨，有因緣之可立，即是取捨成斷、
> 常見，不體佛意也。〔註106〕

吉藏指出，佛陀宣說「諸法無有自性，假諸因緣」是為「破外道自性」的「執見」說的，如果我們把引文中的「外道」置換成吾人本身，那麼當我們對於「自性」的執取消除後，卻轉執「諸法無有自性，假諸因緣」，以為「真理」，吉藏便提醒我們：「性病若去，因緣亦捨」；然而，如果我們對於「亦捨」之「捨」，理解成其指涉在「存有」的範疇中有什麼可以捨去的話，吉藏再提醒我們，或者說，我們可以提醒自己：「性病雖去，實無所去，雖捨因緣，亦無所捨」。同樣的，進一步引伸地說，如果「性病雖去，實無所去，雖捨因緣，亦無所捨」引導我們思維「一切空無所有」的話，便要提醒自己「雖空而有」，而若「性病雖去，實無所去，雖捨因緣，亦無所捨」引導我們思維「心無依寄，即便得道」的話，則要提醒自己「雖得而不得」。如是下去，即是一種思辨過程的「動態」展現。此外，誠如本文曾引述的，吉藏在其反覆論說的末了，常作「蕭然無寄」等說，然而，不必然要將此「蕭然無寄」視為一種對於修行過程最終所欲證成、或達到的「實存」狀態的一種表述，因為就其特殊的立場而言，是拒斥在「形上」或「存有」的範疇中有所設說的。因此，我們可視「蕭然無寄」是對「有寄」而說的，如同「無所得」是對「有所得」而說的一樣，乃其動態思辨過程中一組成成分，而不是其動態思辨過程最終所欲達到的狀態。因此，如果我們對於「蕭然無寄」採「決定解」的態度，主張「有此蕭然無寄」的話，就吉藏的學說體系而言，即為「有見」；同理，若說「無此蕭然無寄」，則為「無見」。佛陀的教導提醒吉藏，「有」、「無」二見都當破斥。抑或者，面對「蕭然無寄，一無所有」的主張，吉藏會引《維摩詰經》中天女的話說：「如天女之詰身子，汝乃知解脫無言，而未悟言即解脫。」〔註107〕

　　然而，值得探問的是，在吉藏親身力行的修行過程背後，其信仰或相信的透過此套宗教修行最終將達致的「存有」狀態為何呢？可惜，此一問題在吉藏的學說體系中，卻是不可置問的。因為無論是「無」、「有」，乃至於「怎

〔註106〕隋・釋吉藏：《中觀論疏》卷1：《大正藏》冊42，頁19上。
〔註107〕隋・釋吉藏：《淨名玄論》卷1：《大正藏》冊38，頁858下。

樣」的「有」，都在其學說體系所破斥的對象範圍中，因此，關於此一問題，只能將之置於「不可說」的範疇中了。〔註108〕

最後，筆者想談談其修行理論實行的困難處。吉藏修行理論的核心在於「著」。「著」在其修行實踐過程中扮演一關鍵的角色。然而筆者以為，其修行理論施行最大的困難也在於此「著」上。怎麼說呢？問題在於個人如何判斷自身的思考、行為是否「有所著」了呢？當個人認為某思考、行為、狀態乃「無所著」時，是不是實際上仍「有所著」呢？諸此問題，很難有客觀、公共，可供檢視的標準，那麼，這便意味著，就現代的學術能力而言，諸此問題是很難面對與處理的。這或許也是宗教研究上的困難。不過儘管如此，筆者仍舊相信，除此之外，規範性的學術研究，在宗教的範疇中仍有發揮的空間，如同本文對於吉藏學說研究的認知一般，筆者認為吉藏作為一名義解僧侶，實際上相當仰賴於他身為人類所具有的理性思維及語言表述能力，因此，立足在同樣的基礎上，對於吉藏所言、所思的究竟內涵及意圖，吾人就有了涉入的可能，哪怕吉藏的身分為一宗教徒，而不是嚴格意義下的哲學家。

第三節　判教與經宗的關係：何以吉藏主張《法華》已明佛性

佐藤達玄〈中国初期仏教における教判思想〉一文對於中國南北朝判教理論各自教判基礎的歸納，提出四種類型，其中之一乃是依據經典教說的內容進行分類。〔註109〕從此種分類基礎來說，教判體系的內涵便與各經的經宗有關。而所謂的「經宗」，約莫指的是各經論所宣揚的主要思想或主體教說。本節將對於吉藏為何主張《法華經》已明「佛性」教說等問題，提出立基於本文研究立場的可能詮釋。

本文第三章嘗提及，吉藏自言當他看到《法華經論》中的論說時是「悲喜交至」，而最主要的原因在於《法華經論》和他的見解一致，主張《法華經》已經宣說「常住」、「佛性」等教義。吉藏此一主張並不符合當代學界的理解：

〔註108〕當然，這裡所言之「不可說」，是本文站在研究者的立場，嘗試儘可能地就客觀的角度，對於吉藏的學說內涵所作出的界定與區別；另一方面，如果進入吉藏的經解體系中的話，無論定執「可說」或「不可說」，都將遭到吉藏的破斥。二者的區別，理當受到讀者的注意。

〔註109〕佐藤達玄〈中国初期仏教における教判思想〉，頁115。

就當代學者的認識來說，《法華經》只言及佛「壽命無量」，至若「法身常住」、「人人皆有佛性」等教說，主要是《大般涅槃經》所揭示出來的。不僅如此，吉藏力辯《法華》已明「佛性」等論說，在當時也已受到了質疑：

1、問：此經但明一乘，云何已辨佛性？〔註110〕

2、問：此但經〔註111〕明成佛久耳，云何是無始終耶？〔註112〕

而面對這樣的問難，吉藏是如何回應的呢？這裡，略舉幾例，以觀其趣，他說：

1、晚見《法花華論》明佛性義有七文，今略引二：初釋〈方便品〉「唯佛與佛究竟諸法實相」。諸法實相者，謂如來藏，法身之體不變故，佛性亦名如來藏故，云隱名如來藏，顯名為法身。……〔註113〕

2、答：此經始未〔註114〕多有佛性之文。《方便品》云：開佛知見，既得清淨，即是一文。佛知見者，謂佛性之異名。眾生本有知見，為煩惱覆，故不清淨。《法華》教起，為開眾生有佛知見。此即是佛性義。若無佛性者，教何所開耶？〔註115〕

如實來說，吉藏對於《法華》已明「佛性」的解釋，如「佛知見者，謂佛性之異名」等，實際上已包含了他自身的詮釋，迂迴地多了幾道解釋程序，並非從《法華經》中明取言及「佛性」、「常住」、「法身」等概念的文句段落為證。那麼，吉藏為何要費心地主張《法華》已明「常住」、「佛性」等教說呢？不僅如此，他還指出，一般被視為「空宗」經典的《般若經》也具有「佛性」思想，他說：

問：《波若》後分明義與《法華》同明「不退」，何處有同明「佛性」，與《涅槃》齊耶？

答：《波若》文既明一切菩薩不退，即知皆有佛性。又既與《法華》齊，《法華經》中說佛性即是波若，明有佛性也。〔註116〕

〔註110〕隋·釋吉藏：《法華玄論》卷1；《大正藏》冊42，頁367上。

〔註111〕按，此句《新脩大正藏》並無校勘，然「但經」或為「經但」之倒誤。

〔註112〕同前註，卷2；頁377下。

〔註113〕同前註，卷1；頁367中。

〔註114〕按，「未」此字《新脩大正藏》並無校勘，然當作「末」。

〔註115〕隋·釋吉藏：《法華玄論》卷1；《大正藏》冊42，頁367上。

〔註116〕同前註，卷3；頁386上。

除此之外，吉藏在討論各大乘經的經宗時也嘗指出：

> 但眾經皆有傍、正二義。《波若》廣破有所得，明無依無得爲正宗，佛性、一乘爲其傍義；《法華》廣明一因一果爲其正宗，無所得及佛性爲其傍義；《涅槃》廣明佛性常住，爲斥無常之病，爲其正宗，一乘及無所得爲其傍義。〔註117〕

嘗試從「傍、正」（即次要教義與主要教義）角度立說，以歸結各經的經宗，謂《般若經》的主要經宗雖說是「無依無得」，然實際上也已涉及「佛性」、「一乘」等教義；而《法華》、《涅槃》等經亦類於此。

更進一步擴大討論的範圍來說，《中觀論疏》卷二除了將《中論‧觀因緣品》的「因緣」釋爲「十二因緣」之外，還以「實相般若」、「觀照般若」、「文字般若」三種般若，「境界佛性」、「觀智佛性」、「菩提果佛性」、「大涅槃果果佛性」、「正因佛性」五種佛性，詮解觀此「十二因緣」的重要性，吉藏說：

> 五者、此論引《大品》云：「菩薩坐道場時，觀十二因緣不生不滅，如虛空不可盡。」即具三種波若：十二因緣不生不滅，即實相波若；由十二因緣本無生無滅，發生正觀，即觀照波若；爲眾生故，如實說之，即文字波若。問：觀因緣但是般若，亦是漚和不？答：大士體因緣雖畢竟空，於六道眾生宛然而有，以照因緣有，本來畢竟空，名爲漚和般若，照畢竟空，於眾生宛然而有，名般若漚和。以因緣能生權、實兩慧，爲法身父母，故命初觀之。

> 六者、《大涅槃經》明五種佛性，蓋是諸佛之祕藏、萬流之宗極，蘊在因緣之內。所以然者，十二因緣不生不滅，謂境界佛性；由十二因緣本無生滅，發生正觀，即觀智佛性；斯觀明了，即名菩提果佛性；正觀既彰，生死患累畢竟空永滅，即大涅槃果果佛性；然十二因緣本性寂滅，未曾境、智，亦非因、果，不知何以目之，強名正性。正性者，五性之本也。然此五性，更無別體，但因緣一法，轉而爲五；因緣既具五性，是以命初即須論之。〔註118〕

吉藏諸此詮釋意見，如主張《般若》、《法華》已明常住佛性，乃至於《中論‧觀因緣品》所觀之「十二因緣」乃具五種佛性義，與當代學術對各經論指歸大意的理解有很大的出入，甚至於，如上文所提及的，諸此詮釋意見在吉藏

〔註117〕同前註，頁388中。
〔註118〕隋‧釋吉藏：《中觀論疏》卷1；《大正藏》冊42，頁6中。

的講經過程中也遭受到他者的問難，可見其議論，在一般的理解中，「非比尋常」。那麼，吉藏何以著意論辯諸此「非比尋常」的主張呢？其目的何在？又蘊含了什麼意義呢？

在當代吉藏思想的眾多研究中，有不少學者指出，吉藏的思想具有融合的傾向。本文嘗言及，在吉藏所處的時代，以大乘經論爲主體，影響中國傳統佛教發展的主要經典大致都已被翻譯成漢文且有所流通，然而關於這些被中國僧侶視爲或承佛親口所說，或四依菩薩爲宣揚佛化所作的大乘經論，在現在學者的觀點裡卻有著各自在地域、時間以及思想上的分別；並且，就思想上的分別這點來說，部分經典所宣揚的思想乃具有頗大之差異。就吉藏而言，雖然他自稱其攝山教學傳統的承襲，可上溯至鳩摩羅什教團，乃至於遠紹印度中觀系統中諸如龍樹、提婆等大師，然而此一觀點卻受到了當代學者的質疑：部分學者的研究就嘗指出，吉藏思想的呈現，乃融合了《涅槃》、《法華》、《華嚴》等經論的教說，從而逾越了《中論》、《百論》、《十二門論》等經典的基本立場。〔註 119〕此一主張吉藏思想具有「融合」傾向的詮釋見解所指明的，即是本文提及的「經論是義解僧侶思想形塑的來源，也是被解釋的對象」此一觀點中的前者──「經論是義解僧侶思想形塑的來源」；而從「吉藏思想具有融合傾向」的立場出發，上文所提及的吉藏主張《般若》、《法華》已明常住佛性等種種議論，就可以作爲此一觀點的文證，因爲，正由於吉藏的學說已經逾越了《中論》等經典的基本立場，以致於他不從各部經典所宣揚的教說乃具有「層次性」的觀點來解釋經論，反而迂迴地試圖證明《般若》、《法華》等經典已宣說一般被認爲在《大般涅槃經》中才進一步被揭示及宣揚的「常住」、「佛性」等教說。

然而筆者以爲，關於上述吉藏的種種議說，可以提出另一種可能詮釋。至於要解決這個問題，需從吉藏的判教主張談起。本文第三章在討論吉藏著作中的判教議題時嘗指出，吉藏的判教主張有「三輪」與「二藏」說。「三輪」與「二藏」說，一般被學者統稱爲「二藏三輪說」，然而此二者在吉藏的著作中，並不是被同時提出來的判教系統。所謂「三輪」的判教主張，是吉藏對於《法華經》注疏的相關著作中所提出的。《法華遊意》對此三輪說的解釋乃云：

〔註 119〕典型的觀點，參見劉嘉誠：〈吉藏《三論玄義》中之破顯所具有的融和傾向〉，《法光》116 期（1999 年 5 月），一文的論述。

六者、欲說三種法輪，故說此經。言三種者，一者根本法輪、二者
枝末之教、三者攝末歸本。根本法輪者，謂佛初成道，花嚴之會，
純爲菩薩開一因一果法門，謂根本之教也。但薄福鈍根之流，不堪
於聞一因一果，故於一佛乘，分別說三，謂枝末之教也。四十餘年
說三乘之教，陶練其心，至今《法花》，始得會彼三乘，歸於一道，
即攝末歸本教也。〔註120〕

此外，亦有學者注意到吉藏「三輪說」的體制與法朗判教主張的關係，《三論
玄義檢幽集》卷四引慧均《大乘四論玄義》的逸文說：

若是興皇師，云有三教。爾時爲王講《華嚴經》云：初作此三教。
一者根本教、二者方便教、三者歸宗教。根本教者，即是《華嚴》。
《華嚴》明正法之性，非大非小，所以是根本。《般若》、《法華》、《維
摩》、《思益》等，此非大非小而能大能小方便，故名方便教。若是
《涅槃》，前雖方便說大說小，至《涅槃》教，結還非大小，以是義，
故名歸宗教。〔註121〕

不過，之所以只說二者在「體制」上乃有相似之處，是因爲在內容上，吉藏
指出「攝本歸末教」者，乃《法華經》，而在法朗的意見中，「歸宗教」者，
則是《涅槃經》。

　　至於「二藏說」，則體現了吉藏受到鳩摩羅什所翻譯的諸大乘經典所提示的
觀點的影響，主張遵從大小乘經、大乘論，然破斥小乘論的基本立場，同時，
批判慧觀五時說等判教主張，以爲大乘經論在教義上並不具有絕對深淺的分別。

　　與法朗將《般若》、《維摩》等經判爲「方便教」不同，吉藏的「三輪說」，
並沒有明言指出《般若》、《維摩》等爲何者所攝，因此，遂引發了後世的討
論。針對此一問題，珍海《三論玄義疏文義要》卷一即嘗試查考吉藏其他著
作中的論說，企圖提出解答。最後，珍海的歸結乃云：

今詳之，初、後同是根本，不可強分爲二教，其理不疏故。然爲明
《法華》故，且對《華嚴》分之，非汎爾通說矣。又以本、末分教，
與大、小分教，其義雖似，然大、小無濫，本、末有濫，故知三輪
非判教通說。〔註122〕

〔註120〕隋・釋吉藏：《法華遊意》卷1；《大正藏》冊34，頁634下。
〔註121〕日・證禪：《三論玄義檢幽集》卷4；《大正藏》冊70，頁435上-中。
〔註122〕日・珍海：《三論玄義疏文義要》卷中；《大正藏》冊70，頁209中。

筆者以爲珍海所言「三輪非判教通說」的詮釋意見是可從的。再則，還當注意珍海「然爲明《法華》故，且對《華嚴》分之」的說法。就本文的立場來說，極重視吉藏論說的「針對性」，所謂「因病設藥」，因此，筆者以爲，吉藏之所以強調《華嚴》是「根本法輪」，《法華》是「攝本歸末法輪」，二者同爲「根本」，是針對以下的主張而企圖展開的詮說。吉藏在《法華遊意》中說：

> 昔南土、北方皆言，花嚴是究竟之教，法花是未了之說。今謂不然⋯⋯
> 〔註123〕

吉藏正是面對把《華嚴》視爲「了義」、「究竟之說」，而《法華》僅是「不了義」、「非究竟之說」的判教主張，提出二者一爲「根本法輪」，一爲「攝本歸末法輪」，雖化緣不同，但同顯所謂「一道清淨平等大慧」，〔註124〕同等重要，所以不得於此中，輒論深淺。

　　從「針對性」這個角度來說，便可解釋本文緒論註 3 所提出的一個疑難。緒論在討論隱含在吉藏論說下的眞實意圖與旨趣難以把捉的問題時嘗提及一個例子，即吉藏一方面破斥他家釋《大般涅槃經》的經宗爲「常住」，應以「無所得」爲《涅槃》經宗才是，所謂：「他明此經以常爲宗，今初辨常者，乃倒寫之用，未是正意。常是藥用，豈會開正宗？前藥治前病，後藥治後病，常是藥用，常爲宗者，無常是藥，亦應以無常爲宗！⋯⋯今對彼，故以無得爲宗。」另一方面，吉藏自己在討論諸大乘經的經宗時卻說：「《涅槃》廣明佛性常住，爲斥無常之病，爲其正宗，一乘及無所得爲其傍義。」二者之間乃具有明顯之衝突。然而就「應病設藥」的立場來說，吉藏主張《大般涅槃經》的經宗爲「無所得」是面對著他人定以爲《涅槃經》的經宗爲「常住」的語境脈絡所說的，所謂「今對彼，故以無得爲宗。」同理，另一段語境脈絡中，吉藏主張《涅槃》廣明佛性常住，是「爲斥無常之病」而興發的，因此，就「應病設藥」此一詮經設立後半所謂「病消藥除」來說，對於作爲「藥用」的吉藏所言之《大般涅槃經》經宗或爲「無所得」或爲「常住」等主張，即不應「復執著之」，因此，這與吉藏一方面破斥成實師的二諦理論，主張「二

〔註123〕隋・釋吉藏：《法華遊意》卷 1；《大正藏》冊 34，頁 635 上。

〔註124〕「今明《法花》與《花嚴》有同有異。所言同者，明一道清淨平等大慧，故〈踊出品〉云：是諸眾生始見我身，聞我所說，即便信受，入於佛慧，除前修習學小乘者，如是等人，我今亦令得聞是經，入於佛慧。佛慧，即是平等大慧。故知《花嚴》與《法花》同明平等大慧，諸佛知見無有異也。」（隋・釋吉藏：《法華遊意》卷 1；《大正藏》冊 34，頁 635 上）

諦是教，非關境理」，另一方面卻又批評道亮定以「二諦爲教」的謬誤一樣，在吉藏的經解理論中，此二看似矛盾的詮經意見，實則並不衝突。

　　職是之故，我們也可以從這個角度出發，解釋吉藏爲何強調《般若》、《法華》已明常住佛性，乃至於《中論・觀因緣品》所觀之「十二因緣」乃具五種佛性義等諸此與當代學術，乃至於當時佛教僧侶對於各漢譯佛教經論的指歸大意的理解皆有很大出入的詮釋主張。怎麼說呢？因爲我們可視吉藏諸此論說是爲了對抗本文第二章所提及的南、北主要判教理論——「五時說」、「四宗說」而興發的。在諸此判教理論中，對於佛教經論的分判，如南方以慧觀「五時說」爲基礎的各家判教，皆視《涅槃經》爲漸教中最後一階的「常住教」，而北方一般被視爲光統所立的「四宗說」，即將本家所依持的經論，視爲「眞宗」或「顯實宗」，皆乃隱涵了各經論在教義上具有絕對的深、淺，了、不了之分別。正因爲針對這種「決定解」的態度，吉藏強調所謂「眾經顯道無異，而作異名說之。」並且企圖證明《般若》、《法華》等經實際上已涉及到了「佛性」、「常住」等教義，藉以對抗慧觀、光統等義解僧侶視大乘經論所宣揚的教義乃有深淺之別此種具有高下價值判斷的經典觀。只是，吉藏在面對上文所提及的《法華經》「但明一乘，云何已辨佛性」、「但明成佛久耳，云何是無始終耶」，乃至於「若此經（《般若經》）非直明空者，亦說本有不空之法耶」、〔註125〕「三論偏空，似非究竟」〔註126〕等疑問時，所作出的種種回應，以至於企圖從「傍／正」（即次要教義與主要教義）的角度歸結諸經經宗等嘗試，如實來說，顯得牽強。不過對於吉藏諸此釋經舉措的評價，則又是另一個議題了。

　　總之，不必然要將吉藏面對成實、地論系統如「五時」、「四時」等判教主張所宣揚的「眾經顯道無異」，視之爲融合諸經思想的明證，乃至於此「道」，乃「形上」範疇中非可言說、思維不及的「實在」；相反地，所謂的「眾經顯道無異」是針對「顯道有異」的「執見」說的，而「顯道無異，而作異名說之」指的則是諸經宣說的目的相同——破斥執著，而爲緣不同，是以有「種種名」、「種種說」。從這個角度來說，以下吉藏在《法華玄論》一段關於「唯悟爲宗」、「利益是定」的論說，對於證成本文的詮釋觀點，乃具有相當之意義，吉藏說：

〔註125〕隋・釋吉藏：《大乘玄論》卷5；《大正藏》冊45，頁64上。
〔註126〕隋・釋吉藏：《三論玄義》卷1；《大正藏》冊45，頁6下。

問：已聞異説，未見今宗。為異眾師，為同諸匠耶？

答：若以悟而言，稟斯異説，各蒙益者，則眾師釋，無可為非；若聞而不悟，則眾師，無可為是。一師之意，唯貴在於悟耳！宜以悟為經宗，無論同異也。

問：符經須錄，背文宜棄，何故朱、紫共貫之，清、濁尚混流？唯悟為宗，未詳可領。

答：假設符經，聞而不悟，於緣非藥，則應棄之。如其釋背佛經，聞而受道，則成甘露，理應須錄，故甘、毒無定，唯悟為宗。晚見《攝大乘論》，與一師大致符會，菩薩於一切法，無有定教，無有定身，唯利益為定也。〔註127〕

〔註127〕隋・釋吉藏：《法華玄論》卷2；《大正藏》冊34，頁381上。

結　論

　　本文緒論指出，當代吉藏思想研究乃具有兩種主要詮釋面向，一是立論於「救渡」範疇，一則著眼於「形上」範疇。從「救渡」的角度出發，廖明活與鄭學禮的研究皆注意到了吉藏講經論義舉措中所破斥、對治的代表心理層面的「著」，其內涵包括知性上的探求，以及形上的見解與主張；而楊惠南與伊藤隆壽的研究，指稱用語或有不同，卻同樣在「形上」的範疇中明確主張吉藏學說存在具「不可說」性質的「實在」。此外，這兩種詮釋面向實際上隱涵著可能的爭執與衝突。在此，嘗試透過本文的研究作出回應。

　　本文的立場，關注於吉藏作為義解僧的這個角色。作為一位義解僧侶，佛教經論是吉藏思想形塑的主要來源，也是他著意解釋的對象。從這個角度出發，本文第二章說明了吉藏在經解事業中所面對的主要課題有二：一是探究、解釋經典文義，二是就自身對於佛教（佛陀教說）的理解，與他家展開論辯。而就後者來說，吉藏所遭受到的競爭壓力主要來自於當時佛教內部的其他義解僧侶，尚不涉及與佛教以外其他思想勢力的直接衝突。這似乎是一種關於「經典詮釋權」的爭取。接著，在第三章第二節中則指明，吉藏經解的基本態度是透過「無所得」與「有所得」這兩種標立，將自己、師門在講經宣教上的立場，與龍樹、提婆等印度大乘論師等同起來，並且把自己與師門的競爭對象，與佛典中如來所面對的外道，以及龍樹論中所批判的對象等，劃歸為同一個陣營。此外，本文還指出，吉藏經解體系對於「無所得」與「有所得」二者的區分標準為何？乃至於吉藏何以極力破斥被他判釋為「有所得」的經解主張？等問題，是考察其經解思想重要的切入面向。

　　第三章三節則嘗試進一步揭示吉藏經解體系中最主要的理論預設——

「著」，並且說明此「著」的內涵乃具有三個部份：第一，指稱心理意識狀態的「著」；第二，此「著」是造成苦痛的根源；第三，持有對於「世界究竟」的主張，即「見」，其心理狀態也是「著」的一種。其中，最特別的是第三，把代表心理層面的「著」，與人類藉由語言與思維，對世界究竟進行探問的行為，此二者連結起來，致使此行為本身涵藏負面義涵。而從這個觀點來說，本文贊同鄭學禮的詮釋主張，亦即在吉藏的經解系統中，其自身，與佛陀及龍樹等菩薩的教說，作為一種「解脫」或「救渡」的工具，目的乃在於拒斥所有形上體系，並且在拒斥的背後，也不預設任何形上的主張。因此，楊惠南與伊藤隆壽等學者從「形上」的進路指出吉藏學說中存在著具「不可說」性質的「實在」等詮釋主張，仍屬於吉藏經解系統所欲破斥的「著」這個概念的管轄範圍之內，因為我們必須承認，此類詮釋意見仍是嘗試透過語言文字，立論於「形上」或「存有」範疇中有所主張，而這對於吉藏來說，則無疑地意味了代表心理層面上的「著」，如《中觀論疏》卷十說：「雖絕百非，心有此有，故終是受也。」〔註1〕

在第四章與第五章中，本文則討論了諸如「四假說」、「因緣對自性」、「因病設藥，病除藥消」、「否定的使用意義」等圍繞著「著」這個預設所設立的詮經方法。其中，「因緣對自性」此一詮經設立，表現了吉藏及其師門有意識地關注到了在講經論義中所使用的語言文字本身。吉藏援用中觀學說中「自性」與「因緣」這兩個重要概念，從而區分出兩種對於語言文字的使用及認知態度。吉藏將「自性」的「性」解釋成「性執」，從這個角度來說，「自性」即是第三章所指出的「著」這個根本預設，亦即「有所得」／「無所得」二分中的「有所得」，代表吉藏經解體系所批判的「有所得人」使用語言的認知態度，亦即認為語詞與陳述能夠表述、指涉語言以外的外在「真實」。另一方面，對「自性」的「因緣」即是代表「無所得人」使用語言的認知態度了。關於「因緣」此一設立，吉藏是援用義出《成實論》的「因成假」、「相續假」、「相待假」三者中的「相待假」，藉以說明包括他自身在內的「無所得人」所使用的語言文字，其使用態度「不是」「有所得人」使用語言的認知態度。

至若「因病設藥，病除藥消」此一詮經設立，則為吉藏經解體系中最重要的組成成分。透過此一詮經設立，吉藏指出，一方面，經論上的教說乃為針對特定的「執見」而興發的，是「治病之藥」，而不是對於外在「真實」的

〔註1〕 隋・釋吉藏：《中觀論疏》卷10；《大正藏》冊42，頁156下。

一種表述，因此，另一方面，佛教習學者面對經論中的語詞概念與語句，不能採取「決定解」的態度，將之視爲「眞理」，以爲依持，藉以「安心」，否則，雖欲求「脫解」，還在「生死」。同理，由於吉藏將自己視爲「無所得」中的一員，因此，此一詮經設立同樣適用於吉藏在經解上的論說與設立。就此來說，上文所提及的對「自性」的「因緣」或「相待假」，只是吉藏用以否定「自性」所代表的「有所得人」對於語言使用的認知態度，本身並不具有在「存有」範疇中指涉「世界眞實」的意義。所以，這裡所言之「否定」，只是單純的否定而已，並非意味著否定了「自性」，乃肯定了「相待假」。就此，即涉及了本文第五章所討論的最後一個詮經設立——「否定的使用意義」。在此設立中，吉藏界定了「有所得者」與「無所得者」二者對於「否定」的使用意義的分別；其中，「無所得者」所使用的「否定詞」，相較於「有所得者」所使用的「否定詞」，乃單純的否定，亦即對於某者的否定，並非蘊涵了對於他者的肯定。

　　吉藏把佛教經典上宣稱乃爲「苦累根源」的代表心理層面的「著」這個概念，與人類藉由語言與思維，對世界究竟進行探問的行爲，此二者連結起來，成爲其經解體系著意拒斥的對象，由這個面向來說，意味著吉藏自身必須避免自己對於經論文義的解釋，被理解成對於外在「眞實」的一種表述。那麼，如何避免呢？則必須透過「因病設藥，病除藥消」此一詮經設立。透過「因病設藥，病除藥消」，面對疑難，吉藏可以宣稱其經解舉措中的任何主張，當是對治特定「執見」之「病」的「藥」，從而避免自己的立說，被視爲一種「眞理」，爲外在「眞實」的一種表述。以上段所論及的吉藏主張「無所得人」對於「否定」的使用，乃單純的否定，其對於某者的否定並非蘊涵著對於他者的肯定，爲例，若有人質問此一關於「否定」的使用意義，是不是一條恆常不變改的「原理原則」，就吉藏的經解體系來說，他會辯稱，此一設立是針對「有所得人」以爲否定某者（的存在）乃意味著肯定他者（的存在）的執見而興發的，如果沒有此一執見的存在，「無所得人」對於「否定」的使用意義此一設立就不具有意義，如同《百論疏》卷三在討論「破邪申正」的「邪」與「正」一樣，吉藏說：「本對邪，故有申正，而未曾有邪可破，何曾有正可申？」〔註2〕

　　然而，也正由於此，如實而言，就吉藏整個經解系統來說，對於意欲探

〔註2〕隋・釋吉藏：《百論疏》卷3；《大正藏》冊42，頁305下～306上。

究佛教經論所揭示出的教義，在「形上」或「存有」範疇中的眞實義涵的釐清，一點幫助也沒有；並且，就這個面向來說，吉藏學說在哲學上的意義與價值，也是可受公評的。但是，這並不意味著吉藏在講經論義上所作的努力，一無所謂。本文緒論在提及吉藏論說的繁複性時，嘗徵引中村元的意見，他說：

> 所以在中國佛教學者之間，解釋經論之題目，也是件大工作。嘉祥大師吉藏，對於自己引爲根據的龍樹所著的《中論》的題名，作了各種複雜煩瑣的說明。但說到要點，結果到底如何的時候，卻只說：「通而爲言，三字皆中皆觀皆論。」這在論理上是完全無意味的立言。他樂於以文字爲戲。又如下面的例子，他似乎不知道書的題目是表示概念的。「『中觀論』之三字無定。亦言中觀論，亦言觀中論，亦言論中觀。』由此敷衍下去，加以煩瑣的說明。」

中村元的說法，某個層面上是有道理的，所謂吉藏「似乎不知道書的題目是表示概念的」，就本文的立場來說，吉藏對於經論文句所做的解釋，對於學者釐清經典教義本身在「形上」或「存有」範疇中的意義，幫助本就不大，然而也正因爲如此，中村元的看法，也可說是不盡公允。因爲對於吉藏來說，他所展開的疏解或論說，本就不是企圖爲經論中的語詞概念與語句，在「形上」或「存有」範疇中尋找「位置」，即是「有」（存在）？是「無」（不存在）？乃至於如果是「有」（存在），是怎樣的「有」（存在）？而這種採「決定解」的態度，就吉藏的理解來說，反而是佛教徒，作爲一名宗教修行者，在求道、講經、坐禪上的「大忌」。吉藏在《大乘玄論》卷五中提及其師法朗對於《中論》的講說乃「遍數不同，形勢非一」，〔註3〕而在略舉十條詮解《中論》的進路以後，吉藏對於法朗何以在講經時要「遍數不同，形勢非一」，則提出了三種解釋。其中前兩種解釋，對於回答中村元以爲吉藏的論說在「論理上是完全無意味的立言」的疑問，是有所幫助的。吉藏說：

> 一者、明法師善識根緣，調停物性，禀悟既甚多種，演暢亦復不窮。
>
> 二者、欲異他人。他人立義定作一說，聽者唯作一解，了無轉悟。
>
> 今明諸法無一定相，豈唯一種？〔註4〕

就引文的提示來說，關於被中村元視爲是「樂於以文字爲戲」的吉藏論著，

〔註3〕 隋・釋吉藏：《大乘玄論》卷5；《大正藏》冊45，頁68上。
〔註4〕 同前註，頁68中。

我們可以有兩種可能的解釋，以指出吉藏並非僅只是「樂於以文字爲戲」。第一，「禀悟既甚多種，演暢亦復不窮」，對於不同根緣或不同取執的聽聞對象，對於經論的解釋，必須設置不同的解經論說，所謂「適化無方，陶誘非一，考聖心，以息病爲主，緣教意，以開道爲宗。若因開以受悟，即聖教爲之開；由合而受道，則聖教爲之合。」第二，避免習學者執定一說，「唯作一解」，視爲「真理」，以爲依持，因爲斯乃「復執藥成病」，無有得脫。

　　因此，從上段的討論來說，實際上便涉及了本文第六章第二節的討論。上文嘗指出，吉藏的經解體系並非一無所謂，而其有所謂處正在於「救渡」的範疇中。依此，本文所討論的吉藏經解體系，即是一套宗教修行理論，又若將吉藏著作中所破斥的有所得諸者，置換爲吾人自身，則其著作中的反覆論辯，即搖身變爲一種動態的思辨過程，而此一動態的思辨過程或可視爲吉藏教門禪觀修行另類的一種外顯展現。

　　最後，再回到義解的主題中，討論吉藏經解體系的特點與缺失。吉藏經解體系的最大特出處，就「因緣對自性」此一詮經設立來說，乃表現爲吉藏所代表的三論教學傳統有自覺地對於其在講經論義上所使用的語言投以關注，並且立基於他們特殊的立場上，對此有所界定與設說。如果我們假定鳩摩羅什教團以羅什及僧肇爲主的三論教學，及吉藏所秉承的攝山三論教學傳統，真如吉藏自己所言，有其內在的聯繫關係的話，則可將吉藏對於語言投以自覺性關注這一件事，視爲象徵其內部發展進程中的一大進步。然而，即使不從這個角度切進，吉藏在「因緣對自性」此一詮經設立中的討論，在漢傳佛教思想，乃至於傳統中國思想的發展上，也具有相當之意義。此外，論及吉藏經解體系之缺失，則顯現在無法從其所設立的詮經方法著手，有效地解釋所有經論文義，亦即，我們無法爲經論中單一的語詞概念或語句，指明其是爲何「執病」而設說的「藥」，以證成諸此語詞概念或語句的提出，並非設基於「存有」或「形上」的範疇，嘗試對於究竟真實，有所表述。舉例來說，對於經論中所提出的作爲佛教修行進程位階的種種名稱概念，吉藏無法爲單獨的每一個位階，說明各自是爲什麼「執病」而提出的，而只能採統合的方式，將所有的位階名稱統攝在「階級」此一概念下，並提出與之成爲一組相待假的「無階級」此一概念，透過其所設立的詮經方法，以所謂「無階級階級」、「階級無階級」等論說方式，強調對於「階級」不能採取「決定解」

的態度。〔註5〕

綜觀本文對於吉藏經解體系的研究，吉藏作為一名佛教徒，其所信仰的及對於權威的接受，如當時流傳的大、小乘經皆承佛親口所說，大乘論則為四依菩薩助佛宣化所撰，〔註6〕就本文的研究觀點而言，則成為置放於建構其經解體系之前，不可撼動的假設前提，然而儘管如此，作為一名義解僧侶，吉藏在諸此前提下一生奉獻的解經事業，卻充分表現了他對於自身身為人類所具備的理性思維及語言表述能力的仰賴，也正因為如此，立基於同一基礎上，本文也才得以有完成的可能。

〔註5〕 如吉藏在《中觀論疏》卷二中說：「以階級無階級，唯一無生觀，無階級階級，故有五十二位不同。」；又如吉藏在《法華義疏》卷八釋《法華》「三草二木」的經文時說：「三草二木既是《法華》名教，今略序之。三草者，下、中、上三品草也。二木者，大、小兩樹也。此是無階級階級，故開諸位不同，不如有所得人，一向定作淺、深之解。所以然者，經中階級之說無定，或說初發心時便成正覺，或說久劫行行，方證菩提，或勸起道意，令住不退轉，或說實無發心，亦無退者，皆是善巧化物，不可定相執之也。」（隋·釋吉藏：《中觀論疏》卷2：《大正藏》冊42，頁24下、隋·釋吉藏：《法華義疏》卷8：《大正藏》冊34，頁564上）

〔註6〕 就吉藏著作中的引用情形來看，其中不乏被當代學者判定為偽經者。

參考文獻

壹、傳統文獻

一、中國傳統文獻

（一）漢譯佛經

1. 西晉・無羅叉譯：《放光般若經》；《大正藏》冊8。
2. 姚秦・鳩摩羅什譯：《摩訶般若波羅蜜經》；《大正藏》冊8。
3. 姚秦・鳩摩羅什譯、龍樹著：《中論》；《大正藏》冊30。
4. 姚秦・鳩摩羅什譯、舊題龍樹著：《大智度論》；《大正藏》冊25。
5. 姚秦・鳩摩羅什譯、訶梨跋摩著：《成實論》；《大正藏》冊32。
6. 劉宋・求那跋陀羅譯：《雜阿含經》；《大正藏》冊2。
7. 北涼・曇無讖譯：《大般涅槃經》；《大正藏》冊2。
8. 唐・釋玄奘譯：《阿毘達磨集異門足論》；《大正藏》冊26。

（二）中國佛教著疏

【吉藏作品】

1. 隋・釋吉藏：《大品經遊意》；《大正藏》冊33。
2. 隋・釋吉藏：《金剛般若疏》；《大正藏》冊33。
3. 隋・釋吉藏：《仁王般若經疏》；《大正經》冊33。
4. 隋・釋吉藏：《法華玄論》；《大正藏》冊34。
5. 隋・釋吉藏：《法華義疏》；《大正藏》冊34。
6. 隋・釋吉藏：《法華遊意》；《大正藏》冊34。
7. 隋・釋吉藏：《華嚴遊意》；《大正藏》冊35。
8. 隋・釋吉藏：《勝鬘寶窟》；《大正藏》冊37。

9. 隋・釋吉藏：《涅槃經遊意》；《大正藏》冊 38。

10. 隋・釋吉藏：《淨名玄論》；《大正藏》冊 38。

11. 隋・釋吉藏：《維摩經義疏》；《大正藏》冊 38。

12. 隋・釋吉藏：《中觀論疏》；《大正藏》冊 42。

13. 隋・釋吉藏：《十二門論疏》；《大正藏》冊 42。

14. 隋・釋吉藏：《百論疏》；《大正藏》冊 42。

15. 隋・釋吉藏：《二諦義》；《大正藏》冊 45。

16. 隋・釋吉藏：《大乘玄論》；《大正藏》冊 45。

17. 隋・釋吉藏：《三論玄義》；《大正藏》冊 45。

18. 隋・釋吉藏：《維摩經略疏》；《續藏經》冊 19。

19. 隋・釋吉藏：《大品經義疏》；《續藏經》冊 24。

20. 隋・釋吉藏：《法華統略》；《續藏經》冊 27。

【其他作品】

1. 姚秦・鳩摩羅什、東晉・慧遠：《鳩摩羅什法師大義》；《大正藏》冊 45。

2. 姚秦・僧肇：《肇論》；《大正藏》冊 45。

3. 梁・釋慧皎：《高僧傳》；《大正藏》冊 50。

4. 梁・釋僧祐：《弘明集》；《大正藏》冊 52。

5. 梁・釋僧祐：《出三藏記集》；《大正藏》冊 55。

6. 陳・釋慧思：《南嶽思大禪師立誓願文》；《大正藏》冊 46。

7. 隋・釋慧遠：《大般涅槃經義記》；《大正藏》冊 37。

8. 隋・釋慧遠：《大乘義章》；《大正藏》冊 44。

9. 隋・釋智顗：《妙法蓮華經玄義》；《大正藏》冊 33。

10. 隋・釋智顗：《四教義》；《大正藏》冊 46。

11. 隋・碩法師：《三論遊意義》；《大正藏》冊 45。

12. 隋・釋灌頂：《百清國錄》；《大正藏》冊 46。

13. 隋・釋灌頂：《大般涅槃經義疏》；《大正藏》冊 46。

14. 隋・費長房：《歷代三寶記》；《大正藏》冊 49。

15. 隋・釋灌頂：《隋天台智者大師別傳》；《大正藏》冊 50。

16. 唐・釋湛然：《法華玄義釋籤》；《大正藏》冊 33。

17. 唐・釋窺基：《金剛般若經贊述》；《大正藏》冊 33。

18. 唐・釋窺基：《妙法蓮華經玄贊》；《大正藏》冊 34。

19. 唐・釋慧沼：《法華玄贊義決》；《大正藏》冊 34。

20. 唐・釋法藏：《華嚴經探玄記》；《大正藏》冊 35。

21. 唐・釋法藏：《十二門論宗致義記》；《大正藏》冊 42。

22. 唐・釋澄觀：《大方廣佛華嚴經疏》；《大正藏》冊 35。

23. 唐・釋道宣：《續高僧傳》；《大正藏》冊 50。

24. 唐・釋道宣：《大唐內典錄》；《大正藏》冊 55。

25. 唐・釋法琳：《辯正論》；《大正藏》冊 52。

26. 唐・釋慧琳：《一切經音義》；《大正藏》冊 54。

27. 唐・釋明佺等：《大周刊定眾經目錄》；《大正藏》冊 55。

28. 唐・釋慧均：《大乘四論玄義》；《續藏經》冊 74。

29. 宋・釋志磐：《佛祖統紀》；《大正藏》冊 49。

30. 宋・釋贊寧：《宋高僧傳》；《大正藏》冊 50。

31. 宋・釋遵式：《注肇論疏》；《續藏經》冊 54。

32. 宋・釋曇照：《智者大師別傳註》；《續藏經》冊 77。

（三）其 他

1. 漢・司馬遷：《史記》。

2. 日・瀧川龜太郎：《史記會注考證》，臺北：洪氏，1981 年。

3. 唐・姚思廉：《陳書》，臺北：鼎文，1975 年。

4. 唐・令狐德棻等：《周書》，臺北：鼎文，1975 年。

5. 宋・朱熹：《四書章句集注》，臺北：大安，1996 年。

二、日本傳統文獻

1. 日・證禪：《三論玄義檢幽集》；《大正藏》冊 70。

2. 日・聞證：《三論玄義誘蒙》；《大正藏》冊 70。

3. 日・珍海：《三論玄義疏文義要》；《大正藏》冊 70。

4. 日・安澄：《中觀疏記》；《續藏經》冊 65。

5. 日・凝然：《三國佛法傳通緣起》；《大日本佛教全書》第 101 冊，東京：
   名著普及會。

貳、近人論著

一、漢語文獻

（一）專 著

1. 王亞榮：《長安佛教史論》，北京：宗教文化，2005 年 8 月。

2. 林鎮國：《空性與現代性》，臺北：立緒，1999 年。

3. 李勇：《三論宗佛學思想研究》，北京：宗教文化，2007 年 6 月。

4. 呂澂：《中國佛學源流略講》，臺北：里仁，1998 年。

5. 呂澂：《印度佛學淵源略講》，上海：上海人民，2002 年 9 月。

6. 吳汝鈞：《印度中觀哲學》，臺北：圓明，1993 年。

7. 隋唐佛教學術討論會編：《隋唐佛教研究論文集》，西安：三秦，1995 年 3 月。

8. 湯用彤：《漢魏兩晉南北朝佛教史》，收錄於《湯用彤全集》第一卷石家莊：河北人民，2000 年。

9. 湯用彤：《隋唐佛教史稿》，收錄於《湯用彤全集》第二卷，石家莊：河北人民， 2000 年。

10. 陳道德等著：《二十世紀意義理論的發展與語言邏輯的興起》，北京：中國社會科學，2007 年。

11. 華方田：《吉藏評傳》，北京：京華，1995 年。

12. 馮煥珍：《回歸本覺：淨影寺慧遠的眞識心緣起思想研究》，北京：中國社會科學， 2006 年。

13. 楊惠南：《吉藏》，臺北：東大圖書，1989 年。

14. 楊惠南：《龍樹與中觀哲學》，臺北：東大圖書，1988 年。

15. 萬金川：《龍樹的語言概念》，南投：正觀，1995 年。

16. 萬金川：《中觀思想講錄》，嘉義：香光書鄉，1998 年。

17. 聖凱：《攝論學派研究》（上）（下），北京：宗教文化，2006 年。

18. 樓宇烈：《老子周易王弼注校釋》，臺北：華正，1983 年。

19. 廖明活：《淨影慧遠思想述要》，臺北：學生書局，1999 年。

20. 廖明活：《中國佛教思想述要》，臺北：臺灣商務印書館，2006 年。

21. 廖明活：《嘉祥吉藏學說》，臺北：學生書局，1985 年。

22. 蔣維喬：《中國佛教史》，上海：上海古籍，2004 年。

23. 顏尚文：《隋唐佛教宗派研究》，臺北：新文豐，1980 年。

24. 藍吉富：《隋代佛教史述論》，臺北：臺灣商務，1998 年。

25. 藍日昌：《六朝判教論的發展與演變》，臺北，文津，2003 年。

26. 釋恆清：《佛性思想》，臺北：東大，1997 年 2 月。

27. 釋印順：《華雨集》第一冊，新竹：正聞，1998 年。

28. 釋印順：《華雨集》第三冊，新竹：正聞，1998 年。

29. 釋印順：《中觀今論》，新竹：正聞，2004 年。

30. 釋印順：《印度佛教思想史》，新竹：正聞，2005 年。

31. 釋印順：《中國禪宗史》，新竹：正聞，2005 年。

32. 龔雋：《禪史鈎沉——以問題為中心的思想史論述》，北京：三聯書店，2006 年 8 月。

（二）期刊、論文集與學位論文

【期刊與論文集論文】

1. 王俊中：〈中國佛教早期「宗派」問題研究的相關探討——以吉藏及其三論教學為中心〉，收錄於氏著《東亞漢藏佛教史研究》，臺北：東大，2003 年。

2. 林麗真：〈張湛「貴虛」論及其玄佛思想之交涉〉，《臺大中文學報》第 15 期（2001 年 12 月），頁 61～90。

3. 周伯戡：〈早期中國佛教的大乘小乘觀〉，《臺灣大學文史哲學報》第 38 期，頁 235～272。

4. 周伯戡：〈早期中國佛教的小乘觀——兼論道安長安譯經在中國佛教史上的意義〉，《臺灣大學歷史學系學報》第 16 期，頁 63～79。

5. 周伯戡：〈三階教與佛教末法觀〉，國科會專題報告，1998 年。

6. 周伯戡：〈重論《大智度論》的作者〉，《臺大歷史學報》第 34 期（2004 年 12 月），頁 281～327（英文稿）。

7. 楊曾文：〈三階教教義研究〉，《佛學研究》1994 年 3 期（1994 年），頁 70～84。

8. 楊惠南：〈吉藏的真理觀與方法論〉，《臺大哲學評論》第 14 期（1991 年 1 月），頁 189～213。

9. 劉嘉誠：〈吉藏《三論玄義》中之破顯所具有的融和傾向〉，《法光》116 期（1999 年 5 月）。

10. 鄭學禮：〈三論宗之哲學方法〉，《臺大哲學評論》第 14 期（1991 年 1 月），頁 169～188。

11. 盧桂珍：〈張湛宇宙觀辨析〉，《哲學與文化》第 31 卷 3 期（2004 年 3 月），頁 149～170。

12. 釋戒如：〈從原始佛教到阿毘達磨論書的二諦探討〉，《福嚴佛學院第九屆學生論文集上冊》（新竹：福嚴佛學院，2002 年），頁 1～55。

【學位論文】

1. 呂凱文：《當代日本「批判佛教」研究：以「緣起」、「dhatu-vada」為中心之省察》，臺北：政治大學哲學研究所碩士論文，林鎮國指導，1995 年。

2. 陳沛然：《吉藏三論宗思想研究》，香港：新亞研究所博士論文，霍韜晦

指導，1996 年。

3. 詹偉倫：《論嘉祥吉藏的二諦並觀法》，臺北：臺灣大學哲學研究所碩士論文，蔡耀明指導，2006 年。

4. 釋體恆：《吉藏大師的涅槃思想研究》，北京：中國佛學院碩士論文，釋向學法師指導，2006 年。

5. 林欣儀：《捨穢歸真：中古漢地佛教法滅觀與婦女信仰》，臺北：臺灣大學歷史研究所碩士論文，周伯戡、李貞德指導，2007 年。

（三）翻譯作品

1. 前田慧雲著、朱元善譯：《三論宗綱要》，臺北：彌勒，1983 年。

2. 中村元等著、余萬居譯：《中國佛教發展史》（上），臺北：天華，1984 年。

3. 高崎直道等著、李世傑譯：《唯識思想》，臺北：華宇，1985 年。

4. 中村元著、徐復觀譯：《中國人之思維方法》，臺北：學生書局，1991 年。

5. 鎌田茂雄著、關世謙譯：《中國佛教史》，臺北：新文豐，1991 年。

6. 鎌田茂雄著、聖凱譯：〈近代日本的中國佛教史研究〉，《法音》2000 年 2 期（2000 年），頁 25～29。

7. 平川彰著、莊崑木譯：《印度佛教史》，臺北：商周出版社，2002 年。

8. 川田雄太郎等著、李世傑譯：《華嚴思想》，臺北：法爾，2003 年 11 月。

9. 鎌田茂雄疏解、關世謙譯：《八宗綱要》，臺北：佛光，2006 年。

10. 松本史朗著、楊金萍、蕭平譯：《緣起與空──如來藏思想批判》，北京：中國人民大學，2006 年。

11. 伊藤隆壽著、蕭平、楊金萍譯：《佛教中國化的批判性研究》（香港：經世文化，2004 年）。。

12. 龔雋等譯：《修剪菩提樹："批判佛教"的風暴》，上海：上海古籍，2004 年 11 月。

13. T.R.V. Murti 著、郭忠生譯：《中觀哲學》（上）（中）（下），臺北：華宇，1984 年。

14. J.W. De. Jong 著、盧瑞珊譯：〈中觀學派的絕對概念〉，收錄於《中觀與空義》，臺北：華宇，1986 年。

15. 鄭學禮著、吉玲玲譯：〈三論宗中道思想的真理與邏輯觀〉，《哲學與文化》第 15 卷第 7 期（1988 年 7 月）。

16. 鄭學禮著、陳錦鴻譯：〈中觀、康德與維根斯坦〉，《哲學與文化》第 16 卷第 12 期（1989 年 12 月）。

17. Richard H. Robinson 著、郭忠生譯：《印度與中國的早期中觀學派》，南

投：正觀，1996 年。

18. （托名）Dionysius 著、包利民譯：《神秘神學》，香港：漢語基督教文化研究所，1996 年。

19. Elizabeth Napper 著、劉宇光譯：《藏傳佛教中觀哲學》，北京：中國人民大學，2006 年。

20. 馬哈希尊者、戒喜尊者著、溫宗堃編譯：《法的醫療》，臺北：南山放生寺，2006 年 6 月。

21. Moltmann, J.著、曾念粵譯：《來臨中的上帝──基督教的終末論》，上海：上海三聯書店，2006 年 9 月。

二、歐美文獻

1. Richard Robinson, *The Buddhist Religion* （Belmont, California: Dickenson, 1970）.

2. Richard H. Robinson, *Early Mādhyamika in India and China* （Delhi: Motilal Banarsidass, 1976）.

3. Hsueh-li Cheng, *Empty Logic: Mādhyamika Buddhism from Chinese sources* （New York: Philosophical Library, 1984）.

4. Nattier, Jan., *Once Upon a Future Time: Studies in a Buddhist Prophecy of Decline* （Berkeley, Calif.: Asian Humanities Press, 1991）.

5. Jamie Hubbard, *Absolute Delusion, Perfect Buddhahood: THE RISE AND FALL OF A CHINESE HERESY* （Honolulu: University of Hawai'i Press, 2001）.

6. Shih Chang-Qing, *The Two Truths in Chinese Buddhism* （Delhi: Motilal Banarsidass, 2004）.

7. Chan Ju Mun, *The History of Classification in Chinese Buddhism: A Study of the Panjiao Systems,* Ph. D. dissertation （Wisconsin-Madison University, 2002）.

8. Herbert Keuth, "Tarski's Definition of Truth and the Correspondence Theory," *Philosophy of Science*, 4 （1978）: 420～430.

9. Koseki, Aaron K., "The concept of practice in San-lun thought: Chi-Tsang and the 'concurrent insight' of the two truths," *Philosophy East and West*, Vol. 31 no. 4 （1981）: 449～466.

10. Alan Fox, Empty Logic, "Mādhyamika Buddhism from Chinese sources by Hsueh-li Cheng's, " *Journal of Chinese Philosohpy* 13 （1986）: 361～364.

11. Chappell, David W., "Early Forebodings of the Death of Buddhism," *Numen* 27.1 （1980）: 124～154.

三、日本文獻

1. 矢吹慶輝：《三階教之研究》，東京：岩波書店，1927 年。

2. 平井俊榮：《中国般若思想史研究：吉蔵と三論学派》，東京：春秋社，1976 年。

3. 平井俊榮編：《三論教学の研究》，東京：春秋社，1990 年。

5. 袴谷憲昭：《道元と仏教—十二巻本「正法眼蔵」の道元》，東京：大蔵，1992 年。

5. 西本照眞：《三階教の研究》，東京：春秋社，1998 年。

6. 池田宗讓：《二諦と三諦をめぐる梁代の仏教思想》，東京：山喜房佛書林，2002 年。

7. 岡部和雄、田中良昭編：《中国仏教研究入門》，東京：大蔵，2006 年。

8. 佐藤達玄〈中国初期仏教における教判思想〉，《駒沢大学仏教学部研究紀要》第 22 號（1964 年），頁 110～134。

9. 伊藤隆壽：〈安澄の引用せる諸注釈書の研究〉，《駒沢大学仏教学部論集》第 8 號（1977 年 10 月），頁 115～146

10. 伊藤隆壽：〈吉蔵の正像末三時〉，《駒沢大学仏教学部研究紀要》第 43 號（1985 年 3 月），頁 81～93。

11. 伊藤隆壽：〈吉蔵の儒教老荘批判〉，《印度学仏教学研究》第 34 卷第 2 號（1986 年），頁 34～41。

12. 末光愛正：〈吉蔵の「唯悟爲宗」について〉，《駒沢大学仏教学部論集》第 15 號（1984 年 10 月），頁 259～273。

13. 末木文美士：〈『三國佛法傳通緣起』日本三論宗章研究〉，《東洋文化研究所紀要》第 99 冊（1986 年 2 月），頁 71～151。

14. 奥野光賢：〈吉蔵における僧肇説の引用について〉，《印度学仏教学研究》第 34 卷第 2 號（1986 年），頁 30～33。

15. 奥野光賢：〈吉蔵における僧肇説の引用について（二）〉，《駒沢大学大学院仏教学研究会年報》第 19 號（1986 年），頁 36～44。

16. 金龍煥：〈佛陀と形而上學——無記説に對する諸解釋を中心に〉，《パーリ学仏教文 化学》第 9 號（1996 年 5 月），頁 71～90。

參、工具書與媒體資訊

1. 釋慈怡主編：《佛光大辭典》，高雄：佛光，1998 年。

2. Mircea Eliade, editor in chief, *The Encyclopedia of Religion*（New York: Macmillan, 1986）.

3. CBETA 電子佛典集成資料庫 CBReader V3.6 光碟版（2007 年 2 月）

4. 日本印度學佛教學會資料庫檢索系統。
（http://www.inbuds.net/jpn/index.html）

5. 臺灣佛學數位圖書館暨博物館資料庫檢索系統
（http://buddhism.lib.ntu.edu.tw/BDLM/index.htm）

後　記

　　《嘉祥吉藏及其詮經設立》一書，原收錄於林慶彰先生主編之「中國學術思想輯刊六編」中。承花木蘭文化出版社厚愛，再收錄於此「法藏知津：中國佛教研究集成」叢書。本書僅更正部分排版及未校出之錯誤，其餘內容未再更動。特此說明。

簡凱廷　謹誌

民國九十九年六月三十日